中國佛教研究入門

岡部和雄、田中良昭 編

辛如意 譯

漢傳佛教譯叢序言

中華佛學研究所是經教育部立案之研究機構，依本所創辦人聖嚴法師所頒之所訓「立足中華、放眼世界」之指導方針，以促進中外學術研究之交流與合作為目標，戮力於漢傳佛教學術之發展，特成立此譯叢。

本所創辦人曾經在《佛教與二十一世紀》的〈總序〉中，針對現代的學術狀況作了如下的表示：「近世的印度學、佛教學、漢學，目的不在佛教的信與行，而在於學術的真與明，故在傳統的佛教徒們，初初接觸到現代佛教學的論點之時，頗有難以適應的現象。但是，現代學術的求真求明，乃是無可懷疑的，縱然學者們提出的觀點，未必皆能成為永久的定論，但經過精密審查的結論，必定有其相當程度的可靠性。若能認真地認識學者們的新觀點，通過新觀點的試鍊，仍能落實到對於佛法的信仰與實踐，佛教才具有更大的耐力與潛力。」又在中華佛學研究所召開第一屆國際佛學會議的會議緣起中說到：「從中國佛教立場，放眼於世界的佛教，把世界佛教引回中國，把中國佛教傳到世界……。」等等，有關對漢傳佛教的期許。

本譯叢基於創辦人對學術的理念，近期目標將現代學術界具有新觀點與論點的日文著作翻譯成中文，以利讀者閱讀，期望能增進讀者的佛教世界觀與視野，以達成本所推廣漢傳佛教的目的與願景！

釋果鏡

中華佛學研究所所長

二〇一三年四月二十五日於法鼓山

〔代序〕

綜觀日本的中國佛教研究

解義即修行。

更何況，中國佛教研究早就已經是全球化的學問。

在中國文化研究的現代化進程中，許多學術問題意識皆從東瀛學界發其端緒，例如在過去難登大雅之堂的戲曲小說，如今進入中國文學研究者的學院殿堂；又如在中國史學界掀起巨大波瀾的「唐宋變革論」；或目下方興未艾的東亞文化研究等學術課題不一而足，如今學子孜孜矻矻奮發鑽研的諸多領域，幾乎都創自東瀛學界巨人之手，中國佛教研究也不例外。

眾所周知，中國佛教近代化濫觴於楊文會與「金陵刻經處」，而楊文會之所以著意於此，源於其與日本友人南條文雄的往來。日後各有增補損益，乃至別出分流則是後話。即使經過戰爭的洗禮，日本印度學佛教學會仍然是日本學界人文社會領域人數最眾、成果最豐碩，而且仍然具有領先世界潮流的能量（例如近年蔚為話題的「批判佛教」），其中必然有以致之，實在值得臺灣學界借鏡反思。而岡部和雄、田中良昭合編的這部《中國佛教研究入門》可說是認識日本學界相關研究成果的一扇絕佳門徑。

岡部和雄、田中良昭兩位先生在佛教學界素孚盛譽，俱為日本駒澤大學名譽教授。前者曾任駒澤大學佛教學部長，在佛教學界地位崇隆，而田中良昭先生另編有性質類似的《禪學研究入門》一書，專門介紹禪宗史相關的研究成果。《中國佛教研究入門》聚集了日本中國佛教研究相關領域的一時俊彥，以駒澤大學的教授陣容為主力，輔以其他的青英專家，以深入淺出的方式，就中國佛教研究相關的經典文獻、歷史發展、地域特徵等不同面向，就相關的學術課題與研究成果進行詳盡的介紹。

全書分成總論與各論兩部分，總論包括方法、經典文獻、地域特徵，各論主要是歷史進程，在隋唐時代，又個別介紹不同的宗派特質與思想主張。綱舉目張，清晰可從。日本學界學風一向以紮實著作，立言必有所本，不空逞臆想，亦不妄作解人，並能隨時照管研究傳統，就其得失明白分疏，從這個角度看，此書也具有方法論上的意義。

此書雖然是「研究入門」，但具有幾重佳處，為他書所不能望其項背：

第一，本書的執筆群陣容堅強，例如伊藤隆壽的格義佛教、上山大峻的敦煌佛教、石井公成的韓國佛教、池田魯參的天台宗、奧野光賢的三論宗、吉津宜英的華嚴宗、石井修道的宋遼金佛教、永井政之的元明清佛教等，在各自領域皆是備受尊崇的箇中翹楚。由各位專家選介相關研究成果，年輕學子可以省卻許多摸索的時光，不啻茫茫學海中的羅盤，有一個準確的方向前進出發。

第二，此書的視野宏闊，將佛教史、宗派、漢字文化圈等各研究領域皆網羅無餘，相關研究成果的範圍包括文獻學、思想史、寺院經濟、文化史、思想史、民間信仰等，讀者在最短的時間內可以對相關研究領域的概況與展望有一個周遍圓融的視野，執筆群的多學博識令人印象深刻。

第三，此書對過去長期遭受學界冷落的諸多課題，投以深刻的關注，例如唐代曾經盛極一時的三階教，西本照真教授曾經貫注多年心力探討其來龍去脈，對認識這個「消失的教派」極有助益；此書也以相當篇幅介紹宋代以後的佛教研究，貫串儒佛關係（思想史）、寶卷（民間文學）、乃至於廟產興學運動（社會史），不但大幅擴展傳統研究的視野，更提供未來深富前瞻性的研究課題。

以上數點，雖尚不足以道盡此書特色，但不難想見執筆群的慘澹苦心，舉重若輕，更見功力於一般。

萬丈高樓平地起，對有志研究中國佛教的學子而言，此書不可不讀。更重要的是，透過這本《中國佛教研究入門》，我們認識到日本學界的豐碩成果，以及辛勤耕耘的態度。在前賢的基礎上精進不懈，自出手眼，進而開拓屬於自己的方向與未來。行布不礙圓融，圓融不礙行布，博觀是為學第一步，《中國佛教研究入門》也可以說是一冊學界導覽，法味彌著，有待讀者自行體會。他山之石，可以攻錯，未來漢傳佛教研究在前賢的基礎上將有更高深更廣闊的開展，亦當指日可待。

中華佛學研究所

序言

本書的撰寫目的是為中國佛教學習者編著研究指南，主要針對在大學和研究所修習中國佛教課程，或準備撰寫大學及碩士論文的學生讀者，因此力求易於查閱參考。中國佛教研究發展日新月異，海內外文獻龐大豐富，實在無法盡數網羅，因此選擇主要著作和論文，一併提供研究史概要及必要解說。如此一來，當學子們感到興趣和關注，便會開始思考：「這段內容好像有問題呢」、「不然再從其他角度深入探討看看吧」。在這種情況下，希望大家都能直接找出本書介紹的參考文獻，積極熟讀資料後，檢證書中所述是否正確，這樣才真正開啟研究之道。倘若能藉此機緣，提供本書讀者發現新問題點或探索過去的研究盲點，進而創造前所未有的新方法論，筆者將感到無上喜悅，盼各位讀者能善用這本「研究入門」，當作個人深入研究的「踏腳石」。

為學之首就是不受資訊（Information）氾濫影響而隨波逐流，能從諸訊息中致力擷取真知。《寶鏡三昧》有云：「細入無間，大絕方所」，學海無涯，研究亦然，這正意味著今後各位將可在學問之道「鴻圖大展」。

毋庸置疑的，佛教曾以外來宗教的形式現身於中國歷史舞台，從此徹底融入歷史長河中。無論佛教思想在中國思想史上，或佛像和寺院建築在中國美術史及文化史上，皆占有一席之地，對中國文藝與文學造成深遠影響。佛教引入的宗教儀禮，也化為各種形式融入道教儀禮中。

如此想來，若欲更深入了解中國佛教，前提就必須對中國史、中國思想史（中國哲學史）、中國文學史、中國文化史有一定程度的理解。

本書並沒有單獨設立某章節探討這個問題，只在此〈序言〉中以最小篇幅略作說明（詳細內容請參照拙著〈中國佛教と禪〉（《禪學研究入門》，大東出版社，一九九四）等）。

在此建議讀者可配合山根幸夫編《中國史研究入門》上、下冊（山川出版社，一九八三）一起參考，特別是該書的〈總論〉列舉中國通史概論書，詳細介紹文獻目錄和辭典、地圖、索引等工具書及中國史料（正史和地方志等）解說，非常有助於研究。《アジア歷史研究入門》全五冊（同朋舍出版，一九八三—八四）也是不錯的參考著作。尤其是島田虔次在首冊開頭〈序論〉中，提供許多深具啟發性的觀點，盼學習者一讀。至於思想史方面，武內義雄《中國思想史》（岩波書店，一九三六）修正昔日以儒家為重的哲學史觀，致力於整合各方思潮衝擊。敘述中世之際，武內氏將主題分為「從儒家至老莊」、「從老莊至佛教」、「道教成立」，近世則以「儒學新傾向」、「佛教新傾向」、「宋學勃興」

為課題，簡潔扼要呈現了思想史全貌。森三樹三郎《中國思想史》上、下冊（第三文明社，一九七八）採取簡述梗概的方式，是不錯的入門書。赤塚忠、金谷治等編《中國文化叢書》全十卷（大修館，一九六七－六八），有許多精彩論述，在此特別推薦的是叢書二的《思想概論》（同，一九六八）、叢書三的《思想史》（同，一九六七）、《宗教》（同六，一九六七）。本田濟編著的入門書《中國哲學を學ぶ人のために》（世界思想社，一九七五），本書的讀者對象是日後有意學習中國哲學的學生，但在內容上也能引發中國佛教學習者的興趣。中國學者的著作則有馮友蘭《中國哲學史新編》上、下冊（人民出版社，一九五六－六〇）、任繼愈主編《中國哲學史》全四卷（人民出版社，一九六三－七九）。謝和耐（Jacques Gernet）享譽學界的名著《中國世界》（*Le Monde Chinois,* Paris, 1972）有英譯本（*A History of Chinese Civilisation*, Cambridge Univ. Press, 1982），更易於閱讀，尤其是結尾的文獻目錄對研究大有助益。

另外介紹可便於檢索歐美中國研究文獻的小冊子，就是市古宙三、費正清（John King Fairbank）合編的《中國研究文獻案內》（東京大學出版會，一九七四）。

中國文學史方面有許多名著，在此推薦倉石武四郎《中國文學講話》（岩波新書，一九六八）、吉川幸次郎口述，黑川洋一編《中國文學史》（岩波書店，一九七四）。

宗教辭典方面，除了道教之外，亦含括民間宗教和少數民族宗教，列舉許多項目翻譯宗教要義，這類辭典相繼問世後，代表有任繼愈主編《宗教辭典》（上海：上海辭書出版社，一九八一）。

對史料存疑或發現問題時，不妨參考鈴木俊等編《アジア歷史事典》全十二卷（平凡社，一九五九、一九八四復刊），其中以松田壽男、森鹿三編《別卷 アジア歷史地圖》（同）亦囊括在本系列中做為別卷，查閱十分方便。然而舊版出版已逾半世紀，部分內容不符時代所需，參考時必須不斷關注新研究成果。京都大學東洋史研究室編《新編東洋史辭典》（東京創元社，一九八〇）是單冊出版，應視為常備工具書之一。年表方面，藤島達朗、野上俊靜編《東方年表》（平樂寺書店，一九五五）、山崎宏等人監修《佛教史年表》（法藏館，一九七九）也容易查閱。

本書的共同編者田中良昭先生曾編著《禪學研究入門》（前揭書），對於本書的基本構想和執筆者提供許多寶貴建議，筆者愧於力薄，延宕本書的整體製作過程，以致部分原定計畫被迫變更。雖有美中不足之憾，但總算得以付梓刊行，這全是承蒙各位執筆者的助緣所賜。此外，桑室一之先生秉持著一貫信念盡心支持本書，最後在此特別記述以表誌謝。

岡部和雄

二〇〇六年十一月

目錄

第五章 《大藏經》開版 椎名宏雄

第六章　中國佛教與周邊各國

【第二篇】各論

第一章　漢魏兩晉佛教　伊藤隆壽

第二章　南北朝佛教　石井公成

第三章　隋唐佛教

第四節　法相宗　吉田道興　292

第五節　華嚴宗　吉津宜英　314

第四章　宋代與遼金佛教

石井修道

第五章　元明清時期的中國佛教研究趨勢

永井政之

凡例

本書採用的書名、學術期刊的完整名稱如下：

【紀念論文集】

◆《阿川文正古稀紀念》：《阿川文正先生古稀紀念論集——法然淨土教の思想と傳歷》

◆《朝枝善照還曆紀念》：《朝枝善照博士還曆紀念論文集——人間、社會、宗教の研究》

◆《飯田博士古稀紀念》：《飯田利行博士古稀紀念——東洋學論叢》

◆《池田博士古稀紀念》：《池田末利博士古稀紀念——東洋學論集》

◆《石上善應古稀紀念》：《石上善應教授古稀紀念論文集——佛教文化の基調と展開》

◆《石田充之古稀紀念》：《石田充之博士古稀紀念——淨土教の研究》

◆《石濱古稀紀念》：《石濱先生古稀紀念——東洋學論叢》

◆《今岡教授還曆紀念》：《今岡教授還曆紀念論文集》

◆《內田吟風頌壽紀念》：《內田吟風博士頌壽紀念——東洋史論集》

◆《大原先生古稀紀念》：《大原先生古稀紀念——淨土教思想研究》

◆《勝又俊教古稀紀念》：《勝又俊教博士古稀紀念論集——大乘佛教から密教へ》

◆《鎌田茂雄還曆紀念》：《鎌田茂雄博士還曆紀念論集——中國の佛教と文化》

◆《鎌田茂雄古稀紀念》：《鎌田茂雄博士古稀紀念——華嚴學論集》

◆《木村清孝還曆紀念》：《木村清孝博士還曆紀念論集——東アジア佛教——その成立と展開》

◆《桐溪順忍追悼》：《桐溪順忍和上追悼論文集——桐溪和上の學恩を偲びで》

◆《櫛田博士頌壽紀念》：《櫛田博士頌壽紀念——高僧傳の研究》

◆《小尾博士古稀紀念》：《小尾博士古稀紀念——中國學論集》

◆《佐佐木孝憲古稀紀念》：《佐佐木孝憲博士古稀紀念論集——佛教學佛教史論集》

◆《佐藤成順古稀紀念》：《佐藤成順博士古稀紀念論文集——東洋の歷史と文化》

◆《佐藤博士古稀紀念》：《佐藤博士古稀紀念——佛教思想論叢》

◆《佐藤良純古稀紀念》：《佐藤良純教授古稀紀念論文集——インド文化と佛教思想の基調と展開》

◆《前田三教授頌壽紀念》：《前田三教授頌壽紀念——東洋學論叢》

◆《塩入良道追悼》：《塩入良道先生追悼論文集——天台思想と東アジア文化の研究》
◆《高橋弘次古稀紀念》：《高橋弘次先生古稀紀念論集——浄土學佛教學論叢》
◆《竹中信常頌壽紀念》：《竹中信常博士頌壽紀念論文集——宗教文化の諸相》
◆《多田厚隆頌壽紀念》：《多田厚隆先生頌壽紀念——天台教學の研究》
◆《田中良昭古稀紀念》：《田中良昭博士古稀紀念論集——禪學研究の諸相》
◆《田村芳朗還曆紀念》：《田村芳朗博士還曆紀念論集——佛教教理の研究》
◆《塚本博士頌壽紀念》：《塚本博士頌壽紀念——佛教史學論集》
◆《筑波大學創立紀念》：《筑波大學創立十周年紀念——東洋史論集》
◆《戸松教授古稀紀念》：《戸松教授古稀紀念——浄土教論集》
◆《內藤頌壽紀念》：《內藤博士頌壽紀念——史學論叢》
◆《那須政隆米壽紀念》：《那須政隆博士米壽紀念——佛教思想論集》
◆《野村耀昌古稀紀念》：《野村耀昌博士古稀紀念——佛教史佛教學論集》
◆《服部先生古稀紀念》：《服部先生古稀祝賀紀念論文集》
◆《平井俊榮古稀紀念》：《平井俊榮博士古稀紀念——三論教學と佛教諸思想》
◆《平川彰還曆紀念》：《平川彰博士還曆紀念——佛教における法の研究》
◆《平川彰古稀紀念》：《平川彰博士古稀紀念論集——佛教思想の諸問題》

◆《福井博士頌壽紀念》：《福井博士頌壽紀念——東洋思想論集》
◆《福井文雅古稀紀念》：《福井文雅博士古稀紀念論集——アジア文化の思想と儀禮》
◆《藤田宏達還曆紀念》：《藤田宏達博士還曆紀念論集——インド哲學と佛教》
◆《古田紹欽古稀紀念》：《古田紹欽博士古稀紀念論集——佛教の歷史的展開に見る諸型態》
◆《前田專學還曆紀念》：《前田專學博士還曆紀念論集——「我」の思想》
◆《牧尾博士喜壽紀念》：《牧尾良海博士喜壽紀念——儒佛道三教思想論考》
◆《牧尾良海頌壽紀念》：《牧尾良海博士頌壽紀念——中國の宗教、思想と科學》
◆《宮林昭彥古稀紀念》：《宮林昭彥教授古稀紀念論文集——佛教思想の受容と展開》
◆《村上速水喜壽紀念》：《村上速水先生喜壽紀念——親鸞教學論叢》
◆《村中祐生古稀紀念》：《村中祐生先生古稀紀念論文集——大乘佛教思想の研究》
◆《柳田節子古稀紀念》：《柳田節子先生古稀紀念——中國の傳統社會と家族》
◆《山口博士還曆紀念》：《山口博士還曆紀念——印度學佛教學論叢》
◆《山崎慶輝定年紀念》：《山崎慶輝教授定年紀念論集——唯識思想の研究》
◆《山田無門古稀紀念》：《山田無門老師古稀紀念集——花さまざま》
◆《結城教授頌壽紀念》：《結城教授頌壽紀念——佛教思想史論集》

◆《渡邊隆生還曆紀念》：《渡邊隆生教授還曆紀念論文集——佛教思想文化史論叢》

【雜誌、記要】

◆《印佛研》：《印度學佛教學研究》
◆《駒澤短大紀要》：《駒澤短期大學研究紀要》
◆《駒大宗教論集》：《駒澤大學宗教學論集》
◆《駒大禪研年報》：《駒澤大學禪研究所年報》
◆《駒大大學院佛教年報》：《駒澤大學大學院佛教學研究會年報》
◆《駒大佛教紀要》：《駒澤大學佛教學部研究紀要》
◆《駒大佛教論集》：《駒澤大學佛教學部論集》
◆《鈴木學術年報》：《鈴木學術財團研究年報》
◆《禪研究所紀要》：《愛知學院大學禪研究所紀要》
◆《禪文研紀要》：《花園大學禪文化研究所紀要》
◆《曹洞宗研究紀要》：《曹洞宗研究員研究生研究紀要》
◆《綜佛年報》：《（大正大學）綜合佛教研究所年報》
◆《日佛年報》：《日本佛教學會年報》

◆《花大紀要》：《花園大學研究紀要》

◆《花大禪學研究》：《花園大學禪學研究》

◆《佛教文化研究所紀要》：《龍谷大學佛教文化研究所紀要》

◆《龍大論集》：《龍谷大學論集》

◆《龍大論叢》：《龍谷大學論叢》

【第一篇】

總論

第一章　中國佛教的概要與特色

岡部和雄

一、何謂中國佛教

佛教興起於印度，傳揚至全亞洲，發展為形形色色的宗派。大約在西元元年之際，佛教傳入中國，從此以中土為根據地擴展至東亞各國，形成廣大的佛教文化圈（包括朝鮮、日本、越南等地）。

中國佛教這個名詞，一般用法是「在中國的佛教」（Buddhism in China），同時包含「中國人的佛教」、「中國（漢語）化的佛教」（Chinese Buddhism）之意。後者有別於印度或日本佛教，蘊含著「屬於中國獨有佛教」的微妙語感。

若想從歷史和思想層面來正確了解中國佛教，就必須掌握兩個前提。首先，當然是要具備正確客觀的佛學知識。佛教既源於印度，讀者就應該具有印度原始佛教的基礎知識。其次是具備概觀中國歷史和思想、文化的知識。中國文明在佛教傳入之前已發展鼎盛，古典哲學豐富多元（所謂諸子百家思想，特別是以儒家與道家思想為代表），毫不遜色於印度。印度佛教與中國固有思想幾經接觸和抗爭、融合，中國人逐漸接納這些未知且來自異域的新興宗教，漢僧和在家修行者也隨之增加。另一方面，漢化的佛教信仰呈現出迥異於固有佛教（印度或西域佛教）的樣貌。

這種「中國佛教化」與「佛教中國化」的過程，堪稱是中國佛教的一體兩面，兩種契機在同一歷史過程中並存且發揮功能。有志研究中國佛教的讀者必須經常關注這兩種契機，考量宗教上的動態分析。

二、中國佛教研究方法

縱然研究中國佛教，也有從「佛教學」的角度，或從「中國學」的立場，將佛教視為中國學的一環進行研究，基於各人關注焦點不同，方法論也各有所異。更單純來說，這種差異就像探討「中國佛教」時，必須考慮重點應置於「中國」或「佛教」。本篇重點是佛教學，但在闡述時會盡量吸取和採用中國學研究。

在此介紹兩篇非常有用的入門指南文章，給欠缺中國佛教基礎知識的初學者，或日後有意從事研究的一般讀者。

首先是橫超慧日〈中國佛教研究の道しるべ〉（《佛教學の道しるべ》，文榮堂書

店，一九八〇），原本是為大谷大學的學子們撰寫，內容包含作者的長年研究生活和豐富指導經驗，解說鞭辟入裡，常提出珍貴的建議和忠告。無論今後學術領域再如何資訊化，講求精研資料（原典）、細膩慎思的正統研究態度，基本上會貫徹不變。該篇文章為讀者提供研究方向（終極指標），便能徹底學習研究方法。

另一篇是鎌田茂雄〈中國佛教研究の問題點〉（平川彰編《佛教研究入門》，大藏出版，一九八四），本篇反省過去研究，從更寬廣角度展望今後的中國佛教研究。至今教理史和教團史的主題研究，在探討與中國史或中國思想史、中國宗教史的相關問題時，往往顯現不足之憾。必須將文學作品或中國美術史，甚至道教史、積極挖掘文物的考古學等相關諸學知識，整體運用在研究中。佛教學是以教理史和教學史為重，縱然採取橫超慧日所言的文獻學為研究方法，但過於執著反而難以洞悉中國佛教的真相。

至今對佛教研究方法提出批判的人士，主要是中國學及道教方面的學者。相關著作有溝口雄三《方法としての中國》（東京大學出版會，一九八九）、福永光司《道教思想史研究》（岩波書店，一九八七）、福井文雅《歐米の東洋學と比較論》（隆文館，一九九一）、《中國思想研究と現代》（同）、《漢字文化圈の思想と宗教》（五曜書房，一九九八）等。

三、時代區分

本書第二篇各論是根據朝代更迭，將佛教史分為五期，亦即：1.漢、魏、兩晉；2.南北朝；3.隋、唐；4.宋、遼、金；5.元、明、清。如此常用於闡述中國史和中國思想史，為傳統的便利分類方式。中日學者原本基於治學考量，對中國史時代劃分見解相歧，日本國內亦有內藤、宮崎之說與周藤、仁景田之說相對峙，終未能有定論（可參照宮崎市定《中國史》上總論，岩波全書，一九七七）。鎌田茂雄《中國佛教史》（岩波全書，一九七八）則分為以下四期：1.傳入與接受（東漢、三國）；2.發展與奠定（東晉、南北朝）；3.完成與昌盛（隋、唐）；4.實踐與滲透（宋、元以後）。這種四段方式與陳觀勝（Kenneth Ch'en）的劃分法：1.傳入（Introdaction）；2.發展與潛移默化（Growth and Domestication）；3.成熟與接納（Maturity and Acceptance）；4.衰退（Decline），有異曲同工之妙。再溯及更早的劃分方式，將日本近代佛教史學家提倡的四段說（或五段說）加以修正和改良。舉例來說，道端良秀《中國佛教史（改訂新版）》（法藏館，一九七二）的劃分法如下：1.傳譯期（佛教傳入至東晉）；2.研究期（至南北朝）；3.建設期（隋、唐）；4.繼承期（至明末）；5.衰退期（清代以後）。同樣採取四段方式，還可冠以新名稱成為新說法，例如：1.格義佛教；2.教判佛教；3.禪淨雙修佛教；4.庶民佛教（《前田惠學集》二，山喜房佛書林，二〇〇二）。

中國學者任繼愈主編《中國佛教史》（北京：中國社會科學出版社，一九八一）是以新史觀敘述中國佛教，認為佛教大致能因應封建社會時代發展，並以唐代為分水嶺，唐代及其以前是封建前期，唐以後至清代則是封建後期。

四、漢譯《大藏經》

漢傳佛典中，除了陀羅尼之外皆譯為漢文典籍，陀羅尼的發音亦依照漢音模擬。這是基於中國人對漢字漢文懷有絕大的信賴和信心，在「大中華」意識支持下，認為漢字漢文通用的華夏地區才是文明文化中心，於是將印度佛典盡轉化為母語文字，透過理解和傳承、保存——唯有漢譯《大藏經》是採如此方式。至唐代為止，已有製作《大藏經》寫本，宋代以後雕版印刷術進步，官版和私版《大藏經》刻本得以大量製作。

日本自大正時期至昭和初期，經由嚴密校訂後編纂刊行《大正新脩大藏經》全一百卷。此藏是以高麗版為底本，並對校宋、元、明版等數種刊本，至今仍大量引用其佛典文獻。《大正藏》刊行後，陸續在中國發現磧砂版、金版等版本，前者刊行為《宋版磧砂大藏經》全四十冊（臺北：新文豐出版公司，一九八六—八七），後者校訂出版為《中華大藏經》全一〇六冊（北京：中華書局，一九八五－二〇〇四）。《房山石經——隋唐刻經、遼金刻經、明代刻經、目錄索引》全三十冊（北京：中國佛教圖書文物館編，一九八八－九三）是影印版，將《大藏經》刻石流傳於後世的偉業，終於在中國人手中得以落實。

敦煌文獻整理和研究亦不斷進行，敦煌研究院編《敦煌遺書總目索引　新編》（北京：中華書局，二〇〇二），提供許多《大藏經》未收錄的佛教文獻資訊。除了《大正藏》之外，《續藏》（《大日本續藏經》）的佛教文獻也是中國佛教研究的重要資料。若想將《大正藏》與《中華大藏經》、敦煌文獻互作對照，以下出版目錄相當便於查閱，《大正藏・中華藏（北京版）對照目錄》（國際佛教學大學院大學附屬圖書館，二〇〇四），或是《大正藏・敦煌出土佛典對照目錄》（同，二〇〇五）、《同　第二版》（同，二〇〇六）。

由此可見，漢字漢文的佛教文獻是如此卷帙浩繁，令人歎為觀止。前述的《大正藏》中，第三十三卷至第五十五卷是中國撰述佛典，第三十三卷至第四十四卷是中國學僧為經、律、論三藏的註釋（經疏部、律疏部、論疏部）。第四十四卷中段至第四十八卷，是在中國成立的各宗宗義著述（諸宗部）。第四十九卷至第五十二卷是佛教史著作（史傳部），第五十三卷至第五十四卷是佛教語彙及其他（事彙部），第五十五卷則是經典目錄類集（目錄部）。至於第一卷至第三十二卷是梵典的漢譯經典，內容為印度撰述佛典，全以「漢譯」型態表現，這些佛典亦是研究中國佛教的重要資料。三藏的註釋和研究，已全面導入中國儒學聖典的解釋學方法。中國人對人文歷史現象殷切關心，將代表如二十四史等精史良籍流傳後世，如此特性在佛教領域也充分發揮，將高僧傳和經錄等與佛教史相關的大量著作，保存於經藏的史傳部和事彙部。陳垣《中國佛教史籍概論》（北京：中華書局，一九六二）為這些佛教史籍改題，很值得參考，鎌田茂雄《中國佛教史》（前揭書）結尾亦有一篇〈中國佛教史籍解題〉。日本天台宗學僧編著的中國僧名辭典，收於堯恕編《僧傳排韻》一〇八卷（《大日本佛教全書》第九十九、一〇〇卷〔舊版〕，大日本佛教刊行會，一九一二；同第七十四卷〔新版〕，鈴木學術財團，一九七三），是對中國佛教研究者極有幫助的參考用書。

五、中國佛教的獨特性

中國佛教在隋唐時代臻於鼎盛，優秀學僧輩出，教義和教學經由整備和體系化，諸宗派以各具特色的教相判釋（簡稱教判）為基礎競相發展。佛教從印度佛教的亞流教派脫離後，真正成為中國人創立的佛教時代。印度佛教沒有「宗派」的概念，成立宗派的必要條件是教判理論，就是將某些特定經論或實踐奉為圭臬，將佛教整體納入其下，成為有組織而體系化。三論宗、法相宗、律宗、密教等諸宗各有教判，卻與印度佛教較為親近，傾向於以印度教義和學說為典範。天台宗、華嚴宗、三階教、淨土宗、禪宗等派則具備印度佛教所缺乏的嶄新要素，成為各宗的基本性格，認真探索如何為中國人的佛教成立新基準。中國佛教選擇以「大乘」為基礎，這對漢傳佛教發展而言實屬萬幸（岡部和雄〈中國社會と大乘佛教〉，《講座大乘佛教》十，春秋社，一九八五）。

中國禪宗講求的「語錄」及「公案」、「作務」、「清規」，是禪僧在新佛教體系下透過獨自的修行生活而創造，就某種意涵來說，是基於徹底否定印度佛教為前提而成立。有許多關於中國人思惟方式和論證特色的論述，例如金谷治〈易と中國人の考え方〉（《易の話》，講談社現代新書，一九七二）、蜂屋邦夫《中國の思惟》（法藏館，一九八五）、末木剛博《東洋の合理思想（增補新版）》（法藏館，二〇〇一），說明淺顯易懂。中村元《シナ人の思惟方法》（《決定版中村元選集》二，春秋社，一九八八），是正面探討中國人思惟的問題，提出以下見解：

> 中國佛教諸派中，最後統御佛教全體的就是禪宗。佛教因禪宗而得以達成新發展和變革，思想型態亦有顯著改變。（中略）探討禪宗的歷史沿革，應是獲知中國人思惟方法的最佳線索。

為了探索中國佛教的固有本質，就必須了解各時代的民眾信仰、年節慶典、倫理觀、儀禮等課題。較近期的研究中，美國學者太史文（Stephen F. Teiser）分析中世紀的中國鬼節，開拓民眾佛教研究的新層面，其著作 *The Ghost Festivial in Medieval China*, Princeton Univ. Press, 1988）。從首重教學的佛教研究角度來看，這項研究運用的資料看似細微末節，太史文卻能善用偽經、變文、寶卷、道藏等資料，提出重要成果。此外，又詳細檢討和批評塚本善隆、道端良秀、牧田諦亮、吉岡義豐、澤田瑞穗等日本學者的多項研究。民眾信仰並無明確的佛道之分，不應將這類研究框限於狹義的中國佛教領域中，但若不累積這些研究，又無法窮究「中國佛教」的本質。本書有侯旭東的中譯本，題名為《幽靈的節日——中國中世紀的信仰與生活》（杭州：浙江人民出版社，一九九九）。太史文還發表研究和翻譯《十王經》的著作（*The Scripture on the Ten Kings and the Making of Purgatory in Medieval Chinese Buddhism*, Univ. of Hawaii Press, 1994）。

六、中國佛教（通史）

前文列舉的鎌田茂雄《中國佛教史》，是史料整理最完善、最方便閱讀的參考書。鎌田茂雄編著的《中國佛教史辭典》（東京堂出版，一九八一），則根據完整版《中國佛教史》採錄各種項目。鎌田氏的其他著作《新・中國佛教史》（大東出版社，二〇〇三）是摘要解說，更接近教科書的風格。鎌田茂雄耗畢生心血彙集整理的通史，就是《中國佛教史》全六卷（東京大學出版會，一九八二－一九九九）。最初計畫出版全八卷，卻因鎌田氏驟逝，以致第七卷（宋元佛教）和第八卷（明清以後的佛教）未能完成。這部通史雖僅出版六卷，卻汲取海內外新研究成果，內容較過去所有的中國佛教史更詳細周密，是深入研究這門領域的必讀之作。

平川彰《インド・中國・日本佛教通史》（春秋社，一九七七）是依照印、中、日的佛教傳承方式，敘述三國佛教通史，不僅有助於初學者，對專家研究亦有助益。尤其是「中國」佛教通史這部分，對教理和教學發展有明快闡釋，全篇閱讀便可掌握中國佛教概要。

通史方面，可參考塚本善隆《中國佛教通史》一（鈴木學術財團，一九六八；春秋社，一九七三），原本規畫出版全三卷，卻只至東晉道安為止。此書是作者晚年的心血結晶，醍醐味盡在其中。塚本氏較早的著作〈中國佛教史〉（《現代佛教名著全集五　中國佛教》，隆文館，一九六五）也很值得參考。

道端良秀《中國佛教史（改訂新版）》（前揭書），相當注重政治和社會動態，海外學者視之為重要著作，據傳芮沃壽（Arthur F. Wright）曾英譯此書，常作為研究參考。野上俊靜、小川貫弌、牧田諦亮、野村耀昌、佐藤達玄共著《佛教史概說 中國篇》（平樂寺書店，一九六八）、牧田諦亮〈中國佛教史の流れ〉（《中國佛教史研究》一，大東出版社，一九八一）、布施浩岳《中國佛教要史》（山喜房佛書林，一九七〇）、木村清孝《中國佛教思想史》（世界聖典刊行協會，一九七九），以及中村元、金岡秀友、笠原一男編《アジア佛教史・中國編》一至五（全二十卷，佼成出版社，一九七二－七六）等各具特色，內容豐富精彩。

中國也有大規模的佛教史著作計畫和刊行，例如任繼愈主編《中國佛教史》全八卷（既刊三卷，北京：中國社會科學出版社，一九八五）。任繼愈師承於湯用彤，是哲學史和佛教史領域的權威，著有《漢唐佛教思想論集》（北京：三聯書店，一九六三，增補修訂版一九七三），內容包括對天台、華嚴、禪宗、法相等宗法分析和批判，此書有日譯本及介紹（古賀英彥等譯《中國佛教思想論集》，東方書店，一九八〇）。

《中國佛教史》原定計畫為全八卷，卻只出版前三卷，原本全篇構成是：第一卷東漢、三國佛教；第二、三卷兩晉、南北朝佛教；第四、五卷隋、唐佛教；第六、七卷宋、元、明、清佛教；第八卷清末、民初佛教。主編者在第一卷序文中，以「如今為何撰寫中國佛教史」的設問方式，闡述以下的構想和抱負：

> 中國佛教史的發展，主要是在中國封建社會的前期漢唐和封建社會的後期宋、元、明、清歷史時期進行的。因此，中國佛教歷史與中國封建社會的經濟發展、政治鬥爭的關係至為密切（頁九）。
>
> 由於佛教資料豐富，而建國三十年來，還沒有一部中國佛教通史。（中略）佛教經典有些特殊名詞、概念，為一般古籍所罕見，佛經翻譯的文體也別具一格，不易為一般讀者所理解，我們力求用現代科學的語言，把它的本來的意義介紹給讀者，並提出我們自己的看法，給以評論（頁十一）。

前三卷已有日譯本問世，可參考丘山新、小川隆、河野訓、中條道昭等譯《定本・中國佛教史》全三冊（柏書房，一九九二—九四）。

湯用彤（一八九三—一九六四）發表許多中國佛教史的古典研究著作，以下兩部最著名，分別是《漢魏兩晉南北朝佛教史》上、下冊（北京：中華書局，一九五五；橫排新版，一九八三）、《隋唐佛教史稿》（同，一九八二）。湯用彤逝後，長男湯一介集結其父的舊著和未刊草稿，出版《湯用彤論著集》全六卷（北京：中華書局，一九八三），前述的兩著作亦包含其中，又出版《理學、佛學、玄學》（北京：北京大學出版社，一九九一），收入尚未發表的中國佛教史論文。

西文佛教通史方面，最著名的就是芮沃壽的著作 *Buddhism in Chinese History*（Stanford Univ. Press, 1959）。此書有日譯本，可參考木村隆一、小林俊孝譯《中國史における佛教》（第三文明社，一九八〇）。芮沃壽曾向法國學者戴密微（Paul Demiéville）、日本學者塚本善隆學習中國佛教。

陳觀勝（Kenneth Ch'en）的《中國佛教史概論》，堪稱是目前西文著作中最詳細的通史（*Buddhism in China, A Historical Survey*, Princeton Univ. Press, 1964）。這部鉅著結尾的文獻目錄相當充實，光是正文就長達五百頁，並沒有日譯本。陳觀勝另有研究著作，很值得參考，就是 *The Chinese Transformation of Buddhism*（Princeton Univ. Press, 1973），此書有日譯本，福井文雅、岡本天晴共譯《佛教と中國社會》（金花舍，一九八一），書中將中國人的生活分為五大領域，亦即倫理、政治、經濟、文學、教育與社會，詳細分析佛教在各領域的變革和信仰狀況。

初期中國佛教是以荷蘭學者許理和（Erik Zürcher）的研究最為知名，可參考 *The Buddhist Conquest of China*, 2vols.（Leiden, 1959）（增補版，一九七二）。宮川尚志在此書初版問世後，立即撰寫書評（《佛教史學》九－一，一九六〇），評價和介紹其學術價值，內容鞭辟入裡，十分值得參考。近年此書的日譯本出版，可參考田中純男、成瀨良德、渡會顯、田中文雄共譯《佛教の中國傳來》（せりか書房，一九九五）。許理和則撰寫〈日語版序文〉，記述幾處修訂要項。這部譯本另收錄作者的代表著作和論文，可易於了解作者日後的研究業績。

戴密微為法國百科全書（一九七〇年出版）撰寫的中國佛教概論（Le Bouddhisme Chinois），是一部彙整詳盡的通史。這篇概論也收於戴密微的著作集《佛教學論文選集》，相當易於參考（Paul Domiéville, *Choix d'Études Bouddhiques*, Leiden, 1973）。

印度研究的推薦書，則有 *L'Inde classique*, 2 tome（École Francaise d'Extreme-Orient, 1947–53），今日仍相當有用。第二卷有「中文資料」（漢文資料）的相關介紹（pp. 2045–2169），這部分是由戴密微執筆，此書因有日譯本更容易閱讀（Louis Renou 和 Jean Filliozat 著，山本智教譯《インド學大事典》全三卷，金花舍，一九八一）。若將《法寶義林》別卷的 *Répertoire du Canon Bouddhique Sino-Japanaise, Édition de Taisho*（《大正大藏經總索引》修訂增補新版，一九七八），與〈大正新脩大藏經勘同目錄〉（《昭和法寶總目錄》一、三）一起參照，在查閱漢文佛典時將更為有用。這部索引也是戴密微與門生共同苦心彙編而成。

默西亞・伊利亞德（Mircea Eliade）主編《宗教百科事典》（*The Encyclopedia of Religion* 16vols., New York, 1978），其中的「中國佛教」（Buddhism in China）單元是由許理和執筆，「中國佛教宗派」（School of Chinese buddhism）單元則由史坦利・外因斯坦

（Stanley Weinstein）執筆，為能讓讀者更容易理解中國佛教大綱，全文以簡要方式細心撰述。

高崎直道在近年發表〈東アジア佛教史——漢譯佛教圈の形成〉（《岩波講座東洋思想十二 東アジアの佛教》，岩波書店，一九八八），是將以漢譯大藏經為基礎形成的東亞佛教全體發展納入研究視野。

溝口雄三、丸山松幸、池田知久編《中國思想文化事典》（東京大學出版會，二〇〇一），是從中國思想史中選出六十六項基本概念，再由各方專家分別解說，是一部方便參閱的參考著作，讓中國佛教研究者獲益良多。

第二章　格義與三教交涉

伊藤隆壽

一、關於格義

佛教傳華之初，儒道思想已成為中國固有思想，民間信仰諸如黃老、神仙等思想，以各種型態傳存於世。毋庸置疑的，佛教是世尊開創的宗教，反映出印度和西域文化，中國人在信仰佛教時，自然會產生異文化交流和衝突。印度、西域、中國之間，從紀元前在絲路進行人文物質交流，不難想像中國人早在文獻記載佛教以前，就已知此宗教存在。貿易者之間固然知悉，卻至漢代才有王公貴族和士大夫聞曉佛理，當時他們的反應，恐怕就像袁宏（三二八—七六）在《後漢記》卷十（四部叢刊本，頁五左）的記述般，感到震撼不已吧。

所謂「格義」，就是以相應的中國古典辭彙來比附解釋佛典事數。例如梁朝慧皎（四九七—五五四）撰《高僧傳》卷四〈竺法雅傳〉（《大正藏》第五十冊）說明的「以經中事數擬配外書，為生解之例」，格義是指詮釋中國佛典的方法。根據僧叡（三五二—四三六）的〈喻疑〉（《出三藏記集》卷五、《大正藏》第五十五冊），格義並非拘泥於訓詁註釋，而是促使佛教弘傳中國的方法，亦稱為「配說」。在理解和接受異文化之際，自然會以本國固有思想或概念、甚至文化習慣等作為準則，來比照解讀異文化。格義的語義是「量度義」、「格其義」，就字義來看，佛典漢譯即是格義，顯著例子就是佛教的空翻譯為無或本無，泥洹（涅槃）譯為無為，無我譯為非身，阿羅漢譯為應真等，這些例子與道家思想關係尤深，於是自然出現一種說法，就是「佛典格義翻譯」（塚本善隆《中國佛教通史》一，頁三〇七，鈴木學術財團，一九六八）。

有關格義的方式，向來有兩種觀點。一種是限定時代和內容，時間在釋道安（三一二—八五）之前，內容是以老莊的無思想來比附解釋《般若經》的空思想。另一種是將格義視為理解和接受異文化的典型方式，亦即含括所謂的佛、儒、道三教交涉之意，這種情形不限於內容或時代，而是從廣義角度來詮釋。正如《高僧傳》說明般，這種方式採用相應的中國古典辭彙比附解釋佛典，既非限於特定時代，亦非局限於對照或比配語句，而是從思考概念內容上鋪展，便能掌握顯示三教交涉的具體例。

過去如宇井伯壽、常盤大定等學者是採用前者觀點研究，後者則是以陳寅恪、湯用彤、任繼愈、塚本善隆等為代表。這部分的詳細說明，可參考拙著《中國佛教の批判的研究》（大藏出版，一九九二）本論的〈第一章　格義佛教考〉。陳寅恪特別關注格義，視其為三教交涉的代表之例，並蒐羅各種史料論證。豈料此後在中、日兩國，格義僅被視為魏晉佛教的小課題之一。筆者自一九八〇年代後期以來，認為格義不僅是三教交涉的具體例，更是闡明三教交涉的情形、分析中國佛教思想特質上的重要課題，對格義作出廣義解釋。拙著中表示：「將老莊思想的特色視為『道、理的哲學』，以『道、理的哲學』為基礎理解和解釋佛教，稱之為『格義』。以格義觀點解釋的佛教，筆者皆稱為『格義佛教』」（前揭書，頁一三二），目的就是為了闡釋三教交涉、尤其是佛、道教交涉的思想狀態所提出的研究假說。

小林正美〈格義佛教考〉（《シリーズ東アジア佛教三　新佛教の興隆　東アジアの佛教思想二》，春秋社，一九九七）之中，認為格義應有限定的用途和方法，時代上採取東晉時代的特色，指出「格義佛教」是日籍中國佛教史專家創造的語彙。彭自強在《佛教與儒道的衝突與融合》（成都：巴蜀書社，二〇〇〇）中，指出魏晉玄學的流行對佛教詮釋造成影響，促成佛典的格義解釋，此後逐漸在東晉至南北朝時期發展為「得意」。

過去有關格義與佛、道關係的論述甚多，例如以格義為例，將五戒（不殺、不盜、不邪淫、不妄語、不飲酒）比照為五常（仁、義、禮、智、信），或將三皈（皈依三寶）比照為三畏（畏天命、大人、聖人之言），這是將儒、佛思想作對比，儒、佛關係中當然也有格義問題存在。

由上述內容可明確了解格義是佛教與以儒、道為代表的中國固有思想之間的交涉，換言之，格義與三教交涉密切相關。

二、三教交涉研究與其必要性

鎌田茂雄曾言：「若想理解中國佛教，就不能在思考這個課題時，將中國固有的民族宗教道教排除在外。」（平川彰編《佛教研究入門》，頁一八八，大藏出版，一九八四）。而儒家亦是密不可分之一環，闡明從格義所象徵的三教交涉情形，堪稱是中國佛教研究中最大、最重要的課題。不僅如此，還可釐清中國思想史的實際情況。梵典和西域諸語佛典傳入之際，許多傾心佛法的人士紛紛參與贊助，不少中國固有語彙反映在經典譯語和譯文中。換言之，儒家和老莊等古典思想和語彙經常出現在佛典中。在此暫不贅述譯經概要和傳譯方面的問題，但不可忽略的是漢譯佛典顯然並未完全忠實於原典，既然如此，原典和漢譯佛典的比較研究不可或缺，而從三教交涉角度進行漢譯佛典的原典批判研究，也成為必要課題。筆者期盼研究者能參考中村元〈佛典漢譯に影響を及ぼした儒學思想〉（《中村元選集九　東西文化の交流》，春秋社，一九六五）、福永光司〈佛教の漢譯と中國古典學〉（《中國の哲學・宗教・藝術》，人文書院，一九八八）、丘山新〈漢譯佛典論〉（《岩波講座東洋思想十二　東アジアの佛教》，岩波書店，一九八八）等著作，針對個別問題深入研究。這不僅是譯語使用的調查研究，還應分析中國固有思想發揮的功能和意義。分析方法與分析結果的評價，將受研究方法或取向相異而有所不同，研究者採取的方法論和立場表明十分重要。

漢譯佛典的原典批判研究至今進展緩慢，原因是研究上過於困難。研究者不僅要熟悉中文，還要兼具梵文或西域語的解讀能力，若想成為闡明中國佛教的重要研究，就必須克服語言上的困難。縱然無法獨力完成，還可結合印度、西域和中國佛教的學者，或能理解巴利文、梵文、藏文的學者，與通曉中文的學者共同從事研究。袴谷憲昭《佛教教團史論》（大藏出版，二〇〇二）曾指出西域和中亞這些不屬於華梵地區的中間地帶，其佛教發展是相當重要的課題，若能加以闡明，就不會局限在中國框架之內。印度與西域（包括印度邊陲和西藏）、中國之間的交流角度也十分重要，該要如何跨越中、印之間存在已久的學術藩籬，將是今後應發展的課題。就此意味來看，近年受注目的論文是苅谷定彥〈《大阿彌陀經》法藏菩薩說話段の異質性——《阿彌陀經》に比して〉（《佛教學》四十五，二〇〇三）。

三教交涉是佛、儒、道三種異質思想的交涉研究，對於成為研究對象的資料，應有語言學及文獻學作為基本、基礎研究。其研究目的和最受重視的課題就是思想交流的情況，以及思想交流對三教彼此的影響和思想意涵。換言之，就是一種思想研究。這是以佛教為中心考量，但三教已各為獨立領域，故有試圖以各別立場分析三教或二教交涉的研究（這部分將在以下第三部分說明）。中、日學者採取不同研究立場或取向，產生的差異則各有意趣，甚至可互補周全。比方說，日本學者多半善用本國長年累積的研究，以及近現代的最新研究繼續發揮，對佛教教理（思想）具有卓越理解。另一方面，中國學者在近年陸續發表成果，對本國文化滿懷自信，也提出令人矚目的見解，但在理解佛教思想方面（尤其是印度佛教），以及對過去海內外研究的關心程度尚顯不足。相信這些情形在近期內應會改善，但無論如何，研究三教交涉最重要的，就是確切掌握佛、儒、道的各思想本質後再進行研究，這是理所當然的事情。筆者會強調理所當然，是由於想確切掌握三教的各思想本質並非易事。正如研究者會思考何謂佛教這個亙古永存的課題般，儒、道兩家同樣面臨此疑問。對研究者而言，若不能正確掌握佛、儒、道的各別本質，就無法研究三教交涉思想。

三、三教交涉的整體研究成果

以下著作，是目前筆者考慮到與三教交涉整體相關的主要研究：

1. 常盤大定《支那に於ける佛教と儒教道教》（東洋文庫，一九三〇）

2.久保田量遠《支那儒道佛三教史論》（東方書院，一九三一）
3.久保田量遠《支那儒道佛交涉史》（大東出版社，一九四三）
4.武內義雄《武內義雄全集八　三教交涉史》（角川書店，一九七八）
5.方立天《中國佛教與傳統文化》（上海：上海人民出版社，一九八八）
6.湯一介《中國傳統文化中的儒道釋》（北京：中國和平出版社，一九八八）
7.湯一介《儒道釋與內在超越問題》（南昌：江西人民出版社，一九九一）
8.伊藤隆壽《中國佛教の批判的研究》（大藏出版，一九九二）
9.湯一介《佛教與中國文化》（北京：宗教文化出版社，一九九九）
10.彭自強《佛教與儒、道的衝突與融合——以漢魏兩晉時期為中心》（成都：巴蜀書社，二○○○）
11.方立天《中國佛教哲學要義》上、下冊（北京：中國人民大學出版社，二○○二）
12.王曉毅《儒釋道與魏晉玄學形成》（北京：中華書局，二○○三）
13.杜繼文《中國佛教與中國文化》（北京：宗教文化出版社，二○○三）
14.伊藤隆壽著，蕭平、楊金萍譯《佛教中國化的批判性研究》（香港：經世文化出版，二○○四，第八項的中譯本）

第一、二、三項是探討從佛教傳華至明代的整體三教交涉的問題，雖是較早期的著作，卻是論述三教交涉的基本專著，很值得閱讀。第八項是承襲袴谷憲昭《本覺思想批判》（大藏出版，一九八九）、松本史朗《緣起と空——如來藏思想批判》（同），是以佛教思想的基本立場（緣起說）為立足點，對三教交涉導致佛教中國化採取批判式的研究。

第六、七項與第九項以下的幾部中國學者著作，皆探討佛教和中國傳統文化的關係，屬於三教交涉的研究書，可知現代中國學者熱切關注此問題。近年日本學者幾乎不曾從事三教交涉研究，相對凸顯了中國學者對本國文化迫切關心。這些著作顯示中國學者見解獨到，提供許多值得參考的觀點和看法，但在研究和學術方法上，並未採取日本學者視為常理的方式，也就是必須參照海內外先行研究，再提出個人主張和新見解。有些中國方面的研究，也未採取日本研究成果或議論。這或許是國情或研究環境使然，但目前的新進學者已漸作修正和調整。例如上述的第十項已盡量參照先行研究後再探討重要問題，如此方法備受注目。

四、三教交涉的諸問題

首先是針對研究方法提出建議。三教交涉在早期階段有常盤大定、久保田量遠等先驅學者從事研究，日本對中國佛教的研究方法，雖有自凝然（一二四〇—一三二一）以來採取印、中、日史觀的領域，以及與佛教相關的其他學術領域，但彼此抱持互不侵犯彼此領域的默契，早已根深蒂固。至一九八〇年代為止，中國佛教研究大致是與中國思想、印度哲學、印度佛教、藏傳佛教劃清界線的狀態。這種研究方式必須改變，否則根本無法了解中國佛教的本質。自一九六〇年代起逐漸有佛、道研究，學界在一九八〇年代以後認清必須進行跨域研究，在闡明中國三教交涉之餘，今後也應從事中國與西域、印度的交涉研究。

其次，必須探討共通三教與貫通中國佛教基軸的大課題為何？筆者認為「聖人論」或「聖人觀」就是主題之一。以佛教來說是「佛陀論」，是「悟」的問題，亦是「成佛論」。

正如村上嘉實《中國の仙人》（サーラ叢書，平樂寺書店，一九五六）所述，中國人自古將具有理想人格者視為神仙（仙人），對此深懷崇慕，儒者則視孔子及其教誨為師表，探討具有理想人格者為聖人、君子。板野長八《中國古代における人間觀の展開》（岩波書店，一九七二），是從人性觀的角度，對孔子至西漢後期大約五世紀間的思想史作整體概觀。至於道家尊崇《老子》的主張，將人與萬物根源、永存不滅的實存之「道」一體化視為理想，探討至人、真人的理念。金谷治《老莊的世界》（サーラ叢書，平樂寺書店，一九五九），以深入淺出的方式說明《淮南子》思想。佛教崇奉世尊為教祖，但中國人幾乎不曾將世尊視為真實人物而親近之。起初只奉為異國神明或神仙，逐漸與中國固有聖人、真人等理想人格者的形象重疊，方才被接納。佛教傳入初期，釋迦摩尼佛傳記與《般若經》、禪觀佛典同樣被陸續譯出。中國人又是如何研讀和接受這些傳記？這正是研究課題之一。此外，從牟子〈理惑論〉（《弘明集》卷一，《大正藏》第五十二冊）等著作中，可發現對「佛」的基本性格提出疑異。此後的佛學者又是如何理解「佛」？諸宗各派又是如何提出說明呢？

中國人思惟佛教理想中的悟和成佛之際，難道不曾從儒家聖人或道家真人、至人的角度思考？難道不曾以中國傳統的聖人觀作基準，深究佛教的悟為何、成佛為何？這正是佛教傳入之際，以及日後禪宗、甚至現代中國佛教一貫追尋的共通課題，亦是連貫格義與三教交涉、中國佛教思想史的最大課題。

對於儒、佛關係，最先應考量佛教（世尊）與儒家（孔子）的異同點。宇野精一、中村元、玉城康四郎編《講座東洋思想二　中國思想I》（東京大學出版會，一九六五）之中，宇野精一的論文〈儒教思想の本質〉就簡潔記述要點。西順藏〈佛教と中國思想〉（《講座佛教四　中國の佛教》，大藏出版，一九五八），則探討儒、佛思想在基本立足點的差異。依筆者所見，儒、佛的共通點基本上是以人為本、著重知性，但必須確切掌握世尊思想，以及明確掌握孔子思想的本質，進而留意孔子與後人思想上的歧異。後世詮釋有助於了解這些思想，但完全依循又太過偏頗，應先拂去先入為主的觀念，直接學習儒、佛真知。造成儒、佛思想分歧的論諍，就是出家與在家，以及儒家倫理與戒律的問題。因與社會制度相關，又衍生出禮敬問題。這些問題在佛教史上逐漸明顯的時代，正值釋道安（三一二－八五）至廬山慧遠（三三四－四一六）時期，尤其在慧遠的遺文中，可發現作者曾以佛學者立場答覆此問。木村英一編《慧遠研究》〈研究篇〉、〈遺文篇〉（創文社，一九六二）集結慧遠遺文和譯註、研究，是必備參考著作。佛教與儒家倫理的關係，則有道端良秀陸續發表幾篇卓越研究，例如《唐代佛教史の研究》（法藏館，一九五七）的〈佛教と實踐倫理〉、《佛教と儒教倫理——中國佛教における孝の問題》（サーラ叢書，平樂寺書店，一九六八）、《佛教と儒教》（レグルス文庫，第三文明社，一九七六）等，文中列舉「孝」和祭祖等問題，讓在家信眾和民眾的存在更顯重要。還必須探討佛教徒的實際生活、社會生活規範、宗教（佛教）禮儀等方面，究竟與儒家有何關聯。《梵網菩薩戒經》的撰成顯然是印度戒律簡化（中國化）的例證，各種偽經（疑經）的撰成，應從三教交涉的觀點更深入分析和研究。佛、儒關係之中，與宋明理學的關係尤其備受矚目。荒木見悟《佛教と儒教——中國思想の形成するもの》（平樂寺書店，一九七二）探討《華嚴經》、《圓覺經》、朱子、王陽明的思想。陽明學方面可參考荒木見悟《佛教と陽明學》（レグルス文庫，第三文明社，一九七四）、《陽明學の開展と佛教》（研文出版，一九八四）。久須本文雄《王陽明の禪的思想研究》（日進堂書店，一九五八）、《宋代儒學の禪思想の研究》（同，一九八〇）也可供參考。中文書方面是陳運寧《中國佛教與宋明理學》（長沙：湖南人民出版社，二〇〇二），書中對於宋明理學是中國與外來文化融合的成功之例，有詳細論證。

其次就思想層面來看，佛教與道教（道家）的關係比佛、儒關係更為密切。過去論及佛教，總會強調中、印在民族、氣候風土、地理條件、習俗、宗教等方面的差異，明顯強調文化上的異質性。然而拙著《中國佛教の批判的研究》（前揭書）是承續袴谷憲昭《本覺思想批判》（大藏出版，一九八九）、松本史朗《縁起と空——如來藏思想批判》（前揭書）的觀點，論證道家思想（筆者稱為「道、理的哲學」）與印度的自我論（松本史朗稱之為「基體論」〔dhātu-vāda〕），雙方思想結構是完全一致的。松本氏的論證指出有大乘佛教極致之稱的如來藏、佛性思想，本質就是 dhātu-vāda，道家思想與如來藏、佛性思想顯然具有一致性，這項重大研究對中國佛教研究影響十分深遠。中國佛教研究專家是否採納此觀點繼續研究，恐怕將是一大關鍵。印度與中國的同質思想在佛、道二教的場域緊密連結，堪稱是自然相融的結果。

時至今日，探討佛、道研究的成果甚豐，入門書有渡邊照宏編《思想の歷史四　佛教の東漸と道教》（平凡社，一九六五）、鎌田茂雄編《講座佛教の受容と變容四　中國篇》（佼成出版社，一九九一）可供參考。以老莊、道教與佛教為題材的書籍，則有森三樹三郎《老荘と佛教》（法藏館，一九八六）、吉岡義豐《道教と佛教》全三冊（國書刊行會，一九七六）、福井文雅《道教二 道教と佛教》（平河出版社，一九八三）。鎌田茂雄《中國佛教思想史研究》（春秋社，一九六八）的「第一部 佛道兩思想的交流」是從佛教立場論述佛、道關係，另一著作《道藏內佛教思想資料集成》（東京大學東洋文化研究所，一九六八），則將道教經典中的佛教資料蒐整編輯，該書序文提到：「過去天台教學或華嚴教學的教理研究相當縝密入微，現今學界卻尚未從廣泛的中國思想史中，為其教理特質和性格定位」，這種情形今日依然如故。至於道教、道教史領域中探討佛教課題的研究，則有福永光司《道教思想史の研究》（岩波書店，一九八七）、小林正美《六朝道教史研究》（創文社，一九九〇）。福永氏指出至今的佛教研究，大致已脫離中國思想史（尤其是古典儒學）的領域。宮川尚志《中國宗教史研究 第一》（同朋舍出版，一九八三），則探討神仙思想至道教形成等各種問題，對研究助益甚大。三教交涉的具體情形如何在個人思想中呈現，這方面的研究正是闡釋三教交涉思想的主題，至今最具代表的研究是塚本善隆編著《肇論研究》（法藏館，一九五五）。牧田諦亮編《弘明集研究》卷上（譯註篇上）、卷中（譯註篇下）、卷下（遺文篇）全三冊（京都大學人文科學研究所，一九七三－七五），是以六朝為中心的三教交涉基本資料《弘明集》所作的研究。有關六朝時期的各種問題和研究專著，將在本書其他單元各別解說。

第三章 譯經、經錄、偽經

岡部和雄

一、漢譯佛典的特質

外來思想和文化必須先經由翻譯介紹，這種情形並不限於佛典翻譯，但在中國，漢譯佛典（通稱為譯經）具有與眾不同的顯著特徵，那就是翻譯時間極為漫長，以致譯典數量龐大。此外，就是這些譯典在中國的神聖性遠超過原典，得以獲得盡心保存和研究。首先說明的是譯經時間，大約從東漢至宋代歷時千年之久，唐末一時中斷，但大致上延續未絕。其次是漢譯佛典總數，光是現存量就已高達約一千七百部，若以《大正藏》的頁數估算，則約達三萬頁以上，令人歎為觀止。其他散逸失傳的譯典也不在少數，就整體來看，漢譯佛典應遠多於以上統計數字。在中國一旦經典譯成，便不再顧及原典，多以漢譯佛典為尊，如此導致東傳大量原典（梵本或胡本）散逸，至今難以覓得。

如此豐富的譯典，究竟出自何人之手？無疑地，就是歸功於有「譯經三藏」之稱的譯經僧所作的貢獻。文獻中，光有載錄姓名者就高達二百人以上。《高僧傳》和《經錄》等書中，皆詳述譯經僧的傳記和傳譯事業，讀者若能涉獵這些著作，除了對名留千古的譯經僧有所了解之外，更能對昔日曾有大量贊助者在背後支持傳譯事業的偉大功德，感到震驚不已。

初期譯經階段中，是由西域各地的外來僧扮演舉足輕重的角色。東漢至西晉的譯經僧中，有些遠從西突厥斯坦攜入佛典。五世紀後華、梵直接交流，像是法顯等人赴天竺求法的「入竺求法僧」亦應時出現。入竺僧並非全是譯經僧，唯求法心渴切，不惜搏命勇渡流沙和南海，千里迢迢前往世尊傳法的故地（佛跡）。不可輕忘的是譯經這項艱鉅事業，就是憑著外來僧和入竺僧的非凡才智及堅毅過人的努力，尤其在深受宗教的熱忱與信念支持下，方能成就大業。

除了少數特例之外，譯經幾乎是共譯型態。縱有天賦異稟，短期內也無法憑一己之力完成大量譯典。譯場內少則數名、多則數十名譯僧共同參與分工。若無眾志成城，恐怕難成就如此偉業。有些協助者留下的實質功績，甚至遠超過留名譯者。

正如「奉詔譯」之辭所示，奉帝詔從事譯經的情形亦多，隋唐時期大部分為奉詔譯經，翻譯佛典被視為國家事業之一環，得以大規模推行，並為此開設國立譯場經館。至宋代明文規定譯經者各司其職，譯經事業在制度面上已臻於完備。

二、譯經的發展

佛典的漢譯工作是如何進行的？初期譯經是由一人持原典口誦原文，這是一般方式，有時卻由外來僧琅琅背誦經本，完全不參照原典，另一人則將朗讀或背誦的經文按照梵音轉記為漢文，再由一人依照文法潤飾，重新撰成漢文章節。在此情形下，唯有讀誦或背誦經文的僧侶被記錄為譯者，餘者極少留下姓名。

能將經典全卷記誦無誤，的確是非凡稟賦，時至今日，印度仍有些學僧可完全記住吠陀聖典，這種才能是靠後天不斷修練所賜。筆者閱讀《高僧傳》時，發現有幾篇記述印度僧侶具有驚人記憶力的軼事，在此介紹最有名的一篇，就是在西元四一〇年有位名叫佛陀耶舍（Buddhayasas）的梵僧，據說只需三日就能遍記大量中國藥方和民籍，復誦時還能完整背出份量銖兩及各戶人數，絲毫無誤。這項考驗的目的，就是測試此人的記憶力是否正確。佛陀耶舍順利通過測試，獲准可將記住的佛典口誦譯出，據說這些佛典譯成漢文後，竟高達六十三萬餘字。

最初期的譯經多為詞文生澀，欲從字面正確解讀並非易事。例如宇井伯壽曾苦心嘗試以日文訓讀來解讀安世高的譯經，卻哀嚎似的有感而發：「為這些漢文註釋訓讀，簡直比解讀梵文還吃力。」（《譯經史研究》，岩波書店，一九七一）。不僅是安世高如此，東漢至西晉的古譯經典也或多或少不易解讀。吳國支謙（生卒年未詳）和西晉竺法護（二三九—三一六）的譯經被視為名譯，但全卷出現不少難解之處。鳩摩羅什（三五〇—四〇九？）之前譯出的經典，大致上皆屬艱澀難解，不僅現代人有此體悟，當時的中國譯者亦有同感。東晉道安（三一二—八五）廣蒐前代佛典互作對照研究，欲尋得正確經義，並以初作《經錄》而聞名。道安對艱澀譯典也大感棘手，盼有正確的新譯問世。初期漢譯佛典的困難點不僅是譯文拙澀，更與西域傳入原典不夠完備有關。原因在於當時東傳佛典多由西域的各種普拉克利特語（俗語）撰成，梵文經本並非主流。

印度當地的佛典，在笈多王朝（四世紀）時期就幾乎全改譯為梵文經本，在此之前是以各地方言和俗語撰寫。這是由於採用當地俗語和方言傳述佛教，可讓各地民眾易於了解，符合世尊傳法的旨趣。這些西域語佛典傳入中土後，對中國人在接受及翻譯、解讀經典真髓時，自然形成不少阻礙。問題還不僅於此，當時中國對佛教翻譯術語仍在摸索階段，尚無固定譯語，端視譯者自行衡量採用音譯或義譯。《老莊》或《易經》等古籍用詞作為譯語，卻導致產生誤解之因。外來僧侶既不熟悉漢文，合作的漢僧也非精通印度或西域諸語，加上協助譯經的人力不足亦是一大阻因。

不容否認的，鳩摩羅什和玄奘（六〇二—六六四）的譯典，在中國譯經史上各具劃時代意義。

鳩摩羅什身處東晉時期，當時剛確立重要教理和思想譯語，譯文擺脫生澀漸趨成熟，閱讀更為容易。羅什譯經並未忠於原文，行文洗鍊流暢，符合中土人士喜好。例如《妙法蓮華經》以譯法高妙著稱，長年廣傳於世，足以證明其譯本已深沁人心。

玄奘譯經的重要特徵，在於語法正確。玄奘本人對此信心具足，自稱譯典為「新譯」，將過去一切譯經歸為「舊譯」，不時力倡新譯超越前譯的優點。玄奘在七世紀自印度攜回的佛典皆為梵典，根據底本創出新譯語和譯文，又以新譯為依準，批評舊譯的音譯多處訛誤，有失精確。但如前文所述，四世紀之前的譯經多以西域諸語（俗語）為底本，如此批判有欠妥當。玄奘譯有《大般若經》六百卷、《大毘婆沙論》二百卷、《俱舍論》三十卷、《成唯識論》十卷等重要鉅篇論典七十五部，堪稱是空前絕後的貢獻。玄奘的譯文特色在於字斟句酌、務求精確，對於翻譯大小乘經論（阿毘達磨文獻）這些嚴格要求縝密論理的佛教哲學文獻時，便能充分發揮實力。

無論就譯經數量或內容來看，自鳩摩羅什至玄奘的譯經過程是最充實的時期，對中國諸宗創立影響深遠。隋唐諸宗形成時根據的大量典籍也完成於此時，唯有不空（七〇五—七七四）等人翻譯的密教經典不在此列。

唐末至宋代的譯經較無特色可言，此時譯典甚豐，內容卻乏善可陳。當時設置國立譯經院，譯場組織和制度漸趨完備，進而推展印刷和刊行《大藏經》，整體卻未成氣候。舉一個極端例子來說，宋譯佛典中有一部不配稱為譯典、亦即所謂的偽造經典，就是《大正藏》第三冊所收的《菩薩本生鬘論》。這部偽譯的經典正是假藉佛陀本生故事之名撰造，並非屬於拙譯或疏失造成誤譯，而是完全出於蓄意捏造，內容支離破碎。這類經本混入漢譯《大藏經》之中，中日學者卻渾然未覺，反而是英國學者布拉夫（J. Bluff）在論文中最先指證和釋疑。《菩薩本生鬘論》並非屬於「偽經」的理由，在於偽經會提出某主張，經文呈現支持這種主張的社會和思想背景，而此經並無此特性。《菩薩本生鬘論》記載譯者是紹德慧詢，此人被冠上梵才大師之名，甚至僭稱為梵文大學者。這部經典透露了佛教官僚化已腐敗墮落至此，可見一斑。

譯經之際，雖採用《老子》、《莊子》、《易經》等中國古典哲學著作的用語，卻不時出現佛教的獨特術語。若想正確認識這些術語，必須參閱中村元編著《佛教語大辭典》（東京書籍，一九八一）等書作為線索，才能正確掌握原語。若想查閱漢譯語彙的梵語原文，平川彰《佛教漢梵大辭典》（靈友會，一九九七）較容易參考，甚至可使用荻原雲來編《漢譯對照　梵和大辭典（增補改訂版）》（鈴木學術財團，一九七九）再作確認，就能更深入理解漢譯語彙的形成和獨特性。原文譯自巴利文的漢譯佛典，則有水野弘元《南傳大藏經總索引（增補改訂版）》第一部、第二部（ピタカ，一九七七），參考價值亦高。

若欲了解較新的專門研究，還可查閱辛嶋靜志《正法華經詞典》（創價大學、國際佛教學高等研究所，一九九八）和《妙法蓮華經詞典》（同，二〇〇一）。

三、編纂經錄（經典目錄）

漢譯佛典中常有不同譯者詮釋同部原典，稱為「同本異譯」。有些佛典經歷三、四次翻譯，各譯本竟不曾佚失而流傳至今，例如鳩摩羅什的名譯《金剛般若經》就另譯八次之多。至於有「直本」之稱的逐語譯本，亦有留存後世。原則上藏譯經典是每部僅留一種譯本，原因是要貫徹將原譯本逐步改譯、常保一部經典的原則。

漢譯佛典卻不採上述方式，對異譯本不作取捨而直接保存，或許予人多此一舉的印象，但對照研究時，各譯本皆是不可錯失的最佳資料。對各時代譯語相異或演變、各譯者的新琢磨、擴大延伸原典意義的跡象等方面，同本異譯經典提供了絕無僅有的題材。

道安早在四世紀就關注此問題，對數種同本異譯經作比較研究。道安有志藉此研究探討經典真義，卻未必有所成果，原因是當時譯經優劣各別，無法充分應其所求。然而透過比較研究，道安詳細分析各譯者的譯語和譯風特徵，發展為一種佛典翻譯論的形式。

道安對譯經史研究最大的貢獻，就是完成經典目錄《道安錄》（正確名稱是《綜理眾經目錄》），是從佛典傳入最初期開始發展的二百餘年間，詳細調查研究中國譯經過程的珍貴記錄。《道安錄》已佚失，卻因僧祐（四四五－五一八）在《出三藏記集》中完整引用，大致可還原其內容。這部經錄記載最初期的中國譯經始末，是最值得信賴的史料。

以《道安錄》為開端的經錄，光是現存數目就超過十部，而對目前漢譯《大藏經》的內容和組織影響最深的經錄，則是唐代編纂的《開元錄》（《開元釋教錄》）。這部《開元錄》完整具備經錄的必要項目，含括內容最廣，最具綜合性。若詳細探討內容，將發現有不少虛構或謬誤是源自隋代的《歷代三寶紀》等譯經。雖有上述缺點和誤傳，今日漢譯《大藏經》仍確實仰賴《開元錄》提供的資料。

有關梵典撰成和傳承，或中國翻譯史等方面，水野弘元《經典──その成立と展開》（佼成出版社，一九八〇）最適合參考，渡邊照宏《お經の話》（岩波新書，一九六七）亦是極佳的入門書。《水野弘元著作集》全三卷（春秋社，一九九六）的第一卷中，收入代表如「佛教聖典とその翻譯」等多篇重要譯經史論文，讀者可獲得更深啟發。宇井伯壽《佛教經典史》（大東出版社，一九五七）、望月信亨《佛教經典成立史論》（法藏館，一九四六）也很值得參考。小野玄妙《佛教經典總論》（大東出版社，一九三六；新版收於《佛書解說大辭典》別卷，一九七八修訂），與《大正藏》編纂事業關係密切，是網羅資料最詳實的研究。常盤大定《後漢より宋齊に至る譯經總錄》（東方文化學院東京研究所，一九三八）、林屋友次郎《經錄研究（前篇）》（岩波書店，一九四〇）、《異譯經類研究》（東洋文庫，一九四五），以及宇井伯壽《釋道安研究》（岩波書店，一九五六）、《西域佛典の研究》（同，一九六九）、《譯經史研究》（同，一九七一），大野法道《大乘戒經の研究》（理想社，一九五四）、矢吹慶輝《三階教之研究》（岩波書店，一九二七）、《鳴沙餘韻解說》（同，一九三三）也值得參考。橫超慧日、諏訪義純《羅什》（大藏出版，一九八二），桑山正進、袴谷憲昭《玄奘》（同，一九八一）提供珍貴的研究成果。中國學者對大藏經編纂史的研究，則有方廣錩《佛教大藏經史》（北京：中國社會科學出版社，一九九一）。

四、偽經

偽經是指印度以外地區、尤其是在中國假藉佛說偽作的經典。儘管採用譯經形式，實際上是為了讓佛教更普及而摻入通俗信仰，或是為了宣揚有別於正統體制的佛教思想和儀軌所製作的經典。若指印度以外地區，亦包括西域和南海等地，嚴格來說，這些地區撰著的經典應稱為偽經，通常並不包括在內。無論在何處撰寫的經典，只要是譯本（漢譯）就被視為正統佛典（真經或正經）。因此所謂的偽經，是指漢字通用地區（漢字文化圈）撰寫的經書，主要在中國撰造的經典（朝鮮和日本也有部分偽經，暫不列入介紹）。

根據《經錄》所述，對某部經典的真偽感到質疑，便稱之為「疑經」。若能確定是中國偽作的經典，則以「偽經」作為區別。一般而言，「疑經」、「偽經」、「疑偽經」幾乎當作同義語使用，在中國發現仿造譯經形式的經典，皆以這些專有名詞稱之，就是《經錄》中所謂的「黑名單」，被逐一記載，目的是提醒後人留意。

最初對偽經提出疑問的是《經錄》的編者群，原本《經錄》只是譯典目錄，編纂者自然格外留意辨識譯典真偽。對編纂者而言，偽經只是混淆真經（譯經）、蒙晦佛理真諦而已，唯獨譯經才是梵傳法論的正統，餘者皆是恣意捏造的偽經，法義荒謬不足為取。就《經錄》編纂者的立場來看，將偽經視為「偽妄」或「偽妄亂真」而輕蔑之，是無可厚非的事。

然而，就像反諷這些編纂者過於深思多慮，偽經數量隨著朝代更迭只是有增無減。東晉道安時期有二十六部三十卷，梁朝僧祐時期增至四十六部五十六卷，數量已近兩倍。隋代彥琮（五五七－六一〇）時高達二百零九部四百九十卷，激增為原先的四倍，唐代智昇（生卒年未詳）時期已有四百零六部一千零七十四卷，部數及卷數又較前朝增至一倍。《經錄》記載的部數和卷數未必完全正確，卻明顯反映偽經隨著時代不斷增加的史實。前述智昇所撰的《開元錄》中，記載偽經已超過四百部，卷數高達千卷以上，如此情形特別值得矚目。從眾所周知的《開元錄》入藏數來看，總共收經一千零七十六部五千零四十八卷，現存於《大藏經》中。將入藏數與前述的偽經四百零六部一千零七十四卷互作對照，雙方卷數出現明顯差距，偽經部數將近半數。由此可知當時已有各種偽經存在，盛傳流行於民間。隋唐素有中國佛教完成期之稱，卻是偽經發展的全盛時期。

為何需要撰寫如此數量可觀的偽經？這些偽經內容大量蘊含何種主張和信仰？這正是研究偽經的重要課題。相信每部偽經都能為了解民間信仰的百態，提供有效而具體的研究線索。

《開元錄》判定為偽經被摒除於《大藏經》之外，換言之，前述的四百零六部一千零七十四卷皆不得入藏，沒有任何寫本存於寺院經閣中。這些經書被剝奪資格，永無法成為正統佛典延續命脈。民間廣為流行的偽經在《經錄》〈偽經錄〉中只是徒留其名，經書早已亡佚，唯有在《法苑珠林》、《諸經要集》、《經律異相》等著作中留下數篇引用佚文而已。

二十世紀初，敦煌石窟發掘出高達數萬件的古文書和文獻，整理研究的過程中，發現有不少原先被視為已佚的偽經。昭和初年，矢吹慶輝在倫敦和巴黎調查研究史坦因（Marc Aurel Stein）、伯希和（Paul Pelliot）攜回的寫本，選出最珍貴的五十六部偽經，將經文收於《大正藏》第八十五冊（古逸部、擬似部）。矢吹氏的其他調查及研究成果，集結於《鳴沙餘韻解說》（前揭書）、《三階教之研究》（前揭書）。

此後偽經研究歷經半世紀長足發展，敦煌發現的偽經大多從《經錄》中獲得確認，時而卻出現某些至今毫無記錄可循的經典。牧田諦亮《疑經研究》（京都大學人文科研究所，一九七六），介紹《大正藏》未收錄的三十部偽經，是敦煌偽經研究的新成果。該書總論「中國佛教中的疑經研究」之中，逐一參照偽經成立史的最新研究，並對今後整體研究提出展望，是極具參考價值的著作。

有關日本古寺院中偶然遺存至今的藏經，可參考石田茂作《寫經より見たる奈良朝佛教の研究》（東洋文庫，一九三〇）。望月信亨曾主張《大乘起信論》為中國撰述經論而引發學界爭議，他對偽經特別表示關注，在《佛教經典成立史論》（前揭書）等著作發表許多論述。望月氏根據偽經中標榜的信仰和主義主張，分為以下四類：1.與道教和民俗信仰相關；2.與護國及大乘戒、菩薩修道階位有關；3.與如來藏、密教有關；4.與馬鳴造《大乘起信論》或假託馬鳴和龍樹諸論有關。牧田諦亮則提出六大要項，探討偽經撰寫的意圖：1.迎合主權者的意向（例如為則天武后造《大雲經》等）；2.批判主權者施政（三階教經典或《像法決疑經》、《瑜伽法鏡經》等）；3.強調佛教與中國傳統思想調和，或思考兩者優缺點（《父母恩重經》、《盂蘭盆經》、《須彌四域經》、《清淨法行經》

等）；4.鼓吹特定教義或信仰（《大通方廣經》、《觀世音三昧經》等）；5.標榜當時的特定個人名義（《高王觀世音經》、《僧伽和尚欲入涅槃說六度經》、《勸善經》等）；6.療疾或迎福等純屬迷信之類（《天地八陽神咒經》、《佛說延命壽經》、《佛說七千佛神符經》等）。從以上分類中，牧田氏指出偽經絕大多數屬於第六項。與艱澀難懂的佛法可說近乎無緣的百姓和大眾階層，為求從現實中離苦得樂，應該如何透過佛教追求心靈寄託？如此想來，導致這種偽經氾濫的因素實在值得矚目。

中村元《廣說佛教語大辭典》（東京書籍，二〇〇二）的「疑經」項目中，將各種偽撰動機歸為以下四類：1.《十王經》、《高王觀世音經》等鼓吹通俗信仰；2.《像法決疑經》等以末世思想為基礎；3.《仁王般若經》等以勸誡為政者為目的；4.《大梵天王問佛決疑經》等與禪宗傳統相關。

偽經中有許多經典與禪宗有關，例如偽撰的《法句經》、《金剛三昧經》、《禪門經》、《法王經》、《圓覺經》、《楞嚴經》等為代表。其中，《金剛三昧經》、《圓覺經》、《楞嚴經》得以欺瞞《經錄》編纂者之目，混入《大藏經》之列。這方面的研究，則有水野弘元、柳田聖山、沖本克己、岡部和雄、木村清孝、石田瑞磨等人為代表。例如水野弘元〈菩提達摩の二入四行と金剛三昧經〉（《駒大佛教紀要》十三，一九五五）、〈偽作の法句經について〉（同十九，一九六一）、沖本克己〈禪宗史における偽經——

《法王經》について〉（《禪文研紀要》一〇，一九七八）、岡部和雄〈禪僧の注抄と疑偽經典〉（《講座敦煌　八》，大東出版社，一九八〇）、〈偽作《法句經》研究の現段階〉（《古田紹欽古稀紀念》，創文社，一九八一）、木村清孝〈偽作《佛說法句經》再考〉（《佛教學》二十五，一九八八）、柳田聖山《中國撰述佛典一　圓覺經》（筑摩書房，一九八七）、荒木見悟《中國撰述佛典二　楞嚴經》（同，一九八六）、石田瑞麿《民眾經典（《父母恩重經他》）》（同）。天台學者關口真大的重要研究〈敦煌出土最妙勝定經考（附　最妙勝定經）〉（《淨土學》二十二、二十三，一九五〇；《天台止觀の研究》，岩波書店，一九六九）。柴田泰〈淨土教關係疑經の研究〉（《札幌大谷短大紀要》八、九；一九七四、七六）是研究與淨土宗相關的偽經。

近年在名古屋市七寺發現古逸佛典，將其中重要經典刊行的研究書是《七寺古逸經典研究叢書》（全六卷，大東出版社，一九九四－二〇〇〇），這套叢書包含三篇考證偽經的研究論文，分別是牧田諦亮〈新疑經研究序說〉（第一卷）和〈疑經研究の今後の課題〉（第五卷），以及菊池章太〈疑經研究文獻目錄〉（第四卷）。

中國學者也對《大藏經》未收佛典從事研究及著作出版，例如方廣錩編著《藏外佛教文獻》第一輯（北京：宗教文化出版社，一九九五）。

第四章　敦煌佛教

上山大峻

一、敦煌——佛教東漸要衝

敦煌位於長安（今日西安）通往西域的河西走廊最西端，匯集了天山南北路、西域南道三路的絲路要衝，是一處繁華鼎盛的都市。自一世紀起佛教東漸後，敦煌是前往中國的必經之地，亦是中國最初接受佛教的地點。敦煌出身的月支人竺法護（二六五－三〇八）曾如是言：「經法所以廣流中華者，護之力也。」竺法護活躍於三、四世紀，當時已有西域僧侶往來敦煌，當地因各民族語言混淆，造就了竺法護的宣揚佛教環境。

二、埋藏的佛教文獻——發現、蒐集、保管

千佛洞遺跡

敦煌於二十世紀初有兩項重大遺產備受世人矚目，就是有千佛洞之稱的石窟寺院，以

及封存於第十七窟藏經洞的數萬卷古寫本。

敦煌市區周圍有四個稱為千佛洞的遺跡，分別是：

1. 莫高窟：位於敦煌縣城東南方約三十公里的鳴沙山麓，根據中國學者的考察，目前有四九二窟存在。

2. 西千佛洞：距敦煌市中心西南方約三十公里的黨河北岸，許多石窟已崩毀，現存二十二窟。

3. 榆林窟：距敦煌市中心以東一七〇公里，現存四十二窟。

4. 水峽口窟：榆林窟以東，有小千佛洞或下洞之稱，僅存六窟。

其中規模最大、造就敦煌盛名的就是莫高窟，地點位於鳴沙山麓。實際上，在此開鑿的大小石窟重層堆疊，距離長達一．六公里，是象徵佛教隆盛的歷史紀念碑。

三、敦煌出土資料與研究

（一）石窟出土的古寫本與蒐集

西元一九〇〇年，一位名叫王圓籙的道士偶然發現莫高窟的一室（第十七窟藏經洞），室內藏約五萬件古寫本，成為敦煌舉世聞名的遺寶之一。

歐美人士得知消息後，英人史坦因率先於西元一九〇七年赴敦煌，取得部分文獻返國（交由大英圖書館保管）。法人伯希和隨後前往，又取走部分文獻（交由法國國民圖書館保管）。中國政府將剩餘文獻回收（由中國國家圖書館保管）後，日本的大谷探險隊、俄人奧登堡紛紛前往敦煌，繼續蒐集相當可觀的文獻。

從語言構成來看，敦煌文獻大半是漢文寫本，其餘以藏文寫本為主，另有維吾爾語、于闐語、粟特語等古代中亞語文寫本。內容包括儒家和道教等外教典籍、僧尼戶籍調查、土地買賣契約等經濟文書、曆本、文學書之類，又以佛經和經疏等佛典類占絕大多數。還有少數印本（九—十世紀）和帛畫，幾乎全是紙類手抄本。這些文獻約成立於五世紀初至十一世紀，長達六百年之久。

為何會將大量寫本封入石室中，至今原因未明。從出現許多破損經典來看，至少可推斷這些文獻並非正式藏經，而是將不再使用或舊損的佛典埋藏一處，以表尊重之意。古寫本的來歷雖不明確，每一部著作卻真實反映昔日敦煌佛教徒的信仰和生活，從獲取第一手資料這點來看，敦煌寫本極富史料價值。

（二）敦煌出土文獻研究

敦煌古寫本問世後，東洋學者一舉投入研究，最初階段是關注偶然保存於敦煌石室中的三階教典籍，這些文獻在中國原已散佚，因此被視為珍本公開於世。至於佛典方面，禪宗文獻備受矚目的原因，是發現過去未知及散佚文獻。東洋史專家從寫本中找出古代中國經濟和法制的具體記載，迅速展開研究後，受到各方關注，有「敦煌學」之稱的研究領域於焉誕生。

（三）研究方法的轉變

昭和三十年（一九五五），榎一雄、山本達郎共同努力下，將史坦因文獻的微膠片全部取回日本，可藉由照片貼近實物原貌。如此一來，敦煌研究導向新局面，迥異於昔日研究者在探討時，只能透過「尋寶」方式發掘和介紹古逸及未流傳的新文獻。這種方式是透過敦煌出土文獻，直接解讀並重現敦煌佛教原貌。研究者當然是以闡明敦煌佛教為目的，但過去研究卻非如此。原因之一是昔日有先入為主的觀念，認為敦煌既屬中國佛教文化圈，佛教發展就應該與中土佛教相契合，出土文獻應從中國佛教的角度來定位。即使推測敦煌曾發展固有佛教文化，卻礙於殘卷未全或未見真跡，無法掌握實貌。

然而透過公開文獻照片，已故東洋史學家、亦是書法家的藤枝晃博士，曾設法從筆跡演變來判定寫本時代，打破判讀文獻的制限。許多出土寫本欠缺識語，並非完本，僅有少數（約千件）保留識語，可得知寫本繕寫年代。將這些寫本按年代排列，可明顯發現字跡因時而異，設定筆跡變化的基準也以此為衡量標準，縱然沒有記錄寫本年代，仍可根據筆跡特徵推斷大致抄寫年代，這就是藤枝晃博士提倡以筆跡判定寫本年代的方法。如此能讓至今因年代不詳導致無法採用的寫本殘卷得以活用，有效文獻數量因而倍增。透過照片檢視，不僅能歸類筆跡，還可將寫本型態、紙張等質量方面的特徵歸納不同類型。千佛洞壁畫的題材和構成可配合佛教教學變遷，更有助於理解，透過敦煌資料，即可闡明「敦煌」固有佛教文化。

四、闡明佛都敦煌盛衰的始末

（一）北朝興佛時期

根據敦煌文獻《大般涅槃經》末題所述，西元五三三年，敦煌刺史元太榮（任期至五四四年）下令寫此經，又命寫《維摩經》、《法華經》、《金光明經》等代表經典共達一百卷。西元五三〇年，又寫《仁王經》三百部祈願癒疾，敬獻毘沙門天。當時敦煌已納入北魏管轄（四三九），至隋朝統一（五八一）為止。北魏於西元四四六年斷然展開著名的廢佛行動，西元四五三年卻再度奉佛，從此佛教發展格外繁榮。敦煌位於邊陲，較少受到廢佛行動波及，加上位於絲路往還要衝，以及昔日佛教興隆的影響，更達於鼎盛。刺史東陽王元太榮推動寫經事業之餘，更讓敦煌千佛洞達到空前未有的盛況。實際上，莫高窟現存一座華麗石窟（第二八五窟），推測可能是元太榮所建，在在證明佛教發展極其繁盛的景象。

從敦煌出土寫本中還可得知的，就是北朝時期的敦煌寫本中，發現不少昔日未知的《勝鬘經》、《維摩經》、《法華經》、《十地經》等典籍的經疏（經論釋疏）。明確記載年號的經疏中，例如比丘曇興於景明元年（五〇〇），在定州豐樂寺書《維摩經》（史坦因二一〇六號），以及比丘惠龍於大統五年（五三九）書《維摩經義記》（史坦因二七三號）。高昌國延昌四年（五六四），則記載《勝鬘經疏》為「照法師疏」（史坦因五二四號）。由此可推知當時不只是經典流布，尚有經疏存在，如此事實背後透露出曾有僧眾等修習團體在從事講經、教學工作。從敦煌大批出土北朝時期（六世紀）的經疏寫本中，顯示當地弘揚佛學頗為積極，與中土有並駕齊驅之勢。就當時情勢來看，東陽王對維護和培育敦煌佛教學，可說不遺餘力。

（二）隋唐時代的敦煌佛教

西元五八一年隋朝統一南北分勢，未久隋滅改祚，唐於西元六一八年繼統中原，展現空前的大一統盛世。

唐朝於西元六二二年在河西地方設置涼州、肅州、會州、瓜州、沙州（含敦煌縣和壽昌縣）共五州，西元六四八年滅焉耆和龜茲，設安西都護府於龜茲作為前線基地，積極經營西域。敦煌成為唐朝前進西域的據點，地理愈形重要，成為東西通路上的繁華旅宿地。

慧超於西元七二七年行經龜茲，描述當地有唐朝建立的大雲寺和龍興寺等官寺，由長安漢僧擔任住持推行大乘佛教。從敦煌出土文獻確定當地實有大雲寺、龍興寺、開元寺等大剎存在，可知唐代佛教政策推行廣泛，遠及邊陲之域。

（三）敦煌寫經

敦煌出土的隋唐古寫經卷多以楷書寫成，一行共十七字，字體精妙端正，並採用稱為黃麻紙的黃染上等紙，經卷幅為二十五公分（一尺）。此格式便於經閣收藏，必須維持固定尺寸。印本出現之前，則由專門寫經生處理標準寫經形式。說起正規寫經，敦煌曾設置最早的官營寫經所，當時的寫經仍保存至今。例如卷末記載以下佛典：

成實論卷十四

經生曹法壽書寫用紙二十五張

永平四年歲次辛卯七月二十五日　敦

煌鎮官經生曹法壽所寫論成訖
典經師 令狐崇哲
校經道人 惠顯
（每行文字按原寫本格式）

敦煌寫本中發現十三部這類寫經，年代集中自永平四年（五一一）至延昌三年（五一四）。當時制度是設敦煌為鎮，所謂的敦煌鎮官經生，就是指隸屬該鎮官營寫經所的寫經生，他們抄寫的一切經數量十分可觀。當時的一切經是由一千四百六十四卷構成，至唐代數量更加可觀，據西元七三〇年編纂的經目《開元釋教錄》記載，甚至高達一千零七十六部五千零四十八卷。光是抄寫如此大量經典，奉納於各州開元寺等官寺，就不知耗費多少心力。由此可推知，在敦煌亦曾因應需求推展寫經事業。

就目前所知，有近三十部明文記載長安宮廷寫經所書寫的精美經卷，摻混在敦煌大量出土的標準寫經之中，敦煌寫經生應是參照朝廷分配的經本撰寫，原來這些長安一級文物也曾遠播邊疆。

其他則有景雲二年（七一一）的曇鸞《讚阿彌陀佛偈》寫本存於敦煌寫本中，廣布長安的淨土宗經也傳至敦煌。將在後文介紹的敦煌石窟壁畫，亦出現大量淨土圖繪（淨土變相圖），中土佛教界在當時影響極為顯著。

至唐代，千佛洞壁畫和塑像遺跡更為寫實華麗，製作方式是將長安繪製的壁畫草圖傳至敦煌，再描繪草圖輪廓和施色。根據畫家平山郁夫所述，第三三二窟的東壁畫與日本法隆寺的壁畫相同，恐怕皆出自分傳東、西兩域的同一草圖。唐代寫本以淨土經典居多，壁畫則以繪製華麗的「淨土變相圖」為主流。

（四）西藏占領敦煌

佛教興隆的敦煌在盛唐後期發生鉅變。西藏（吐蕃）逐漸強盛後，窺伺唐朝在安祿山之亂（七五五）後國勢衰微，趁機攻占首都長安，順勢西進河西各都，西元七八六年終於攻陷敦煌，納為屬地。敦煌此後歸為「大蕃國」西藏管轄，至西元八四八年土豪張議潮起兵驅逐吐蕃，至收復重為漢人統治為止，這段期間在敦煌史上稱為「吐蕃統治時期」。

當時藏人遺留的藏語文獻，大量保存於敦煌資料中。這些保存史料加上藏傳文獻，更能浮顯當時佛教界的獨特樣貌。

（五）西藏統治時期的佛教界

西藏恰於此時定佛教為國教，舉國積極引入（七六一年決定引入）佛教，促進佛法興盛，非但不排除佛都敦煌的原有人文、組織、思想、技術，更減少改變，堅守傳承，將既有文化善用於藏傳佛教事業中。從壁畫風格與前代雷同來看，當時直接採用原來畫工繪製的跡象顯而易見。除了推行漢文寫經和學術研究，還招攬遠避戰火至敦煌的漢僧菁英，共同推廣藏傳佛教。例如長安西明寺學僧曇曠（？—七八六）為避戰亂逃至敦煌（七六三），引進最先進的學問開講釋經，因有《金剛般若經》、《大乘百法明門論》、《大乘起信論》等研究書和授講記錄保存於敦煌，後世才得知這些傳法活動。中國新興宗教禪宗的摩訶衍禪師也徙居敦煌，接受吐蕃贊普赤松德贊（七四二—九七）招請入藏，傳授頓悟禪宗之法。這些禪法與先入藏的印度中觀派主張的漸悟思想出現分歧，西元七九二至七九四年，雙方為正法展開激烈的教理辯論，最後摩訶衍因論敗被逐返敦煌。這次論諍的漢文記錄《頓悟大乘正理決》保存於敦煌藏經洞，讓史實過程和論諍內容得以明朗化。

俗姓吳的漢人法成，自幼生長於吐蕃占領的敦煌，因此兼通藏語，又向曇曠等人修習佛學，漢傳佛教的造詣深厚。法成精通語學和佛教知識，受封號為藏譯佛典組織的最高職銜「大蕃國三藏法師」，以 Chos grub 為藏名，將圓暉口述的《入楞伽經疏》等譯為藏典，西元八三三至四六年又將東傳的新佛典《稻芉經疏》等譯為漢本。

西元八二六至二七年，西藏政府為在國內寺院廣納藏譯佛典，求取漢、藏文版《大般若經》和《無量壽經》為百姓消災納福，因需大量寫經人力，便分派敦煌漢民寫經。他們的藏語拼音署名留於後世，敘說了這項史實。

當時中國佛教新知不僅無法傳入當地，連紙筆也斷絕輸入，百姓唯有使用在敦煌漉造的粗紙。加上筆墨不足的情況下，僅能使用書寫藏文的木筆寫漢文。來自中土的佛教斷絕信息後，藏傳梵佛的新知卻流入此地，曇曠引介的漢傳佛學與梵、藏佛學相互融合，形成獨特的敦煌佛教學。

（六）歸義軍時期的佛教

張議潮自西元八四八年驅逐西藏勢力，將敦煌重新納入漢人統治後，受朝廷任命為「歸義軍節度使」，暫時委託治理敦煌，稱為「張氏歸義軍時代」（八四八－九〇五）。此後曹議金繼續統治，則稱為「曹氏歸義軍時代」（九二四－一〇三〇）。敦煌與中國恢復文化交流，卻絕不併入中土，呈現獨立國型態。

張議潮剛治理敦煌之際，藏傳佛教已發展長達六十年，影響力依舊深遠。法成將西藏統治時的稱謂「大蕃國三藏」刪除「大蕃」二字，僅以「國三藏法師」的名銜繼續譯經活動，自西元八五五年起，又為開元寺的漢僧講授《瑜伽師地論》。列席講筵的弟子們留下抄錄內容，後世方能了解當時的傳法情況。西元八五九年，法成講述至《瑜伽師地論》一百卷的第五十五卷時突然中斷，推測可能未久即撒手人寰，近年則發現當時整理法成藏書的目錄。

歸義軍時代仍繼續興建敦煌石窟，教團久盛不衰。此時的出土文獻多屬於為一般信徒淺釋教義的「變文」，以及經典講義本的「講經文」，或維持寺院和佛窟組織「社」的相關文書，提供許多與百姓息息相關的資料。

五、敦煌佛教的結束

十一世紀初，河西地區完全被納入西夏國（党項族所建的新興王朝）統治，敦煌也併入管轄。西夏入侵之際，敦煌佛教界一時動盪，此後西夏卻保護這片淨域，未對僧尼和千佛洞造成迫害，反而在統治期間重修幾處千佛洞窟。

西夏在第六任統治者桓帝（一一九三－一二〇六）主政末期，遭逢蒙古大舉入侵，西元一二二七年為成吉思汗所滅，敦煌此後轉由蒙人立國的元朝統治。敦煌研究院列舉元代興建的八座石窟，指出當時的石窟特徵多以藏傳佛教圖像為主（如第四六五窟）。元朝對千佛洞亦採取保護措施，當時絲路已喪失東西交流機能，與敦煌命運一同，皆淪為廢墟。

【參考資料】

〔概觀〕

榎一雄、牧田諦亮、山口瑞鳳等編著，《講座敦煌》全九卷，大東出版社，一九八〇—九二。

榮新江，《敦煌學十八講》，北京：北京大學出版社，二〇〇一。

〔研究史〕

神田喜一郎，《敦煌學五十年》，筑摩叢書，一九七〇。

高田時雄，《草創期の敦煌學》，知泉書館，二〇〇二。

《特集 敦煌學の百年》，《佛教藝術》二七一，每日新聞社，二〇〇三。

〔筆跡判定〕

藤枝晃，〈北朝寫經の字すがた〉，《墨美》一一九，一九六二。

〔敦煌寫經〕

〈敦煌出土の長安宮廷寫經〉，《塚本博士頌壽紀念——佛教史學論集》，一九六一。

〔西藏占領時期的佛教〕

藤枝晃，〈吐蕃支配期の敦煌〉，《東方學報》京都第三十一冊，一九六一。

上山大峻，《敦煌佛教の研究》，法藏館，一九八九。

〔禪宗文獻〕

田中良昭，〈敦煌禪籍（漢文）研究概史〉，《東京大學文學部文化交流施設研究紀要》五，一九八二。

田中良昭，《敦煌禪宗文獻の研究》，大東出版社，一九八三。

〔三階教〕

矢吹慶輝，《三階教之研究》，岩波書店，一九二七。

西本照真，《三階教の研究》，春秋社，一九九八。

〔敦煌佛窟藝術〕

松本榮一，《敦煌畫の研究》，東方文化學院東京研究所，一九三七。

敦煌文物研究所編，《中國石窟　敦煌莫高窟》，平凡社，一九九〇。

藤枝晃，〈敦煌千佛洞の中興〉《東方學報》第三十五冊，一九六四。

樊錦詩、劉永增，《敦煌石窟》，文化出版局，二〇〇三。

第五章　《大藏經》開版

椎名宏雄

一、研究對象與基本文獻

中國佛教研究主題廣泛，《大藏經》研究則是歸於特殊領域，原因在於研究內容過於浩繁，必須查閱原典。即使今日研究條件完備，仍無法掌握全貌，因此研究《大藏經》之際，必須先確定方法論的方向。

研究方法之一，就是僅以某時期開版的《大藏經》為對象，例如北宋福州版或清代《龍藏》等，先以一、二藏為對象，不限佛教領域，而是從歷史、經濟、社會、文化等各層面考察探討。另一種方法，就是只針對各版《大藏經》的共通部分研究，例如譯經史或目錄學研究、從題記和序跋分析各《大藏經》的基本特性研究、藉由調查布施信眾來分析信仰的研究、考證某宗派入藏書的文獻史研究，從多元化的處理方法，可發現《大藏經》擁有如此廣大的資料源。筆者個人曾針對禪籍入藏書作探討（詳見拙著《宋元版禪籍研究》，大東出版社，一九九三），雖有未足之處，卻採用上述最後一種研究方式，可供讀者作參考。

總而言之，《大藏經》研究應兼具東洋史、中國佛教史、中國文化圈史等基礎知識。若欠缺這些學養，在研究《大藏經》之際，就應該同步學習各種知識。這門學問艱深異常，需要豐富多彩的學識，更要具備踏實精神探索其道。換言之，研究者若非懷抱堅定意志、腳踏實地做學問，將無法窮究《大藏經》之奧祕。

基於上述理由，除了日本學者編刊《大正新脩大藏經》時引起短暫的《大藏經》研究風潮之外，專攻這門領域的學者堪稱是寥寥無幾。自西元一九八〇年起，中、日兩國屢次出版《大藏經》文獻研究，原因是中國陸續刊行《大藏經》影印本，以及日本對國內各地的收藏機構進行調查，加上發現《契丹藏》和《弘法藏》等零星刊本，頗有推波助瀾之效。目前《大藏經》基本資料相繼公開，有待研究者善加運用。就像前文所述般，這是極具價值的研究領域，非常期盼新進學者能接受這項挑戰。

接下來配合研究文獻介紹，首先是設定研究範圍。

中國自古為多民族國家，幅員遼闊，《大藏經》亦有漢、滿、蒙、藏、西夏等多種版本。時至今日，藏文《大藏經》另屬專門領域為藏傳佛教，與「中國佛教」有所區別。滿、蒙文和西夏文的《大藏經》則依各國史或地域文化史、民族史等領域探討，除非情形極為特殊，否則很少使用這些版本研究中國佛教。筆者想介紹的研究文獻是最普遍、最重要的漢文《大藏經》，但漢文《大藏經》亦在高麗和日本開版，多少仍需要探討這些跨文化課題。在此必須事先說明，所謂「開版」是指刻版印刷，時期從宋代至近世末，暫不包括近代在內。近代刊印的古版藏經和研究文獻，將在其他項目另行介紹。

毋庸置疑的，《大藏經》是卷帙浩繁的佛典類叢書，亦是一切藏經。中國通稱為「大藏經」，日本稱為「一切經」，這是基於歷史因素而名稱相異，並非出於經典內容。漢譯佛典始於二世紀，道安在四世紀末蒐集諸譯典整理為《綜理眾經目錄》一卷，是最初的漢典總集。大約六百年後，北宋初期開版《大藏經》（以下稱為藏經），以勅版藏經（開寶藏）為最初，內容架構是根據唐代《開元釋經錄》（七三〇）所定的一千零七十六部五千零四十八卷為底本，後世藏經則循例刊行。

若想了解印度東傳佛典集結史，以及各藏經的形成和變遷、內容和特徵等，最重要的綜合解說書莫過於大藏會編《大藏經――成立と變遷》（百華苑，一九六四）。此書蒐集許多符合研究所需的照片，初學者或專家皆可廣泛運用，是有助於研究的重要著作。此書出版後面臨發現新藏經和研究發展的問題，自然有些補充修訂的說明。筆者對於較明顯的誤印，已向出版社提供正誤表，最新第四版（二〇〇一）已重作修正。更詳細的解說書，可參考小野玄妙、丸山孝雄編《佛書解說大辭典》全十三卷（大東出版社，一九三三－三五；增補第十二、十三卷，一九七五－七八）的別卷，也就是小野玄妙的大著《佛教經典總論》（大東出版社，一九六三，增訂版一九七八）。此書以全藏經的綜合調查為基準，將佛經傳譯史、錄外經典、諸藏經概論、十四種中國開版藏經的各種目錄作總整理，是小野氏窮畢生心血之著作。第二次世界大戰之前，此書是日本《大藏經》研究最重要的業績，更早期的代表研究，則有常盤大定〈大藏經雕印考〉（《哲學雜誌》二十八—三一三、四，三一六、七，三二一、二、四，一九一三—一四），以及橋本凝胤〈宋版一切經考〉（《大和志》二—一、二、四；《佛教教理史の研究》，全國書房，一九四四），內容以宋版藏經為對象，皆是記憶猶新的精彩考證。竺沙雅章《漢譯大藏經の歷史——寫經から刊經へ》（大谷大學，一九九三；《宋元佛教文化史研究》第二部，汲古書院，二〇〇〇），內容精簡充實，主張漢文藏經多以嶄新的三種方式分類，因此備受矚目。

至於中國方面，在近年藏經研究愈益熾盛的背景下，出版許多令人注目的書籍。首先是《中國版本文化叢書》全十四卷（南京：江蘇古籍出版社，二〇〇二）的第八冊、亦即李際寧《佛經版本》的下篇部分，有大量關於北宋至清代歷代開版藏經的彩色圖版，以淺顯方式解說。李富華、何梅合力完成的鉅著《漢文佛教大藏經研究》（北京：宗教文化出版社，二〇〇三），這部專書是以中、日、韓三國在近世以前刊行的各藏經數量為主題，另附八種目錄便於查閱，成果令人注目。

再談目錄方面，各藏經既收入佛典高達數千種，就必須編纂經錄。個別刊行的經錄不在少數，但以大正新脩大藏經刊行會編《昭和法寶總目錄》全三卷（一九二九—三四）最為出色。此書在編纂《大正新脩大藏經》全一百卷的過程中，調查中、日兩國的名山大剎與各機構收藏的佛典祕本，收錄至今未知的古藏及現藏經目七十三種等多數文獻，成就了近代佛教界的偉大金字塔。各藏經地點的佛典內容皆有出入，有些工具書可供對照，極為方便，例如小野玄妙《佛教經典總論》（前揭書）有十四種藏經對照表，此後則有蔡運辰編《二十五種藏經目錄對照考釋》（臺北：新文豐出版公司，一九八三）、童瑋編《二十二種大藏經通檢》（北京：中華書局，一九九七），皆拓展更廣的領域，前者是各藏經釋考，後者是附上各佛典的英文解題。

如前所述，近年已印行多種藏經版本，昔日出版的大正一切經刊行會編《法寶留影》（一九二五），則將歷代刊行寫本藏經影印後集結成冊。實際上，此書是以梵、巴、漢、滿、蒙、藏文各藏經收集的四十七頁影印為範本，可直接對照各版的特徵和版別，以便判定版別未詳的藏經本。「一切經全系」合訂本則標示各藏經傳承系譜，記載部數和卷數，如此具有國際規模的詳細系譜實為歷來僅見。

中國與鄰國的開版藏經、相關各類主題研究及所有資料文獻總目，可參考野澤佳美編著《大藏經關係研究文獻目錄》（立正大學東洋史研究室，一九九三）。此書根據「總論」、「宋元版」、「明版」等十三種分類項目，按照各文獻的初刊年代順序排列，是研究者必備的工具書，末尾附有作者索引。此書是藏經文獻的唯一綜合目錄，參考價值極大，野澤氏在目錄中還附上「補遺、追加」一、二（《立正大學東洋史論集》十、十五，一九九七、二〇〇三）。

各開版藏經的重要文獻將分別在後述項目中介紹，在此介紹的文獻集是《現代佛教學術叢刊》全一百卷之中，由張曼濤所編的《大藏經研究彙編》全二卷（臺北：大乘文化出版社，一九七七），共收錄中、日論文三十二篇。其中，日本學者是以橋本凝胤〈宋版一切經考〉（前揭論文）為代表發表的三篇論文，皆有中譯版。

二、宋元藏經

（一）《開寶藏》

北宋勅版（蜀版）的藏經，今日稱為《開寶藏》，開寶五年（九七二）在四川開雕，太平興國二年（九七七）完成雕版十三萬片，數年後在首都開封的太平興國寺傳法院印經。朝廷推廣佛教為功德事業，將這部逾五千卷的豪華藏經卷，分賜給鄰國和國內諸山要剎。因開版地點變遷和新譯典不斷入藏，印經活動至北宋滅亡（一一二六）為止，約長達一百四十年不曾中斷。目前全球的《開寶藏》遺本，大約僅存十卷而已。

日本備受注目的《開寶藏》研究論文，早期有妻木直良〈開寶勅版の宋版大藏經〉（《史林》四－二，一九一九），說明在京都南禪寺發現的《佛本行集經》卷一九。小野玄妙〈北宋官版大藏經と遼金元及び高麗諸藏との關係〉（《ピタカ》三－八，一九三五），是首先從學術角度探討《開寶藏》和續藏。此後研究暫為停滯，近期的中村菊之進〈宋開寶大藏經講成考〉（《密教文化》一四五，一九八四）有基本的闡釋。中村氏另有《宋譯經院年譜（稿）》（二〇〇一），苦心整理傳法院的大量譯經和印經史後製成年譜，筆者期盼定稿在日後能公開發表。此外，學者向來指出《開寶藏》與遼、金、高麗的各開版藏經及《房山石經》有密切關聯，竺沙雅章〈契丹大藏經小考〉（《內田吟風頌壽紀念》，一九七八；《宋元佛教文化史研究》，汲古書院，二〇〇〇），考證指出《契丹藏》和《房山石經》並非同出一系，並繼續推行此主張。

中國在第二次世界大戰前尚未研究《開寶藏》，戰後受注目的僅有林慮山〈北宋開寶藏大般若經初印本的發現〉（《現代佛學》一九六一－二，一九六一）、呂澂〈宋藏勅版異本考〉（《大藏經研究彙編》上，臺北：大乘文化出版社，一九七七）。二十世紀末在藏經整體研究蔚為風潮下，出版了童瑋編著的《北宋開寶大藏經雕印考釋及目錄還原》（北京：書目文獻出版社，一九九一），這本專書提供《開寶藏》正、續藏經錄共達一千五百三十種，並介紹現存殘卷十一卷。

（二）《契丹藏》與《金藏》

根據妻木直良〈契丹に於ける大藏經雕造の事實を論ず〉（《東洋學報》二－三，一九一二）的論證，已知契丹族創建的遼國在十一世紀就刊刻漢文藏經，西元一九七六年，在山西省應縣木塔內發現的殘卷真蹟中已獲得證實。山西省文物局、中國歷史博物館主編《應縣木塔遼代祕藏》（北京：文物出版社，一九九一）出版大型豪華圖冊，介紹當地發掘文物，對日後的《契丹藏》研究寄予厚望。《契丹藏》對《房山石經》影響甚遠，正因如此，即使發現《契丹藏》殘卷也對石經研究有所貢獻，意義相當重大。

金朝同樣位處北方，十二世紀初滅北宋後立國，開版藏經稱為《金藏》，亦有「趙城藏」之稱。西元一九三四年在山西省趙縣的霍山廣勝寺發掘出《金藏》，這部藏經至今未留下任何開雕記錄，卻在當地發現五千部黃卷赤軸卷子，當時在佛教界引起極大震撼。廣勝寺所藏的藏經本，目前交由北京國家圖書館保管。

《金藏》的內容和總目錄，已由蔣唯心趁早在《金藏雕印始末考》（支那內學院，一九三五）中記述，並收於蔣唯心《宋藏遺珍敘目》（影印宋版藏經會，一九三六）、蔡念生編《宋藏遺珍敘目、金藏目錄校釋合刊》（臺北：新文豐出版公司，一九七六）。就書名「宋藏遺珍」來看，就是只選出現存《金藏》中的古逸佛典，在上海影印刊行，也就是影印宋版藏經會編刊《宋藏遺珍》四十函一百二十冊（一九三五）。附帶一提的，其中還包括《寶林傳》和《傳燈玉英集》等貴重古逸禪籍。這部叢書後來在臺灣重新出版，就是釋範成輯補的《宋藏遺珍》六冊西式線裝書（臺北：新文豐出版公司，一九七八）。近年在中國刊行影印本《中華大藏經（漢文部分）》正篇（北京：中華書局，一九八四－一九九六）一〇六卷，採用《金藏》為底本，首度公開《金藏》全貌，堪稱是藏經影印出版的劃時代創舉。

《金藏》的欠本缺卷是參考《洪武南藏》、《永樂南藏》、《永樂北藏》、《清藏》等珍本內容補遺，更顯得彌足珍貴。每一冊影印本與其他藏經本對勘比較，將校註記載於各卷末，深具學術價值。北京中華書局稍後在西元二〇〇四年，另行出版一冊詳盡的總目錄。日本方面是由國際佛教學大學院大學附屬圖書館編刊《大正藏、中華藏（北京版）對照目錄》（二〇〇四），讓《中華藏》和《大正藏》對照更為便利。

《金藏》研究文獻豐富，李富華〈趙城金藏研究〉（《世界宗教研究》一九九一－一九四，一九九一）探討各種基本問題，內容優質精良。扈石祥、扈新紅〈《趙城金藏》史跡考〉（《世界宗教研究》二〇〇〇－三，二〇〇〇），簡潔敘述從《金藏》雕造到成為《中華大藏經》底本影印的八百餘年歷史。

金國雕版此後轉由燕京的弘法寺續印，經元代大規模補修後，印造為官版「弘法藏」。至元二二年（一二八五）編纂的《至元法寶勘同總錄》全十卷是《弘法藏》目錄，至今卻尚未發現此藏遺卷。《弘法藏》研究文獻中，宿白〈趙城金藏和弘法藏——釋藏雜記之一〉（《現代佛學》一九六四－二，一九六四）、竺沙雅章〈元版大藏經概觀〉（《西大寺所藏元版一切經報告集》，一九九八；重收於前揭書《宋元佛教文化史研究》）等最受注目。

（三）《東禪寺藏》與《開元寺藏》

《開寶藏》的印經活動自十一世紀末遽然停頓，位處偏遠的福建地方寺院，卻自北宋末至南宋初陸續開版刊刻《東禪寺藏》和《開元寺藏》。首先是元豐三年（一〇八〇）開版《東禪寺藏》，政和二年（一一一二）完成全藏刊刻，賜名為《崇寧萬壽大藏》，寺方受賜東禪等覺禪院御匾一幅。《東禪寺藏》完成後至紹興二十一年（一一五一），福州開元寺另開版的藏經則是《開元寺藏》，亦稱為《毘盧大藏》。

兩部福州版藏經的特徵，皆是便於覽讀的折帖式製作，完成後並有新譯經典和禪錄等陸續入藏，印造活動持續至元末。兩部藏經包含續藏的卷數皆超過六千卷，雖在中國碩果僅存，日本卻留下多種版本。在日本現存卷數約達二千卷以上的收藏機構和寺院，分別是《東禪寺藏》收於愛知縣本源寺、京都市下醍醐寺和東寺、奈良縣金剛峰寺。《開元寺藏》收於東京市宮內廳書陵部、橫濱市稱名寺（金澤文庫保管）、京都市知恩院等處。以上皆屬二藏混合藏經，其中絕大部分是國家指定重要文化財，毫無全藏本影印刊行，僅有金剛峰寺、本源寺、稱名寺公開調查報告而已。

金剛峰寺的相關報告，見於水原堯榮《高野山見存藏經目錄》（森江書店，一九三一；《水原堯榮全集》四，同朋舍出版，一九八一）。本源寺方面，小島惠昭等著〈本源寺藏宋版一切經調查報告〉（《同朋學園佛教文化研究所紀要》一，一九七九）、小島惠昭《本源寺藏宋版一切經調查報告訂正追記》（同研究所，一九八〇）。稱名寺方面，神奈川縣立金澤文庫編《宋版一切經目錄：神奈川縣立金澤文庫保管》（金澤文庫，一九九八）。最後這本目錄是針對《開元寺藏》約三千五百帖的藏經本，作詳細的調查報告。

各別研究文獻中，最重要的是小川貫弌〈福州崇寧萬壽大藏の雕造〉（《印佛研》六－二，一九五八）、〈福州毘盧大藏經の雕印〉（同七－一，一九五八），以及中村菊之進〈宋福州版大藏經考〉（一）－（三）（《密教文化》一五二－五四，一九八五－八六）。此二藏在中國極少留下遺本，幾乎沒有相關研究，較近期則有何梅發表〈關於毘盧藏、崇寧藏的收經及總函數問題〉（《世界宗教研究》一九九五－三，一九九五）、〈毘盧大藏經若干問題考〉（同一九九九－三，一九九九）。

（四）《思溪藏》

《思溪藏》是宋代的密州觀察史王永從及其氏族，在浙江省湖州歸安縣的圓覺禪院開版的藏經。刻印期間據傳是從北宋末年的宣和年間，至南宋初紹興二年（一一三二），隨著王氏沒落，刻印事業就此停滯。南宋末年重振寺院，圓覺禪院改名為法寶資福寺，再度補刻及加入續藏。雕版完成未久毀於元兵戰火，印經事業就此縷斷煙杳。一般而言，圓覺禪院時期刊刻的藏經稱為「前思溪藏」，資福寺時期則稱為「後思溪藏」，以茲區別。自南宋至元代，中、日兩國交流密切，日本至今仍保存大量經海路傳入的《思溪藏》，在中國卻僅存稀少，這與前述的福州二藏的情況相同。

基於此因，日本的《思溪藏》調查報告和研究文獻相當豐富，在中國卻極為罕見。日本早期的代表研究論文，例如小野玄妙〈南宋思溪版圓覺禪院大藏と資福禪寺大藏——水原堯榮氏發現の《圓覺禪院大藏目錄》に就いて〉（《佛典研究》二－十八，一九三〇）、〈宋代思溪圓覺禪院及同法寶資福寺新雕二大藏經雜考〉（《日華佛教研究會年報》三，一九三八）、小川貫弌〈思溪圓覺禪院と思溪版大藏經の問題〉（《龍谷學報》三二四，一九三九），這些論文提出精闢見解，釐清前後二藏刻印的基本問題。戰後最重要的考證，就是中村菊之進〈宋思溪版大藏經刊記考〉（《文化》三十六－三，一九七二）詳細考察刊印施主和圓覺禪院，是作者窮盡心血之大作。中國在近年有何梅〈南宋思溪藏、資福藏探究〉（《世界宗教研究》一九九七－四，一九九七），確切論述兩部經藏的基本問題。

日本有多處寺院收藏《思溪藏》二千帖以上，例如埼玉縣喜多院、東京市增上寺、愛知縣岩屋寺、岐阜縣長瀧寺、茨城縣最勝王寺、奈良市唐招提寺和興福寺、奈良縣長谷寺等，但鮮少公開目錄。其中目錄最詳盡的是增上寺，《增上寺三大藏經目錄》（增上寺，一九八一）和別冊附錄《增上寺三大藏經目錄解說》（同）的解說，皆具高度學術價值。其他尚有《喜多院宋版一切經目錄》（喜多院，一九六九）、《長瀧寺宋版一切經現存目錄》（文化財保護委員會，一九六七）等著作。專精領域研究方面，野澤佳美〈宋版大藏經と刻工——附宋版三大藏經刻工一覽（稿）〉（《立正大學文學部論叢》一一〇，一九九九），是有關刻工從事福州版二藏和《思溪藏》雕造的調查報告，在確定各佛典與全藏經的雕造時期、分析藏經彼此關聯的基礎研究上深具學術價值。

（五）《磧砂藏》

南宋中期，在平江府（江蘇省吳縣）磧砂延聖院開版的藏經，稱為《磧砂藏》。刻印事業隨著南宋滅亡而中斷，元代再度興盛，續本相繼入藏，據傳至元末方才完成全藏刊印。

中、日兩國僅有少數《磧砂藏》保存至近代，西元一九三一年，中國西安開元寺和臥龍寺發現完整藏經，從此聲名大譟。《磧砂藏》和《金藏》同樣交由上海的影印宋版藏經會編刊《影印宋磧砂藏經》六十函五百九十一冊（一九三一－三六）。此後，臺灣的修訂中華大藏經會將此藏重收於《中華大藏經》第一輯（一九六二－六五）刊印，另有《宋版磧砂大藏經》四十冊（臺北：新文豐出版公司，一九八七－八八），是採用上海版重印的西式線裝書。新文豐出版社又刊行《宋版磧砂、明版嘉興大藏經分冊目錄分類目錄總索引》（同，一九八八），將《磧砂藏》所收的佛典索引與明代《嘉興藏》合冊出版，以便研究者使用。

《磧砂藏》因及早公開影印本，至今中日研究文獻皆豐富。蔣維喬〈影印宋版磧砂藏經始末記（一）－（十）〉（《光華》半月刊二－一至三－三，五，一九三四－三五）是最初期的重要文獻，詳述整部藏經影印的過程。的屋勝〈影印宋磧砂藏經尾跋集〉（《日華佛教研究會年報》一，一九三六）是調查及報告《磧砂藏》基本資料的貴重文獻。較近期的考證有中村菊之進〈磧砂版大藏經考（一）－（三）〉（《密教文化》一八四－一八六，一九九三－九四），介紹許多有關此藏的資料，藉由分析和探討大量刊記來闡明開版情形，是研究《磧砂藏》的必讀論文。楊繩信〈從磧砂藏刻印看宋元印刷工人的幾個問題〉（《中華文史論叢》一九八四－一，一九八四），則是處理刻工姓名的調查研究。

今後對《磧砂藏》研究和訊息蒐集仍留下一個重大課題，就是作為影印版底本的臥龍寺與開元寺發現的正藏內容，未達原本《磧砂藏》的一半，原因是「影印磧砂藏」之中，多出自明藏等補遺。豈料影印完成後，山西省崇善寺又發現近乎完整版的《磧砂藏》。另一方面，日本大阪市武田科學振興財團杏雨書屋，以及美國普林斯頓大學圖書館所藏五千餘卷的藏經，經過研判皆是《磧砂藏》。今後這些《磧砂藏》的訊息是闡明此藏問題的必要資料，盼能有詳細調查目錄公諸於世。

（六）《普寧藏》與《元官藏》

元代除了《磧砂藏》，尚有《普寧藏》和《官藏》開版。宋代《思溪藏》雕版焚毀於南宋末期戰火，江南佛教界策畫重刻藏經，向新興的白雲宗教團請求協助。白雲宗教團應允後，於至元十四年（一二七七）在杭州南山大普寧寺開版《普寧藏》，至元二十七年（一二九〇）完成後稱為《杭州藏》。此藏完成後亦進行補刻和續藏入藏，陸續印刻至元末為止。

《普寧藏》與《思溪藏》同樣以船運大量載往日本，現存量十分豐富。梶浦晉的研究〈普寧寺版大藏經について〉（《西大寺所藏元版一切經調查報告書》，一九九八）有詳細說明，可知《普寧藏》全藏分藏於東京市增上寺和淺草寺、岐阜縣安國寺、滋賀縣園城寺、京都市南禪寺、奈良縣西大寺和奈良市般若寺共七寺。其中，增上寺、淺草寺、南禪寺、西大寺有現存目錄刊行，分別是《增上寺三大藏經目錄》（增上寺，一九八一）、《寶藏門建立誌》（淺草寺，一九六四）、〈南禪寺經藏一切經目錄一〉（南禪寺，一九二九），以及前述的《西大寺所藏元版一切經調查報告書》（奈良縣教育委員會，一九九八）。刻工姓名的資料文獻介紹，北村高〈元代杭州藏の刻工について〉（《龍大論集》四三八，一九九一》），野澤佳美〈元版大藏經と刻工——附・磧砂藏および普寧寺藏刻工一覽（稿）〉（《立正大學文學部論叢》一一一，二〇〇〇）有更深入的探討。野澤氏進而以刻工分析為基礎，在〈元代普寧寺藏刻工中の僧侶と信者〉（《駒澤史學》六十四，二〇〇五）中，闡述白雲宗教團完成《普寧藏》雕版的情形。京都南禪寺的藏經是以《普寧藏》為主的混合藏，辻森要脩〈南禪大藏跋文集錄（一）－（九）〉（《佛典研究》一－二至二－十四，一九二九－三〇），集結的藏經跋文對研究者相當有益。

所謂的《元官藏》，是中國雲南省圖書館於西元一九七九年發現藏經零本三十二卷，根據童瑋等人在研究報告〈元代官刻大藏經的發現〉（《文物》一九八四－十二，一九八四）中暫時命名的藏經。當時日本方面恰巧於昭和五十八年（一九八三），在長崎縣對島的東泉寺發現收於《元官藏》的《華嚴經》七十七卷，村井章介發表研究報告〈對島仁位東泉寺所藏の元版新譯華嚴經について——弘法寺藏殘卷の發現〉（《佛教史學》二十八－二，一九八六）。當時書中認定的《弘法藏》，根據日後竺沙雅章的解說〈元版大藏經概觀〉（前揭書《西大寺所藏元版一切經調查報告書》），指出此藏本的部分內容與雲南省圖書館發現的《元官藏》系出同一藏經，因此提出修正（修訂後重收於前揭書《宋元佛教文化史研究》）。

《元官藏》相當罕見，僅知是太皇太后於至元二年（一三三六）發願印造遺卷，雕版時地未詳。整體而言，元代藏經開版的解析和探討，以及闡明元代藏經刻印與當代經錄《至元法寶勘同總錄》之間關係，皆是今後重要的研究課題。

如上所述，日本現存宋元開版藏經的收藏機構和數量，可參照梶浦晉〈日本現存の宋元版大般若經——剛中玄柔將來本と西大寺藏磧砂版を中心に〉（《金澤文庫研究》二九七，一九九六）。

三、明清藏經

（一）《南藏》與《北藏》

明代的開版藏經大致區分為《南藏》、《北藏》、《嘉興藏》三類。《南藏》始於南京、《北藏》源於北京，皆為朝廷雕造官版，《嘉興藏》是明末清初由五台山（後移至浙江徑山）的民間寺院開版。南、北二藏在刊印時期和構成、數量上有些微差異，今日根據專門方式，細分為《弘武南藏》、《永樂南藏》、《永樂北藏》、《萬曆南藏》、《萬曆北藏》等，最後包括萬曆二藏的續藏。除了《弘武南藏》，明代藏經在中國流傳及保存較為豐富，日本方面僅知《嘉興藏》有較多所藏地點，南、北二藏卻寥若晨星。日本對明藏的一般研究，長期處於乏人問津的情況。

西元一九三八年，明代最早開版的《弘武南藏》（初刻《南藏》）在四川省崇慶縣光嚴禪院（上古寺）發現，呂澂最初介紹發掘經過，發表〈南藏初刻考〉（〈江津縣內院雜刊入蜀之二〉，一九三八），這篇論文至今在《南藏》研究史上仍有極高評價，後收於《歐陽大師遺集》第二卷（臺北：新文豐出版公司，一九七七）。張新鷹〈關於佛教大藏經的一些資料〉（《世界宗教資料》一九八一－四，一九八一），是根據呂澂的主張論述洪武及永樂《南藏》的精深研究。

光嚴禪院發現的《弘武南藏》此後移交四川省圖書館保管，該館辦公室將《四川省古籍善本書聯合目錄》（成都：四川辭書出版社，一九八九）公開現存目錄，又於西元一九九九年將全藏影印版刊行為《弘武南藏》二百四十二冊西式線裝書。北京永樂北藏整理委員會繼而刊行《永樂北藏》（北京：線裝書局，二〇〇〇）的線裝書二百函一千二百冊，並出版西式線裝書全二百冊，明代南、北二藏的基礎資料就此完備。這些影印藏經對今後的明藏研究將有極大貢獻，筆者單就禪籍撰寫的〈弘武南藏の入藏禪籍〉（《駒大禪研年報》十七，二〇〇六），也深受影印版之惠。

直至近年，日本學者依舊鮮少從事明藏研究，較早期的吉岡義豐〈益都文廟大藏經整理校記〉（《叢林規略》，大正大學中國研究室，一九六六；《吉岡義豐著作集》四，五月書房，一九八九），是針對山東省文廟保管的永樂、萬曆兩《南藏》的調查報告，考證內容很值得矚目。長谷部幽蹊、野澤佳美皆自一九八〇年代起積極投入明藏研究，在基礎研究上有顯著進展。

長谷部幽蹊〈明代以降における藏經の開雕（一）－（三）〉（《愛知學院大學一般教育研究》三十－四、三十一－一、二，一九八三－八四；《明清佛教研究資料〈文獻之部〉》，駒田印刷，一九八七），這部重要論文是針對中日兩國自明初至現代刊行的各藏經，闡述其形成和變遷的過程。野澤佳美則以東京立正大學與山口縣快有寺所藏的日本《南藏》珍本調查為基礎，收集《南藏》的形成和變遷、入藏佛典特色、《南藏》的社會影響等十三篇論文試析，出版專書《明代大藏經史の研究——南藏の歷史學的基礎研究》（汲古書院，一九九八）。此書探討明藏的基礎研究，對今後整體藏經研究提供卓越成果。

上述兩處日本機構妥善保存的《南藏》，近年相繼刊行詳細的調查目錄。立正大學圖書館將所藏五百五十八卷編刊為《立正大學圖書館所藏　明代南藏目錄》（一九八九），內附野澤佳美的解說。山口縣教育委員會編刊《快有寺一切經調查報告書》（一九九二），彙編快有寺所藏五千四百餘卷。兩者皆是珍貴的《南藏》基礎研究資料。

《北藏》的最早研究文獻，就是禿氏祐祥〈明初に於ける大藏經校刻の事業〉（《密教研究》十一，一九二三），此後直到長谷部幽蹊發表上述的藏經開雕論文為止，一直未見顯著的研究業績。近年，野澤佳美〈明代北藏考（一）〉（《立正大學文學部論叢》一一七，二〇〇三）因調查官版《北藏》的下賜情形而備受矚目，今後應可揭開《北藏》深度研究的序幕。

（二）《嘉興藏》

《嘉興藏》是明末萬曆年間（一五七三－一六一九），在山西省五台山妙德禪庵開版，後來轉至杭州郊外的徑山萬壽禪寺續刻，崇禎年間（一六二八－四三）完成正藏。清初追雕續藏和又續藏，完成於康熙十五年（一六七六）。《嘉興藏》的特色是最初以方冊本的形式印刻，續藏之後大量加入當代佛典，得以廣為傳存。這部藏經版木是在嘉興楞嚴寺印造，故稱為《嘉興藏》，亦有「徑山藏」、「方冊藏」之稱。時至今日，除了影印本收入臺灣版《中華大藏經》第二輯（臺北：修訂中華大藏經會，一九六八）之外，新文豐出版公司也重印出版西式線裝書四十冊，使閱覽更為便利。

其他基礎文獻方面，昔日以「南條目錄」享有盛名的南條文雄《大明三藏聖教目錄》（南條博士紀念刊行會，一九二九），後經修正和附加索引，西元一九七七年由開明書院重版。研究文獻中，長谷部幽蹊〈明代以降における藏經の開雕（二）〉（前揭論文，一九八三）對《嘉興藏》的形成和變遷有詳細解說。中國研究方面，屈萬里〈明釋藏雕印考〉（《國學彙編》二，一九三四）是先驅研究，近年受矚目的研究則有藍吉富〈略論嘉興大藏經的特色及其史料價值〉（《新中華》四十九，一九九〇）、〈嘉興大藏經研究〉（《諦觀》七十，一九九二）等。

有關《嘉興藏》開雕、刻印、演變、構成、影響等諸項目，尤其是追雕續藏、又續藏的基礎問題尚有許多不明處，今後仍有諸多課題亟待解決。

（三）《清藏》

所謂《清藏》是雍正末年（一七三五）至乾隆年間（一七三六－九五）開版的勅版藏經，亦稱《乾隆大藏經》。因各冊卷首附龍牌，亦有《龍藏》之稱。這部全數近八千卷的大型豪華裝訂藏經本，是清廷賜予各寺收藏，印造數量極少。日本至近代僅有慈禧太后於明治三十二年（一八九九）向京都西本願寺捐贈一部《清藏》，日後收藏於龍谷大學圖書館。

《清藏》版木尚存至今，近代刊印不輟，近期由北京文物出版社於西元一九八九年，刊印《乾隆版大藏經》黃紙折本七二四帖和目錄一帖。至西元二〇〇二年，全國圖書館文獻縮微複製中心出版西式線裝書一百六十八冊。臺灣亦出版縮本影印的西式線裝書《新編縮本乾隆大藏經》一百六十冊（臺北：新文豐出版公司，一九九〇－九一），如今《清藏》珍本也容易接觸。《清藏》研究文獻稀少，最初介紹此藏的是一柳智城〈清朝の三藏〉（《無盡燈》五－一，一九〇〇）。常惺〈北平柏林寺龍藏經板紀要〉（《佛教評論》一－二，一九三一；《大藏經研究彙編》下，臺北：大乘文化出版社，一九七七），說明內務府將《清藏》版木移交北京市柏林寺後的變遷。此後文獻多為介紹和概述《清藏》，長谷部幽蹊〈明代以降における藏經の開雕（二）〉（前揭論文）的論述大量運用基礎資料，研究十分出色。

如上所述，目前《清藏》的基礎資料相當完備，今後與明藏的並行研究將是指日可待。

四、高麗與日本藏經

（一）《高麗藏》

契丹於十一世紀初入侵朝鮮半島之際，高麗王朝為因應國難而開版《高麗藏》，欲藉文化宣揚國威和祈求佛佑。《開寶藏》開雕未滿半世紀，《高麗藏》就已完整復刻其內容，同樣屬於黃卷赤軸型的豪華經卷。這部藏經稱為《高麗藏》初刻本，遺卷極其珍稀，京都南禪寺現存零星遺卷。

十一世紀末，義天（一〇五五－一一〇一）集結宋代和日本的佛典逸經，編纂《新編諸宗教藏總錄》全三卷目錄，開版為《高麗藏》續藏。大屋德城的大著《高麗續藏雕造考》三卷三冊（便利堂，一九三七；《大屋德城著作選集》七，國書刊行會，一九八八），此書在《高麗藏》研究史上名垂青史，收錄義天弘法事蹟研究和豐富的遺品圖錄。日本方面，奈良東大寺保存少部分《高麗藏》續藏。

高麗王朝於十三世紀中葉遭受蒙古入侵，原有藏經版木毀於戰火，遷都江華島後，為降伏敵軍而重新開版，此藏為重刻本。當時設於南海的分思都，雕造《祖堂集》和《宗鏡錄》等重要藏外佛典十數部。重刻藏經的版木後來移交伽耶山海印寺保管，現今以「八萬大藏經」之名，成為珍貴的世界遺產。日韓各收藏機構保管的《高麗藏》經卷皆是重刻本，日本的著名收藏地有東京市增上寺、京都市泉涌寺、奈良縣金剛峰寺等處。《高麗藏》自古即以校訂精良著稱，目前在韓國已有數位化版，以便檢索之用。

重刻本包括上述的藏外佛典（後以續藏入藏），是由韓國首爾的東國大學校編刊和影印刊行《高麗大藏經》全四十八冊（一九五七－七六），屬於大型西式線裝書。另由東洋佛典研究會編《高麗大藏經》全四十五冊影印本（東洋出版社，一九七一－七五），內容未含藏外經典。《高麗大藏經》第四十八卷是由總目錄、索引、解題構成，日語版是李瑄根編《高麗大藏經總目錄、索引、解題（日本語版）》（同朋舍出版，一九七八），是日本學者研究《高麗藏》的必讀文獻。

《高麗藏》研究文獻向來豐富，戰前以日本為主，近年轉為韓國較受矚目。關於《高麗藏》的探討主題，日本較著重義天編纂的續藏，以及室町時期藏經傳入的過程，韓國則以經版論考居多。藏外佛典的重要綜合研究，例如大屋德城〈朝鮮海印寺經板考——特に大藏經補板並びに藏外雜板の佛教文獻學的研究〉（《東洋學報》十五－三，一九二六；《大屋德城著作選集九　佛教古板經の研究》，國書刊行會，一九八八），也是研究學者必讀的考證研究。韓語文獻也相當豐富，在此暫不探討。若欲了解相關資料，可參考野澤佳美編《大藏經關係研究文獻目錄》（前揭書）的高麗版項目。

（二）《天海藏》

日本在中世曾數度嘗試刻印藏經，唯有鎌倉時期的靈山寺版開版少數藏經本，餘皆頓挫未成。至近世江戶初期，天台僧侶宗存在京都北野經王堂開版的藏經，據傳刊刻數百卷後亦中斷。日本最初完成全藏的印造，是始於天海僧正（？－一六四三）發願及德川家光贊助，自寛永十四年（一六三七）至慶安二年（一六四八）在江戶寛永寺開版的天海版藏經，亦稱「寛永寺版」或「倭藏」。此藏的最大特徵是使用木雕活字的大型折本，雕印部數相當有限。

《天海藏》的研究文獻頗多，最早是常盤大定〈大藏經雕印考〉（《哲學雜誌》三一七，一九一三），指出此藏底本是埼玉縣喜多院所藏的宋版（《思溪藏》），見解十分卓越。板原闡教《天海版大藏經に就いて》（《顯真學報》二－四，一九三二）、小野玄妙〈天海版一切經の底本及び校本〉（《ピタカ》四－六，一九三六），皆更深入進行研究。《天海藏》的底本問題與《思溪藏》構成亦有關聯，野澤佳美在近期探討這個重要課題，發表〈天海版大藏經の底本に關する諸說の再檢討〉（《立正史學》七十七，一九九三），囊括過去各方論點，指出應重新探討此課題。

松永知海以京都市山科的毘沙門堂所收的《天海藏》調查為基礎，在〈天海版一切經の目錄について〉（《印佛研》四十四－二，一九九四）之中，將昔日收於《昭和法寶總目錄》（前揭書）的《天海藏》目錄出現的闕誤逐一指出。松永知海編《東叡山寬永寺天海版一切經目錄》（佛教大學，一九九九）出版後，又蒐集此藏本卷末的願文三百零二篇影印，以別冊附錄形式刊行《影印 東叡山寬永寺 天海版一切經願文集》（同）。

藉由刊行《天海藏》基本資料，得以闡明藏經底本等基本情況，期待今後的相關研究能有所進展。

（三）《黃檗藏》

《黃檗藏》是禪僧鐵眼（一六三〇－一六八二）向民間苦心勸募刻印而成的藏經，亦稱為「檗藏」或「鐵眼版」。寬文十一年（一六七一）至元和元年（一六八一），《黃檗藏》在京都宇治萬福寺開版，為明末清初《嘉興藏》復刻版的冊子本，因應需求幾度印造傳於全國。萬福寺目前保存約六萬片版木，是國家指定重要文化財。《黃檗藏》完成後，京都鹿谷法然院的忍澂將此藏與建仁寺的《高麗藏》對勘，留有遺著《大藏對校錄》全七卷（一七八三），是藏經文獻史上極為罕見的業績。

研究文獻方面，日本在第二次世界大戰前主要介紹鐵眼的傳法宏業，戰後則出版基本資料《黃檗鐵眼版一切經目錄》（黃檗鐵眼版一切經印行會，一九五三）。此後長期研究停頓，至西元一九八〇年開始調查各地所藏《黃檗藏》經本，公開部分調查報告，其中的

《上越教育大學所藏黃檗鐵眼版一切經目錄》（同大學附屬圖書館，一九八八），是最初詳細調查《黃檗藏》的目錄。繼而由佛教大學佛教文化研究所編刊《獅谷法然院所藏麗藏對校　黃檗版大藏經並新續入藏經目錄》（同研究所，一九八九）編刊的目錄更詳盡，尤其是松永知海的解題，首先指出《黃檗藏》續入藏有部分其他版本的「加入版」藏經。大木幹郎、松永知海共編的大冊《黃檗版大藏經刊記集》（思文閣出版，一九九四），是蒐集萬福寺、法然院等寺院所收的《黃檗藏》各冊的刊記，並附上解題。此書有助於了解鐵眼勸募和雕造的過程、布施信眾的狀況，是彌足珍貴的資料集。此後又由富山縣瑞龍寺刊行北澤寬、齊藤善夫共編《瑞龍寺黃檗版大藏經現存目錄》（一九九九）。

由以上可知，《黃檗藏》目前得以提供基本資料以供研究者使用。今後有關全藏構成、續入藏的過程、印造時期和次數、他版入版問題、流傳情況等課題，筆者盼能有更深入的分析。

除了上述內容，筆者想從中國佛教研究的觀點，探討近代明治時期的《續藏》活字印刷。《續藏》的正式名稱為「大日本續藏經」，是京都藏經書院於明治三十年代刊行《大日本校訂大藏經》（卍藏）的續藏，亦是明治三十八年（一九〇三）至大正元年（一九一二）刊行的和裝版大藏經。因其內容特色，便以「續藏」之名廣為流傳。全藏共有一千六百七十一部七千一百四十八卷，中國撰述佛典占大多數，收錄豐富珍本典籍，堪稱是中國佛教研究的寶庫，其中禪籍約占四分之一。中國刊行數種《續藏》影印版和重編本，日本國書刊行會則在平成元年（一九八九），完成出版改編補訂版《新纂大日本續藏經》全九十冊的西式線裝書。《續藏》在近期前原屬於珍稀資料，目前也容易查閱參考。

以上是從引介中國佛教研究的角度，介紹及記述在中國開版的各藏經文獻訊息和研究課題。由此可知，這個研究主題和領域既浩瀚且專門，研究耗時長久，過程苦多惠少，更因此證明了目前研究《大藏經》的日本學者堪稱是鳳毛麟角。目前已無限量提供《大藏經》的研究資料和文獻，甚至出現某些藏經數位化，研究者可在桌前直接覽讀或檢索的功能。正因為如此，筆者殷切期盼新進學者能勇於挑戰《大藏經》研究。

第六章　中國佛教與周邊各國

第一節　韓國佛教

石井公成

研究韓國佛教之際，會遭遇別國佛教研究所沒有的困境。例如，首先將面臨到究竟該稱為朝鮮佛教或韓國佛教、朝鮮半島或韓半島才恰當等問題。筆者在本篇使用韓國佛教和韓半島等語彙，但讀者在研讀韓國佛教時，將面臨以下幾種抉擇，那就是究竟該重視韓國這個稱呼、或顧慮朝鮮民主主義人民共和國的立場、甚至還是依照日本戰前以來的稱呼方式？日本無論在信仰佛教時期，或是聖武天皇（七〇一－五六）時代，佛教皆受到來自韓半島的氏族支持。最初建造平安京的桓武天皇（七三七－八〇六），以及奠定藤原北家全盛的藤原冬嗣（七七五－八二六），其母皆系出百濟渡來氏族。南都（奈良）寺院至鎌倉時代，不斷深受新羅佛教影響，韓半島因發生戰亂與儒家勢力彈壓，導致大量文獻史料散逸，今日韓國學者也必須參考日方資料和日本學者研究。

實際上，在研究急速變化中的亞洲各國或各地的佛教之際，這個問題多少會發生。但日韓關係複雜而密切，無論是哪一國的學生或研究者，若想從事韓國佛教研究，都必須了解此課題不同於印度初期佛教等領域，不僅要面臨國族主義及其他要素複雜糾葛，更要對個人成見有所自覺，直接面對史實進行研究。

本篇主要介紹近年容易接觸的日文著作，韓文著作則附上「首爾」等出版地點作註明。

一、通史與歷史概論

近年出版最完善的韓國佛教史研究，就是鎌田茂雄《朝鮮佛教史》（東京大學出版會，一九八七）。內容簡潔說明歷史和教理，適切添加地圖和圖表、參考文獻、照片，以假名標示人名等特定名稱的韓文發音，是學習者的必備入門書。金煐泰著，沖本克己監譯《韓國佛教史》（禪文化研究所，一九八五），也是淺顯易懂的通史。《アジア佛教史・中國編四・東アジア諸地域の佛教》（佼成出版社，一九七六）之中，里道德雄撰寫的〈第一章　朝鮮半島の佛教〉附有大量照片和系譜圖，相當有助於學習。鎌田茂雄編《講座佛教の受容と變容五　韓國篇》（同，一九九一），除了各時代概論之外，尚有宗教團體、儀禮、美術、民間信仰等依不同主題說明，適合了解韓國佛教的整體發展。

英文通史方面，則有 The Korean Buddhist Research Institute ed., *The History and Culture of Buddhism in Korea*（Dongguk Univ. Press, Seoul, 1993）。此書是由韓國東國大學校的學者共同執筆，致力描寫各時代的佛教發展特徵。中國方面的著作，可參考何勁松《韓國佛教史》上、下冊（北京：宗教文化出版社，一九九七），是中國學者撰寫的中文版通史，著重於中、韓關係。

江田俊雄《朝鮮佛教史の研究》（國書刊行會，一九七七），是作者逝後由弟子彙編各篇論文，專業論文之外，亦包括韓國信仰佛教至現代的發展概論。此書收錄許多至今參閱價值極高的精闢論文，但亦包括戰前研究在內，多少含有日治時期的偏頗見解，這種言論的強弱傾向因人而異。戰前日本學者普遍帶有偏見，韓國學者為此表示抗議，以致過於強調韓國佛教意義，文獻批判顯得較不充分，這點應需留意。

李能和《朝鮮佛教通史》上、中、下冊（新文館，一九一八；國書刊行會，一九七四），是韓籍人士在戰前撰寫的代表著作。書中列舉龐大資料並附上簡單說明，今日仍具參考價值，但全篇以漢文書寫，必須具備基礎漢語能力才能解讀。梅田信隆監修，片山晴賢、河村道器等編著《朝鮮佛教史　資料編（一、二）》（棱伽林，一九九六、一九九九），是將河村氏精選的各時代佛教文獻遺稿彙編，重新追查原典和校勘、擴增頁數，以便查閱原典出處。

佛教史之外，一般史書有武田幸男編《朝鮮史》（山川出版社，二〇〇〇）。古田博司、小倉紀藏編《韓國學のすべて》（新書館，二〇〇二），是介紹韓國古今各領域的最新概論。韓國史料集成方面，朝鮮史編修會出版大系列叢書《朝鮮史》（東京大學出版會，一九九五）。文化史方面，可參考池明觀著，朴光洙譯《韓國文化史》（高麗書林，一九七九）、金義煥《朝鮮文化史新講》（東洋書院，一九八五）等書。

二、基礎資料

韓國佛教文獻收於《韓國佛教全書》（首爾：東國大學校出版部，一九七九）。這套全書是彙整朝鮮三國時代開始發展的佛教文獻，目前完整出版十四冊。韓國佛教文獻的日語解題，可參考東國大學校佛教文化研究所編《韓國佛書解題辭典》（國書刊行會，一九八二）。

西元一一四五年，金富軾編纂《三國史記》，成為中世之前最具代表的史書，此書以儒教立場著述，卻包含許多佛教記述。金思燁譯《三國史記》上、下冊（六興出版，一九八〇－八一），附有原書漢文和日譯、略註。井尚秀雄譯《三國史記》（平凡社，一九八〇－八六）收於東洋文庫系列，僅有日譯內容，大量附註極富學術色彩。

高麗禪僧一然（一二〇六－八九）所撰的《三國遺事》，從史書、碑文、傳承、中國僧傳等內容彙編佛教記載，是韓國佛教史的基本資料。專門研究像是三品彰英、村上四男《三國遺事考證》全四卷（塙書房，一九七五－九五），書中附有詳註，卻欠缺佛教領域的註解。金思燁譯《完譯 三國史記》（朝日出版社，一九八〇）是相當普及的著作，可惜有許多佛教譯語和註釋的訛誤。

高麗僧覺訓於西元一二一五年編纂的《海東高僧傳》，則有伊藤丈、章輝玉共譯《現代語譯一切經一 大唐西域求法高僧傳・海東高僧傳》（大東出版社，一九九三），附有章輝玉的解說和日譯全文。

以「八萬大藏經」而聞名的《高麗大藏經》，目前在韓國海印寺保存八萬餘片版木，戰後由東國大學校刊行。李瑄根編《總目錄・索引・解題》（《高麗藏》第四十八卷），曾刊行日語版（同朋舍出版，一九七八）。《高麗藏》是由高麗大藏經研究所推行數位化和公開網頁（http://www.sutra.re.kr/）。李圭甲編《高麗大藏經異體字典》（首爾：高麗大藏經研究所，二〇〇〇）是《高麗藏》數位化的副產品，索引製作完備，對解讀《高麗大藏經》之外的文獻亦有幫助。

朝鮮總督府編《朝鮮金石總覽》（一九一九；國書刊行會，一九七一），就今日來看，內容雖有明顯缺失，但篇幅和引用論文頁數極多，至今仍是必備參考的史書。附校訂的金石文文獻，則有許興植《韓國金石全文》全三冊（首爾：亞細亞文化社，一九八四）、權悳永編著《韓國古代金石文綜合索引》（首爾：學研文化社，二〇〇二）。

韓國佛教的中日漢文資料，可參考金煐泰《韓國佛教史料——海外文獻抄集》（首爾：東國大學校佛教文化研究院，一九八一），相當便於研讀。

三、論文目錄

韓國佛教的研究著述和論文，可參考韓國留學生印度學佛教學研究會《韓國佛教學SEMINAR》八（二〇〇〇）的「特集：日本における韓國佛教思想の研究の成果と展望」（以下簡稱為「成果」）。本專題的論文構成分別是石井修道〈韓國佛教通史の主な研究〉、曹潤鎬、佐藤厚〈韓國華嚴學研究〉、橘川智昭〈新羅唯識の研究狀況について〉、石井修道〈朝鮮禪思想に對する研究〉、福士慈稔〈三國時代、統一新羅時代の佛教に對する研究〉、佐藤厚、金天鶴〈高麗時代の佛教に對する研究〉、金天鶴〈朝鮮時代の佛教に關する研究〉，以長達二百八十二頁的篇幅解說近代以前的研究史及今日成果。此書列舉韓籍學者發表的日語論文，大略提到韓國的研究現況和今後課題，筆者建議此專題非常值得參考。

韓國出版的佛教目錄，例如內容龐大的《韓國佛教關係論著綜合目錄》（首爾：高麗大藏經研究所，二〇〇二），除了韓文著作和論文，亦包括英日語研究。新羅佛教方面，新羅文化研究所編《新羅研究論著目錄》（首爾：東國大學校出版部，一九八八），收錄書籍和論文題名之外並附有簡單目錄，使查閱更為簡便。韓國佛教的相關論文，則有呂聖久、張日圭、南武熙共編《韓國佛教學研究叢書》全一百五十八卷（首爾：佛咸文化社，二〇〇三－〇四），是以線裝書形式影印出版。

四、各時代佛教

高句麗的佛教文獻近乎全逸，僅能從佛教信仰時期描繪的德興里古墳壁畫作為研究重心，門田誠一曾陸續發表〈高句麗の初期佛教における經典と信仰の實態〉（《朝鮮史研究會論文集》三十九，二〇〇一）等論文。

百濟佛教的古老史料傳存極少，近年古蹟發掘與佛教美術研究大幅進展，將其成果對照與史料成為重要課題。較早期的研究有田村圓澄、黃壽永編《百濟文化と飛鳥文化》（吉川弘文館，一九七八）。有關田村圓澄的著作方面，曾與秦弘燮共編《新羅と日本古代文化》（同，一九八一），書中闡明日韓佛教關係，堪稱是貢獻良多。田村氏在其他著作《日本佛教史四　百濟・新羅》（法藏館，一九八三）中，亦收錄探討日、韓佛教問題的論文。

新羅佛教史蹟方面，韓國各地發現許多佛教信仰時期的碑文。深津行德〈法體の王——序說：新羅の法興王の場合〉以及其他論文，收於《學習院大學東洋文化研究所調查研究報告》三十九（一九九三）。教理研究方面，金知見、蔡印幻編《新羅佛教研究》（山喜房佛書林，一九七三），是由旅日新進韓國學者與日本學者攜手合作，主要彙編新羅佛教諸宗論文，成為相關研究論文集的先驅。韓國的研究書則有高翊晉《韓國古代佛教思想史》（首爾：東國大學校出版部，一九八九），是追溯古代韓國信仰佛教的過程史，以及三國時代至統一新羅時代的華嚴宗、密教、禪宗的發展歷程。新羅佛教方面，金煐泰《新羅佛教研究》（首爾：民族文化社，一九八七）是深獲好評的著作。英語研究著作則有 L. Lancaster, C. S. Yu, *Assimilation of Buddhism in Korea: Religious Maturity and Innovation in the Silla dynasty*（Asian Humanities Press, Berkeley, 1991）。

三國時代與統一新羅時代的史學研究，可參考李成市《古代東アジアの民族と國家》（岩波書店，一九九八），對古代東亞的時代背景和佛教關係有詳盡解說。浜田耕策《新羅國史の研究——東アジア史の視點から》（吉川弘文館，二〇〇二）囊括多篇佛教論文，對研究相當有幫助。

高麗佛教方面並沒有日文專門著作。許興植《高麗佛教史研究》（首爾：一潮閣社，一九八六）的內容詳細，是參考典範。李朝佛教研究僅有高橋亨《李朝佛教》（寶文館，一九二九；國書刊行會，一九七三），書中善用豐富資料，出版後曾為重要的先驅研究，卻難免出現不少戰前學者特有的偏頗論述。權純哲則從佛教以外的觀點，探討高橋亨的研究態度，發表〈高橋亨の朝鮮思想史研究〉（《埼玉大學紀要》三十三－一，一九九七）。此外，韓國近代的佛教研究，仍未見有日文著作出版。闡明李朝末期至戰後變動期間的問題研究，則有申昌浩〈再生宗教としての朝鮮佛教と親日〉（《日本研究──國際日本文化センター紀要》二十五，二〇〇二）。韓國的近期研究，可參考金光植《韓國近代佛教史研究》（首爾：民族社，一九九六）。鄭珖鎬編《韓國佛教最近百年史編年》（仁川：仁荷大學校出版部，一九九九），按年代整理的資料更容易閱讀。

五、各派佛教

高句麗盛行三論宗，以出身遼東的僧朗為代表。僧朗曾赴中國求法，南梁之際，轉入江南復興三論教學。若欲了解僧朗等在江南傳法的韓國僧侶，以及韓半島三論學的發展，可參考石井公成〈朝鮮佛教における三論教學〉（平井俊榮監修《三論教學の研究》，春秋社，一九九〇），作者針對昔日通論重新提出論述。

玄奘自天竺返國後，法相唯識學蓬勃發展，新羅亦蔚為風潮，自唐代起主張五姓各別的唯識學派與一乘派之間的論諍，也隨而傳入新羅。當時在中國積極活動的西明寺圓測（六一三－九六），對新羅、日本影響十分深遠，日本的近年研究提出其思想傾向於一乘論，然而橘川智昭發表〈西明寺圓測と五姓各別論——慈恩教學との比較研究〉（《東洋學研究》三十四，一九九七）等數篇研究，卻指出圓測的主張與慈恩立場相近。

新羅僧元曉（六一八－八六）在各領域皆有活躍表現，關於其研究，可參考福士慈稔〈三國時代、統一新羅時代の佛教に對する研究〉（前揭論文），其中大量整理與元曉相關的日韓研究。福士氏亦發表〈日本佛教に見られる元曉の影響について——日本佛教諸宗の元曉著述の引用を中心として〉（《佐佐木孝憲古稀紀念》，山喜房佛書林，二〇〇二），研讀此論文，便可了解元曉對日本佛教的影響極為深遠。福士慈稔的研究，皆收於《新羅元曉研究》（大東出版，二〇〇四）。元曉傳記和思想、後世評價等研究書籍，則有金相鉉《元曉研究》（首爾：民族社，二〇〇〇）。

關於新羅華嚴宗初祖義湘（義相，六二五－七〇二）的研究，坂本幸男《新羅の義湘の教學》（《華嚴教學の研究》，平樂寺書店，一九五六）向來以研究精深而聞名。石井公成《華嚴思想の研究》（春秋社，一九九六），闡明法藏撰《華嚴經問答》是義湘法系的文獻，指出義湘及其弟子曾受禪宗影響。

關於高麗華嚴宗的代表人物均如（九二三－七三），李永洙〈均如大師傳の研究（上、中、下）〉（《東洋學研究》七、八、十三，一九七三－七九）是卓越的傳記研究。金知見編《均如大師華嚴學全書》上、下冊（後樂出版，一九七七），喚起日本學界對均如的重視，鎌田茂雄曾舉辦均如研討會，成果見於鎌田茂雄編《釋華嚴教分記圓通鈔の注釋的研究》的連載論文（《東京大學東洋文化研究所紀要》八十四、八十九、九十四、九十五、一〇二、一〇四，一九八一、八二、八四、八七），並由吉津宜英延續其研究（《華嚴學研究》二、三，一九八八、九一）。

淨土思想方面，韓普光《新羅淨土思想の研究》（東方出版，一九九一），是從多元角度探討三國時代以來的淨土信仰。章輝玉、石田瑞麿《新羅の淨土教　空也・良源・源信・良忍》（《淨土佛教の思想》，講談社，一九九二），概論十分易讀。渡邊顯正《新羅・憬興師述文贊の研究》（永田文昌堂，一九七八），憬興對親鸞影響甚深，此書重點在於研究憬興的著作。金三龍《韓國彌勒信仰の研究》（教育出版センタ－，一九八五），是詳述韓國自古代至近代的彌勒信仰。

禪宗為韓國佛教的主流，忽滑谷快天曾獲得韓國學者協助，完成劃時代大著《朝鮮禪教史》（春秋社，一九三〇）。鄭性本的短篇論述〈韓國の禪〉（田中良昭編《禪學研究

入門》，大東出版社，一九九四），精闢解說禪宗研究史和近年的研究成果，並簡介韓國佛教的整體研究現狀。鄭性本的經典著作是《新羅禪宗의研究》（首爾：民族社，一九九七）。

韓國曹溪宗初祖知訥（一一五八－一二一〇）的研究，李鍾益《韓國佛教の研究——高麗・普照國師を中心として》（國書刊行會，一九八〇）有詳細論析。李朝時期推行尊儒排佛政策下，西山休靜（一五二〇－一六〇四）不惜奮抗豐臣秀吉大軍，成為振興佛教的代表禪僧。休靜的研究可參考申正午《西山大師の禪家龜鑑研究》（山喜房佛書林，一九九一），主要解說時代背景和思想特質，詳細探討休靜的代表著作《禪家龜鑑》。西口芳男編《《禪門寶藏錄》の基礎的研究》（《花園大學國際禪學研究所研究報告》七，二〇〇〇），包括解題、譯註、相關論文在內，有助於了解中、韓禪宗關係和時代背景。

此外，東國大學校的佛教文化研究院經由校方出版部刊行《韓國天台思想研究》（一九八三）、《韓國禪思想研究》（一九八四）、《韓國淨土思想研究》（一九八五）、《韓國密教思想研究》（一九八六）、《韓國彌勒思想研究》（一九八七）、《韓國觀音思想研究》（一九八八）等，叢書結尾列舉參考文獻，以便研究之用。佛教史學會編輯的各宗派及各時代研究論文集，是由首爾的民族社出版大量佛教史叢，這些著作是必讀文獻。近年韓國新進學者大量發表著作，正邁入摸索研究新觀點的階段。

其他在戒律方面，蔡印幻《新羅佛教戒律思想研究》（國書刊行會，一九七七）是代表著作。洪潤植《韓國佛教儀禮の研究》（隆文館，一九七六），探討高麗和李朝時代的佛教儀禮。密教方面有徐閏吉《韓國密教思想史序說》（首爾：佛光出版部，一九九四）等，陸續發表許多研究。

六、日韓關係與交涉

田村圓澄《古代朝鮮と日本佛教》（講談社，一九八五）已列入講談社學術文庫，更易於接觸參考。中井真孝《朝鮮と日本の古代佛教》（東方出版，一九九四）是古代日、韓佛教的先驅研究。關晃《歸化人》（至文堂，一九五六）、上田正昭《歸化人》（中公新書，一九六五），這些著作其實與書名背道而馳，完全顛覆朝鮮歸化人的既定形象，自上田氏的研究之後，「渡來人」的呼稱方才普及。今井啟一《歸化人と社寺》（綜藝社，一九六九）、段熙麟《日本史に生きた渡來人たち》（松籟社，一九八六）、權又根《古代日本文化と朝鮮渡來人》（雄山閣出版，一九八八）、井上秀雄《古代日本人の外國觀》（學生社，一九九一），以及司馬遼太郎、上田正昭、金達壽編《日本の朝鮮文化》（中央公論社，一九九一）等，閱讀這些著作，對日本史的看法將有所改變。韓文著作方面，崔在錫《古代韓日佛教關係史》（首爾：一志社，一九九八）提供豐富的資料。中、韓關係著作則有黃有福、陳景富《中朝佛教文化交流史》（北京：中國社會科學出版社，一九九三），內容相當詳細。探討現代的一般書籍方面，岡崎久彥《鄰の國で考えたこと》（中公文庫，一九八三），內容十分精彩。

七、寺院及佛教美術

鎌田茂雄、ＮＨＫ採訪組、大村次郎（攝影）共著《韓國古寺巡禮（百濟篇・新羅篇）》（日本放送出版協會，一九九一），採用大量彩色和黑白照片，解說韓國寺院史和信仰現況。鎌田茂雄《朝鮮佛教の寺と歷史》（大法輪閣，一九八〇）、愛宕顯昌《韓國佛教史——韓國佛教の手びき》（山喜房佛書林，一九八二），內容介紹各地佛剎，皆屬於佛教史概論書。高麗時代的寺院資料研究，則有齋藤忠《高麗寺院史料集成》（大正大學綜合佛教研究所，一九九七）。

佛教美術方面，黃壽永《韓國佛像の研究》（同朋舍出版，一九七八）、久野健、田枝幹宏《古代朝鮮佛と飛鳥佛》（東出版，一九七九）、秦弘燮《韓國美術シリーズ二韓國の石佛》（近藤出版社，一九七九）、鄭永鎬《韓國美術シリーズ三 韓國の石塔》

（同）、松原三郎《韓國金銅佛研究》（吉川弘文館，一九八五）、小坂泰子《韓國の石佛》（佼成出版社，一九八七）等。朴亨國《ヴァイローチャナ佛の圖像學的研究》（法藏館，二〇〇一），這項大規模研究是調查亞洲各國的毘盧遮那佛像，徹底分析韓國毘盧遮那佛的特色。近年高麗佛畫研究蔚為風潮，代表如鄭于澤《高麗時代阿彌陀畫像の研究》（永田文昌堂，一九九〇）。

八、佛教相關課題

若欲了解韓國佛教的特色，就應調查與佛教相關的宗教和民俗。道教著作像是車柱環著，三浦國雄、野崎充彥譯《朝鮮の道教》（人文書院，一九九〇），此書在界定神仙思想與道教的差異上略有爭議之處。風水思想方面，崔昌祚著，三浦國雄監譯，金在浩、澀谷鎮明共譯《韓國の風水思想》（人文書院，一九九七）是值得參考的著作。朝鮮總督府在戰前大量刊行的文獻中，日後由國書刊行會出版的復刻本《朝鮮の鬼神》（一九七二）、《朝鮮の巫覡》（一九七二）、《朝鮮の風水》（一九八七），內容皆以統治殖民地為目的所作的田野調查，亦包括今日難能可貴的資料。

第二節 日本佛教

佐藤秀孝

一、關於日本佛教

佛教東傳日本長達一千五百年之久，歷經幾多變遷，形成自國獨特的佛教文化。日本佛教最初是由朝鮮半島傳入，此後在中國佛教（包括朝鮮佛教）的影響下發展。日本在某些時期曾派遣許多僧侶渡海求法，渴求中國佛教精髓，也曾積極排除中國佛教影響，確立自國文化的獨特思想，如此歷經千餘載，終於形成現今的日本佛教。中、日僧侶在各朝代進行交流，漢傳佛教文獻傳入日本後，保存豐富的古寫本和刊本，大量佛典註疏隨之問世。

縱然明治時代採取廢佛毀釋的彈壓政策和佛教批判，就整體而言，日本教團自佛教傳入後尚能延續不輟。江戶時代因有檀家制度，佛教在社會上發揮功能，得以傳延至今。從近世到近代，許多亞洲佛教國家受到歐美列強及日本影響，不得不面臨轉變。相形之下，日本佛教幸而具備一定的影響力，能堅持其道，無論是編纂《大正新脩大藏經》或《大日本續藏經》等文獻保存，教學研究也能維繫法脈，這是十分重要的關鍵。不僅是研究日本佛教，在研究中國、朝鮮佛教之際，日本佛教的治學傳統，以及近代的中國佛教研究皆提供極為寶貴的成果。倘若排除日本遺存的佛教文獻，就無法研究中國與朝鮮佛教。

說起過去日本的佛教研究，主要是探討各宗派的初祖及其思想和傳記，或從教理和歷史這兩層面分析教團發展。至今這些課題依舊重要，但近年來已有研究超越宗派框限，轉從教團論、制度論、女性史等多元角度考察，佛教與民俗學或政治史、美術、國文學的關係也成為研究焦點。寺院深藏的古寫本、古文書、碑銘文等調查發展更為活絡，逐漸出現許多研究採納這些原始資料。可惜筆者限於篇幅，無法詳述這些日本佛教研究的豐碩成果。本篇僅略舉日本佛教研究的主要文獻，個別研究著作和研究論文等細部資料將暫不作贅述。

二、基礎資料與辭典、論文目錄

首先是日本佛教的基本研究資料，目前有《大正新脩大藏經》日本撰述部、《大日本佛教全書》全一百六十二卷（佛書刊行會，一九一二－一九二二）、《日本大藏經》等，主要的日本佛教文獻已刊行問世。《國譯一切經》和漢撰述部是日譯佛教文獻，相當便於研讀。各宗派方面，天台宗有天台宗典刊行會編《天台宗全書》（大藏出版，一九三五－三七）、《續天台宗全書》（春秋社，一九八七－二〇〇六），真言宗有真言宗全書刊行會編《真言宗全書》（同刊行會，一九三三—三九）。淨土宗方面，《淨土宗全書》（淨土宗典刊行會，一九〇七—一四）、《續淨土宗全書》（宗書保存會，一九一五—二八）。禪宗方面，分別是曹洞宗的曹洞宗全書刊行會編《曹洞宗全書》（鴻明社，一九二九—三八）、《續曹洞宗全書》（同刊行會，一九七三—七六），臨濟宗則有上村觀光《五山文學全集》（裳華堂，一九〇六—一五）及復刻版（思文閣出版，一九三七）、玉村竹二《五山文學新集》（東京大學出版會，一九六七—八一）。明治時期的神佛分離文獻，見於村上專精等編《明治維新．神佛分離史料》（一九二六—二九），有詳細內容整理。

在此列舉日本佛教的主要辭典和名鑑，例如今泉淑夫編《日本佛教史辭典》（吉川弘文館，一九九九），必須特別說明的，這部辭典列出日本佛教史的主要項目。寺院名鑑和辭典方面，《大日本寺院總覽》上、下冊（名著刊行會，一九六六）、《全國寺院名鑑》四冊（全日本佛教會寺院名鑑刊行會，一九六九—七〇）等。介紹主要寺院的書籍，則有圭室文雄編《日本名剎大事典》（雄山閣出版，一九九四），內容詳盡且容易查閱。天納傳中等編《佛教音樂辭典》（法藏館，一九九五）亦可作為參考。

人名辭典方面，早期著作有鷲尾順敬編《日本佛家人名辭書》（光融館，一九〇三；東出版，一九九六復刻）、《增訂日本佛家人名辭書》（東京美術，一九六六），書中收錄人名多達六千名，但文章表現古澀，人物生卒年皆以皇紀（註：皇紀以神武天皇元年

（西元前六六〇年）為紀元方式）標示。相形之下，《日本佛教人名辭典》（法藏館，一九九二）廣蒐人名高達七千一百名，內附索引便於查閱。其他簡介書籍則有齋藤昭俊、成瀨良德編《日本佛教人名辭典》（新人物往來社，一九八六）、今泉淑夫編《事典・日本の名僧》（吉川弘文館，二〇〇五）。各宗派辭典方面，真言宗有密教學會編《密教大辭典》六冊（法藏館，一九六八－七〇）與縮印版一冊（同，一九八三），佐和隆研編《密教辭典》（同，一九七五）。淨土宗方面，《淨土宗大辭典》四冊（山喜房佛書林，一九七四－八二）。淨土真宗方面，岡村周薩編《真宗大辭典》三冊（鹿野苑，一九六三）及修訂版（永田文昌堂，一九七二）、金子大榮等監修《真宗新辭典》（法藏館，一九八三）、赤松徹真等編《真宗人名辭典》（同，一九九九）。禪宗方面，駒澤大學禪學大辭典編纂所編《禪學大辭典》三冊（大修館書店，一九七八），以及新版一冊（同，一九八五）。探討五山禪僧的書籍，例如玉村竹二《五山禪僧傳記集成》（講談社，一九八三；思文閣出版，二〇〇三），曹洞宗則有稻村坦元監修《曹洞宗人名辭典》（國書刊行會，一九七七）。黃檗宗方面，大槻幹郎、加藤正俊、林雪光編《黃檗文化人名辭典》（思文閣出版，一九八八）。日蓮宗方面，日蓮宗事典刊行委員會編《日蓮宗事典》（日蓮宗宗務院、東京堂出版，一九八一）。

其他尚有法藏館出版的「佛教小事典シリーズ」叢書，包括福田亮成編《真言宗小事典》（一九八七）、石上善應編《淨土宗小事典》（二〇〇一）、瓜生津隆真、細川行信編《真宗小事典》（一九八七）、石川力山編《禪宗小事典》（一九九九）、小松邦彰、冠賢一編《日蓮宗小事典》（一九八七），將各宗派基本用語分為五百項，並作簡潔說明。

與佛教相關的辭典，可參考國學院大學日本文化研究所編《神道事典》（弘文堂，一九九四），薗田稔、橋本政宣編《神道史大辭典》（吉川弘文館，二〇〇四）、佐佐木宏幹等編《日本民俗宗教辭典》（東京堂出版，一九九八）、子安宣邦監修《日本思想史辭典》（ぺりかん社，二〇〇一）、山折哲雄監修《日本宗教史年表》（河出書房新社，二〇〇四）等，分別記載許多佛教相關資料。中村元、久野健編《佛教美術事典》（東京書籍，二〇〇二）等，日本佛教美術在書中占有不少篇幅。

研究書籍或論文目錄方面，龍谷大學圖書館編《佛教學關係雜誌論文分類目錄》（百華苑，一九七三）、佛教學關係雜誌論文分類目錄編纂委員會編《佛教學關係雜誌論文分類目錄》（永田文昌堂，一九七三），日本佛教研究論文占有極重比例，對研究大有助益，期待今後能彙編續錄。曹洞宗則有單獨出版目錄的情形，例如曹洞宗宗學研究所編《曹洞宗關係論文目錄》（曹洞宗宗務廳，一九九〇），以及曹洞宗總合研究センター・宗學研究部門編《曹洞宗關係論文目錄二》（曹洞宗總合研究センター，二〇〇四）。

三、通史、概論

首先介紹日本佛教通史和概論書，早期著作有圭室諦成《日本佛教史概說》（理想社，一九四〇）、辻善之助《日本佛教史》全十冊（岩波書店，一九四四－五五），分別為「上世篇」一冊、「中世篇」五冊、「近世篇」四冊。

笠原一男等編《アジア佛教史・日本編》全九冊（佼成出版社，一九七二－七六），標題分別是「飛鳥・奈良佛教（國家と佛教）」、「平安佛教（貴族と佛教）」、「鎌倉佛教一（民眾と念佛）」、「鎌倉佛教二（武士と念佛と禪）」、「鎌倉佛教三（地方武士と題目）」、「室町佛教（戰國亂世と佛教）」、「江戶佛教（體制佛教と地下信仰）」、「近代佛教（政治と宗教と民眾）」、「現代佛教（信教の自由と佛教）」，再加上《アジア佛教史・印度編》全六卷、《アジア佛教史・中國編》全五卷，研讀這些書籍可追溯佛教發展的源流。

較新的系列叢書，則有吉川弘文館出版的《日本佛教史》全四冊，分別是速水侑《日本佛教史・古代》（一九八六、九八）、大隅和雄、中尾堯編《日本佛教史・中世》（一九九八）、圭室文雄《日本佛教史・近世》（一九八七）、柏原祐泉《日本佛教史・近代》（一九九〇），內容是將日本佛教在日本史流脈中予以定位。

圭室文雄、平岡定海編《論集　日本佛教史》全十冊（雄山閣出版，一九八六），分為「飛鳥時代」、「奈良時代」、「平安時代」、「鎌倉時代」、「室町時代」、「戰國時代」、「江戶時代」、「明治時代」、「大正昭和時代」、「日本佛教史年表」，從各層面分析日本佛教諸相和歷史。

柴田實、林屋辰三郎共同籌畫，高取正男、赤井達郎、藤井學共編《圖說　日本佛教史》全三冊（法藏館，一九八〇－八一），分為「佛教との出會い（古代）」、「日本佛教の成立（中世）」、「國民佛教への道（近世）」，內附豐富圖版和解說，以淺顯方式介紹日本佛教的沿革。

田村圓澄等編《圖說日本佛教の歷史》全六冊（佼成出版社，一九九六），包括「飛鳥・奈良時代」、「平安時代」、「鎌倉時代」、「室町時代」、「江戶時代」、「近代」，同樣附有圖版，簡明述說日本佛教史的發展。

日本佛教研究會編《日本の佛教》（法藏館），這套叢書在第一期出版全六冊，包括《佛教史を見なおす》（一九九四）、《アジアの中の日本佛教》（一九九五）、《神と佛のコスモロジー》（同）、《近世・近代と佛教》（同）、《ハンドブック日本佛教研究》（一九九六）、《論點日本佛教》（同）。第二期出版全三冊，分別是《佛教と出會った日本》（一九九八）、《日本佛教の研究法》（二〇〇〇）、《日本佛教の文獻ガイ

ド》（二〇〇一），可掌握最新研究動向。尤其是《日本佛教の研究法》，是從各領域探討過去的主要研究成果，末尾附有「文獻一覽」以便於參閱。

中日交流史方面，木宮泰彥《日華文化交流史》（富山房，一九五五，六五再版），是綜合探討從事中日交流的人物，蒐集眾僧侶的事蹟。道端良秀《大東名著選十四 日中佛教友好二千年史》（大東出版社，一九八七），是透過佛教文化交流的觀點探討中、日互動關係。井上秀雄《古代東アジアの文化交流》（溪水社，一九九三）、源了圓、楊曾文編《日中文化交流史叢書四 宗教》（大修館書店，一九九六），可探索中日文化的佛教交流訊息。田中健夫等編《對外關係史總合年表》（吉川弘文館，一九九九），特別針對古代及中世、包括朝鮮半島在內的中、日佛教記載，提供的詳細年表很適於研究查閱。

四、各時代佛教

各開宗祖師的傳記和思想研究因內容細瑣，恕不逐一介紹，在此推薦的是從學問角度更深入探索，陸續彙編的一些研究書籍和全集、資料集。吉川弘文館出版的《日本の名僧》全十五冊（二〇〇三—〇五），是以聖德太子為開端，介紹至江戶初期的天海、崇傳，將影響日本佛教甚鉅的知名高僧和佛教倡導者的資料加以彙整，亦是最新成果，分別為「聖德太子」、「行基」、「最澄」、「空海」、「空也」、「重源」、「法然」、「親鸞」、「道元」、「叡尊、忍性」、「一遍」、「日蓮」、「蓮如」、「日親、日奥」、「天海、崇傳」。另有《日本佛教宗史論集》全十冊（吉川弘文館，一九八四－八五），分為「聖德太子と飛鳥佛教」、「南都六宗」、「傳教大師と天台宗」、「弘法大師と真言宗」、「法然上人と淨土宗」、「親鸞聖人と真宗」、「榮西禪師と臨濟宗」、「道元禪師と曹洞宗」、「日蓮聖人と日蓮宗」、「一遍上人と時宗」，依不同宗派介紹其考證和論述、解說、主要史料、參考文獻，相當易於研讀。至於禪宗方面，田中良昭編《禪學研究入門》（大東出版社，一九九四）的「日本」單元，是了解禪宗研究史和研究方法的必讀著作。伊吹敦《禪の歷史》（法藏館，二〇〇一）的〈禪のあゆみ（日本）〉，則是認識日本佛教略史和研究史的貴重資料。

最後只簡述各時代的主要佛教研究，古代佛教研究方面，井上光貞《日本古代の國家と佛教》（岩波書店，一九七一）、《日本古代思想史の研究》（同，一九八二），是探討國家佛教發展的重要著作。南都佛教方面，特別推薦速水侑等編《論集　奈良佛教》全五冊（雄山閣出版，一九九四）、堀池春峰《南都佛教史の研究》上、下冊（法藏館，一九八〇、八二）。平安佛教方面，清水谷恭順《天台密教の成立に關する研究》（文一總合出版，一九七二）、速水侑《平安貴族社會と佛教》（吉川弘文館，一九七五），以及三崎良周《台密の研究》（創文社，一九八八）、《密教と神祇思想》（同，一九九二）等，也是蘊意深奧的著作。

昔日中世佛教研究的主流，是根據各宗派探討各開宗祖師的傳記和思想，但逐漸能跳脫新佛教崛起與舊佛教復興的主題限制，改從民眾佛教的角度進行多面向考察。

早期代表著作有家永三郎《中世佛教思想史研究》（法藏館，一九四七），但值得矚目的則是黑田俊雄《日本中世の國家と宗教》（岩波書店，一九七五）、《日本中世の社會と宗教》（同，一九九〇），這些名著是以顯密體制論來定位中世佛教，成為推展此研究的原動力。佐藤弘夫《日本中世の國家と佛教》（吉川弘文館，一九八七）亦是重要著作。平雅行《日本中世の社會と佛教》（塙書房，一九九二）是將中世佛教劃分兩派論述，也就是重振戒律和勸募、送葬、慈善事業的改革派，以及摒除雜修的一行專修、追求民眾自覺的異端派。松尾剛次《鎌倉新佛教の成立》（吉川弘文館，一九八八）將中世僧侶分為官僧和遁世僧，論點強調遁世僧是以尋求自身救濟為目的。近年的研究趨勢，則有大隅和雄編《中世の佛教と社會》（同，二〇〇〇）、河音能平、福田榮次郎編《延暦寺と中世社會》（法藏館，二〇〇四）、原田正俊《日本中世の禪宗と社會》（吉川弘文館，一九九八）等著作，是將從社會史觀點探討的中世佛教研究逐漸加以彙整。

近世佛教研究方面，圭室文雄、大桑齊編《近世佛教の諸問題》（雄山閣出版，一九七九），提供研究者許多助益。圭室文雄《江戶幕府の宗教統制》（評論社，一九七一），以及大桑齊《寺檀の思想》（教育社，一九七九）、《日本近世の思想と佛教》（法藏館，一九八九）、高埜利彥《近世日本の國家權力と宗教》（東京大學出版會，一九八九），內容是探討本末制度和寺檀制度。

其他尚有袴谷憲昭《本覺思想批判》（大藏出版，一九九一）、松本史朗《道元思想論》（同，二〇〇〇）、《法然親鸞思想論》（同，二〇〇一）等，從本覺思想的批判角度分析日本佛教，因而引發議論。大隅和雄、西口順子編《シリーズ女性と佛教》全四卷（平凡社，一九八九），是開啟從女性史研究角度重探佛教的先例，因此備受矚目。五來重等編《佛教民俗學大系》全八卷（名著出版，一九八六－九三），是從民俗學觀點將佛教信仰作系統化歸類，對於這部分的貢獻最具開創性。

第三節　藏傳佛教

木村誠司

前言

西藏是位於喜瑪拉雅山域、鄰界中、印之間的小國，因地處邊陲，主要吸收兩國文化。西藏人承襲中、印佛教文化，積極吸取教法，建立出輝煌的佛教國家，尤其在佛教文化的卓越發展，足以凌駕中、印兩國，但這項事實卻直到近期才廣為人知。昔日提到藏傳佛教，難免多少含有貶意，例如日本過去稱之為喇嘛教，多以嫌惡的角度來評判，認為是導致元、清皇室墮落的邪教。然而這只是單方的負面評價，實際上，藏傳佛教的原本特質是教理和實踐，其體系之宏大，足以與西洋哲學和神學並駕齊驅。一般而言，西藏學僧視繼承印度佛教為己任，而中國佛教對西藏的影響卻從未斷絕。中國禪宗於八世紀在吐蕃廣為盛行，歷經與印度佛教抗爭及宗論對辯後，表面上確實被視為異端邪說而銷聲匿跡，但中國佛教式的思惟方法卻潛移默化，得以變更名目後繼續殘存於世。

那麼，在此所謂中國佛教式的思惟方法究竟為何？或許還有其他詮釋，筆者在此舉出兩點，就是支持眾生皆具佛性的佛性本具論，以及主張人的一切思惟與開悟原本無關的極端重視無分別主義。這種思惟方式當然不只是中國佛教才具備，印度和西藏亦具有此思想。但面對主流的中國佛教，印度佛教與藏傳佛教被公然定位為旁系，正因為如此，在此才大膽稱之為中國佛教式的思惟方法。倘若只從這個角度研究中國佛教，恐怕將難以有所斬獲。研究中國佛教之際，必須透過藏傳佛教或直接相關的印度佛教，藉由這些性質相異的佛教，方能讓中國佛教的本質明確化。若試問藏傳佛教對中國佛教研究具有何種意義，筆者認為答案就在以上提供的觀點中。

一、概論書、目錄

含括藏傳佛教和歷史文化的最佳概論書，就是山口瑞鳳《チベット》上、下冊（東京大學出版會，一九八七－八八），內容採用第一手資料，是一部紮實的學術著作，加上文筆淺顯易懂，初學者也易於理解。山口瑞鳳撰寫的「チベット（西藏）」單元（《佛教史二 中國・チベット・朝鮮》，山川出版社，一九八三），僅概述藏傳佛教的部分。讀者可從以上著作了解藏傳佛教的實力，徹底掌握藏傳佛教與中國佛教的關係和差異。石泰安（Rolf Alfred Stein）《チベットの文化（決定版）》（山口瑞鳳、定方晟譯，岩波書店，一九九三），以及史美固魯夫（David Snellgrove）、休・理查森（Hugh Richardson）共著《チベット文化史》（奧山直司譯，春秋社，一九九八），可了解歐美著名藏學者的真知灼見。復刊著作則有多田等觀《チベット》（岩波書店，一九八二）、小栗栖香頂《喇嘛教沿革》（續群書類從完成會，一九八二），可學習日本藏學研究的發展始末。歐美研究方面，代表有圖奇（Giuseppe Tucci）的著作 *Tibet: Land of Snows*（tr. by Oriver, J. E. S.）（London, 1967）。閱讀這些概論書後，對藏傳佛教產生興趣的研究者，不妨參照以下目錄：貞兼綾子編《チベット研究文獻目錄》的「日本文・中國文篇一八七七－一九七七」（亞細亞大學アジア研究所，一九八二）、《チベット研究文獻目錄二》的「一九七八－

一九九五」（高科書店，一九九五），以及賀夫・克萊（H. K. Kuløy）與今枝由郎的著作 *Bibliography of Tibetan Studies*（成田山新勝寺，一九八六）、索文清編《チベット研究文獻目錄》（中文、日文版）的「一九四五－一九九九」（風響社，一九九九）。就今日來看這些目錄尚欠完備，但對研究仍有助益。

二、講座、紀念論集、學術書等

接下來，首先推薦《岩波講座東洋思想十一 チベット佛教》（岩波書店，一九八九），此書是各領域專家為初學者所撰的論文集，其中包括藏傳佛教寧瑪派與中國禪宗的關聯，以及敦煌研究論文。若想深入了解，應參考山口瑞鳳監修《チベットの佛教と社會》（春秋社，一九八六），以及長野泰彥、立川武藏編《チベットの言語と文化》（冬樹社，一九八七）。《東洋學術研究》二十一－二的專題「特集・チベット佛教」（東洋哲學研究所，一九八二），也非常值得一讀。這些著作已出版多年，仍具極高的學術價值。由此可知，日本學者藉由藏語文獻研究初期禪宗的成果，堪稱世界之冠，可適切發揮日本藏學研究的實力。較近期的刊物則有《季刊佛教》二十六「チベット」（法藏館，一九九四）。期刊與學術雜誌的訴求有些差異，盼讀者能辨明真偽，專注於藏傳佛學的多元化研究。歐美著作中，國際藏學會（International Association for Tibetan Studies）的 *Tibetan Studies* 十分重要，這是全球各地舉行的國際藏學會報告，已陸續刊行數期。最近期的研究是西元二〇〇〇年在萊頓舉辦的學會報告，出版 *Brill's Tibetan Studies Library*（Leiden, 2002）全十冊，可掌握藏傳佛學研究的最新世界趨勢。筆者期盼讀者能盡量留意日本西藏學會的機關刊物《日本西藏學會會報》或 *Tibet Journal* 的發表論文。以上是綜合概觀藏傳佛教研究，接著探討其他主題。

三、敦煌文獻

對中國佛學者而言，敦煌文獻是一項革命性發現，其中大部分是漢語文獻，其次以藏文居多，這是由於敦煌曾為吐蕃統治的緣故。闡明中國佛教之際，就必須善用這些藏語文獻。事實上，以敦煌為發展重鎮的中國、西域、西藏佛教，至今仍全貌未明。有志研究者首先應閱讀《講座敦煌》系列（大東出版社，一九八〇－九二），這套叢書共有九冊，分別是：1.榎一雄編《敦煌の自然と現狀》、2.榎一雄編《敦煌の歷史》、3.池田溫編《敦煌の社會》、4.編集委員編《敦煌と中國道教》、5.池田溫編《敦煌漢文文獻》、6.山口瑞鳳編《敦煌胡語文獻》、7.牧田諦亮、福井文雅編《敦煌と中國佛教》、8.篠原壽雄、田中良昭編《敦煌佛典と禪》、9.金岡照光編《敦煌の文學文獻》。內容是從各面向考察敦煌的人文史實，形成敦煌學的專門領域。敦煌學之精華，就是上山大峻《敦煌佛教の研究》（法藏館，一九九〇），首先考察八世紀的敦煌學僧曇曠、法成的事蹟，將中國佛教史上原本默默無名的兩僧公諸世間，其次是重釋佛教史上著名的桑耶論諍，介紹中國的已佚文獻，是充分採用漢、藏雙語文獻的精闢研究。並善用古寫本學的方法，詳細調查敦煌寫本的紙質、型態，成果亦受矚目。對敦煌藏語文獻有興趣者，還可參考普桑（L. V. Poussin）的 *Catalogue of the Tibetan Manuscripts from Tun-huang in the India Office Library*（London, 1962），或拉露（M. Lalou）*Inventaire des Manuscrits tibètains de Touen-houang conservés à la Bibliothèque Nationale* (1) (2) (3)（Paris, 1939–61）。此外，山口瑞鳳等編《スタイン蒐集チベット語文獻解題目錄》一－十三（東洋文庫，一九七七－九〇）。文獻概論則有沖本克己〈敦煌發見のチベット語佛教文獻〉（前揭書《チベットの言語と文化》）。

四、敦煌藏譯禪宗文獻

敦煌文獻中，至今最受矚目的是禪宗文獻，而採用漢語文獻的研究在此將暫不列入說明。藏語文獻概要方面，沖本克己〈敦煌出土のチベット文禪宗文獻の內容〉（前揭書《講座敦煌八　敦煌佛典と禪》）、木村隆德〈敦煌出土のチベット文禪宗文獻の性格〉（同）。若想了解研究情形，可參閱木村隆德〈敦煌チベット語禪文獻目錄初稿〉（《東京大學文學部文化交流研究施設紀要》四，一九八一），以及上山大峻的著作 "The Study of Tibetan Ch'an Manuscripts Recoverd from Tun-huang: A Review of the Field and its Prospects"（*Early Ch'an in China and Tibet*, Berkely, 1983），皆是極有幫助的研究。較近期的著作解說，尚有田中良昭、沖本克己《大乘佛典〈中國・日本篇〉十一　敦煌二》（中央公論社，一九八九）。在此還必須具體說明如何在研究中活用藏語文獻。淨覺（六三八－七五〇？）所撰的《楞伽師資記》，是傳達初期禪宗發展的珍貴史書。但經研究發現，藏譯本《楞伽師資記》除了流傳至今的淨覺本，尚有異本存在，既無序文也無作者，僅記至「道信（五八一－六五一）傳」的中途就潦草結束。研究甚至推斷藏譯本是以古本形式傳世，淨覺本則有增補及更正內容。由此可知，藏語文獻對分析《楞伽師資記》的撰述問題具有決定性貢獻，並指出漢文本有可能曾有補定。詳細研究可參考上山大峻〈チベット譯からみた《楞伽師資記》成立の問題點〉（《印佛研》（二十一－一，一九七三）、〈チベット譯《楞伽師資記》について〉（《佛教文獻の研究》，百華苑，一九六八）、沖本克己〈《楞伽師資記》の研究——漢藏テキストの校訂及び藏文和譯（一）〉（《花大紀要》九，一九七八）。筆者相信今後的研究者必會更善加運用這些藏語文獻。

五、桑耶論諍

西藏佛教史上最大的事件就是桑耶論諍，是由梵僧蓮花戒（七四〇－九五）與漢籍禪師摩訶衍（七至八世紀）共行的法義辯論，因而馳名於世。這場宗論受到矚目的契機，是始於戴密微（Paul Demiéville）的著作 *Le Concile de Lhasa*（Paris, 1952）。島田虔次抄譯為〈ラサの宗論〉（《東洋史研究》十七－四，一九五九）之後，從此廣為日本學界所知。桑耶論諍的名稱和歷史經緯曾引發戴密微、圖奇、上山大峻、山口瑞鳳、今枝由郎等學者的積極議論。桑耶論諍果真存在與否，至今仍備受質疑，目前最具說服力的主張，是山口瑞鳳〈吐蕃王朝佛教史年代考〉（《成田山佛教研究所紀要》三，一九七八），以及御牧克己的詳細論述〈頓悟と漸悟〉（《講座大乘佛教七　中觀思想》，春秋社，一九八四），將過去研究蒐羅詳盡、確切說明。摩訶衍的主張可追溯至《頓悟大乘正理決》，皆有漢藏語版。近年，上山大峻在《敦煌佛教の研究》（前揭書）中校訂《頓悟大乘正理決》和日譯。沖本克己《大乘佛典〈中國・日本篇〉十一　敦煌二》（前揭書）則有藏文日譯。其他與摩訶衍有關的藏語文獻介紹或日譯，可參考上山、沖本兩氏的著作。另一方面，若想了解辯論師蓮花戒的見解，可參閱其著述《修習次第》。梵本《修習次第》的藏譯本，則有圖奇（Giuseppe Tucci）的著作 *Minor Buddhist Text*, pt. II（Roma, 1958），-do-: *Minor Buddhist Texts*, pt. III（Roma, 1971），或是芳村修基《インド大乘佛教思想研究》（百華苑，一九七四）。文本內容和翻譯方面，御牧克己曾整理並發表〈頓悟と漸悟〉（前揭論文）。

摩訶衍的基本主張，是本篇前言中提到的中國佛教式的思惟方法，換言之，就是歸納為佛性本具和重視無分別主義。《頓悟大乘正理決》之中，重視無分別主義是以「不思不觀」來表現，因此受到蓮花戒的犀銳批判。松本史朗《禪思想の批判的研究》（大藏出版，一九九四）亦重視梵文文獻，明確指出不思不觀之意為「停止思考」。松本史朗試圖從印度佛教發展以來的思想潮流中分析宗論。松本氏的研究方法跨越了專門領域的局限，此方法必須兼具精深的語學力和廣博識見，堪稱是為中國佛教研究提供新方向。伊吹敦〈摩訶衍と《頓悟大乘正理決》〉（《論叢アジアの文化と思想》一，一九九二），是從中國佛學專家的立場，重新檢視蓮花戒對摩訶衍的批判。伊吹敦認為蓮花戒的批判並不恰當，反對將不思不觀解釋為停止思考。像這類有關桑耶論諍的意見交流，盼日後能更積極。木村隆德〈特論サムイェーの宗論——中國禪とインド佛教の對決〉（高崎直道、木村清孝編《シリーズ東アジア佛教五　東アジア社會と佛教文化》，一九九六），簡潔整理歷史和思想的問題點，以便掌握過去的研究情況。最近的論文有沖本克己〈サムエ宗論の研究——敦煌文獻を中心として〉（《禪學研究の諸相》，大東出版社，二〇〇三）。自戴密微以來，桑耶論諍研究不斷擴展積累至今，加上陸續發現新資料、詳細探究史實，桑耶論諍的實際發生經過與時代背景也逐漸明朗化。但隨之而來的，卻是容易忽略中、印佛教思想對決的問題。筆者認為桑耶論諍的實質意義，是藉著思想研究使其鮮明化，以下簡述其理由：西藏代表學僧宗喀巴（一三五七－一四一九）曾對實踐至上主義提出警訊，視摩訶衍的教法為異端之最（參照長尾雅人《西藏佛教研究》，岩波書店，一九五四），這是直接與桑耶論諍相關的思想問題。宗喀巴的觀點與對禪宗提出批判的思想一脈相通，批評被譽為中國佛教菁粹、著重實踐的禪學思想，其淵源畢竟是受自桑耶論諍所影響。關於此課題，筆者殷切期盼今後的中國佛教學者能更深入研討。接下來再介紹其他的重要論證，山口瑞鳳〈チベット佛教と新羅の金和尚〉（金知見、蔡印幻編《新羅佛教》，山喜房佛書林，一九七三），是探討西藏在摩訶衍之前的中國禪宗發展。小畠宏允〈チベットの禪宗と《歷代法寶記》〉（《禪文研紀要》六，一九七四），此篇採用更多資料探討同樣課題。這兩篇論文不僅有助於考察桑耶論諍，也為中國禪宗史貢獻珍貴的訊息。木村隆德〈《金剛經》を媒介とした禪と印度佛教の比較〉（《佛教學》十一，一九八一），是針對《頓悟大乘正理決》之中藉由經證的《金剛經》所進行的堅實研究。木村氏發表的其他論文〈Cig car hjug pa について〉（《佛教教理の研究》，春秋社，一九八二），主要採用藏語文獻，指出「頓」是一鼓作氣、同時之意。「頓」是桑耶論諍的論點，屬於禪宗文獻的關鍵語之一。研究者不僅要嫻熟漢文，還要了解藏文從事研究，才能迅速融會貫通，如此更可近一步活用其他術語。小畠宏允〈古代チベットにおける頓門派（禪宗）の流れ〉（《佛教史學研究》一八－二，一九七七），是以中國南、北二宗對立為基礎著手的珍貴研究。林信明譯《ポール　ドミエヴィル禪學論集》（《花園大學國際禪學研究所報告》一，同研究所編，一九八九），是繼戴密微所著 *Le Concile de Lhasa*（前揭書）以來彙整的論文集，這位成就桑耶論諍舉世聞名的一代碩學，其見解十分值得參考。

桑耶論諍之後，中國禪宗與寧瑪派的大圓滿思想融合為一。平松敏雄〈ニンマ派と中國禪〉（前揭書《岩波講座東洋思想十一　チベット佛教》）是針對此點提出略述。宗論的詳細內容，可參考平松氏的其他著作《西藏佛教宗義研究三——トゥカン〈一切宗義〉ニンマ派の章》（東洋文庫，一九八二）。

此外，中國禪宗表面上粉飾為中觀派，上山大峻則就此發表〈チベットにおける禪と中觀派の合流〉（前揭書《チベットの佛教と社會》），後世的西藏學僧皆自稱為中觀派，對中觀思想卻各持見解。多波巴（一二九二－一三六一）主張如來藏實在論而被視為異端，他卻深信個人屬於中觀派。提倡中國禪的中觀派亦是如此。原因在於多波巴基本上贊同中國佛教式的思惟方法，亦即表明支持佛性本具的論點。對中國佛教研究者而言，了解多波巴的主張在西藏為何遭到否定與被否定的原委，絕對有其重大意義。有關多波巴主張的主要研究，可參閱 D. S. Ruegg, *La Thèorie du Tathāgatagarbha et du Gotra*（Paris, 1969）, -do-: *Le Traitè du Tathāgatagarbha du Bu ston rin chen grub*（Paris, 1973），以及山口瑞鳳《チョナンパの如來藏說とその批判說》（前揭書《佛教教理の研究》）、袴谷憲昭〈チョナン派と如來藏思想〉（前揭書《岩波講座東洋思想十一 チベット佛教》）、谷口富士夫《西藏佛教宗義研究六——トゥカン〈一切宗義〉チョナン派の章》（東洋文庫，一九九三）、荒川裕明〈ツォンカパの他空說批判〉（《佛教學》三十三，一九九二）、松本史朗《チベット佛教哲學》（大藏出版，一九九七）等。

六、其他

漢、藏兩國自元代以來呈現複雜樣貌，例如忽必烈（一二一五—九四）的國師八思巴（一二三五—八〇），或歷代達賴政權與中國關係等，提供許多重要的研究題材。元、明、清的主要漢藏佛教交流著作，例如野上俊靜《遼金の佛教》（平樂寺書店，一九五三）、《元史釋老傳の研究》（朋友書店，一九七八）、阿莫（Zahiruddin Ahmad）的 *Si-*

no-Tibetan Relations in the Seventeenth Century（Roma, 1970）和伯戴克（Luciano Petech）的 *China and Tibet in the Early 18th Centry*（Leiden, 1972），以及福田洋一、石濱裕美子《西藏佛教宗義研究四——トゥカン〈一切宗義〉モンゴルの章》（東洋文庫，一九八六）。這門領域昔日向來以歷史、政治研究為重心，石濱裕美子《チベット佛教世界の歷史的研究》（東方書店，二〇〇一）是從思想層面探討，尚是起步階段而已。關於章嘉活佛三世（一七一七—八六），近代學者對其精闢的佛教詮釋讚歎不已。章嘉活佛身為西藏學僧，對清廷表示忠誠，但其著作中是否反映這種傾向，至今尚未有學者考察，今後可成為研究課題。《西藏大藏經》的開版亦是值得關注的研究課題，可參考今枝由郎〈チベット大藏經の編集と開版〉（前揭書《岩波講座東洋思想十一　チベット佛教》）、御牧克己〈チベット語佛典概說〉（前揭書《チベットの言語と文化》）、羽田野伯猷《チベット・インド學集成》一「チベット篇一、二」（法藏館，一九八六）。最新研究則有賀姆特・艾瑪（Helmut Eimer）與葛瑞・瑪納（David Germano）的著作 *The Many Canons of Tibetan Buddhism*（Leiden, 2002）。此外，西藏的中國唯識思想也是深具吸引力的主題，可參考袴谷憲昭〈敦煌出土チベット語唯識文獻〉（《唯識思想論考》，大藏出版，二〇〇一）、《唯識の解釋學——〈解深密經〉を讀む》（春秋社，一九九四），這兩部著作可提供相關研究方向。漢藏中觀思想的差異亦是令人矚目的課題，松本史朗〈三論教學の

批判的考察——dhātu-vādaとしての吉藏の思想〉（前揭書《禪思想の批判的研究》）、伊藤隆壽〈僧肇と吉藏——中國における中觀思想受容の一面〉和〈三論教學の根本構造——理と教〉（《中國佛教の批判的研究》，大藏出版，一九九二），提示明確的研究觀點。以上是從思想面論述藏傳佛教對中國佛教所具的意義，若有漏失之處還懇請見諒。

最後介紹幾本辭典和文法書，提供給有志學習藏文、盼能藉此機會發掘藏傳佛教研究可能性的人士，例如耶司克（H. A. Jäschke）編的 *A Tibetan-English Dictionary*（London, 1881）或薩若．乾德拉．達斯（S. C. Das）編的 *A Tibetan-English Dictionary*（Calcutta, 1902），期盼研究者能擁有這些工具書。臨川書店已出版復刻本，印度複印版的價格卻更為低廉。若想研讀佛典內容，榊亮三郎《梵藏漢和四譯對校．翻譯名義大集》（鈴木學術財團，一九七三，復刻版）相當便於查閱，《藏文辭典》（山喜房佛書林，一九七二，復刻版）是實用的漢藏雙語辭典。中國方面，張怡蓀主編《藏漢大辭典》（北京：民族出版社，一九八四—八五、九三、九八），分為三冊、二冊、一冊本，蒐集辭彙豐富。這部辭典是將中文項目改為英文說明，出版為 *An Encyclopaedia Tibetan English Dictionary*（Beijin, 2001），目前只出版 KA-NYA 的第一冊。至今最優良的文法書是以下三本，就是山口瑞鳳《チベット語文語文法》（春秋社，一九九八）、《〔概說〕チベット語文語文典》（同，二〇〇〇）、《要訣チベット語文語文典》（成田山佛教研究所，二〇〇三）。

【第二篇】

各論

第一章　漢魏兩晉佛教

伊藤隆壽

研究這段時期的佛教之際，首先應參考的中國佛教史著作如下：

①湯用彤《漢魏兩晉南北朝佛教史》上冊（長沙：商務印書館，一九三八；北京：中華書局，一九五五；臺北：臺灣商務印書館，一九六二；《湯用彤全集》一，石家莊：河北人民出版社，二〇〇〇）。

②E. Zürcher, *The Buddhist Conquest of China*, 2vols., Leiden. 1959（田中純男、成瀨良德、渡會顯、田中文雄譯《佛教の中國傳來》，せりか書房，一九九五）。

③塚本善隆《中國佛教通史》一（鈴木學術財團，一九六八）。

④任繼愈主編《中國佛教史》一、二（北京：中國社會科學出版社，一九八一－八五；丘山新、小川隆、河野訓、中條道昭譯《定本中國佛教史》I、II，柏書房，一九九二、九四）。

⑤鎌田茂雄《中國佛教史》一－三（東京大學出版會，一九八二－八四）。

若細心對照和閱讀這些中、日、歐洲學者的著述，便可發現作者抱持不同的觀點或方法、問題意識。對於已分析或尚未釐清的課題、問題點，或需要更深入檢討的要點、必須改變觀點重新檢討的問題等，這些課題將會浮出檯面。以下是按照朝代順序，對研究狀況及課題作概述。

一、佛教傳入中國之際的諸問題

佛教是自西漢末年至東漢初年傳入中國，當時（約於西元元年前後），中國在世界政經文化等各領域發展皆有領先之勢。形成宗教、哲學固有思想，已有敬天法祖的慣習，更發展儒道思想理論，奉行符合此思想的禮儀和方術。至於佛教東傳，顯然是中國與西域交流的產物。佛教傳入的各種傳說因時因人而異，反映出當時的信仰狀況，傳入內容則與傳入時期、人物，以及當時西域、印度佛教皆有密切關聯。研究西漢至東漢佛教，主要有以下三項課題：

1. 秦、漢時期的宗教發展情形。
2. 佛教傳入與奉佛。
3. 中國與印度、西域的佛教交流。

第一項是探討以佛教信仰為前提的宗教發展，亦即為政者的信仰和政策、民間信仰，應考察這些因素與佛教信仰的關係，前揭書④的第一卷第一章就是概觀以上課題。還可參考⑥馬伯樂（Henri Maspero）著，川勝義男譯《道教——不死の探究》（東海大學出版會，一九六六）、⑦《岩波講座東洋思想十三 中國宗教思想一》（岩波書店，一九九〇）所收的福永光司〈I中國宗教思想史〉。⑧馮友蘭《中國哲學史》（北京：中華書局，一九六一）、⑨任繼愈主編《中國哲學史》（北京：人民出版社，一九六三）、⑩葛兆光《中國思想史》（上海：復旦大學出版社，二〇〇一）等，若想概略了解秦漢至魏晉玄學的思想史，以上是必讀之作。

第二項包含許多傳說，幾乎是後世（劉宋以後）的文獻記載，僅反映出佛教在中國穩定發展後的情形（如佛道論諍等），可信度較低。過去在前揭書①、④、⑤項中已檢討此課題，若能更深入考察確定其意義，便可嘗試從新觀點再度探討，或從傳說與形成背景的關係來尋找新定位。佛教東傳的各種說法與奉佛研究方面，應特別考慮西域佛教的發展和交流，慎重從事分析。

第三項特別要強調西域研究的重要性。就狹義而言，漢代西域是以《漢書》〈西域傳〉為根據，即指玉門關（敦煌縣西）、陽關（敦煌縣西南）以西，蔥嶺（帕米爾高原）以東、天山山脈以南，崑崙山脈以北的區域，就是所謂的東突厥地區。隨著中國與西域的交流發展，通過這些區域從事貿易的更西區、亦即西突厥、西亞、歐洲部分地區、南亞諸國，也廣義稱為西域。印度原被列入西域範圍，中國佛學者卻常籠統將其劃為域外以作區別，在此則採用後者的劃分方式。有關西域介紹的書籍，近年在中國出版⑪余太山主編《西域通史》（《中國邊疆通史叢書》全七冊，鄭州：中州古籍出版社，二〇〇三）。

印度和西域佛教自傳入初期至後世，對中國佛教發展刺激不斷，因此在研究之際，不能只探討初期佛教，必須將各時期列入考量。西漢武帝於西元前一三八年遣張騫出使西域後，漢代推行西域外交不輟，又於西元前六十年降伏匈奴，初設西域都護。西域諸國對漢朝的舉動早有因應之策，罽賓國王於西元前五十七年遣使至漢，西元二年大月氏王的使節伊存來朝，相傳曾向博士弟子景盧口授《浮屠經》。時隔未久，西域諸國於西元九年叛漢，改向匈奴稱臣，漢朝於西元十六年與西域中斷外交。如此延續至東漢初年，莎車國和鄯善國至西元三十八年方遣使來朝，重新展開交流。西元七十四年重設西域都護，漢朝再度確立西域統轄制度。尤其是班超受命擔任西域都護，經營西域功績斐然，西元九十七年派部下甘英遠至大秦（東羅馬帝國）。中國與西域交流和西域諸國的情況，如今僅能從《史記》〈西域傳〉，以及《後漢書》〈光武紀〉、〈明帝紀〉、〈西域傳〉等史傳中知悉，難以了解康居、大宛、大夏、安息、大月氏等國的佛教發展情形。不容忽視的課題是東漢來華的僧侶多為康居或安息、大月氏出身，尤其是大月氏曾統治興都庫什山脈以南、喀喇崑崙山脈以西（以犍陀羅、喀什米爾為中心）地區的佛教，對中印佛教而言，其地理位置極為重要。從中國的立場來看，此地位處西域一隅，有「罽賓」之稱，是佛教東漸的起點。從印度的角度來看，則是阿育王於西元前三世紀納入版圖的「西北印」地區。阿育王逝後，從最鼎盛的貴霜王朝至笈多王朝建國期間，此地成為印度佛教的核心發展地帶，向來被視為印度佛教的主要勢力範圍。

西北印在阿育王統治前後，分別受到希臘人、斯基泰人、安息人、月氏人等異族統治，這些民族亦侵入中印地區。印度人於西元四世紀建立笈多王朝後恢復政權，犍陀羅和喀什米爾仍歸屬白匈奴統轄。如此一來，不難想像此地的佛教發展與中印、南印呈現迥然不同的樣貌。⑫羽溪了諦在西元一九一四年發表的《西域之佛教》（法林館）是一部劃時代鉅作，此書問世後，「西域佛教史」的意義值得重新探討，換句話說，西域佛教應成為獨立的研究領域或學門。比方說西域是說一切有部的根據地、與大乘佛教的形成淵源深厚、犍陀羅象徵的獨特佛教文化形成等課題，皆足以建構為獨立研究領域。欲釐清這些問題，必須分析中、印兩國的保存文獻，過去研究雖參考這些資料，但歸為印度佛教的大範疇，造成對西域佛教的特殊性和地域性缺乏認知。何況只採用中國方面的資料（史書之外，亦包括漢譯佛典）分析研究，也無法充分解決問題。研究佛教思想（教理）與闡明思想形成背景及基礎，是了解當地宗教文化和社會構造、人民信仰的必要因素，進而掌握政經要素，才能闡明教理和宗教組織的發展。在記載佛教傳入中國之前，大夏國王彌蘭陀（Menandros, B. C. 163–105，印度稱為 Milindra 或 Milinda）曾與那先比丘問經對答，漢譯為《那先比丘經》（《大正藏》第三十二冊；據《歷代三寶紀》記載譯於東晉，譯者未詳，原為巴利文《彌蘭陀王問經》），是了解當時佛教在大夏發展的珍貴文獻。彌蘭陀王出身於阿荔散王家，地點在今日阿富汗喀布爾附近的亞歷山大（Alasanda，阿荔散）都城，此城為希臘人所建，那先比丘應是罽賓僧侶。早期代表研究有⑬中村元、早島鏡正譯《ミリンダ王の問い——インドとギリシアの對決》全三卷（東洋文庫，平凡社，一九六三—六四），主要以巴利文經典為研究對象，此文本在五世紀以前已定型為今日所見的形式。最接近原初型態的《那先比丘經》，相關研究則尚未充分。

東漢以後陸續傳入的佛典，除了法顯等人之外，皆由印度和西域的外來僧侶攜入，其中又以西域出身者為多。攜入佛典究竟是在何處撰成？若有文字記載，又是何種文字？當時是否是在沒有原典的情況下，只憑背誦經文而撰成？這些問題，實在令人感到趣味無窮。⑭岡部和雄〈中國佛教にとっての西域——譯經史を視點として〉（《歷史公論》一〇五，一九八四），內容是敘述譯經的要點。探索語言方面，則有⑮井ノ口泰淳《中央アジアの言語と佛教》（法藏館，一九九五）。最初東傳的大乘經典，是支婁迦讖（支讖）譯《道行般若經》（《八千頌般若經》、《小品般若》）。支讖是月支（大月氏）人，東漢桓帝建和元年（一四七）至洛陽翻譯此經。根據⑯葛瑞高利・紹本（Gregory Schopen）

著，小谷信千代譯《大乘興起時代 インドの僧院生活》（春秋社，二〇〇〇）所述，長久以來，《道行般若經》在印度並未受重視（頁七）。此經雖有漢譯，但已在印度失傳，甚至沒有留下梵典。該要如何解釋其原因？或許西域這個地區，能成為釐清問題的關鍵。試舉一個與西域明顯有關的例子，就是《阿彌陀經》的撰成與祆教的關係。有關祆教的著作，可參考⑰伊藤義教《ゾロアスター研究》（岩波書店，一九七九）、⑱岡田明憲《ゾロアスター教》（平河出版社，一九八二、二〇〇二）等。其他大乘佛典的研究，應考慮到與西北印的關係，原因在於大乘佛教成立之際，印度佛教的據點正是西北印。

筆者已在前述說明中關注西域佛教的發展，並強調為何如此重要的理由。另外，還要舉幾部參考著作，可大略了解印度和西域佛教。印度佛教史方面，⑲佐佐木教悟、高崎直道、井ノ口泰淳、塚本啟祥《佛教史概說 インド篇》（平樂寺書店，一九六六）、⑳平川彰《インド佛教史》上、下冊（春秋社，一九七四、一九七八）、㉑奈良康明《世界宗教史叢書七 佛教史I》（山川出版社，一九七九）、㉒長尾雅人、福永光司等編《岩波講座東洋思想八 インド佛教史一》、《岩波講座東洋思想九 インド佛教史二》（岩波書店，一九八八）。西域佛教方面，㉓小笠原宣秀、小田義久《要說西域佛教史》（百華苑，一九八〇）內容切中要領，各篇附有參考文獻一覽以便查閱。近年的研究成果，例如前揭書⑯紹本教授的著作，是探討以西北印的說一切有部為中心的僧侶和僧院發展，對研究相當有幫助。㉔袴谷憲昭《佛教教團史論》（大藏出版，二〇〇二）是探討大乘佛教的形成過程，針對過去的在家教團起源說，重新提示出家教團起源說，對中國佛教研究貢獻甚大。㉕桑山正進《カーピシー＝ガンダーラ史研究》（京都大學人文科學研究所，一九九〇）以考古學研究為根據，探討西北印「罽賓」盛行的佛鉢崇拜和佛影等神聖遺物的相關問題，除了考證中國方面的資料（如高僧傳記等）之外，亦確定當時中國的罽賓是指西元五世紀以前的犍陀羅地區。犍陀羅的地理位置可參照第十九、二十三、二十五項的附圖，或參考㉖《アジア歷史事典》別卷的《アジア歷史地圖》（平凡社，一九六六）、㉗譚其驤主編《中國歷史地圖集》全八冊（上海：地圖出版社，一九八二）等，相當便於查閱。㉘小谷仲男《大月氏》（東方書店，一九九九），對了解大月氏歷史很有助益。

二、東漢、三國時代

東漢與三國時代（二五－二八〇），中國和西域依然交流頻繁，東漢對西域（以東突厥為主）的影響愈漸明顯，當時佛教東傳的傳說蘊含著部分真實性。另一方面，西域隸屬於大月氏的貴霜族，勢力日盛，終於取代大月氏統治鄰近諸國。貴霜王朝成立後，丘就卻．卡德菲茲（Kujula Kadphises）於西元六〇年入侵西北印（罽賓）建立王朝。迦膩色迦王於西元一二八年（另有他說）即位後，佛教以犍陀羅為根據地隆盛發展，成為印度佛教一大重鎮。至西元二五〇年，初期大乘經典形成後，來自東突厥的佛教僧侶漸增，佛典漢譯事業隨之盛行。這是佛教根植於中國的發展期，無論對佛教發展史或中國史、思想史，皆是極重要的時期。

（一）信仰佛教的諸條件

西漢在封建制度下積極推廣大土地所有制，豪族地主勢力與農民之間的貧富差距日益嚴重。劉秀因獲得豪族地主的支持，得以建立東漢政權，但土地遭到嚴重剝削，以致流民問題嚴重，政局漸趨腐敗。毋庸置疑的，這種社會局勢促成了佛教信仰，也滋養新興宗教的形成。

在宗教和思想層面上，首先最受注目的是創立道教。漢安帝（一〇六年即位）至靈帝（一六八年即位）期間，根據史料記載大小農民暴動發生多達一百次，各地流民暴動頻傳。順帝（一二五—四四）時期，琅琊（山東省臨沂）人干吉（一說于吉）著有《太平清領書》，創立太平道。同一時期，張陵在蜀地（四川省）創五斗米道。靈帝中平元年（一八四），張角發動黃巾之亂，集結信奉太平道的農民組織。有關初期道教的介紹，可參考㉙福井康順《道教の基礎的研究》（書籍文物流通會，一九五二）。道教總論方面，㉚窪德忠《世界宗教史叢書九　道教史》（山川出版社，一九七七）、㉛《道教》全三冊（平河出版社，一九八三）、㉜《講座道教》全六冊（雄山閣出版，一九九九－二〇〇一）、㉝任繼愈主編《中國道教史》上、下冊（增訂本，北京：中國社會科學出版社，二〇〇一）等。

其次關注的是玄學的形成。漢代在政治及社會、思想上，以儒家和儒學居領導地位，東漢的讖緯之學蔚為風潮後，經學難獲人心，各種社會矛盾現象日益激化。當時就連經學大家馬融（七九－一六六）、鄭玄（一二七－二〇〇），亦研究儒學以外的學說。換言之，儒家思想的領導地位在東漢至魏朝產生動搖，道家思想漸受重視，玄學受此影響下因而形成。何晏（一九〇－二四九）和王弼（二二六－四九）採老莊思想詮釋《周易》和《論語》，如此悖離儒家正統，導致儒家思想迷失本質。玄學深獲士族和官僚支持，發展隆盛而形成「正始玄風」。何晏和王弼歿後，司馬氏再度提倡儒家名教，阮籍（二一〇－六三）、嵇康（二二四－六三）等玄學家皆抱持批判態度。前述書中有關哲學史和思想史部分，有針對玄學作說明，此外還有㉞湯用彤《魏晉玄學論稿》（重收於《湯用彤全集》四，石家莊：河北人民出版社，二〇〇〇）。

如上所述，從道教的創立過程可知眾人對新宗教的企盼，在儒家式微與玄學盛行等條件下，對於接受佛教信仰和奠定佛教發展產生了莫大影響。

（二）東漢佛教

漢明帝（五七－七五）時期有兩則著名的傳說，就是楚王劉英信佛和明帝感夢求法之說。前者記載於《後漢書》〈楚王英傳〉，後者載於許多文獻中，內容增添修改，最接近傳說原型的記載，應是東晉袁宏（三二八－七六）所撰的《後漢記》和《後漢書》。據史傳所述，漢明帝與異母弟劉英自幼親近，皆篤信佛教。桓帝（一四六－六七）亦信佛，設有黃老浮屠共祠。靈帝（一六八－八九）在位期間，笮融（？－一九五）事佛立寺，行舉深受矚目（見於《後漢書》〈陶謙傳〉、《三國志》〈吳志．劉繇傳〉）。

桓帝在位期間，梵僧和西域僧侶入漢地，以洛陽為中心正式展開漢譯佛典。譯典總論的重要研究，可參考㉟小野玄妙《佛教經典總論》（大東出版，一九三六；《佛書解說大辭典》別卷〈佛典總論〉，一九七八）、㊱常盤大定《後漢より宋齊に至る譯經總錄》（東方文化學院東京研究所，一九三八）。

安世高、安玄、支婁迦讖（支讖）、竺佛朔（竺朔佛）、支曜、康巨、康孟詳、竺大力等從事傳譯工作，與安玄共譯佛典的嚴佛調則是首位漢人沙門。安氏、支氏、竺氏、康氏等姓氏，分別表示出身地或族系，亦即安息、月氏（支）、天竺、康居。其中最令人矚目的就是安世高和支讖，兩人於桓帝建和年間（一四七－四九）至洛陽，安世高譯有禪觀和毘曇學著作等佛典三十四部四十卷，支讖以大乘佛典為重，譯出十四部二十七卷（一說為十五部三十卷）。大、小乘佛典幾乎同時譯出，反映了印度和西域的佛教發展，也顯現譯者鑽研佛學的涵養。譯經的過程固然可從經序中得知，但要如何透過精讀各佛典來掌握思想內容、如何將典籍潛藏的各種訊息解讀明白，則是非常重要的課題，這有助於闡明佛典撰成、使用語言、文本內容等問題。倘若梵文或巴利文佛典尚存於世，就必須與漢譯本作比較研究，兩種版本的差異解釋亦成為探討課題。至於漢譯佛典，恐怕沒有留下文字原典。早先由伊存口授、支讖和竺朔佛共譯的《道行般若經》，竺朔佛卻被稱為口授、支讖則稱為傳譯（見於《出三藏記集》卷七〈道行經後記〉），這種情形也是此後漢譯佛典的共通課題。有關安世高和支讖等譯者的著作探討，可參考㊲宇井伯壽《譯經史研究》（岩波書店，一九七一）。

（三）三國時代

東漢末年戰亂頻仍，至三國鼎立時代，曹操、曹丕父子興魏（二二〇－六五，建都洛陽）、劉備立蜀（二二一－六三，建都成都）、孫權治吳（二二二－八〇，國都初為武昌，後徙建業）。當時佛教流傳中土各地，佛典大量譯出。或許受政權分立的影響，文獻中的佛教記載甚少，尤其蜀地的佛教發展，可說一無所知。魏國與西域交流頻繁，西域諸國（東突厥）和貴霜王朝的巴斯鐵瓦王曾遣使朝貢（見於《三國志》〈魏志〉）。吳國則占領廣大疆域，範圍自長江中、下游至南方的交州（兩廣和越南大半地區），海路與林邑（越南最南方）、扶南（柬埔寨）、天竺、大秦（古羅馬）等國交流（見於《三國志》〈吳志〉、《梁書》〈諸夷傳〉）。

魏國重視法家統治，尊儒家為正統，文帝曹丕修復孔廟，禁止東漢以來流行的黃老道術和祭祀鬼神。佛教自東漢時期即與黃老併祠，被視為一種道術，當然列入禁止之列。曹魏中期禁令漸弛，梵僧和西域僧侶可至洛陽譯經。曇訶迦羅（印度）、康僧鎧（康居）、曇帝（安息）、帛（白）延（龜茲）等人翻譯律藏和大乘經典，康僧鎧翻譯的《郁伽長者經》和《無量壽經》則最受矚目。《郁伽長者經》亦稱為《在家出家菩薩戒經》，是東漢末年安玄譯《法鏡經》的異譯本，主張在家眾應修習出家戒。然而，這是否反映出西域大乘佛教的型態？學者們針對康僧鎧的事蹟，以及包括《無量壽經》在內的譯經過程，提出許多疑問（代表為境野黃洋《支那佛教精史》，頁二四一，境野黃洋博士遺稿刊行會，一九三五；平川彰《初期大乘佛教の研究》，頁四八八，春秋社，一九六八；藤田宏達《原始淨土思想の研究》，頁六十二，岩波書店，一九七〇等）。除了譯經，最值得矚目的是朱士行為求《般若經》原典，在曹魏末年遠赴于闐取得梵本《放光般若經》（大品），並遣弟子送至洛陽。昔日是西域僧侶單方面攜佛經入中土，如今卻出現漢人赴西域求法的首例。朱士行修習《般若經》的背景，與玄學盛行有密切關聯，求法行動顯示了佛典研究有所進展。若欲了解朱士行的事蹟，可參閱僧傳或《出三藏記集》卷二〈朱士行送附經〉及卷七〈放光經記〉。

三國之中以吳國鮮少發生戰亂，政權維持最久（長達五十九年），因局勢安定，華北民眾自東漢末年大量遷吳以避戰禍，其中亦包含佛教信眾。安世高在漢靈帝末年前往江南廬山和會稽等地，支謙則與數十名大月氏鄉人在獻帝末年逃至吳地避亂，從事譯經活動。此時奠定了日後江南思想文化的根基，支謙、康僧會、維祇難、竺將炎等人從事佛典漢譯。支謙是大月氏後裔，其祖父在漢靈帝時，與數百名鄉人歸化漢族。支謙生長於中土，幼少學習中國古籍，通曉六國語言，曾向支讖弟子支亮習佛，是未入佛門的在家眾。據傳支謙自西元二二二至二五四年譯出三十六部四十八卷佛典，其中包括《維摩經》、《阿彌陀經》、《瑞應本起經》等重要典籍。自此衍生出許多研究課題，例如譯出方式（編譯、改譯）、譯語、譯文等問題，或是漢化風格演變與政治社會反映、支謙個人的思想問題等。過去已從各觀點考察，例如㊳朝山幸彥〈支謙の「譯經の仕方」と傳歷〉（《印佛研》四十二之一，一九九三）等陸續研究可供參考。此外，康僧會的先祖是康居人氏，累世定居天竺從商營生，其父遷居交趾（越南河內）後，康僧會在交趾出生且出家，孫吳赤烏十年（二四七），遷居建業從事傳法譯經，活動的主要據點正是孫權為其創建的建初寺。值得注目的是康僧會和支謙皆為西域移民後裔出身，生長於漢土，深具中國思想文化的涵養。康僧會的譯典至今僅存《六度集經》八卷，另有註疏安世高譯《安般守意經》，以及安玄、嚴佛調譯《法鏡經》。對後世中國佛教影響甚鉅的《六度集經》，應是康僧會編譯。正如今日中國學者所稱，僧康會的思想是「佛教仁道說」（前揭書④等），兼融了佛、儒思想。至於較早期的竺大力、康孟詳譯《修行本起經》，以及支謙譯《瑞應本起經》、較晚期的竺法護譯《普曜經》，這三部著作的共通點是明確主張輪迴和靈魂（神）不滅之說，因而引發「神滅不滅論諍」。這個問題不僅在中國，亦是印度和西域的共通課題，是關乎佛教思想本質的重要問題。過去相關研究甚豐，可參照㊴伊藤隆壽《中國佛教の批判的研究》的〈第四章　梁武帝《神明成佛義》の考察〉（大藏出版，一九九二）。例如在吳王孫權庇護下從事譯經和佛教信仰的方式、當代人士對宗教的願請、習佛者的個人思想等，皆是理解支謙和康僧會這兩者全貌的重要課題。有關支謙、康僧會的譯文分析，可參考宇井伯壽〈支謙と康僧會との譯語と其の原語〉（前揭書㊲）。

其次，三國時代的重要文獻是牟子《理惑論》。近年論及《理惑論》的著作，例如前揭書④（第一冊）是承襲過去研究再重新檢討，主張《理惑論》是「完成於三國孫吳初期」（頁二五八），與前揭書㉙福井康順的結論相同。《理惑論》包含當時佛教諸問題，故應採取嶄新角度重新檢討。

其他必須特別留意的問題，就是東漢支讖譯《般舟三昧經》的禮贊彌陀信仰後，繼而譯出《大阿彌陀經》（《阿彌陀三耶三佛薩樓佛壇過度人道經》），以及康僧鎧翻譯的《無量壽經》。前文曾提到彌陀信仰的形成與祆教的關係，維祇難於孫吳黃武三年（二二四）至武昌（武漢市），譯有《法句經》。據《梁高僧傳》卷一的記載，維祇難是「世奉異道以火祠為正」，歎服佛教沙門擅用咒術和神通力，故而皈依佛門為僧。所謂世代尊奉的異道，應是指祆教（拜火教）。西元一九五四年，山東省沂南發現的東漢畫像石墓的八角柱刻有神童，頭部外圍有圓環彷如佛光。四川省樂山的麻浩崖墓前室的梁上刻有端坐佛像，頭部亦有佛光，推斷為東漢之物（前揭書④，頁二三九－二四〇）。此應與犍陀羅佛教有關，並受到《修行本起經》或《瑞應本起經》記載佛放身三十二相光明徹照的影響。從事這項研究時，必須留意中國考古學的發掘成果，從而探討與西域的關係。有關支謙譯《維摩經》的問題，與印度和西域、中國皆密切相關。學者向來認為《維摩經》是宣揚空思想，但據㊵袴谷憲昭〈維摩經批判〉（《本覺思想批判》，大藏出版，一九八九）指出《維摩經》表面上似是談空，其實是以梵我思想（dhātu-vāda 基體說）為根據。《維摩經》的主角維摩居士，在中國是以豪商及在家菩薩的身分備受矚目，這部經典成立的背後，或許就有這種在家菩薩存在。能夠揚棄並超越在家與出家、入世與出世這種二元對立理論，在中國因有玄學和清談流行而產生相乘效果，因此深獲士族階級喜好。究竟該如何定義《維摩經》，應是西域與中國佛教研究的重大課題。西藏布達拉宮於西元一九九九年七月發現《維摩經》梵文寫本，西元二〇〇四年三月配合影印本同步出版梵、漢、藏對照《維摩經》（大正大學出版會），期待今後研究將有更深入進展。

三、西晉

西晉時期（二六三－三一六），魏相司馬炎發動政變奪取政權，建都洛陽後，立年號為晉。太康元年（二八〇）司馬炎滅吳，炎興元年（二六三）蜀亡，中國再度統一。自東漢以後，西域和北方胡族大量入徙中原，因無法忍受西晉的惡劣社會環境，部分少數民族（匈奴、鮮卑、羯、氐、羌，合稱五胡）群起反晉，另立割據政權。匈奴劉淵於永嘉二年（三〇八）在平陽（山西省臨汾）登基，自稱為漢帝，繼而攻入洛陽俘虜晉懷帝，是為永嘉之亂。建國四年（三一六），匈奴劉曜攻陷長安，晉愍帝出降，西晉滅亡。司馬氏族南徙建康（吳國建業，今南京），繼而建立東晉。

（一）佛教與玄學

玄學思想興於魏朝正始年間（二四〇－四九），在西晉國祚五十餘年間更為流行，形成一種時代思潮。魏晉玄學以《老子》、《莊子》思想為基礎，提倡新哲學概念，議論自然和社會、政治型態，進而談議為人之道。魏朝的王弼、何晏，以及略晚的嵇康、阮籍等「竹林七賢」帶動清談風潮，兩晉尤以《莊子》最為盛行，註疏極為豐富，以向秀（約二二七—七二）和郭象（約二五二—三一二）的註解最著名。前述的中國思想史皆有玄學說明，尤其是郭象研究相當豐富，例如㊶福永光司〈郭象の莊子解釋〉（《哲學研究》三十七之二，一九五四）、㊷戶川芳郎〈郭象の政治思想とその《莊子注》〉（《日本中國學會報》十八，一九六六）、㊸蜂屋邦夫〈莊子逍遙篇をめぐる郭象と支遁の解釋〉（《比較文化研究》八，東京大學教養學部比較文學比較文化研究室，一九六七》）、㊹中嶋隆藏〈郭象の思想について〉（《東北大學集刊東洋學》二十四，一九七〇）、㊺中野達〈郭象における坐忘〉（《東方宗教》七十五，一九九〇）等，專門著作則有㊻湯一介《郭象與魏晉玄學》（武漢：湖北人民出版社，一九八三）。在此時期，玄學和佛教的關係，特別與《般若經》的翻譯和解釋密切相關。況且自譯經時期就與「格義」問題有關，具體來說，從兩晉時期就出現解釋分歧現象，稱為「六家七宗」。郭象對佛學家影響亦深，尤其對鳩摩羅什門下的僧肇最為顯著。有關「空」的解釋分歧，至今仍是許多學者關注的焦點，且舉㊼玉城康四郎《中國佛教思想の形成》一（筑摩書房，一九七一）的第三章〈初期般若研究批判〉、㊽森三樹三郎〈中國における空についての論義〉（《佛教思想七　空》下「第十六章」，平樂寺書店，一九八二）。

（二）佛教概況

根據《洛陽伽藍記》所述，西晉末年國都長安建有四十二座佛寺，此後依據《弁正論》卷三、《釋迦方志》卷下、《法苑珠林》卷一二〇的記載，西晉有四百八十座佛寺、僧尼三千七百餘人。譯典數量是《出三藏記集》卷二記載一百六十七部、《歷代三寶記》卷六與《大唐內典錄》卷二記載共四百五十一部、《開元釋教錄》經過整理後記載為三百三十部。當時的佛教重心正位於洛陽和長安。西域與西晉的政治交流活動，舉例來說是大宛於咸寧二年（二七六）獻汗血馬，康居於太康八年（二八七）遣使來朝。入華僧侶之中，代表像是梵僧耆域（見於《高僧傳》卷九），或敦煌、于闐等地出身的竺法護等人皆積極弘法。西晉與東突厥的人文交流，依如前朝繁盛未衰。其中最受矚目的是部分佛教徒的先祖是月氏或天竺、西域出身，本人卻生於中土，且有漸增之勢。換言之，這些信眾雖有支、竺、安、康等姓氏，卻未必是月氏等地出身，多為歸化者後裔。此外西晉盛行《般若經》，從僧傳等文獻可知當時佛學者應多達十數名。從《高僧傳》和《法苑珠林》所引的〈冥祥記〉，以及《弘明集》卷一〈正誣論〉等記錄，可知統治階層與在家眾的奉佛行動逐漸落實，考察這些記載便可更了解當時的佛教信仰。

（三）漢譯佛典

西晉國祚短暫，卻出現多位譯經僧，譯經數量大為增加。在譯經史上，譯經僧與譯經內容皆是備受矚目的課題，其中最重要的譯者就是竺法護（二三九－三一六），先祖是大月氏出身，世代居住敦煌。竺法護於八歲出家，師事竺高座後，於泰始二年（二六六）至長安從事譯經，《出三藏記集》所收的〈道安錄〉中記載其譯經量有一百五十部。竺法護的傳記和譯典已有學者檢討及彙整，除了前揭書㊱與後述的著作(51)之外，尚有㊾岡部和雄〈《竺法護傳》再構成の試み〉（《佛教史學》十二之二，一九六五）等，前揭書④的第二卷、⑤的第一卷皆有詳述，研究課題則是譯典考察及竺法護的思想研究。

除了竺法護之外，尚有在家眾聶承遠和聶道真協助譯經，以及梵裔的在家眾竺叔蘭、于闐人氏無叉陀（無羅叉）、西域人彊梁婁至、安息人安法欽、可能是龜茲後裔的漢人帛（白）法祖、身世未詳的法立、法炬、支法度、若羅嚴等人從事志業。至於影響後世深遠的漢譯經典，就是竺叔蘭、無叉羅共譯的《放光般若經》。此經是由朱士行至于闐訪求原典，太康三年（二八二）派弟子弗如檀送至洛陽，再輾轉送往陳留郡倉垣（河南省開封）的水南寺。元康元年（二九一）五月，是由無叉羅執梵本，竺叔蘭口授，祝太玄、周玄明筆授（參照《出三藏記集》卷七〈放光經記〉）。從竺叔蘭的傳記和譯文來看，可推知玄學影響甚深，得以受到當時思想界重視而廣泛流布。

西晉末年，北方胡族入侵愈熾，當時出現一位人物帛法祖，與《老子化胡經》的完成有若干關聯。帛法祖的生平可參考《出三藏記集》卷十五〈法祖法師傳〉、《高僧傳》卷一〈帛遠傳〉，過去的老子化胡說研究，則記載於著作⑤的第一卷（頁三〇四註記）。當時般若學被視為玄學，佛教受此風潮影響大為普及，如此一來北方異族亦認為西域傳入的佛教，比漢族的儒、道思想更容易接受。換言之，佛教是較儒、道二教處於更優勢的立場。研究者在思考老子化胡論的意義時，也應考量此因素。

四、東晉、十六國

西晉滅亡後，司馬氏族的琅琊王司馬睿（在位三一七－三二二）於翌年南逃至建康（南京），以晉王之名踐祚，建立東晉（三一七－四二〇）。另一方面，北方與中原出現匈奴、羯、鮮卑、氐、羌等民族割據稱雄，史稱五胡十六國（三〇二－四三九）。有關五胡入主中原的過程和評價，可參考㊿三崎良章《五胡十六國》（東方書店，二〇〇二）。

當時不僅是東晉，胡人政權多傾向於支持佛教信仰，尤其是羯人後趙（三一九－三五二）、氐人前秦（三五一－三九四）、羌人後秦（三八四－四一七）、匈奴北涼（三九七－四三九）的尊佛甚為顯著。譯經事業至鳩摩羅什（三四四－四一三）的時期臻於高峰，佛典研究和釋疏飛躍進展，佛教在社會定位和信仰上發展顯著。至今中國與印度、西域的佛教關係，幾乎是從西域單方傳入中國，但至四世紀末始有改變，代表人物如法顯等漢僧漸赴西域求法。至四世紀中葉，入華僧侶原以西域人居多，此後卻被梵僧取代。原因是中國與印度、西域交流更為活絡，以及中土佛教研究不斷進展，催動漢僧求法意志高揚。另有一項要素，就是印度笈多王朝創建後統一全國，印度人得以復權，佛教重鎮亦從西域（西北印）轉至中印地區。

（一）北方胡人社會與佛教

北方胡人政權與佛教關係中，最令人矚目的是後趙政權的佛圖澄（二三八—三四八）、前秦釋道安（三一二—八五）、後秦鳩摩羅什的傳法活動。

根據《高僧傳》卷九傳記所述，佛圖澄原為西域人，本姓帛氏，據《晉書》〈藝術傳〉和《魏書》〈釋老志〉等記載卻是天竺出身。造成差異的原因，應是中國所指的天竺並非嚴格界定下的印度，而將西北印也包含在內，或是佛學者與史書編纂者之間產生認知上的差距。若從佛圖澄本姓為帛的角度來看，其實應是龜茲皇族出身。《高僧傳》記述佛圖澄曾「自云，再到罽賓受誨名師」，《魏書》〈釋老志〉則記載「少於烏萇國，就羅漢入道」。當時罽賓是指犍陀羅，烏萇國則位於罽賓北方的烏地亞那。曾有學者提出主張，認為罽賓並非總是指喀什米爾地區。根據白鳥庫吉的說法（〈罽賓國考〉《東洋學報》七－一，一九一七），罽賓自漢代至西晉是犍陀羅，東晉至南北朝則是喀什米爾。但如前所述，學者桑山正進在前揭書㉕所作的考證，指出罽賓在五世紀以前是犍陀羅地方。佛圖澄是在西晉末年的永嘉四年（三一〇）抵達洛陽，當時龜茲人帛尸梨蜜多羅亦往洛陽，遭逢戰亂而南下建康。鳩摩羅什在赴長安前，約於西元三五二年前往罽賓，罽賓沙門僧伽跋澄則於西元三八一年抵關中，西元三九九年法顯一行西行天竺。鳩摩羅什於西元四〇一年，罽賓的卑摩羅叉則於西元四〇六年分別入關中，西元四一二年（一說四二一），曇無讖（三一五－四三三）自罽賓入龜茲，再入姑臧（涼州）。有關佛圖澄的史料，前揭書③、④、⑤皆有詳述，但個人著作已佚，難以探究思想。

釋道安是佛圖澄的弟子，在中國佛教史上的諸多行跡皆獲高評。佛教傳入中國約三百年後，終於出現漢族高僧道安，此人深受前秦苻堅推崇，成為輔政顧問。道安感於身處亂世，致力於佛學研究和講授、譯經，更推廣佛典、整理經典（製作經錄）、組織及指導僧團等，留下諸多偉大的佛行事業。前述的所有佛教史著作中，皆有關於道安的記載，另有㊿宇井伯壽《釋道安研究》（岩波書店，一九五六）、㊷橫超慧日《中國佛教の研究》一（法藏館，一九五八），以及前揭書㊼玉城康四郎的著作、㊸松村巧〈釋道安における佛教思想の形成と展開〉（《東洋文化》六十二，一九八二）等。

鳩摩羅什生於龜茲，父為天竺人，母為龜茲王之妹，家族世代累任國相。然而，龜茲究竟是指中印還是西北印？相傳鳩摩羅什在九歲時，與母親同渡辛頭河至罽賓，遇見罽賓王的堂弟，亦即名德法師盤頭達多。既然羅什是橫渡辛頭河至罽賓，顯然是指犍陀羅地方。只是羅什為何沒有隨母親前往其父的故國天竺（中印）？從梵僧和西域僧往來頻繁的情況來看，可知罽賓與龜茲關係密切。羅什的祖地天竺，是否就是指罽賓？若欲了解羅什的佛學思想，必須更詳細研究罽賓和龜茲等地的佛教發展。

有關鳩摩羅什的傳譯偉業，以及對中國佛教思想的形成和發展、對包括日本在內的東亞佛教影響等課題，在此不多作贅述。羅什研究不勝枚舉，專著卻僅有㊹橫超慧日、諏訪義純《羅什》（大藏出版，一九八二）。個人傳記或傳譯活動、譯經等思想層面和諸問題，只盼今後的研究者能從新觀點發展詳細的綜合研究。鳩摩羅什的相關概論，見於著作①、④、⑤和㊺橫超慧日《中國佛教の研究》二（法藏館，一九七一）。其他論文像是㊻平井俊榮監修《三論教學の研究》（春秋社，一九九〇）的附錄「三論教學關係著書論文目錄」，相當便於參考。其他後續研究因礙於篇幅，在此暫且省略。羅什門下的弟子介紹，可參閱本書「隋唐佛教」〈二〉三論宗單元。

（二）南方東晉社會與佛教

東晉政權是在北方士族勢力聯合支持下形成，這些士族為避中原戰亂大舉南渡，東晉在風習與文化承襲於前朝。清談、玄學盛行依舊，佛、道二教發展更上層樓，形成江南文化獨樹一幟的局面。尤其是王公士族與佛教關係至為密切，歷代皇帝和名流士族多與僧侶維持交誼，展開宮廷佛教的序幕，蘊含清談玄學風的佛教得以久興不衰。然而，東晉末期佛教界在政風腐敗下趨於墮落，衍生出政治、佛教、僧尼教團之間的複雜問題。相關著作可參考㊼宮川尚志《六朝史研究　宗教篇》（平樂寺書店，一九六四）、㊽森三樹三郎《六朝士大夫の精神》（同朋舍出版，一九八六）。

東晉初、中期政情較為安定，竺道潛（字法深，二八六－三七四）、康僧淵、康法暢、支愍（敏）度、帛尸梨蜜多羅、于法蘭、于道邃、僧伽提婆、佛馱跋陀羅等南渡僧侶皆積極傳法。其中康僧淵是康居人，生於長安，帛尸梨蜜多羅是龜茲皇族，于法蘭的弟子于道邃則是敦煌出身。這些西域人在當時歸化中國，順應漢族社會風俗，與公卿士族多有交遊。竺道潛是東晉初年權臣王導的堂弟王敦之弟，為貴族出身的漢籍僧侶。竺道潛善於釋經，通曉文學藝術，曾為公卿士族傳法。支愍度與康僧淵、康法暢同赴建康，以提倡「心無義」著稱，並編纂《經論都錄》（《歷代三寶紀》卷七等，已佚），又編《維摩經》和《首楞嚴三昧經》合本。竺道潛的參考論文，見於㊾陳寅恪〈支愍度學說考〉

（《陳寅恪集　金明館叢稿初編》，北京：三聯書店，二〇〇一）。

當時的支遁（支道林，三一四－六六）是玄學式佛教的代表人物。支遁與王羲之、王濛、王坦之、謝安、孫綽、郗超等多名貴族交誼深厚，是當時佛教界的象徵人物。除了前揭書②、④、⑤、㊼探討支遁之外，⑩中嶋隆藏《六朝思想の研究》（平樂寺書店，一九八五）亦有論及。論文方面則有⑪福永光司〈支遁とその周邊——東晉の老莊思想〉（《佛教史學》五之二，一九五六），以及前揭書㊸蜂屋邦夫的論述。支遁的著作甚豐，⑫石峻等編《中國佛教思想資料選編》一（中華書局，一九八一）彙集其現存著述，並收錄牟子、郗超、孫綽、羅含、道安、支愍度、竺法蘊、慧遠等文章，相當便於參考。劉宋臨川王劉義慶編撰的《世說新語》，是將秦末至兩晉、劉宋的人物遺聞逸事分類輯錄，亦包括支遁為首的多位佛學者在內，是必備的研究資料。《世說新語》有數種刊本，一般流傳四部叢刊影印本，另有包含索引在內的⑬張萬起編《世說新語辭典》（商務印書館，一九九三）。日譯本則有⑭森三樹三郎譯《中國古典文學大系九　世說新語・顏氏家訓》（平凡社，一九六九）等。

許多文人貴族與出家人交遊甚篤，其中當然不乏熱心求法的在家信眾，堪稱是人才輩出。他們深諳佛學，對推廣信仰方式及教法不遺餘力，甚至超越僧眾所為。孫綽（推測約三一四－七一）和郗超（三三六－七七）就曾在當時留下遺文，孫綽是太原中郡（山西省平遙西南方）人，與其兄孫統南渡移居會稽（浙江省），撰有讚、賦等短文及名僧人物評傳等多數，佛論著有《喻道論》（《弘明集》卷三）。前揭書②、④、⑤皆有孫綽概述，論文則有㉟福永光司〈郗超の思想——東晋における三教交涉の一型態〉（《愛知學藝大學人文科學研究報告》十，一九六一）、㊱蜂屋邦夫《孫綽の生涯と思想》（《東洋文化》五九七，一九七七）。郗超是高平金鄉（山東省）人，祖父曾仕東晉，父郗愔奉天師道，郗超則信佛，早年即與名士交流，與釋道安、竺法汰、支遁等人親交甚篤，因通曉佛學，撰有詮釋佛理要點的《奉法要》（《弘明集》卷十三）。前揭書②、③、④、⑤有郗超的論述，第三項有福永光司的日譯《奉法要》。論文方面，㊲福永光司〈郗超の佛教思想〉（《塚本博士頌壽紀念》，一九六一）、前揭書⑥中嶋隆藏亦有考證。㊳牧田諦亮編《弘明集研究》「譯註篇」（京都大學人文科學研究所，一九七五）有《喻道論》、《奉法要》譯註。

支遁與主要活躍於建康的名流貴族結交，並從事傳法，另一方面，慧遠（三三四—四一六）在東晉末年留居廬山（江西省）組織僧團，對佛教界影響極為深遠。前述的佛教史皆論及慧遠，㊴木村英一編《慧遠研究》〈遺文篇〉、〈研究篇〉（創文社，一九六〇—六二）是蒐集慧遠研究的基本資料和譯註、研究成果，可成為基礎研究文獻。

釋道安門下的慧遠傳法活動積極，頗有青出於藍之勢，為漢籍僧侶中的代表人物。過去有《慧遠研究》和許多論文考察，但有關慧遠的畢生事蹟、與王公貴族的交流，或與鳩摩羅什、僧伽提婆、佛馱跋陀羅（覺賢）等外國僧侶的關係、佛教思想和信仰問題、僧團形成、與政治社會的關聯等，仍需對慧遠的所有事蹟作詳盡的綜合研究。當時以建康、會稽為重鎮發展的佛教，其代表人物為支遁，這種佛教雖以大乘思想為中心，卻具有清談玄學式風格，予人一種沙龍風格的印象。相對來說，廬山慧遠的理想，在於追求以道安教法為依據的佛教教團，試圖更深入理解佛教全相。如此特質可從慧遠對羅什的提問，以及協助翻譯阿毘曇論著的行動中表露無遺。慧遠與羅什的答辯集，見於《大乘大義章》（又名《鳩摩羅什法師大義》），前揭書㊾和㊺曾探討此書。此外，僧伽提婆和佛馱跋陀羅皆是罽賓人氏。僧伽提婆在前秦建元十九年（三八三）至長安，加入釋道安的譯場，譯有《阿毘曇八犍度論》。後秦初年渡長江，東晉太元十六年（三八一）譯《阿毘曇心論》、《三法度論》等著作。佛馱跋陀羅偕同西域求法僧智嚴，自罽賓經海路抵達山東半島青州，再赴長安，卻遭羅什的僧團驅逐，遂與慧觀等弟子四十餘人入廬山。佛馱跋陀羅因應慧遠的要求，譯出《達磨多羅禪經》（亦稱《修行方便經》）。此經是罽賓尊者達磨多羅傳於佛大先（佛陀斯那）的禪法，智嚴伴隨佛馱跋陀羅返回故國，在罽賓向佛大先修習三年禪法。此後佛馱跋陀羅在道場寺譯有《華嚴經》，是極為重要的典籍。從以上敘述可知，慧遠傾心於大乘佛教，熱心修習阿毘曇學和禪學。倘若一併考量慧遠提倡的念佛結社（創立白蓮社），可知慧遠的佛學思想師承於釋道安，亦深受西北印的罽賓佛教思想所影響。有關如何反映犍陀羅佛教發展的事例，可見於佛馱跋陀羅譯《觀佛三昧海經》（《大正藏》第十五冊）記述的「佛影窟」由來。慧遠接受佛馱跋陀羅的建議，建造佛影窟（佛影台）並撰寫「佛影銘」，相關內容可參考前揭書㉕桑山正進（頁七五以下）的研究。此外，慧遠所撰的重要論典《三報論》、《明報應論》、《沙門不敬王者論》，與在中國引發因果報應論和神滅不滅論的諍論有密切關聯。這個問題已在前述的孫吳康僧會部分略有提到，自佛教初傳期至唐代為止長期備受爭議，與佛教內部問題同樣，亦是與佛教、政治（王權）、三教交涉相關的重大課題。

其次是東晉政情較為安定，眾多漢僧遠赴西域和印度求法。除了前述的智嚴之外，尚有寶雲（三七六－四四九）、智猛等人，其中以法顯（約三三九－四二〇）最為人所知。法顯是平陽郡（山西省臨汾西南）人氏，三歲即出家，二十歲受具足戒，後秦弘始元年（東晉隆安三年，三九九）為求戒律，與同學法師數人自長安出發。一行通過河西走廊，穿越帕米爾高原入西北印，又南下自尼泊爾至恆河中下游，行經斯里蘭卡和蘇門答臘，東晉義熙八年（四一二）自青州長廣郡（山東省嶗山縣以北）的牢山南岸登陸，經由彭城（徐州）京口（鎮江），西元四一三年夏抵達建康。《法顯傳》（又名《佛國記》）就是記載這趟求法行旅的傳記，其旅程之壯大，可媲美後世玄奘的取經歷程。《法顯傳》保留當時西域佛教信仰的珍貴紀錄，為佛教史奠定了不朽功績。前揭書①下冊和④的第二冊（二）、⑤的第三卷皆有法顯的相關論述，㉕桑山正進的著作亦有提及。最詳細的《法顯傳》考證研究，是⑳長澤和俊《法顯傳　譯註解說》（雄山閣出版，一九九六），十分值得參考。

第二章　南北朝佛教

石井公成

所謂南北朝，是指宋（四二〇－七八）、齊（四七九－五〇一）、梁（五〇二－五五六）、陳（五五七－八九）的南方四朝，以及北魏（三八六－五三四）、東魏（五三四－五〇）、西魏（五三五－五五六）、北齊（五五〇－七七）、北周（五五七－八一）的北方五朝。今日普遍認定隋朝完成南北統一，後由唐朝繼承，但在近代以前，中國將隋朝歸為北魏流脈，被列入北朝。

一、研究史與今後的研究方向

日本的傳統中國佛教研究，首要目的就是探究傳入日本的宗派源流，直至近代，才開始研究並無直接關聯的南北朝佛教。日本侵華後，積極展開日本佛教源流的詳細調查，亟欲了解與本國異質的中國佛教。例如大正九年（一九二〇），常盤大定造訪石壁山玄中寺的曇鸞遺跡之後，在各地累積調查，刊行常盤大定、關野貞共著的《支那佛教史蹟》全十冊（佛教史蹟研究會，一九二五－二八）。尤其是昭和初期，日本在中國大幅拓展軍事和商業勢力，佛教傳揚活動兼而盛行，中、日佛教界嘗試進行交流，共同積極研究以掌握中國宗教的發展實貌，同時推展歷史和思想方面的精深學問。雙方學者於西元一九三五年共同刊行《日華佛教研究會年報》，日本繼而在西元一九三七年刊行《支那佛教史學》，皆象徵此波研究動向的發展。進而連帶推動道教、儒釋道三教交涉、玄學、百姓信仰、佛教與國家關係、佛教社會活動、佛教美術等領域的研究發展。

推動如此宏大規模研究的代表機構，就是東方文化學院的東京研究所和京都研究所。這兩處機構透過外務省贊助，是基於清廷提供的義和團事件賠償金所創設。尤其是積極推動共同研究的京都研究所，於西元一九三八年獨立為東方文化研究所，戰後整合為京都大學人文科學研究所，並由塚本善隆等學者繼續推動魏晉南北朝佛教的共同研究，大幅提昇中國佛教的研究水準。

近年日本學者趨於專精化，無論是漢文能力或中國文史哲學方面的素養，皆明顯低落。相對之下，海外迅速興起中國佛教研究，今後日本研究者應善用各國學者的南北朝佛教研究。中國各地的重要論文，已重收於中國人民大學書報資料中心刊行的《覆印報刊資料》，在日本也很容易取得參考。河北禪學研究所《中國禪學》（北京：中華書局，二〇〇二）、中國人民大學佛教與宗教理論研究所《宗教研究》，皆可在日本購買或在網路上閱讀全文，這類期刊正逐漸增加中。「中國期刊全文數據庫」（中國學術雜誌全文資料庫）為促進學術雜誌電子化，凡有引進此資料庫的圖書館，皆可閱覽中國各地的雜誌論文。網站「佛學研究」詳細介紹中國佛教研究的現況，相當便於參考（http://www.guoxue.com/fxyj/）。

橫超慧日〈中國佛教研究への道しるべ〉（《佛教學への道しるべ》，文榮堂書店，一九八〇）、鎌田茂雄〈中國佛教研究の問題點〉（平川彰編《佛教研究入門》，大藏出版，一九八四）、岡部和雄〈中國佛教の研究狀況と問題點〉（《駒大佛教論集》二十，一九九八）、〈中國佛教と禪〉（田中良昭編《禪學研究入門》，大東出版社，一九九四）等，除了提供基礎知識，亦批判過去中國佛教研究產生的各種問題，提示今後追求的研究方向，是研究南北朝佛教的必讀文獻。

二、南北朝史與社會

川勝義雄《中國の歷史三　魏晉南北朝》（講談社，一九七四；講談社文庫，二〇〇三），內容有利於了解南北朝。岡崎敬《圖說中國の歷史三　魏晉南北朝の世界》（講談社，一九七七），則使用大量照片和圖表。川本芳昭《中華の崩壞と再生（魏晉南北朝）》（講談社，二〇〇四），是著重民族問題的通史。松丸道雄、池田溫、斯波義信、神田信夫、濱下武志編《世界歷史大系‧中國史二　三國～唐》（山川出版社，一九九六），劃分為政治、制度、社會、經濟、文化等課題，描寫三國至唐代的歷史發展。魏晉南北朝隋唐時代史的基本問題編集委員會更是細分領域，彙整中、日研究成果，出版《魏晉南北朝隋唐時代史の基本問題》（汲古書院，一九九七）。

中國的北方民族研究，著名的有王仲犖《魏晉南北朝史》（上海：上海人民出版社，一九八一）、呂思勉《兩晉南北朝史》上、下冊（上海：上海古籍出版社，一九八三），皆是廣為閱讀的通史。中國的最新研究成果，見於何茲全編《中國通史七、八——中古時代三國兩晉南北朝時期》上、下冊（上海：上海人民出版社，一九九五），以及胡守為、楊廷福主編《中國歷史大辭典　魏晉南北朝史卷》（上海：上海辭書出版社，二〇〇〇）、殷憲主《北朝史研究——中國魏晉南北朝史國際學術研討會論文集》（北京：商務印書館，二〇〇四）。王仲犖《北周地理志》上、下冊（北京：中華書局，一九八〇），附有南北朝時期的地名可供查閱。

南北朝史的核心問題，分別是貴族制、胡族、宗教（佛、道教）。貴族制的相關著作，可參考宮川尚志《六朝史研究——政治社會篇》（日本學術振興會，一九五六）是映證戰後研究水準的不朽名著。貴族制研究在八〇年代大放異采，川勝義雄《六朝貴族制社會の研究》（岩波書店，一九八二）、中村圭爾《六朝貴族制研究》（風間書房，一九八七）等陸續出版。最新考察是安田二郎《六朝政治史の研究》（京都大學學術出版會，二〇〇三）是以南朝為中心，亦述及貴族意識的變遷。六朝貴族與佛教具有何種深切淵源，可參考藤善真澄《六朝佛教教團の一側面——教團、家僧門師、講經齋會》（川勝義雄、礪波護編《中國貴族制社會の研究》，京都大學人文科學研究所，一九八七）。

田村實造《中國史上の民族移動期——五胡、北魏時代の政治と社會》（創文社，一九八五），研究焦點在於分析北方各民族的活動樣態。川本芳昭《魏晉南北朝時代の民族問題》（汲古書院，一九九八），探討北方各族與漢族對立和血脈融合，以及其他互動影響，並論述南朝的少數民族漢化及相互影響，這些亦牽涉到佛教問題。

三、佛教之外的思想與宗教

昔日以儒家為中心的中國思想史中，有關南北朝的研究可說是乏人問津。中國的代表著作，是任繼愈主編的《中國哲學發展史 魏晉南北朝》（北京：人民出版社，一九八八）。森三樹三郎《中國思想史》下冊（レグルス文庫，第三文明社，一九七八）在概觀南北朝思想之際，致力於評價佛教在中國思想潮流中的地位，內容淺顯易懂卻相當偏頗。筆者建議除了閱讀狩野直喜《中國哲學史》（岩波書店，一九五三）等早期著作之外，應注重近年探討各別問題的專著或論文。講座類型之中，「岩波講座東洋思想」系列中的《中國宗教思想》一、二（同，一九九〇），包括各方學者探討「自然與因果」、「無與道」、「言與默」、「罪與罰」等主題，內含許多南北朝思想的論文。島田虔次〈體用の歷史に寄せて〉（《塚本博士頌壽紀念》，同紀念會，一九六二）、平井俊榮〈中國佛教と體用思想〉（《理想》五四九，一九七九），是探討南北朝佛教與中國思想關係的重要著作。

道教研究在戰後蓬勃發展，欲知研究成果和情況，可參考福井康順、山崎宏、木村英一、酒井忠夫編《道教》全三冊（平河出版社，一九八三），以及野口鐵郎、砂山稔、尾崎正治、菊地章太編《講座道教》全六冊（雄山閣出版，一九九九－二〇〇一）。道教簡論方面，小林正美《中國の道教》（創文社，一九九八）是從道教形成於劉宋時期這個獨特的立場，來概述道教課題。南北朝的道教研究著作，可參考石井昌子《道教學の研究──陶弘景を中心に》（國書刊行會，一九八〇），是以陶弘景與《真誥》為研究重點，以及吉川忠夫編《六朝道教の研究》（春秋社，一九九八）。小林正美《六朝道教史研究》（創文社，一九九〇）是以劉宋時期為中心、神塚淑子《六朝道教思想の研究》（同，一九九九）探討道教與《太平經》的關係及道教像等諸問題、山田利明《六朝道教儀禮の研究》（東方書店，一九九九）則探討儀禮課題。福井文雅《道教の歷史と構造》

（五曜書房，一九九九）是以闡明道教定義、佛道思想異同為主的各種問題，並詳細介紹歐美的研究情形。

吉岡義豐是道教研究的先驅學者之一，發表許多佛道關係的論文，整理為《吉岡義豐著作集》（五月書房，一九八九－九〇）。大淵忍爾《中國人の宗教儀禮——佛教・道教・民間信仰》（ベネッセコーポレーション，一九八三）是現代的實地調查記錄，這部心血力作已成為珍貴的訊息寶庫。道教文獻引用方面，可參考大淵忍爾、石井昌子、尾崎正治編《六朝唐宋の古文獻所引　道教典籍目錄、索引（改訂增補）》（國書刊行會，一九九九）。研究文獻方面，石田憲司主編《道教關係文獻總覽》（風響社，二〇〇一）是依照不同領域整理道教文獻。網路運用方面，麥谷邦夫的網頁「道氣社」（http://www.zinbun.kyoto-u.ac.jp/~dokisha/）提供《真誥索引》，參考十分方便。

四、南北朝佛教通史

境野黃洋《支那佛教精史》（境野黃洋博士遺稿刊行會，一九三五；國書刊行會，一九七二）是探討佛教初傳至北周廢佛的史料，堪稱是明治時代以後中國佛教的代表研究。同樣在一九三〇年代後期的湯用彤《漢魏兩晉南北朝佛教史》（北京：商務印書館，一九三八；重刊多數），注重佛學和玄學等思想關係，探討如何將佛教在中國思想史中定位，是必讀的古典名著。常盤大定《支那佛教の研究》全三冊（春秋社松柏館，一九三八—四三），包括南北朝佛教概述在內，淋漓發揮了實地調查的知識和見解。常盤氏另發表《後漢より宋齊に至る譯經總錄》（東方文化學院東京研究所，一九三八；國書刊行會，一九七三），是探討隋唐以前的佛教全相，今日仍具學術價值。

任繼愈主編《中國佛教史》一—三卷（北京：中國社會科學出版社，一九八五—八八）採取一種政治主義的觀點、亦即佛教與中國封建社會前期的政治過程保持平行關係，並盡量藉由實證研究來印證。其中第三卷（一九八八）探討南北朝時期，第六章「南北朝時代的佛教藝術」篇幅極長，介紹戰後各地佛教遺蹟和石窟佛教藝術的研究，因拓展新研究方向而備受矚目。日譯本有小川隆、丘山新、前川亨等共譯《定本中國佛教史Ⅲ　南北朝時代》（柏書房，一九九四）。其他中國方面的研究，郭朋《中國佛教思想史》上卷（福州：福建人民出版社，一九九四），後半部是概觀南北朝佛教，受到廣大讀者支持。

鎌田茂雄《中國佛教史》（岩波全書，一九七八），這部通史的內容彙編完整，十分簡便易讀。鎌田氏的《中國佛教史》六卷（東京大學出版會，一九八二—八九）內容更為詳盡，是作者根據在中國各地廣泛調查的經驗，並參照國內外研究而撰成，堪稱是最詳細的通史。第三、四卷是《南北朝の佛教》上、下冊（一九八四、九〇），不僅資料豐富，尤其是下冊〈第四章 中國的佛教の萌芽——偽經の成立〉更長達一百頁以上，此書特色在於闡明中國佛教特質、重視中國學者的佛教美術史及考古學研究成果。

五、基礎史料

正史中的佛教記述，可參考宮川尚志《東海大學紀要 文學部》連載的〈六朝正史佛教、道教資料稿〉系列，分別刊行《陳書》（同紀要十一，一九六八）、《宋書》（同十三，一九六九）、《南齊書》（同十四，一九七〇）、《梁書》（同十五，一九七〇）、《北齊書》（同四十，一九八三）、《魏書》（同四十一，一九八四）、《南史》和《北史》（同四十三，一九八五）、〈北朝正史道教史料稿〉（同四十五，一九八六）等。這幾部正史和主要代表文獻《全上古三代秦漢三國六朝文》等史料，在中、臺兩地皆已數位化，可自行購買或上網查閱，研究者若沒有實際閱讀文獻和掌握特色、習慣術語和語法，就無法充分運用這些史料。

小川貫弌〈六朝における三寶史籍の編纂〉（《佛教文化研究所紀要》十三，一九七四），是從編纂三寶文獻的角度，考證南北朝的靈驗譚、高僧傳記、經錄、佛教史等多類型佛教文獻。僧祐（四四五—五一八）撰著的經錄《出三藏記集》，可參考中嶋隆藏編《出三藏記集序卷譯注》（平樂寺書店，一九九七），譯註附於重要的序卷中。慧皎《高僧傳》、道宣《續高僧傳》等南北朝僧侶的基本資料，可參閱牧田諦亮編《梁高僧傳索引》（同，一九七二），以及牧田諦亮、諏訪義純編《唐高僧傳索引》全三冊（平樂寺書店，一九七三－七七），彙編十分周全。有關僧祐集結各方尊佛名文的《弘明集》，中世思想史研究班、弘明集研究班研究報告《弘明集研究》全三冊（京都大學人文科學研究所，一九七三－七五）提供劃時代的成果。

除了正史、《大藏經》、《續藏經》之外，其他史料像是池田溫《中國古代寫本識語集錄》（大藏出版，一九九〇），是以敦煌佛教文獻為主翻刻的寫本後記，並提供所藏地點及相關文獻，從本書可獲得當時的信仰型態和譯經發展等珍貴訊息。中國文獻方面，許明主編《中國佛教經論序跋記集》全五冊（上海：上海辭書出版社，二〇〇二）之中，《東漢魏晉南北朝隋唐五代卷》（二〇〇二）試圖採取同樣方式彙編。趙超《漢魏南北朝墓誌彙編》（同，一九九二），是近年經常出現的墓誌解說。在中國的國家圖書館善本部金石組編《中國歷代石刻史料彙編　先秦兩漢魏晉南北朝編》上、下卷（北京：北京圖書館，二〇〇〇），亦發行電子版「中國歷代石刻史料滙編」（北京書同文數字化技術有限公司，二〇〇四）。

南北朝佛教的研究只依賴中國資料尚嫌不足，還應參考日、韓僧侶撰著的軼聞和記述、正倉院文書中的寫經記錄等，積極善用鄰國文獻和文物資料。

六、北朝佛教

正如北魏正史《魏書》〈釋老志〉的佛、道教記載，北朝佛、道教與政治社會關係密切，需要綜合性的研究觀點。塚本善隆是以最初發表的《魏書釋老志の研究》（佛教文化研究所出版部，一九六一）、《支那佛教史研究　北魏篇》（弘文堂書房，一九四二）為研究開端，此後成果彙編為《塚本善隆著作集》全七卷（大東出版社，一九七四－七六），其中第二卷《北朝佛教史研究》（一九七四）探討北魏和北周佛教與政治的關係、龍門石窟信仰的時代變遷等課題。

橫超慧日編著的論文集《北魏佛教の研究》（平樂寺書店，一九七〇），包括各領域學者的研究成果，首篇收入橫超氏的〈北魏佛教の基本的課題〉，試圖闡明各派佛教系統呈現的時代和地區特色，是深具劃時代意義的論文集，書中許多論文在今日仍有價值。橫超慧日另著有《中國佛教の研究》全三卷（法藏館，一九五八－七九），收錄南北朝佛教的優良論文，例如〈中國南北朝時代の佛教學風〉、〈中國佛教に於ける大乘思想の興起〉、〈中國佛教に於ける國家意識〉等。南北朝時期前後的佛教課題，見於該書第二卷

（一九七一）、第三卷（一九七九），收錄許多充滿犀銳問題意識的論文，對研究者頗有啟迪作用。

戰後北朝佛教研究的特徵，是漸能活用敦煌文獻和各地石窟的研究。繼《北魏佛教の研究》之後，最新論文集是荒牧典俊編著的《北朝隋唐中國佛教思想史》（法藏館，二〇〇〇），重視地宗論思想的荒牧氏在卷首發表論文〈北朝後半期佛教思想史序說〉，此外亦注重講經和受菩薩戒的方法，重視當時佛教思想在中國思想史上的意義。其他採用敦煌文獻的研究，尚有平井宥慶〈北朝國家と佛教學〉（《三康文化研究所年報》十九，一九八七）、〈中國北朝期と《涅槃經》〉（《鎌田茂雄還曆紀念》，大藏出版，一九八八）等。大內文雄〈中國における石刻經典の發生と展開〉（佛教史學會編《佛教の歷史的、地域的展開》，法藏館，二〇〇三）則介紹石刻經典的研究。

除了塚本善隆的北魏、北周廢佛研究之外，野村耀昌《周武法難の研究》（東出版，一九六八）則探討北周武帝廢佛及時代發展，從三武一宗屢次滅佛的行動中，闡釋北周武帝廢佛事件的歷史定位。北周道安《二教論》的釋論，可參考蜂屋邦夫〈北周・道安《二教論》注釋〉（《東洋文化六二，一九八二》）。山崎宏《支那中世佛教の展開》（法藏館，一九七一）是分析僧官統轄國家教團和佛教社會活動，另一著作《中國佛教・文化史の研究》（同，一九八一），主要收錄北朝佛教和貴族關係、北周的通道觀研究。諸戶立雄

《中國佛教制度史の研究》（平河出版社，一九九〇）探討道僧格、教團法規制度、土地持有等問題。至於國家與佛教的關係，例如大內文雄彙編〈國家による佛教統制の過程——中國を中心に〉（高崎直道、木村清孝編《シリーズ東アジア佛教五　東アジア社會と佛教文化》，春秋社，一九九六），此系列參考近年講座的研究成果，包含許多南北朝佛教的考證。

北朝末期的在家居士顏之推（五三一－九一？），可參閱吉川忠夫《六朝精神史研究》（同朋舍出版，一九八四）的「第九章　顏之推論」。顏之推的主要著作《顏氏家訓》是意圖調和儒、佛思想，相關介紹可參閱宇野精一《顏氏家訓》（明德出版社，一九八二），簡潔譯註相當易讀，王利器《顏氏家訓集解（增補本）》（北京：中華書局，一九九三）則有精詳的註釋說明。佐藤智水〈北朝造像銘考〉（《史學雜誌》八六－一〇，一九七七）、〈華北石刻史料の調查〉（《唐代史研究》七，二〇〇四），是從造像銘分析北地信仰，是必讀的文獻考證。

七、南朝佛教

《塚本善隆著作集》（前揭書）的第三卷《中國中世佛教史論考》（大東出版社，

一九七五），內容包括宋代佛教興盛、南陳革命時期利用佛教等重要研究。小林正美《六朝佛教思想の研究》（創文社，一九九三）是針對活躍於東晉至劉宋時期的竺道生（三五五－四三四），探討其大小乘觀、實相與空、頓悟成佛論、一闡提成佛義等思想，以及宗炳（三七五－四四三）主張的神不滅論、顏延之（三八四－四五六）的儒佛融合思想。同樣受竺道生影響並支持頓悟論的謝靈運（三八五－四三三），相關研究可參考荒木典俊〈謝靈運——山水詩人における「理」の轉換〉（日原利國編《中國思想史》上，ぺりかん社，一九八七）。

身為南齊貴族代表的竟陵文宣王蕭子良（四六〇－九九），相關論析有中嶋隆藏〈蕭子良の生活とその佛教理解〉（《六朝思想の研究——士大夫と佛教思想》，平樂寺書店，一九八五），探討南北朝士大夫的佛教批判和中國式的佛教詮釋。還可參考森三樹三郎《六朝士大夫の精神》（同朋舍出版，一九八六），此書同樣從玄學、儒家、文學、史學等層面，以及與政治、宗教相關的廣泛角度，論述當時知識份子的思想模式。蕭子良《淨住子淨行法門》採用流麗的文藻撰寫禮懺，對後世影響甚大，可參考塩入良道〈文宣王蕭子良の《淨住子淨行法門》について〉（《大正大學研究紀要》四十六，一九六一）。沈約（四四一－五一三）的研究，詳見吉川忠夫〈沈約研究〉（前揭書《六朝精神史研究》），內容是透過儒家禮制與外來宗教佛教的衝突，分析當時社會對佛教的反應。

南朝的禮制，則有陳戍國整理出版的《中國禮制史——魏晉南北朝卷》（湖南：湖南教育出版社，二〇〇二）。吉川忠夫《中國人の宗教意識》（創文社，一九九八），透過人性對罪業的自悟及遺言、遺書中的佛教義理，試圖追探魏晉南北朝的宗教意識。

南朝佛教的中心課題是梁武帝研究，除了森三樹三郎《梁の武帝》（平樂寺書店，一九五六）、吉川忠夫《侯景の亂始末記——南朝貴族社會の命運》（中公新書，一九七四）之外，當代相關研究十分豐富。諏訪義純《中國南朝佛教史の研究》（法藏館，一九九七），以探討梁武帝的奉佛事業為主題，分析梁、陳二朝的佛教和社會，書中包括當時受菩薩戒義的論證。

八、成實涅槃學派

日本佛教以宗派為中心，傳統上使用成實宗、地論宗、攝論宗等稱呼，近年因知宗派異於學派，因此逐漸常用成實學派這個稱謂。但實際上，南朝的成實師多尊奉大乘經典，尤其重視《涅槃經》，至於《成實論》，則是解釋經典的基礎學問，與《大智度論》等著作並重。從北魏時期開始活躍的地論師，在研究深受尊崇的《涅槃經》、《大集經》、《華嚴經》等大乘經典時，也多以《十地經論》或《攝大乘論》為基礎，因此有時以學派相稱並不恰切，這點必須留意。

《成實論》的代表研究是福原亮嚴《成實論の研究》（永田文昌堂，一九六九），書中簡略記述中國的《成實論》研究。平井俊榮、荒井裕明、池田道浩的最新譯註《成實論》一、二（《新國譯大藏經》，大藏出版，一九九九－二〇〇〇），介紹信仰史和論文。福田琢〈《成實論》の學派系統〉（前揭書《北朝隋唐中國佛教思想史》），是考察《成實論》在中國廣受接納的理由。

梁朝光宅寺法雲（四六七－五二九）是成實師的代表，唯一現存的著作是《法華義記》，菅野博史則有詳細譯註《法華義記》（《法華經注釋書集成》，大藏出版，一九九六）。菅野氏的其他著作《中國法華思想の研究》（春秋社，一九九四），探討鳩摩羅什、竺道生、光宅寺法雲、南嶽慧思、吉藏、智顗、灌頂等人對《法華經》的闡釋，可明瞭成實師的釋經特色。成實師積極議論的一大問題就是二諦，池田宗讓《二諦と三諦をめぐる梁代の佛教思想》（山喜房佛書林，二〇〇二）是重新探討佐藤哲英的研究。佐藤哲英〈三諦三觀思想の起源に關する研究〉（《天台大師の研究》，百華苑，一九六一），探討與二諦相關的三諦出現在中國撰述的《仁王經》中，三觀之名則見於同樣在中土撰成的《瓔珞經》中。這些中國撰著經典與中國式階級論的形成亦有關，可參考水野弘元〈五十二位等の菩薩階位說〉（《佛教學》一八，一九八四）。船山徹〈地論宗と南朝教學〉

（前揭書《北朝隋唐中國佛教思想史》），此論文重視行位說之外，並分析南朝成實涅槃學派和北朝地論宗教學的關聯。

三論研究的派系，分為重視和批判《成實論》兩大系統，後者與吉藏等系有關。吉藏亦重視《涅槃經》，相關研究是平井俊榮《中國般若思想史研究——吉藏と三論學派》（春秋社，一九七六）。

《涅槃經》研究方面，布施浩岳《涅槃宗之研究》前、後篇（叢文閣，一九四一；國書刊行會重刊為《涅槃宗の研究》，一九七三），至今仍是唯一彙編最完整的著作。此書以《涅槃經》的群經翻譯與北涼《涅槃經》為最初研究，詳細描述南北朝與隋朝的教學發展和衰微過程，以及三論宗、天台宗、地論宗對《涅槃經》的研究情形。至於據傳為僧亮所撰的《大般涅槃經集解》七十一卷研究，則有菅野博史的精闢分析〈《大般涅槃經集解》の基礎的研究〉（《東洋文化》六六，一九八六），菅野氏發表多篇相關論文，皆可作為參考。伊藤隆壽〈梁武帝《神明成佛義》の考察——神不滅論から起信論への一視點〉（《中國佛教の批判的研究》，大藏出版，一九九二），是從批判角度來論述梁武帝對佛教的理解，並推斷其神明論為《起信論》之先驅。

九、心識論與如來藏論探析

心識論研究之所以盛行，歸因於北魏的菩提流支（菩提留支）、佛陀扇多等人於六世紀初大量翻譯唯識文獻。尤其在漢譯之際，據傳菩提流支曾與勒那摩提發生教理爭論，然而兩人合譯的《十地經論》取代了《成實論》，成為北朝佛教學的根柢。有關《十地經論》的內容和譯出情況，可參考伊藤瑞叡《華嚴菩薩道の基礎的研究》（平樂寺書店，一九八八）。菩提流支的個人分析，可參考鍵主良敬《華嚴教學序說——真如と真理の研究》（文榮堂書店，一九六八）是從譯詞「真如」探討譯經事業。大竹晉分析菩提流支翻譯的經論中，其實包括了個人著作和講錄，竹村牧男、大竹晉《金剛仙論》上、下冊（《新國譯大藏經》，大藏出版，二〇〇三）就是從這個角度譯註和解說。

菩提流支和勒那摩提的流派稱為地論宗，關於地論師的稱謂，可參照吉津宜英的調查研究〈地論師という呼稱について〉（《駒大佛教紀要》三一，一九七三）。地論宗的課題主要是從華嚴宗的前身，或從智顗、吉藏的批判對象來研究，例如坂本幸男《華嚴教學の研究》（平樂寺書店，一九五六）提出地論宗的論證、池田魯參〈天台教學と地論攝論宗〉（《佛教學》一三，一九八二）根據以上觀點研究。研究重心主要是從慧光到淨影寺慧遠的南道派，北道派除了里道德雄〈地論宗北道派の成立と消長——道寵傳を中心とする〉（《大倉山論集》十四，一九七九）之外，研究相當少見。

地論宗研究在近年急速發展，主因是敦煌文書中發現當時北朝主流宗派地論宗的文獻殘卷。地論宗研究史可參考石井公成整理的〈敦煌文獻中の地論宗諸文獻の研究〉（《駒澤短期大學佛教論集》一，一九九五）。青木隆曾指出智顗批判的地論師並非慧光→法上→慧遠法系，而是慧光→道憑法系，並在〈地論宗〉（大久保良俊編《新八宗綱要》，法藏館，二〇〇一）中介紹地論宗的研究現況，並在論文〈地論の融即論と緣起說〉（前揭書《北朝隋唐中國佛教思想史》）中，根據緣集說的變遷劃分地論宗教理的發展階段。活躍於北朝末期至隋代的淨影寺慧遠（五二三－九二），相關論述有鎌田茂雄《中國佛教思想研究》（春秋社，一九六八）。此外，深貝慈孝從各種觀點論述慧遠的淨土觀，發表《中國淨土教と淨土宗學の研究》（思文閣出版，二〇〇二）。

隨著《涅槃經》流行，佛性思想在南北朝時期大為盛行，常盤大定是最初探討諸學說的學者，發表《佛性の研究》（丙午出版，一九三〇；國書刊行會，一九七三）。戰後出現許多探討佛性的個別研究，除了前述常盤大定的先驅研究，歷史考證方面，僅有小川弘貫《中國如來藏思想研究》（中山書房，一九七六）、牟宗三《佛性與般若》上、下冊（臺北：臺灣學生書局，一九七七）、富貴原章信《中國日本佛性思想史》（國書刊行會，一九八八）等。

心識論研究方面，真諦三藏譯出《攝大乘論》及世親的論註後，在北朝廣為流傳，心識論研究遂得以進展。宇井伯壽《印度哲學研究》六（甲子社書房，一九三二）是詳細研究真諦三藏及其譯著《攝大乘論》、《攝大乘論釋》。最近的真諦研究則有吉津宜英〈真諦三藏譯出經律論研究誌〉（《駒大佛教紀要》六十一，二〇〇三）。宇井伯壽《西域佛教の研究》（岩波書店，一九六九）是探討南北朝末期至初唐的《攝大乘論》註釋殘卷，亦可參閱勝又俊教《佛教における心識說の研究》（山喜房佛書林，一九六一）、竹村牧男〈地論宗・攝論宗・法相宗——中國唯識思想史概觀〉（《講座大乘佛教八　唯識思想》，春秋社，一九八二）等。

十、《大乘起信論》相關議論

地論學派與攝論學派的心識論與佛性、如來藏論研究之所以如此盛行，主因之一就是望月信亨在二十世紀初對《大乘起信論》的撰述提出質疑，因此引發學界展開論諍。楊文會（一八三七—一九一一）試圖以《起信論》為依據，推展中國佛教近代化，引發中國佛學界的論諍火苗，重視《起信論》與重視唯識而否定《起信論》兩派之間發生激烈諍論，此後不曾間斷。龔雋《〈大乘起信論〉與佛學中國化》（臺北：文津出版社，一九九九六），是概觀過去至一九八〇年代中葉的論諍史，試圖從在中國撰著的角度，論述《起信論》具備的中國特質。黃夏年〈二十世紀《大乘起信論》研究述評〉（《華林》一，二〇〇一）則整理和介紹從過去至近期的《起信論》研究。

日本的《大乘起信論》研究受到論諍影響，發展成如來藏思想、真諦三藏、攝論宗、地論宗等研究。戰後，平川彰《大乘起信論》（大藏出版，一九七三）附有詳註，強調《起信論》是在印度撰述、真諦譯釋的說法。柏木弘雄《大乘起信論の研究》（春秋社，一九八一）彙整過去諸說，綿密調查印度佛教的思想體系，藉此提高研究水準。竹村牧男《大乘起信論讀釋》（山喜房佛書林，一九八五）指出《起信論》在思想和用語上，與菩提流支、勒那摩提的譯經多有類似，闡釋《起信論》與地論宗的密切關係，平川彰編《如來藏と大乘起信論》（春秋社，一九九〇）是從多元角度論述的論文集。八〇年代末，《起信論》與如來藏思想、本覺思想先後面臨一連串批判，例如袴谷憲昭《本覺思想批判》（大藏出版，一九八九）提出本覺思想才是差別根源、以及松本史朗《緣起と空——如來藏思想批判》（同）主張如來藏思想並非佛教等主張，因此被迫重新檢討，加強更縝密的文獻研究。文獻研究方面，例如高崎直道〈《大乘起信論》の語法——「依」「以」「故」等の用法をめぐって〉（《早稻田大學大學院文學研究科紀要（哲學、史學篇）》三十七，一九九二）、大竹晉〈《大乘起信論》の引用文獻〉（《哲學・思想論叢》二十二，二〇〇四）等。此外，弗德瑞克．吉拉爾（Frédéric Girard）的法譯本 *Traité sur l'acte de foi dans le Grand Véhicule*（Keio Univ. Press, 2004），是參考日本學者對《起信論》研究的最新譯註。最新研究成果則有高崎直道、柏木弘雄《佛性論、大乘起信論（舊、新二譯）》（《新國譯大藏經十九 論集部二》，大藏出版，二〇〇五）。

十一、淨土信仰與禪觀

除了備受淨土宗、淨土真宗尊崇的曇鸞、道綽、善導法系之外，望月信亨關注其他的淨土信仰，發表卓越研究《中國淨土教理史》（法藏館，一九四二）。戰後，塚本善隆《中國淨土教史研究》（大東出版社，一九七六）所收的諸研究，是從當時的社會狀況考量南北朝的淨土信仰。塚本善隆、梅原猛《不安と欣求「中國淨土」——佛教の思想八》（角川書店，一九六八），是同樣運用此觀點的入門書。道端良秀《中國淨土教理史の研究》（法藏館，一九八〇），內容包括以石壁山玄中寺等地的調查為基礎的研究，以及從新角度探討的〈曇鸞の長壽法〉、〈曇鸞と道教の關係〉等論文。野上俊靜《中國淨土教史論》（同，一九八一）是從中國佛教史的洪流中，考察末法思想發展、《觀無量壽經》的接受過程等課題。藤堂恭俊、牧田諦亮《淨土佛教の思想四 曇鸞．道綽》（講談社，一九九五）是介紹北朝佛教與初期淨土宗的概論，內容淺顯易讀。近年的曇鸞《論註》研究成果，則有論註研究會編《往生論註の基礎的研究》（永田文昌堂，一九九六）。

中國最新的淨土宗研究是陳揚炯《中國淨土宗通史》（南京：江蘇古籍出版社，二〇〇〇）。蕭登福《漢魏六朝佛道兩教之天堂地獄說》（臺北：臺灣學生書局，一九八九）是從佛、道兩教關係中，探討當時淨土和地獄的概念。久野美樹〈造像背景としての生天，託生西方願望——中國南北朝期を中心として〉（《佛教藝術》一八七，一九八九），舉出龍門石窟的造像銘：「願造釋迦像，生西方無量壽佛前，聞受彌勒佛說法」的象徵般，考證隋唐之前淨土信仰的過渡期發展，其中包括天與淨土混同的課題。祈願長生的曇鸞和慧思（五一五－五五七）亦受此風氣化育，慧思研究可參考梅弘理（Paul Magnin）的著作 *La vie et L'oeuvre de Huisi* 慧思（*515-557*）: *Les Origins de la Secte Bouddhique Chinoise du Tiantai*（École française d'Eextrêm-Orient, Paris, 1979），是探討慧思的傳記和著作、思想。川勝義雄〈中國的新佛教形成へのエネルギー——南岳慧思の場合〉（京都大學人文科學研究所，一九八二）則脫離宗派觀點，改從南北朝末期的危機意識中講求實踐的立場重新探討慧思。

柴田泰〈中國淨土教の系譜〉（《印度哲學佛教學》一，一九八六）和〈中國淨土教と禪觀思想〉（同三，一九八八），著重中國淨土信仰與禪觀積極結合，重新探討中、日兩國對淨土宗系譜的傳統看法。實際上，宮治昭〈トゥルファン　トヨク石窟の禪觀壁畫について——淨土圖・淨土觀想圖・不淨觀想圖〉上、中、下（《佛教藝術》二二一、二二三、二二六，一九九五–九六），重點是考證在山中專注觀想淨土和寶珠的「禪師圖」，可知從這個角度研究淨土宗和禪觀、禪宗實有必要。月輪賢隆《佛典の批判的研究》（百華苑，一九七一）在早期已開始探討觀經成立於中亞和中國，近年則有山田明爾、山部能宣等人發表卓越的研究。巴斯威爾（Robert E. Buswell Jr.）彙編的*Chinese Buddhist Apocrypha*（Hawaii Univ. Press, Honolulu, 1990）之中，斯特里克曼（Strickman）的觀經論文頗耐人尋味。

南北朝禪觀的先驅研究，可參考佐佐木憲德《漢魏六朝禪觀發展史論》（山崎寶文堂，一九三六）。戰後，水野弘元〈禪宗成立以前の支那の禪定思想史序說〉（《駒大佛教紀要》十五，一九五七）、古田紹欽〈菩提達摩以前の禪——附：勒那摩提の禪系統〉（《鈴木學術年報》二，一九六六）。柳田聖山〈ダルマ禪とその背景〉（前揭書《北魏佛教の研究》；重收於《柳田聖山著作集一　禪佛教の研究》，法藏館，一九九九），從北朝佛教的整體發展中探討以神異著稱、勤修戒律的各流派習禪者的活動，分析據傳為勒那摩提所撰《七種禮法》、《二入四行論》的相似處，此論文提示了嶄新觀點。有關《七種禮法》等北朝禮佛儀軌的論述，可參考汪娟《敦煌禮懺文研究》（臺北：法鼓文化，一九九八），探討敦煌出土的禮懺文。伊吹敦〈《法句經》の思想と歷史的意義〉（《東洋學論叢》二十九，二〇〇三）及後續研究指出，習禪者是經由各流派在各地交流和互動影響下，在南北朝後期撰造《法鼓經》、《法王經》等疑經，成為引導隋唐各宗派衍生發展的契機。中國學者杜繼文、魏道儒發表的《中國禪宗通史》（南京：江蘇古籍出版社，一九九三），在菩提達摩之前的項目中，特別矚目流民肆行的嚴酷社會與禪宗有何關聯。

十二、戒律與菩薩戒

德田明本《律宗概論》（百華苑，一九六九）、佐藤達玄《中國佛教における戒律の研究》（木耳社，一九八六），簡單介紹南北朝戒律和菩薩戒的受戒情形。德田明本編《律宗文獻目錄》（百華苑，一九七四），收錄至一九六〇年代為止的研究書和論文，基本文獻經過整理後更便於研究。北朝的受戒研究，則有諏訪義純《中國中世佛教史研究》（大東出版社，一九八八）。土橋秀高《戒律の研究》上、下冊（永田文昌堂，一九八〇—八二）探討各種戒律問題之外，採用敦煌寫本闡析中國授戒儀式的變遷。

大乘戒方面，大野法道《大乘戒經の研究》（理想社，一九六四）討論各經典的成立始末，是基本參考著作。北塔光昇《優婆塞戒經の研究》（永田文昌堂，一九九七）重新探討大野氏的主張，探討曇無讖譯《優婆塞戒經》的譯出過程、譯文、受讀情形。菩薩戒的最近研究，見於船山徹〈六朝時代における菩薩戒の受容過程——劉宋・南齊期を中心に〉（《東方學報》六十七，一九九五）、〈疑經《梵網經》成立の諸問題〉（《佛教史學研究》，三十九－一，一九九六）。

十三、密教

大村西崖的劃時代鉅著《密教發達志》（佛書刊行會，一九一八；國書刊行會，一九七二），是詳述三國至唐代以前的陀羅尼經典和咒經的翻譯情形、僧傳及其他密教要素，並牽涉到印度宗教在扶南、林邑的流行情況。全書因以漢文撰寫，並非入門書籍，至今卻仍是必讀文獻。南北朝的密教經典譯量是如此可觀，便能從中了解當時印度、東南亞、中國佛教的發展。此外，咒經中包含深受中國影響或在中國撰述的經典，這些貴重資料有助於了解當時的宗教發展。中國方面的著作有呂建福《中國密教史》（北京：中國社會科學出版社，一九九五）的〈第二章　魏晉南北朝時期陀羅尼密教的傳入和流行〉，整理陀羅尼經典的流行資料。立川武藏、賴富本宏編《シリーズ密教三　中國密教》（春秋社，一九九九）之中，賴富氏的論文〈中國密教の流れ〉、〈中國密教の美術〉，以及平井宥慶

《中國の密教儀禮概論》等，探討南北朝的密教發展。坂出祥伸〈初期密教と道教との交涉〉，指出從密教經典可發現類似道教的咒術和道教的影響。至於如何界定密教，相關問題見於三崎良周《台密の研究》〈第七章　純密と雜密〉（創文社，一九八八），指出純密和雜密的模式形成於江戶時代，應重新檢討純密、雜密的區別定義。岩崎日出男〈道教と密教〉（野口鐵郎、福井文雅等編《講座道教四　道教と中國思想》，雄山閣出版，二〇〇〇）則重新探討密教的定義。

十四、民眾與佛教

牧田諦亮的兩部劃時代鉅作，分別是探討觀音信仰的《六朝古逸觀世音應驗記の研究》（平樂寺書店，一九七〇），以及探論疑經的《疑經研究》（京都大學人文科學研究所，一九七六），皆是剖析中國式佛教信仰和民眾信佛的情況。道端良秀進行實地調查發表的《中國佛教史の研究——佛教と社會倫理》（法藏館，一九七〇），是探討寺院的奴隸待遇、社會福祉與大乘菩薩戒的關聯，亦包括飲酒問題。道端良秀尚有《佛教と儒教倫理——中國佛教における孝の問題》（サーラ叢書，平樂寺書店，一九六八）、《中國佛教思想史の研究——中國民眾の佛教受容》（同，一九七九），是關注民眾信仰，探索中國社會與佛教的關係。道端氏陸續發表著作拓展新領域，皆重收於著作集《中國佛教史全集》（書苑，一九八五）。宮川尚志《六朝史研究　宗教篇》（平樂寺書店，一九六四），探討南北朝的論文雖不多見，但在女性信仰生活和巫俗研究上提供新研究方向。潘桂明《中國居士佛教史》上、下冊（北京：中國社會科學出版社，二〇〇〇），彙整貴族和百姓信仰團體等在家眾的佛教活動，上卷是以南北朝為中心。

十五、佛教美術

中國佛教美術研究之所以能大幅發展的原動力之一，就是在第二次世界大戰期間，由水野清一、長廣敏雄等代表學者在雲崗石窟進行縝密的調查，並將結果彙編為《雲崗石窟》十六卷三十二冊（京都大學人文科學研究所，一九五一－五六）。近年出版的雲崗石窟文物保管所編《雲崗石窟》上、下卷（平凡社，一九八九－九〇），正是中、日合作的成果。南北朝佛教美術研究相當豐富，代表如松原三郎《中國佛教雕刻史論　本文編，圖版編一・二》（吉川弘文館，一九九五）。以南北朝為重心的最新入門書，則有久野美樹《中國の佛教美術――後漢代から元代まで》（東信堂，一九九九），相當容易閱讀。北朝研究方面，八木春生《雲崗石窟文樣論》（法藏館，二〇〇〇）、《中國佛教美術と漢民族化——北魏時代後期を中心として》（同，二〇〇四），探討佛教美術的中國化過程。重視南朝美術的著述方面，吉村怜《天人誕生圖の研究——東アジア佛教美術史論集》（東方書店，一九九九）和《中國佛教圖像の研究》（同，一九八三），關注課題是佛教美術和神仙思想的融合。

近年令人矚目的青州龍興寺佛像研究，可參閱王衛明〈青州龍興寺出土窖藏佛教造像初論——魏晉南北朝時期における山東佛教美術史的成立背景を中心に〉（《京都橘女子大學研究紀要》二十五，一九九八），以及中華世紀壇藝術館、青州市博物館編《青州北朝佛教造像》（北京：北京出版社，二〇〇二）。

十六、文學與佛教

中國盛行研究南北朝文學，張仁青《魏晉南北朝文學思想史》（臺北：文史哲出版社，一九八九），曹道衡、沈玉成《南北朝文學史》（北京：人民文學出版社，一九九一）、曹道衡《南北朝文學編年史》（同，二〇〇〇）、曾慧《南朝佛教與文學》（北京：中華書局，二〇〇二）等陸續刊行，在日本尚無專著出版。

南北朝的代表詞華集，像是蒐集典範詩文的《文選》、主要以豔辭綴成的閨怨詩集

《玉臺新詠》，皆輯錄至梁代為止的作品，顯現出當時兼具規範與冶豔的雙重性質。鈴木修次〈六朝時代の「懺悔詩」〉（《小尾博士古稀紀念》，汲古書院，一九八三），著重梁武帝等人以佛教為題材戲作的唱和詩。近藤泉〈六朝後期詩の功績及び佛教〉一、二（《名古屋學院大學論集（人文、自然科學篇）》三十六－二、三十七－一，二〇〇〇），是從梁武帝奉佛卻耽於豔詩的背景下，探討大乘佛教的課題。

六朝志怪小說方面，勝村哲也〈顏氏家訓歸心篇と冤魂志をめぐって〉（《東洋史研究》二十六－三，一九六七），當時內容被視為史實而受到重視，成為本篇論文的關注焦點。小南一郎〈六朝隋唐小說史の展開と佛教信仰〉（福永光司編《中國中世の宗教と文化》，京都大學人文科學研究所，一九八二），關注佛教在新文學領域形成時所扮演的角色。福永氏彙編的這部論文集《中國中世の宗教と文化》，是以興膳宏〈文心雕龍と出三藏記集——その祕められた交渉をめぐって〉為代表，內含多篇各領域的重要論文。福井佳夫《六朝美文學序說》（汲古書院，一九九八），對解讀駢詞撰寫的南北朝佛教文獻幫助良多。

第三章　隋唐佛教

第一節　天台宗

池田魯參

一、「中國天台宗」的研究課題

所謂的「天台宗」，是指「天台智者大師」在中國浙江省的名嶽天台山創立新宗，其建構的佛學和教理深受弟子尊崇，因而形成佛教教團。智者大師本名智顗，南梁時期人物，生於西元五三八年（此年為佛教正式東傳日本之年），名揚陳、隋二朝，寂於隋代中葉（西元五九七年），享壽六十歲。

天台智顗的佛學思想是標榜「教觀相資」，在整合教理思想和禪觀實修方面極具創思，以精深無比的佛教學獲得高譽，對後世影響十分深遠，讓天台教學研究依然得以傳世至今。

誠然，智顗縱然天資穎悟過人，亦無法獨創教學。綜觀天台教學的形成過程，首先應先溯及智顗之師南嶽慧思（五一五—七七）與前人的教學傾向，再關注其弟子章安灌頂（五六一—六三二）的教學，從廣域的、綜合的層面探討時代特性和社會背景、佛教信仰。

至唐代，荊溪湛然（七一一—八二）重振日漸衰微的天台教學，眾弟子鼎力大振其道。日本傳教大師最澄（七六七—八二二）閱讀鑑真（六八八—七六三）攜來的天台典籍，深信天台宗思想最適於自國，便以留學生身分赴唐修習，修法於湛然的弟子道邃（七六〇？—八〇五？）、行滿（七三七—八二四）等人，返國後以研修成果為基礎，西元八〇六年在比叡山開創日本天台宗。比叡山的佛教學，無疑是對日後的日本佛教發展貢獻良多。筆者在此暫不探討「日本天台宗」的課題，只針對「中國天台宗」的研究課題作說明。

宋代以後，四明知禮（九六〇—一〇二八）、慈雲遵式（九六四—一〇三二）等高僧輩出，天台教學重新獲得評價，但此後發生山家山外的教觀論諍，天台教學主要是由知禮下三家繼承，明末則由蕅益智旭（一五九九—一六五五）的教學延傳其脈。

天台教學如此長期反映各朝的佛教界動向，不斷被重新檢視和反覆建構，發展出新的教理思想。因此「天台宗」的用語中，在廣義上含括了智者大師朝地理、歷史層面拓展的整體教學。

那麼，何謂天台教學特色？筆者認為，大致可歸納為以下七項：

1.在立場上，對《妙法蓮華經》抱持絕對的歸依信順。

2.將作為修行理論的「天台止觀」體系化，並予以確立。

3.對《大般涅槃經》進行評價。

4.證明菩薩戒之優勢。

5.形成天台淨土宗。

6.推廣稱為「懺法」、「三昧行法」的各種禮懺。

7.從事其他如《維摩經》、《金光明經》、《仁王般若經》、《金剛般若經》等研究。

這七項特色皆成就了天台宗卓越的教學形成，對中國佛教發展產生莫大的影響。將以上智顗的佛學特質定位後，便可探討其師慧思與後繼的湛然教學，甚至含括知禮、遵式、智旭等人的教學，進而擴展至現代天台教學的研究動向，對今後必須朝何種研究領域發展有更進一步展望。

二、天台總概論與研究著作

首先要介紹天台教學的總概論和研究書。

天台宗的先驅研究，代表有島地大等《天台教學史》（中山書房佛書林，一九三三、一九七六復刊；隆文館，一九八六復刊）、上杉文秀《日本天台史》正、續二卷（一九三五，國書刊行會，一九七二）、硲慈弘著，大久保良順補註《天台宗史概說》（《天台宗讀本——宗史篇》，天台宗務廳，一九三九；大藏出版，一九六九改版）、福田堯穎《天台學概論》（一九五四，中山書房佛書林，一九八六）等。

前述的島地大等《天台教學史》，是以探討《摩訶止觀》的二十三祖相承說為起始，並以禪觀思想的發展為中心解說天台教學的源流史，卻沒有探討智顗之前的《法華經》研究史。上杉文秀在《日本天台史》續卷收錄的〈天台宗典籍談〉內容相當出色，是以《法華經》研究史為背景，探討天台教學的形成過程，卻未論及《大智度論》或《中論》研究史。硲慈弘在《天台宗史概說》的「中國天台宗」單元中，僅以三十頁篇幅論述日本天台史，但在探討「朝鮮天台宗」的發展上，十分值得矚目。福田堯穎《天台學概論》是由〈法華圓教概說〉、〈天台密教概說〉、〈天台圓戒概說〉這三篇構成，內容是解說教理綱格。此書與硲慈弘的著作並列為天台宗研究之權威，可惜文體較為古典艱澀。

一九五〇年代，佐佐木憲德《天台教學》（百華苑，一九五一）、安藤俊雄《天台性具思想論》（法藏館，一九五三、一九七三），兩書將歷史和教理兩層面系統化彙整，內容相當翔實，很適合初學者參考，尤其後者是名著，獲得極高評價。繼而有佐藤哲英《天台大師の研究》（百華苑，一九六一）、山口光圓《天台概說》（法藏館，一九六七）、安藤俊雄《天台學——根本思想とその展開》（平樂寺書店，一九六八）、新田雅章《天台哲學入門》（第三文明社，一九七七）、鎌田茂雄《天台思想入門》（講談社，一九八四）、武覺超《中國天台史》（叡山學院，一九八七）等。

前述的佐藤哲英《天台大師の研究》，主要是探論和確定智顗全著作的撰寫時期，根據智顗傳記和著述，探索教理思想的發展，是極富開創性的研究。這項研究結果，是將過去認為並非智顗親撰的著作形成背景加以闡明，此書是研究之際，首先應隨時參考的必讀書籍。山口光圓《天台概說》則針對諦觀所撰的《四教儀》解說教理。安藤俊雄《天台學——根本思想とその展開》是以教觀相資為基礎，系統化解說教理和止觀兩層面，可作為參考。新田雅章《天台哲學入門》是解釋天台核心思想，鎌田茂雄《天台思想入門》則是主要解說凝然《八宗綱要》的論點，兩書皆是簡便型的新書文庫版。武覺超《中國天台史》採用研究筆記的形式，以便了解天台宗的發展史概要。中國近年的研究有朱封鰲、韋彥鐸著《中華天台宗通史》（北京：宗教文化出版社，二〇〇一），廣泛討論近現代的中國、香港、日本、韓國的天台宗發展動向，可供讀者參考。

除此之外，石津照璽《天台實相論の研究——存在の極相を索めて》（弘文堂書房，一九四七）是運用哲學思惟方法闡釋圓融三諦的教理，並論及宋代山家山外的論諍史。玉城康四郎《心把捉の展開——天台實相觀を中心として》（山喜房佛書林，一九六一）是針對《華嚴經》偈：「心佛眾生，三無差別」的領略，闡明慧思、智顗、湛然、源清、智圓、知禮的教學是如何發展心識的問題，最後探討法藏以外的華嚴教學。江戶、明治時代出現天台是以實相為依據的法門，華嚴則以緣起為依據的法門，過去的天台教理思想研究者對這種實相論、緣起論的對稱分類方式並未感到疑惑，玉城康四郎卻在研究中提出質疑，因而備受矚目。其他先行研究方面，則有佐佐木憲德《天台緣起論展開史》（永田文昌堂，一九五三）。武覺超《天台教學の研究——大乘起信論との交涉》（法藏館，一九八八），同樣延續這項研究，十分受到注目。

智顗傳記的最早研究，分別是佐藤哲英《天台大師の研究》（前揭書），以及胡維茲（Leon Hurvitz）的著作 *Chih-I: An Introduction to the Life and Ideas of a Chinese Buddhist Monk*（1960-62 Mélauges Chinois et Bouddhiques, 1980, Institut Belge des Hautes Etudes Chinoises Bruxelles）。此後有京戶慈光《天台大師の生涯》（第三文明社，一九七五）、新田雅章《智顗》（《人物中國の佛教》，大藏出版，一九八二）、多田厚隆《天台大師の

思想と生涯》（〈重文天台大師像解說〉，同朋舍出版，一九八二；亦載於後述的多田孝正《法華玄義》附錄）。京戶慈光的著作是新書文庫版，研究成果令人刮目相看。新田雅章的著述是針對一般讀者，多田厚隆則在書中附錄年譜。中國直到近年才有研究專著，就是李四龍《天台智者研究——兼論宗派佛教的興起》（北京：北京大學出版社，二〇〇三），內容不僅回顧中文研究論文和著作，還廣泛參考日本和歐美研究，提供中國方面的新研究動向而備受矚目。

智顗傳記資料的基本文獻，是灌頂《隋天台智者大師別傳》（《大正藏》第五十冊）與其編纂的《國清百錄》四卷（同四十六）。《智者大師別傳》則有上村真肇譯《隋天台智者大師別傳》（《國譯一切經　史傳部十》，大東出版社，一九六七）、清田寂雲編《天台大師別傳略註》（叡山學院，一九八八）。《國清百錄》方面，池田魯參《國清百錄の研究》（大藏出版，一九八二）將全書一百零四項資料完全以現代文譯註。傳記研究的參考文獻，可參考堀惠慶編寫的《天台大師略傳》（第一書房，一九三六、一九七六復刊），是將江戶末期（一八四八）的慈本撰《天台大師略傳》四卷付梓成籍。《續天台宗全書　史傳一》（春秋社，一九八七）收有堯恕《智者大師別傳新解》二卷、忍鎧《天台智者大師別傳考證》一卷、可透《天台大師別傳句讀》二卷、敬雄《天台智者大師別傳翼註》二卷等《別傳》的末註書，並收錄日詔纂集《天台智者一代訓導記》二卷、日妙編撰《天台智者大師紀年錄》一卷和《天台智者大師紀年錄詳解》二卷、慈本記述《天台大師略傳》四卷。至今學者垂涎渴求的珍本，盡收於《續天台宗全書 史傳一》之中，堪稱是視若重寶。研究者必須善用這些資料，才能完整闡釋智顗的傳記。智顗昔日修法的天台山，今日呈現風貌又是如何，相關介紹可參考陳公余、野本覺成《聖地天台山》（佼成出版社，一九九六）、齋藤忠《中國天台山諸寺院の研究——日本僧侶の足跡を訪ねて》（第一書房，一九九七），皆提供最新的訊息。

南嶽慧思的傳記研究，川勝義雄〈中國的新佛教形成へのエネルギー——南嶽慧思の場合〉（《中國人の歷史意識》，平凡社，一九八六）、梅弘理（Paul Magnin）的著作 *La Vie et L'oeuvre de Huisi*（É'cole Française d'Extrême-Orient, Paris, 1979）、佐藤哲英〈南嶽慧思の研究〉（《續天台大師の研究——天台智顗をめぐる諸問題》，百華苑，一九八一）、池田魯參〈南嶽慧思傳の研究——《大乘止觀法門》の選述背景〉（《多田厚隆頌壽紀念》，山喜房佛書林，一九九〇）、大野榮人「南嶽慧思的禪法與其背景」（《天台止觀成立史の研究》第一章，法藏館，一九九四）等。可供參考的慧思傳記基本資料，則有中國佛教研究會〈《南嶽思大禪師立誓願文》譯解〉（前揭書《多田厚隆頌壽紀念》）。

荊溪湛然的研究，日比宣正《唐代天台學序說——湛然の著作に關する研究》（山喜

房佛書林，一九六六）、《唐代天台學研究——湛然の教學に關する研究》（同，一九七五），皆是參考佐藤哲英的研究方法，活用於湛然教學的研究探討，成果深受矚目。此後湛然的新研究方向，可見於潘霖德（Linda L. Penkower）的著作 *T'ien-t'ai during the T'ang Dynasty: Chan-jan and the Sinification of Buddhism*（ph. D dissertation, Columbia Univ. Press, New York, 1993），以及吳鴻燕論文（後述）、池麗梅《荊溪湛然〈止觀輔行傳弘決〉の研究——唐代天台佛教復興運動の原點》（東京大學博士學位論文，二〇〇五）等。

宋代以後的天台教學，例如安藤俊雄《天台思想史》（法藏館，一九五九）有系統地彙整相關思想，近期研究成果則有林鳴宇《宋代天台教學の研究——〈金光明經〉の研究史を中心として》（山喜房佛書林，二〇〇二），探討山家山外為了《金光明經疏》廣略二本究竟何者為原本而引發長達三百年的論諍史，並回顧宋代天台教學研究史。

有關智旭教學的論述，首先應參考張聖嚴《明末中國佛教の研究——特に智旭を中心として》（同，一九七五）的研究成果。

《國譯一切經 諸宗部十四》（大東出版社，一九六〇；一九七九修訂），收錄多田厚隆譯《金剛錍論》、塩入良道譯、校訂《天台四教儀》、平了照譯、村中祐生校訂《十不二門指要鈔》和《四明十義書》、關口真大譯《教觀綱宗》，藉由以上文獻可知湛然、諦觀、知禮、智旭的教學端倪。《指要鈔》研究可參考平了照《和譯通解十不二門指要鈔、和譯西谷名目》（文一總合出版，一九七八）。《四教儀》方面，則有稻葉圓成《天台四教儀新釋》（法藏館，一九五三），古風文體，教理解說卻十分精闢。

三、天台法華學

天台教學對於《妙法蓮華經》（《大正藏》第九冊），是採取一貫的、絕對的皈依信順立場。《妙法蓮華經玄義》（同三十三）、《妙法蓮華經文句》（同三十四）、《摩訶止觀》（同四十六）各二十卷，在中國佛教史上格外大放異采，稱為「法華三大部」或「天台三大部」，被視為天台教學研究的基礎典籍，備受珍重。湛然分別註釋法華三大部，撰有《法華玄義釋籤》二十卷、《法華文句記》三十卷、《止觀輔行傳弘決》四十卷，一般是將祖典和祖釋合輯成冊閱讀。有關三大部的內容，可參閱中里貞隆譯《妙法蓮華經玄義》（《國譯一切經　經疏部一》，大東出版社，一九三六、一九八〇修訂），以及辻森要修譯、淺井圓道校訂《妙法蓮華經文句》（《同　經疏部二》，同）、田村德海譯《摩訶止觀》（《同　諸宗部三》，同）。《昭和新纂國譯大藏經　宗典部十一》收入《法華玄義》，《宗典部十二》收入《法華文句》，《宗典部十三》收入《摩訶止觀》（名著普及會，皆於一九三二初版，一九七六復刊）的漢文訓讀，並以假名旁註漢字表現專用語的古典讀法，非常值得參考。《詳解合編．天台大師全集》刊行《法華玄義》五卷（中山書房佛書林，一九七〇復刊）、《摩訶止觀》五卷（同，一九七五復刊），皆是原文和附註合輯成冊，內容包括原文、湛然註釋、證真私記、慧澄講義、守脫講述，原收於《佛教大系》（一九一九）叢書，日後重新復刊。多田厚隆、多田孝文合編《法華文句》全五卷（同，一九八五），集結文句、記、私記、講錄、講義共五冊，亦屬於原文、附註合輯成冊，但採用靈空光謙的講錄，而非守脫講述。

《妙法蓮華經玄義》是解釋五字經題的蘊義，以「七番共解、五重各說」構成，採五章架構，分別是釋名、辨體、明宗、論用、判教相，並依照法、妙、蓮華、經之順序釋義經題。天台五重玄義的釋法是出於智顗的創見，可運用在其他經典的經題釋義，得以充分映證其效。「法」是闡明佛法高妙，眾生法無量，進而闡釋近要心法。「妙」是指跡門十妙、本門十妙，「蓮華」則是指蓮華三喻。《法華經》之經體是諸法實相，宗是佛自修因證果，判教之段提示的「三種教相」則顯示《法華經》異於其他經典的教相，提示天台「五時八教」的法華教判是如何成立。境妙段詳細說明七種二諦、五種三諦的構造，闡明天台的三諦圓融相即論之依據，感應妙段則是詳述佛之願力與十方眾生「感應道交」的密切關連，以上皆顯示智顗的見解獨具特色。

《法華玄義》的解說書，早期有日下大癡《台學指針——法華玄義提綱》（百華苑，一九三六，一九七六復刊），較近期則有多田孝正《法華玄義》（《佛典講座》二十六，大藏出版，一九八五）、菅野博史譯註《法華玄義》三卷（第三文明社，一九九五）。多田孝正只譯註七番共解之段，菅野博史則是全譯《玄義》，新書文庫版更易於閱讀。福島光哉《妙法蓮華經玄義序說》（東本願寺出版部，一九八七），是收錄東本願寺於昭和六十二年度（一九八七）舉行的安居次講之講錄。菅野博史《法華玄義入門》（第三文明社，一九九八）是以問答形式解釋《玄義》要點。保羅・史萬森（Paul L. Swanson）的著作 *Foundations of T'ien-T'ai Philosophy*（Asian Humanities Press, Berkeley, California, 1989），闡述天台的三諦圓融論是依據《法華玄義》而成立，這項研究深受學界矚目。

關口真大編《天台教學の研究》（大東出版社，一九七八），收錄所有解釋天台「五時八教」教判論所引發的論諍內容，亦包括如何解讀諦觀的《四教儀》，在探討天台教理思想的諸課題時，此書很值得參考。

《法華文句》是逐步解釋《妙法蓮華經》的全文構成、經文前後關聯、經義、內容，並根據「四釋」的因緣釋、約教釋、本迹釋、觀心釋，詳細解讀經文的蘊義。這種不膚淺理解經文、採取縝密態度的釋經方式，是現代佛教研究界最應重新審視的特點。

《法華文句》的研究，可參考平井俊榮《法華文句の成立に關する研究》（春秋社，一九八五）。前述的三大部皆由智顗講述、灌頂筆授，屢次整理後方成為今日流傳之作。

島地大等、田村德海、佐藤哲英等學者已指出《法華文句》中，可能包含許多灌頂的個人見解。平井俊榮以身為吉藏三論教學專家的立場，在前述著作中詳細查證《法華文句》引用的諸論出處，指出《文句》並非智顗講說，而是灌頂為了對抗吉藏（五四九－六二三）的論調，在參照吉藏《法華玄論》、《法華義疏》等著述後，佯裝是出自智顗的主張，研究結果顯示了《文句》與智顗並無關聯。

《法華文句》中確實常見引自吉藏的著述，但引用後，必然從天台教學的立場明確記錄批判論點。這種一貫不變的立場既被肯定，即使那些引用論主張《文句》是出自灌頂添筆，與智顗無關，但結果能提出與吉藏見解迥然不同的詮釋，加上優勢地位備受肯定，仍可充分證明《法華文句》深具意義。倘若只一昧關注引用吉藏諸論的事實，甚至質疑《文句》的撰述意義，那就喪失學問價值了。在比往昔更熱切闡釋《法華文句》的趨勢下，今後的研究者應從天台教學傳統將如何發展的角度來精讀《法華文句》。

關於此點，湛然在《文句記》中屢次提出指證和批評，加上湛然的註釋後，更能明確發現吉藏與天台教學的相異點。近期的吳鴻燕《法華五百問論を介して見た湛然教學の研究》（駒澤大學博士學位論文，二〇〇三），闡明湛然在撰寫《文句記》之際，無法略過慈恩大師窺基以唯識教學的立場在《法華玄贊》中批判羅什譯的《法華經》，因而撰寫《五百問論》（《續藏》二編五套四冊）作為《玄贊》的研究筆記。吳鴻燕將《五百問論》全三卷三九八項（吳氏提出三七一項之說）的論點，與《文句記》逐一對照，再比對《玄贊》的相符之處，結果發現《玄贊》藐視天台法華教學，一逕參照吉藏《法華義疏》的主張提出批判。吳鴻燕也闡明湛然在參照《玄贊》的法華釋義之際，指出以吉藏三論教學和窺基唯識教學為基礎所招致的誤解，亟欲宣揚天台教學的正統性。藉由湛然的《文句記》，可更加了解《法華文句》參照吉藏著述的理由。

菅野博史《中國法華思想の研究》（春秋社，一九九四），是有系統精查《法華文句》之前的研究史，探討《法華文句》的學說特色。南嶽慧思《法華經安樂行義》的英譯及譯註研究，可參考史蒂文生（Daniel B. Stevenson）和菅野博史共著 *The Meaning of the Lotus Sūtra's Course of Ease and Bliss: An Annotated Translation and Study of Nanyue Huisi's*（*515-577*）*Fahua jing anlexing yi*（Soka Univ., Tokyo, 2006）。

四、天台止觀

「天台止觀」以《天台止觀》、《摩訶止觀》著稱，其構思殊妙絕倫，堪稱是天台教學一大特色。佐佐木憲德《漢魏六朝・禪觀發展史論》（ピタカ，一九三六、一九七八復刊），探討中國佛教的禪觀、禪定論史，結論指出禪觀和禪定是在天台止觀中集其大成。

天台教學以教觀相資相修為原則，時常將如何在日常中實踐《法華經》教理，以及如何開明心境等問題視為至高命題，加以彰顯闡揚。《法華玄義》求重心法，在玄義中明示佛祖久修證果之姿，《法華文句》著重觀心釋的例證皆是基於同樣理由。湛然將《摩訶止觀》詮釋為「法華三昧」的別稱，的確是至理之言。

關口真大《達磨大師の研究》（彰國社，一九五七）、《禪宗思想史》（山喜房佛書林，一九六四）、《達磨の研究》（岩波書店，一九六七）是禪宗史研究的成果，書中多處指出天台止觀無論是顯在或潛在方面，對禪宗形成皆造成影響。天台止觀對後世的雲門宗、法眼宗創立影響亦深，日僧道元將禪宗視為「正傳佛法」，天台教學亦成為重要的傳倡契機，這點應多加留意。

《天台小止觀》最著名的就是詳述調身、調息、調心的坐禪法，代表著作有二宮守人監修，田所靜枝漢文訓讀《天台小止觀》（柏樹社，一九六六）、關口真大譯註《天台小止觀》（岩波書店，一九七四）、《現代語譯天台小止觀——坐禪へのいざない》（大東出版社，一九七八）、新田雅章《天台小止觀——佛教の瞑想法》（春秋社，一九九九）。研究書方面，關口真大《天台小止觀の研究》（山喜房佛書林，一九五四）、大野榮人等著《天台小止觀の譯註研究》（同，二〇〇四）。此外，本山博《心の確立と靈性の開發——坐禪の書・小止觀の實踐的解說》（宗教心理學研究所出版部，一九七一）、《坐禪・瞑想・道教の神祕——天台小止觀と太乙金華宗旨》（名著刊行會，一九九一）、鎌田茂雄《體と心の調節法——天台小止觀物語》（大法輪閣，一九九四）等，介紹《小止觀》的廣泛應用法門。

《摩訶止觀》是透過坐禪法的觀心釋態度，專以闡明立論根據為目的，並以「五略、十廣」的架構，藉由二十三祖相承、六即、四種三昧、二十五方便、十境十乘觀法、一念三千、一心三觀、三諦圓融等禪修法則來面對佛道修行的諸問題，廣泛實踐天台教學的理論，湛然甚至譽此著作為「終極究竟之極說」。

此外，關口真大校註《摩訶止觀》二卷（岩波書店，一九六六）、池田魯參《詳解摩訶止觀 現代語譯篇・定本訓讀篇》（大藏出版，一九九五—九六）。村中祐生譯《摩訶止觀》（《大乘佛典〈中國・日本篇〉》六，中央公論社，一九八八），此書現代文僅譯至卷三下（五略）為止，新田雅章《摩訶止觀》（《佛典講座》二十五，大藏出版，一九八九）則譯至五略之段，附有漢文訓讀和註釋、研究。菅野博史《一念三千とは何か——〈摩訶止觀〉（正修止觀章）現代語譯》（第三文明社，一九九二），卷五上附有觀不思議境之段的譯註。尼爾・多納（Neal Donner）、史蒂文生（Daniel B. Stevenson）共著 *The Great Calming and Contemplation: A Study and Annotated Translation of the First Chapter of Chih-i's Mo-ho Chih-kuan*（A Kuroda Institute Book, Univ. of Hawaii Press, Honolulu,

1993），第一部「摩訶止觀與天台佛教的傳統」收錄兩位作者的論證，第二部大意章（至卷二下）有英譯內文和豐富註釋。

《摩訶止觀》的代表研究書，可參考安藤俊雄《天台學——根本思想とその展開》（平樂寺書店，一九六八）、關口真大《天台止觀の研究》（岩波書店，一九六九）、新田雅章《天台實相論の研究》（平樂寺書店，一九八一）、大野榮人《天台止觀成立史の研究》（前揭書）、池田魯參《摩訶止觀研究序說》（大東出版社，一九八六）、《詳解摩訶止觀 研究註釋篇》（大藏出版，一九九七）、村中祐生《天台觀門の基調》（山喜房佛書林，一九八六）、《大乘の修觀形成史研究》（同，一九九八）。

安藤俊雄在前述的《天台學——根本思想とその展開》中探討「止觀法門的構造」、「四種三昧」、「正修觀法」、「圓頓止觀的成立過程」，並概述天台止觀。關口真大《天台止觀の研究》是針對《摩訶止觀》分為「構成與特色」、「撰成與經緯」、「展開與影響」三個章節探討天台止觀的課題。新田雅章《天台實相論の研究》是以思辨方式，闡明了智顗從初期撰著《次第禪門》至晚年《維摩經疏》的過程中，如何發展實相論的思想。大野榮人《天台止觀成立史の研究》分析四種三昧、陰入界境、煩惱境、病患境、業相境、魔事境、發大心、起慈悲等一連貫天台止觀的諸課題是在何種歷史背景下形成。池田魯參《摩訶止觀研究序說》是透過湛然的《止觀義例》探討天台止觀的問題，闡明天台止觀的坐禪法根源。另一部著作《詳解摩訶止觀》收錄《摩訶止觀》全篇大略，包括彙整至今的研究史和主要用語解說、出處探源，可與池田魯參的前揭書《詳解摩訶止觀　現代語譯篇‧定本訓讀篇》相互對照。村中祐生《天台觀門の基調》收錄天台止觀的各種論證，另一著作《大乘の修觀形成史研究》的研究意圖，是透過實地考察修觀道場的構造，來闡釋天台止觀的特色。這項研究，是參考村中氏先前進行的田野調查及發表《現代中國佛教見聞——もう一つの中國旅行》（山喜房佛書林，一九八六）之後撰寫而成。

天台止觀的十境論是將坐禪實修中產生的諸問題予以類型化，論點相當卓越，例如《小止觀》亦提及病患境或魔事境等問題，引用智顗當時提倡的諸說，尤其出現與各派呼吸法、醫方等關係密切的論調。有關這部分向來缺乏研究，盼今後的研究者能參考外典資料，從其他角度探索課題。

此外，大野榮人《天台六妙法門の研究》（山喜房佛書林，二〇〇四）提供了新研究動向，同樣備受學界注目。

五、《涅槃經》研究

天台教學《涅槃經》的研究，可見於灌頂《大般涅槃經玄義》二卷、《大般涅槃經疏》三十三卷（皆為《大正藏》第三十八冊）。智顗「五時八教」的教判規定為「法華涅槃同醍醐」，將《涅槃經》與《法華經》同定位為教理內容已達極致（醍醐妙味）。兩經差異在於《法華經》開會之後，由《涅槃經》最後追說追泯該主旨的教理，向後人明示佛說之重要，反覆宣說常住佛性，就此點（扶律談常）來看，《涅槃經》的捃拾教有別於《法華經》的大收教。此為對智顗當時盛行的《涅槃經》研究進行的評價判釋，而將《涅槃經》定位為補充《法華經》教理的搭檔經典，這點很值得注目。灌頂原本是為聽聞智顗講述《涅槃經》而造訪天台山，卻無法遂願，便以智顗教學為根柢，撰著《涅槃經》的註疏研究。

布施浩岳《涅槃宗の研究》（國書刊行會，一九四二、一九七三復刊），結論指出江南的涅槃宗傳統後來併入天台宗（河北的涅槃宗統合於華嚴宗）。湛然《金剛錍》（《大正藏》第四十六冊）、孤山智圓《涅槃玄義發源機要》四卷（同三十八）等為部分代表。二宮守人譯《大涅槃經玄義》（《國譯一切經 經疏部十一》，大東出版社，一九三六、一九八一修訂）、橫超慧日譯《大般涅槃經疏》（同十二，一九六五、一九八一修訂；同十三，一九八五）。《金剛錍》是以論證無情佛性義的文獻而知名，相關研究可參考池田魯參〈荊溪湛然の佛性說——《金剛錍》の一斑を窺う〉（《塩入良道追悼論文集》，山喜房佛書林，一九九一）。

六、菩薩戒思想

智顗的菩薩戒思想深具特色，故而備受矚目。智顗說、灌頂記《菩薩戒義疏》二卷（《大正藏》第四十冊）是中國撰述經典《梵網經》（同二十四）下卷偈文之下的註疏書，亦是最早成立的文獻。藤本智董譯《菩薩戒經義疏》（《國譯一切經　律疏部二》，大東出版社，一九三八、一九七九修訂），記述智顗當時執行的梵網本、地持本、高昌本、瓔珞本、新撰本、制旨本的六種戒儀，在儀禮研究方面深受矚目。天台宗的受戒儀是由湛然彙整為《受菩薩戒儀》（《續藏》二編十套一冊，通稱「十二門戒儀」），是日僧最澄傳入比叡山的受戒儀之雛形，深受佛學者尊崇。《菩薩戒義疏》記述「性無作假色」的戒體論，《摩訶止觀》持戒清靜之段則以「中道妙觀」為戒體，探論菩薩戒的優勢性。日僧最澄在比叡山開創圓頓戒道場，目的是具顯智顗的菩薩戒思想，未久，比叡山戒學即成為日本佛教主流，天台教學中的菩薩戒研究亦成為極其重要的課題。

大野法道《大乘戒經の研究》（山喜房佛書林，一九五四）、石田瑞麿《日本佛教における戒律の研究》（在家佛教協會，一九六八）是首要參考的著作，另可參閱石田瑞麿《梵網經》（《佛典講座》十四，大藏出版，一九七六）等書。受戒儀研究方面，土橋秀高《戒律の研究》（永田文昌堂，一九八〇）、諏訪義純《中國南朝佛教史の研究》（法

藏館，一九九七）、佐藤達玄《中國佛教における戒律の研究》（木耳社，一九八六）等皆收錄主要論證。

七、天台淨土宗

天台淨土宗亦是重要研究領域，除了據傳為智顗說《佛說觀無量壽佛經疏》（《大正藏》第三十七冊）之外，其他淨土宗文獻皆撰於智顗示寂之後。據推測，《佛說觀無量壽佛經疏》亦大約成立於七世紀後期至八世紀前期（佐藤哲英之論）。知禮卻主張此書為智顗所撰，故著有《觀無量壽佛經疏妙宗鈔》六卷（同三十七），確立天台淨土宗旨。知禮的撰述動機，據說是受到日僧源信《往生要集》三卷（同八十四）的影響。

智顗的淨土思想，可從《天台智者大師別傳》所述的臨終記載、《法華三昧行法》發願段的往生義、常行三昧中結合口稱和觀想的念佛三昧法等一窺端倪，因列入善導系淨土宗，成為天台淨土宗的重要命題。

山口光圓《天台淨土教史》（法藏館，一九六七），論述包括日本天台宗的綜合研究。安藤俊雄《天台學論集——止觀と淨土》（平樂寺書店，一九七五），收錄知禮《觀無量壽佛經疏妙宗鈔》的講錄之外，亦收入天台淨土宗的諸論證。福島光哉《宋代天台淨土教の研究》（文榮堂書店，一九九五）對於源清、智圓、知禮、遵式之後的宋代諸派淨土宗有明確闡釋。小笠原宣秀《中國近世淨土教史》（百華苑，一九六三），探討課題不限於天台淨土宗，闡明庶民社會如何接納知禮和遵式等人組織的淨土宗結社。

八、修行法

智顗撰寫的各種修行法文獻群中，無論是質或量皆深受注目，這些行法應是由天台教團實踐，各行法間互有關聯。後世認為「天台山眾」（後為天台宗）是力行智顗所制定的獨創修行法，《國清百錄》所收的最初文獻「立制法」，明確記載天台山眾的日常實修是「四時坐禪、六時禮佛」，並視其為「恆務」，將此後《百錄》所收的「敬禮法」、「普禮法」、「請觀世音懺法」、「金光明懺法」、「方等懺法」、「訓知事人」等諸行法予以實踐。《摩訶止觀》列舉「四種三昧」體系，將常坐三昧（一行三昧、坐禪）、常行三昧（般舟三昧、念佛）、半行半坐三昧（方等三昧、法華三昧）、非行非坐三昧（隨自意三昧、覺意三昧、請觀世音懺法）加以組織化。常坐即是天台止觀的正修行，常行是天台淨土宗的實修，半行半坐行法則另見於智顗《法華三昧行法》（《大正藏》第四十六冊）、《方等三昧行法》（同）。湛然《法華三昧行事運想補助儀》（同）對後世諸行法影響深遠。非行非坐見於慧思《隨自意三昧》（《續藏》二編三套四冊）、智顗《覺意三昧》（《大正藏》第四十六冊）。遵式《請觀世音菩薩消伏毒害陀羅尼三昧儀》（同），是修訂智顗《請觀世音懺法》，日本禪宗教團至今仍實踐奉行。智顗《金光明懺法》則由遵式《金光明懺法補助儀》（同）、知禮《金光明最勝懺儀》（同）等承繼。至宋代，知禮《千手眼大悲心咒行法》（同）、遵式《熾盛光道場念誦儀》（同）等新儀法出現，對後世造成影響，如此趨勢亦承自天台教學傳統，因此備受矚目。

若欲研究《百錄》所收的諸行法，可參考池田魯參《國清百錄の研究》（前揭書），還可參照池田魯參的著作〈訓讀注解．法華三昧行法〉（《駒大佛教紀要》五十六，一九九八）。大野榮人《天台止觀成立史の研究》（前揭書）是針對《方等懺法》、《方等三昧行法》、《觀心十二部經義》、《觀心食法》、《觀心誦經法》、「四種三昧」等成立過程史進行考察。林鳴宇《宋代天台教學の研究》（前揭書）收有《金光明懺法》研究，很值得參考。

九、其他課題

至於其他課題，首先介紹的是《維摩經》（《大正藏》第十四冊）研究。智顗在晚年之際因應晉王廣（後為隋煬帝）的要求，撰寫《維摩經玄疏》六卷（同三十八）、《維摩經文疏》二十八卷（《續藏》二編二十八套三、四冊），湛然編修後纂集為《維摩經略疏》十卷（《大正藏》第三十八冊）。據推測《維摩經略疏》曾三度獻於晉王，最後獻呈的即為現行本。三大部已由筆錄者灌頂多所潤飾，相對來看，《玄疏》、《文疏》既是智顗親撰，便可從這些文獻中窺知智顗教學思想的原型，因而深受學者重視。前述的新田雅章《天台實相論の研究》就是強調《玄疏》和《文疏》，開啟研究之先河。深受矚目的山口弘江《天台維摩經疏の研究》（駒澤大學博士學位論文，二〇〇五）是最新研究，結論卻提出《玄疏》和《文疏》在內容上不足以與三大論相提並論。

《金光明經》（同十六）研究見於《金光明經玄義》二卷、《金光經文句》六卷（同三十九），題下皆記載「隋智顗說．灌頂錄」。《智者大師別傳》記錄智顗講述「長者子流水品」與施行放生事業，可知《金光明經》確實是智顗教學的主要典據。現存的《玄疏》、《文疏》，應是灌頂以智顗的講論筆記為題材撰寫而成（佐藤論）。至於知禮將《玄疏》、《文疏》視為智顗親撰，著有《金光明經玄義拾遺記》六卷、《金光明經文句記》十二卷（兩者皆同三十九），關於此問題，前述的林鳴宇《宋代天台教學の研究》有詳細分析。

《仁王般若經》（同八）的研究，見於隋智顗說、灌頂記《仁王護國般若經疏》五卷

（同三十三），因與吉藏《仁王般若經疏》六卷的內容相關點多達七十餘處，根據佐藤哲英的主張，推測撰寫年代約於西元六六四至七三四年。

有關《金剛般若經》（同八）研究，雖有隋代的智顗說《金剛般若經疏》一卷（同三十三），但吉藏《金剛般若疏》四卷（同）中僅以「有人言」的方式引述其說，如此關聯性難以斷論《金剛般若經疏》就是出自智顗親撰（佐藤論），以上皆是日後必須探索的研究課題。

其他尚有隋代智顗說、灌頂記《觀音玄義》二卷、《觀音義疏》二卷（兩者皆同三十四），知禮《觀音玄義記》四卷、《觀音義疏記》四卷（兩者皆同三十四），以及據推測灌頂應是在《法華玄義》撰成（六〇二）之後、《法華文句》刪補（六二九）之前這段時期撰寫《玄義》和《義疏》（佐藤論）。

此外，還有隋代智顗說、灌頂記《請觀音經疏》一卷（同三十），知禮曾批判智圓《請觀音經疏闡義鈔》四卷（同三十九）的解釋，延伸發展為山家山外的論諍課題。《請觀音經疏》亦被推定為出自灌頂之筆（佐藤論），至於「理性三毒」的論點是否為灌頂之創見，則出現贊同（佐藤論）和反對（安藤俊雄之論）的歧見。「一念三千」這個慣用詞是否出自灌頂的說法，亦有贊（佐藤論）、否（安藤論）兩派諍論，仍有待考量。

佐藤哲英《續天台大師の研究》（前揭書）亦推論隋代智顗說《四念處》四卷（同四

十六）為灌頂筆授，也成為有待商榷的課題。

第二節　三論宗

奥野光賢

前言

所謂「三論宗」，是指鳩摩羅什（三五〇－四〇九）傳譯龍樹（約一五〇－二五〇）所撰的《中論》和《十二門論》，以及提婆（約一七〇－二七〇）所造的《百論》，並以此三論教義為研究重心，發展為中國佛教學派之一，後由隋代的嘉祥大師吉藏（五四九－六二三）集其大成。嚴格來說，「三論宗」應稱為「三論學派」更為正確，「宗」是取之於廣義的「學派」、「學統」之意，一般通稱為「三論宗」。

三論宗這門學統，究竟何時開始被意識到它的存在，至今尚無定見。一般認為源流是始於羅什門下的高弟僧叡（三五二－四三六）、僧肇（三七四－四一四）、竺道生（三五五－四三四）、曇影（生卒年不詳）等人。

本書《中國佛教研究入門》的姊妹作、亦即平川彰所編的《佛教研究入門》（大藏出版，一九八四）之中，平井俊榮身為三論宗研究的最具權威者，已簡單扼要說明了三論宗如何形成與發展，以及三論宗研究進展等問題（詳見平井氏〈三論宗と成實宗〉）。三論宗史發展則見於平井俊榮監修《三論教學の研究》（春秋社，一九九〇），此書將在後文詳細介紹，平井氏在書中發表的〈三論教學の歷史的展開〉則是必讀論文。若想研讀三論宗的讀者，還可參考伊藤隆壽〈三論學派と三論宗——三論思想史の研究課題〉（《駒大大學院佛教年報》十五，一九八一），提供許多寶貴提示。

本篇參考以上的研究成果，並非針對三論宗發展史，而是以三論宗的集大成者吉藏為中心，探討發展至今的「三論宗研究史」。

一、研究史概觀

如前文所述，嘉祥大師吉藏是三論宗的集大成者，但事實上，深入研究吉藏與三論宗的時間尚淺，三論宗堪稱是一門較新的學問。

不僅是吉藏思想，甚至吉藏之前的三論宗史和思想研究，也是由平井俊榮開始彙整和闡釋。平井氏於昭和五十一年（一九七六）發表《中國般若思想史研究——吉藏と三論學派》（春秋社）之時，已歷經戰後三十年歲月。平井俊榮發表這部浩瀚鉅著後，從此確立「三論教學」、「三論學」的學術領域，得以正式展開研究，此書也獲評為三論宗研究史上屹立不搖的金字塔，相信這是不容非議的。綜觀今昔，三論宗研究堪稱是在平井俊榮不時的提攜主導下發展而成，亦非過言。

誠然，在平井俊榮之前曾有學者從事相關研究，前田慧雲《三論宗綱要》（丙午社，一九二〇）即為代表，此書乃是平井氏著作發表之前唯一解說三論宗要義的書籍，許多讀者蒙受其益。前田慧雲將著作第三章「教理綱要」，分為五大綱要探討吉藏思想，分別是：「一、破邪顯正；二、真俗二諦；三、八不中道；四、真如緣起；五、佛身淨土」，推論前半段綱要是受到日本鎌倉時代的碩學凝然（一二四〇－一三二一）提出的《八宗綱要》所影響。

平井俊榮之前的研究情況，可參考前述的平井氏《中國般若思想史研究》「序論」的「吉藏與三論——日本研究的回顧及展望」，便能掌握其梗概。根據序文所述，日本的三論研究在最初階段，就不斷邁向以吉藏《三論玄義》為中心的傳承研究發展，這種傾向自明治時代一直延至戰後。在此僅列舉明治以後最具代表性的研究如下：

①村上專精《三論玄義講義》（哲學館，一九〇二）。

②前田慧雲《三論玄義講話錄》（興教書院，一九〇二）。

③今津洪嶽《三論玄義會本》（《佛教大系》十二、十六，一九一八、三十）。

④高雄義堅《三論玄義解說》（興教書院，一九三六）。

⑤佐佐木憲德《啟蒙三論玄義通觀》（山崎寶文館，一九三六）。
⑥金倉圓照《三論玄義》（岩波文庫，一九四一）。
⑦三枝充悳《佛教講座二十七 三論玄義》（大藏出版，一九七一）。
⑧平井俊榮譯《肇論·三論玄義》（《大乘佛典〈中國·日本篇〉》二，中央公論社，一九九〇）。

這些著作中，今日讀者可購買，內容也較適切的研究書，就是三枝充悳《三論玄義》（二〇〇六新裝版）。但從今日的研究水準來看，目前較為罕見的高雄義堅《三論玄義解說》的「語解」和「通釋」依然精闢卓越，是解讀《三論玄義》必須參考的寶貴研究。今津洪嶽《三論玄義會本》則將《三論玄義》正文詳細分節，對照最具代表的註釋書所提示的註解，對研究正文內容提供不少方便。關於各種註釋書和《三論玄義》研究史，前述的三枝氏《三論玄義會本》「解說」單元有詳細說明，非常值得參考。

以《三論玄義》為中心的研究趨勢之所以出現，原因在於此書自古即被視為吉藏宣言立宗的代表綱要書，加上內容分量適於研究，因此就某種意味來說，理當成為研究主題。然而，前述的平井俊榮《中國般若思想史研究》卻擺脫這種局部主題的研究，改從更廣域的角度進行三論、吉藏的綜合研究。依筆者拙見，以下三篇是針對平井氏著作的書評，有助於了解該書的梗概和評價（暫略書評篇名，僅列期刊名稱）。

①岡部和雄（《駒大佛教論集》七，一九七六）。

②三桐慈海（《佛教學セミナー》二十四，一九七六）。

③丸山孝雄（《鈴木學術年報》十四，一九七七）。

其次是介紹平井俊榮之後的吉藏研究著作。丸山孝雄繼平井氏之後，撰寫《法華教學研究序說——吉藏における受容と展開》（平樂寺書店，一九七八），著重研究吉藏的法華疏，〈序論〉可讓後人確定吉藏至今在法華教學研究中的定位，書中主要分析「吉藏的開會思想」、「吉藏的佛身觀」等問題。菅野博史繼而撰寫《中國法華思想の研究》（春秋社，一九九四），試圖將吉藏的法華思想在中國法華思想中定位。換言之，菅野氏是最早論證從羅什門下的法華研究至吉藏法華思想是如何形成、發展過程如何變遷的學者，並考察吉藏的法華思想，將吉藏在中國法華思想史中定位。菅野博史在著作中提出許多新見解，引用原文並附上訓讀和現代文譯，對讀者理解大有幫助（丸山氏、菅野氏的著作可參考以下書評，在此暫略篇名，僅列期刊名稱，分別是：①三桐慈海（《佛教學セミナー》二十九，一九七九、②丸山孝雄《宗教研究》三〇六，一九九五）。

不僅是吉藏的法華思想，較早期的研究論文有橫超慧日〈法華教學における佛身無常說〉（期刊論文初出一九三七，重收於《法華思想の研究》，平樂寺書店，一九七一），是必讀的精闢論文。菅野博史〈佛性、佛身常住の問題と中國法華思想〉（論文初出為

〈吉藏における法華經の經題「法」の解釋と佛身常住說〉，《大倉山論集》二十，一九八六；《法華經の出現——蘇る佛教の根本思想》，大藏出版，一九九七），內容深受橫超慧日的影響，是《中國法華思想の研究》（前揭書）的先驅研究。這兩篇論文皆指出吉藏詮釋法華思想的特色，是在採取「佛身常住」和「佛性」的觀點。菅野博史的前揭書《法華經の出現——蘇る佛教の根本思想》所收的〈《法華經》の中心思想と中國、日本における展開〉、〈中國佛教における《法華經》〉（《法華經思想史から學ぶ佛教》，大藏出版，二〇〇三），亦是初學者應參閱的論文。

其次，伊藤隆壽《中國佛教の批判的研究》（大藏出版，一九九二；《駒大佛教論集》二十三，收錄一九九二年岡部和雄對此書的書評），是以松本史朗提倡的「如來藏思想批判」為依準，將中國佛教規定為以「道、理之哲學」為基礎的格義佛教，並就此立場探討僧肇、竺道生、吉藏的思想。伊藤隆壽在此書所收的〈僧肇と吉藏——中國における中觀思想受容の一面〉之中，犀銳指出僧肇和吉藏的思想同質性，〈三論教學の根本構造——理と教〉則承續此課題，論證僧肇和吉藏的佛學思想終究以「道、理之哲學」為基礎，甚至深切影響吉藏闡釋佛教的根柢「二諦思想」。

在此必須特別介紹兩部三論宗研究的近年著作，就是平井俊榮監修《三論教學の研究》（前揭書），以及平井俊榮博士古稀紀念論集《三論教學と佛教諸思想》（春秋社，二〇〇〇）。前者不僅針對佛教學，包括中國思想和歷史學等各領域學者從更多元的觀點探討吉藏思想和相關諸思想及問題，研究者可見識到「三論學」與「三論教學」研究已達一定水準。《三論教學の研究》的附錄〈三論教學關係著書論文目錄〉，是依照各作者蒐集三論宗相關論文，為有志研究的學者提供無盡方便。後者《三論教學と佛教諸思想》所收的論文並非完全與三論宗有關，但有不少相關內容值得參考。

其他方面，書中探討吉藏但並非作為主題的著作，例如泰本融在《空思想と論理》（山喜房佛書林，一九八七）中發表數篇論文，透過解讀《中觀論疏》來檢證吉藏的「八不中道觀」，亦是不可錯過的研究。奧野光賢在近年發表《佛性思想の展開——吉藏を中心とした〈法華論〉受容史》（大藏出版，二〇〇二），相關內容將在後文說明。

以上只是大略說明，暫將研究史「概觀」告一段落，接下來是以吉藏為主題，介紹眾學者的個別研究。

二、吉藏著作研究

三論宗的相關典籍研究，無論在書誌或文獻方面，即使以吉藏現存的二十六部著作（包括今日推定有幾部並非親撰）為代表研究，實際上仍少有進展。伊藤隆壽〈三論學派と三論宗——三論思想史の研究課題〉(前揭書)已有詳細探討。

吉藏著作的翻譯,僅有《國譯一切經》收錄的長篇譯文(請參閱本單元「吉藏著作研究」的結尾介紹),近年為了與闡明吉藏法華思想的研究趨勢相互呼應,陸續刊行法華著作的日譯本,譯文精細翔實。丸山孝雄在《法華教學研究序說——吉藏における受容と展開》(前揭書)的附錄中,收入《法華遊意》的難解註釋和漢文訓讀,從此以此書為開端,繼而由平井俊榮發表《法華玄論の註釋的研究》(春秋社,一九八七)、《續法華玄論の註釋的研究》(同,一九九六),將《法華玄論》全十卷附加註釋和漢文訓讀。吉藏素以旁徵博引聞名,《續高僧傳》的作者道宣(五九六—六六七)甚至譽評:「目學之長,勿過於藏。」平井俊榮在前述的兩部著作中,鉅細靡遺記載吉藏著作的引用典據,不僅有助於《法華玄論》研究,對查詢吉藏全著作的引用出處,亦提供許多方便。至於前述的《法華玄論の註釋的研究》,在研究篇收錄平井氏對吉藏法華思想的考察。

此後,菅野博史陸續發表《法華とは何か——法華遊意を讀む》(春秋社,一九九二)、《法華統略》上、下冊(《法華經注釋書集成》六、七,大藏出版,一九九八、二〇〇〇)。前者是對《法華遊意》附加漢文訓讀和現代文譯、註記,《法華遊意》乃是摘要吉藏法華經觀之精髓,對初學者而言,是最適合掌握吉藏法華思想梗概的著作。後者是針對吉藏晚年註疏法華的《法華統略》全六卷進行漢文訓讀和註釋,在此之前,《法華統略》一直未受吉藏法華思想研究者的重視。尤其是菅野氏出版此書之際，將今日所見的《法華統略》全寫本和刊本徹底閱讀調查，縝密校勘原文，並從名古屋市的真福寺寶生院藏本之中，發現至今《續藏經》所收的《法華統略》中欠佚的〈藥草喻品〉、〈授記品〉、〈化城喻品〉釋文。菅野博史的新發現，讓原本認為已佚的《法華統略》釋文得以還原，《法華統略》的全貌逐漸明朗，這對日後的吉藏研究、甚至對中國法華思想的整體研究深具意義。

說起寫本新發現的問題，與思想研究亦有密切關聯。末光愛正新發現的《法華玄論》卷四部分，原本以為已佚，因此更不該輕忘這項珍貴的發掘成果。末光氏關注目前傳世的《法華玄論》卷四「一乘義」與《大乘玄論》卷三「一乘義」中的「三車家」、「四車家」論諍是屬同一文脈，兩相對照的結果，末光氏質疑《法華玄論》的內容應有遺缺，最後終於在高野山大學所藏的《法華玄論》卷四中，發現目前《大正藏》遺漏約六八〇字的內容。末光氏根據這項實證，對過去法華研究史認定吉藏為「三車家」的立場提出質疑，主張應重新檢討。這部分的詳細解說，可參考末光氏的論文〈吉藏三車家說の誤りについて〉（《曹洞宗研究紀要》十六，一九八四）、〈吉藏《法華玄論》卷四「一乘義」についいて〉（《印佛研》三十三－一，一九八四）。

以上是菅野、末光二氏從不同角度切入研究的範例，如此顯示了倘若只依賴《大正藏》和《續藏》，將無法突破研究的瓶頸。正如伊藤隆壽（參照前述伊藤論文）所示，必須腳踏實地從事文獻研究。

三論宗文獻寫本和刊本方面，近年伊藤隆壽發表〈三論宗關係典籍目錄（稿）〉（《駒大佛教紀要》五十四，一九九六），讀者可輕易獲知存本所藏地點。筆者了解在實踐上並非易事，仍盼今後研究者的個別文獻研究，能實地閱覽及調查寫本和刊本。

法華疏以外的日譯本，尚有平井俊榮〈吉藏撰《涅槃經遊意》國譯〉（《駒大佛教論集》三，一九七二）、大西龍峰（大西久義）的數篇《淨名玄論》研究（〈淨名玄論釋證〉（一）－（五），《曹洞宗研究紀要》十五－十九，一九八三－八八）、大西龍峰、奧野光賢共同研究發表的論文〈吉藏撰《維摩經遊意》の註釋的研究〉（《駒澤短大紀要》二十九，二〇〇一）。

大西龍峰的《淨名玄論》研究僅限於卷一的部分內容，卻提示今後註釋研究應關注的方向，其論證極為精闢奧妙。大西氏的另一篇佳論〈淨名玄論研究序說〉（《曹洞宗研究紀要》十四，一九八二），有助於理解吉藏傳記中的問題，以及吉藏當時居住地長安的情形。《淨名玄論》研究方面，特別一提的是已故學者橫超慧日將《淨名玄論》寫本翻刻出版，此書為神田喜一郎舊藏的國寶，於慶雲三年（七〇六）撰成（至今《淨名玄論》全八卷中，除卷一、卷三之外，餘六卷皆已翻刻出版。今日購得不易，各佛教體系大學的圖書館應有藏本可供參考）。

上述文獻研究之外，平井宥慶的敦煌所藏吉藏文獻寫本研究相當受矚目，可參考平井宥慶〈敦煌文獻より見た三論教學〉（前揭書《三論教學の研究》）、〈敦煌本〔法花經意疏　吉藏法師撰　道義纘集〕〉（前揭書《三論教學と佛教諸思想》）等（平井氏在此之前發表的論文，可參考前揭資料〈三論教學關係著書論文目錄〉）。繼平井宥慶之後，該如何運用敦煌寫本探索三論教學，將是今後的研究課題。

正如上所述，現階段的吉藏著作研究尚未有所進展，日譯典籍也只著重於法華疏，筆者期待今後將出現全面性研究。

【《國譯一切經》所收的吉藏論疏日譯本】

①《法華義疏》（横超慧日譯，「經疏部」三、五）。
②《三論玄義》（椎尾辨匡譯，「諸宗部」一）。
③《勝鬘寶窟》（櫻部文鏡譯，「經疏部」十一）。
④《中觀論疏》（泰本融譯，「論疏部」六、七）。
⑤《百論疏》（椎尾辨匡譯，「同」八）。
⑥《十二門論疏》（長尾雅人、丹治昭義譯，「同」七）。

⑦《大乘玄論》（宇井伯壽譯，「諸宗部」一一）。

（以上大致依照吉藏著述順序所列）

三、吉藏思想研究

許多學者一致認同吉藏教學的中心主題是二諦思想。而闡明二諦思想的研究者，正是長期領導學界的平井俊榮（可參閱前揭書《中國般若思想史研究——吉藏と三論學派》所收論文）。

平井俊榮解讀現存的吉藏最初期著作《二諦義》（《二諦章》），闡明吉藏二諦思想的特徵。根據平井氏的見解，南北朝以來的約理二諦論是以成實學派為中心，成實學派將二諦視為真理形式，相對於此，吉藏二諦思想的最大特徵，則在於主張約教二諦論，也就是將二諦視為教化手段。換言之，約理二諦論提倡的證悟世界和世俗世界各有其存在法則，並無法說明二諦之間的相即關係，吉藏便以《中論》卷四「觀四諦品」為基礎：「諸佛依二諦，為眾生說法，一以世俗諦，二第一義諦。若人不能知，分別於二諦，則於深佛法，不知真實義。」（《大正藏》第三十冊，三十二下），主張二諦是佛說法的手段方式，並非真理形式。平井俊榮針對此二諦觀，提出以下闡述：「這種觀點有別於印度的二諦觀，將中國佛教注重現實的特徵，也就是特別重視世俗諦、將世俗諦與勝義諦並重的層面加以提倡，並藉由邏輯證明世俗和勝義的相即融合，最後形成指導動機，將此觀點導入二諦並觀的空觀實踐中。」（前揭書《中國般若思想史研究》，頁一一四）。

平井俊榮進而指出，吉藏約教二諦論的基礎構造，可見於「三論初章義」（伊藤隆壽對「三論初章義」有詳盡研究，可參照其論文〈三論教學における初章中假義（上）（中）（下）〉，《駒大佛教紀要》三十二－三十四，一九七四－七六），更提示上述「二諦相即思想」的背景中，具有中國式思辨所熟悉的「體用」論理（〈中國佛教と體用思想〉，《理想》五四九，一九七九）。

平井俊榮並指出《涅槃經》對吉藏的思想形成極為深遠的影響，在吉藏思想中明顯可見強調有的層面，這是主張「真空」和「妙有」相即的印度中觀派所沒有的觀點。此外，強調吉藏教學的最大特徵，就是般若空觀的空思想與如來藏佛性的有思想之間的發展相即相融。進而指出「有」與「無」、「有無二」與「非有非無不二」的相即狀態是初始階段，羅什門下的僧肇和曇影卻已認同其思想的萌生。

近年，松本史朗在事實問題上對平井氏的主張大為稱譽，卻從印度中觀思想與「如來藏思想批判」的角度對吉藏思想提出批判研究，成果備受矚目（〈三論教學の批判的考察——dhātu-vāda としての吉藏思想〉，前揭書《三論教學の研究》，重收於松本氏的

《禪思想の批判的研究》，大藏出版，一九九四）。從以下敘述，可略知其主張端倪：

龍樹的《根本中頌》確實是以青目（Pingala）註釋隨附的形式，在五世紀初時由鳩摩羅什翻譯為《中論》。學者們研究《中論》、《百論》、《十二門論》思想，形成三論宗這門有力學派，堪稱是中國中觀思想、亦即「空思想」的繼承者。然而這些三論宗學者對「空」抱持根本誤解，導致印度中觀派的「空思想」未能在中土正確傳揚。那麼，所謂誤解為何？第一點，這些學者在理解「空」時，基本上深受老莊思想影響。第二點，他們是以如來藏的「有」思想為基礎詮釋「空」。這兩點絕非毫不相干，前者甚至可說是後者的依據。換言之，所謂的老莊思想構造，就是「道」或「理」這種以單一實態為根據而產生萬物的發生論式一元論，就構造上來說，與構成如來藏思想的基礎論理 dhātu-vāda（基體論）完全一致。因此絕大多數的中國佛學思想家最終未能擺脫老莊思想的影響，無法從批判角度看待如來藏思想，輕易便接受其見解。因此令人驚訝的，堪稱是印度中觀派「空思想」的繼承者、亦即三論宗集大成者的吉藏（五四九－六二三），也同樣積極認同如來藏思想，倡說 dhātu-vāda 的「有思想」（《チベット佛教哲學》〈むすび〉，頁四一二，大藏出版，一九九七）。

伊藤隆壽延續松本史朗的論點，繼續推展研究，在前文已介紹的《中國佛教の批判的研究》和〈鳩摩羅什の中觀信仰——《青目釋中論》を中心に〉（前揭書《三論教學と佛教諸思想》），以及〈〔研究ノート〕中國佛教の批判的研究について——方法論と可能性〉（《駒大佛教論集》三十二，二〇〇一）之中，皆根據上述問題意識從事研究。

此外，末光愛正在一九八〇年代以後發表許多吉藏相關論文，成果值得注目：

①末光愛正〈吉藏の「唯悟為宗」について〉（《駒大佛教論集》十五，一九八四）。

②〈吉藏の「無礙無方」について〉（同十六，一九八五）。

③〈吉藏の成佛不成佛觀〉（一）－（十）（《駒大佛教紀要》四十五、四十六、四十八－五十，一九八七、八八、九〇－九二；《駒大佛教論集》十八－二十二，一九八七－九一）。

④〈吉藏の法　華經觀〉（前揭書《三論教學と佛教諸思想》）。

末光愛正特別以〈吉藏の成佛不成佛觀〉為題，在陸續發表的論文中指出吉藏亦認同「一分不成佛論」的立場，提出吉藏和慈恩大師窺基（六三二－八二）在思想上的相近性。學者們一致認為吉藏是以如來藏佛性思想為思惟基礎，如此一來，與松本氏的主張亦有共鳴，奧野光賢則在《佛性思想の展開——吉藏を中心とした〈法華論〉受容史》（前揭書）之中，針對末光氏提出吉藏認同「一分不成佛論」的論點提出問題意識，主要檢證末光氏的主張。近年的吉藏思想研究，多少受到松本史朗的「如來藏思想批判」所影響而有新發展。

最後依筆者淺見，列舉以下中、西文主要研究著作：

①Aaron Ken Koseki, *Chi-Tsang's Ta-Ch'eng-Hsuan-Lun: The Two Truths and The Buddha-Nature*（Dissertation, The Univ. of Wisconsin, Madison, 1977）。

②金仁德《三論學研究》（首爾：佛教思想社，一九八二）。

③廖明活《嘉祥吉藏學說》（臺北：臺灣學生書局，一九八五）。

④韓廷傑《三論玄義校釋》（北京：中華書局，一九八七）。

⑤華方田《吉藏評傳》（北京：京華出版社，一九九五）。

⑥韓廷傑《三論宗通論》（臺北：文津出版社，一九九七）。

【追記】

若想盡速了解吉藏思想的特色，筆者積極推薦以下兩篇平井俊榮的論文：

①〈實相と正法——吉藏における法の觀念と體系〉（《平川彰博士還曆紀念》，春秋社，一九七五）。

②〈中國佛教と體用思想〉（前揭論文）。

四、吉藏疏與天台疏、其他文獻交涉

現代關注的吉藏研究課題之一，就是吉藏和智顗（五三八—九七）的文獻交涉問題，佐藤哲英《天台大師の研究》（百華苑，一九六一）則開此研究之先河。佐藤氏在書中指出，智顗和吉藏為同樣經典撰寫的現存經疏中，明顯出現引用情形，特別是現存的智顗《法華文句》與吉藏《法華玄論》、《法華義疏》，以及智顗《法華玄義》與吉藏《法華玄論》之間，皆有密切關聯。平井俊榮延續佐藤氏的研究，更詳細追證兩者間的文獻交涉。平井氏將吉藏和智顗為同樣經典撰寫的所有現存經疏作比較研究，最後焦點集中在引用最明顯的《法華文句》，發表《法華文句の成立に關する研究》（春秋社，一九八五）（平井氏在此書中亦論及《法華玄義》和維摩疏，池田魯參則針對平井氏著作撰有書評，見於《駒大佛教論集》十六，一九八五）。平井俊榮在自著的「前言」中，有以下闡述：

智顗和吉藏為同樣經典註疏，卻出現引用情形，可明顯發現吉藏疏幾乎完全參考並引自智顗疏，反之卻無智顗參考吉藏著作的跡象。如此證明了昔日據傳為智顗撰的多數現存註疏當然不可能為智顗所撰，至於是否出自其門人的筆錄，恐怕也值得存疑，毋寧說是灌頂及其他門人在吉藏疏完成後，參考並引用其著作撰造而成。（「前文」，頁二）

換言之，平井俊榮主張以《法華文句》為代表，並包括智顗和吉藏同樣撰寫的所有天台經疏，皆是灌頂（五六一－六三二）等門人在智顗歿後參考吉藏的註疏，並將之視為底本撰寫而成。最典型的例子，就是平井氏積極考證天台宗的基礎典籍、亦即天台三大部之一的《法華文句》。平井氏在前述的《法華文句の成立に關する研究》中，指出《法華文句》不僅牽涉術語或史實層面，甚至延伸到「四種釋義」等重要教義的問題。

正如佐藤哲英最先釋疑、平井俊榮進而提出論證，指出現存的《法華玄義》和《法華文句》的部分內容參考自吉藏的《法華玄論》和《法華義疏》，這項事實在文獻學研究上指證極為正確，依筆者所見，學界亦鮮有非議。但兩人為同樣經典撰寫的所有經疏，是否皆像平井俊榮所下的結論般，仍有待商榷（平井氏並未針對所有經疏提出具體論據）。藤井教公則以此立場為出發點，檢證和研究平井氏的主張，以下是其著作：

①藤井教公〈天台と三論の交流——灌頂の《法華玄義》修治と吉藏《法華玄論》をめぐって〉（《鎌田茂雄還曆紀念》，大藏出版，一九八八）。

②〈天台と三論の交渉——智顗說、灌頂錄《金光明經文句》と吉藏撰《金光明經疏》との比較を通じて〉（《印佛研》三十七—二，一九八九）。

③〈天台と三論——その異質性と類似性〉（《印度哲學佛教學》十五，二〇〇〇）。

其中，藤井教公在《印佛研》發表的論文中，追探天台《金光明經文句》與吉藏《金光明經疏》的文獻交涉，主張此例與平井氏提出的結論未必完全相符。

其他分析這項問題的論文，尚有多田孝文〈法華文句四種釋考〉（《大正大學研究紀要》〔佛教學部、文學部〕七十二，一九八六）、淺井圓道〈法華文句の有する獨創性〉（《野村耀昌古稀紀念》，春秋社，一九八七）等，皆從否定平井論點的立場展開論述。

近期中，三論與天台的文獻交涉研究出現顯著發展，但至今仍以闡明智顗、吉藏的引用關係為研究重點。實際上，在比較兩者經典觀的思想差異上，今後依然留下課題。

與天台以外的文獻交涉研究方面，則有藤井教公對於淨影寺慧遠（五二三—九二）所撰《勝鬘義記》與吉藏《勝鬘寶窟》的比較研究，相當受到矚目。

①藤井教公〈Pelliot Ch.2091《勝鬘義記》卷下殘簡寫本について〉（《聖德太子研究》十三，一九七九）。

②〈淨影寺慧遠撰《勝鬘義記》卷下と吉藏《勝鬘寶窟》との比較對照〉（《常葉學

園濱松大學研究論集》二，一九九〇）。

論文中，藤井氏將敦煌文書伯希和三三〇八、二〇九一的《勝鬘義記》下卷，與《勝鬘寶窟》原文互為對照，得到以下結論：

根據對照表，可發現吉藏從慧遠撰的《勝鬘義記》中恣意擷取不少內容，直接採用作為底本。或是當與個人主張相牴觸時，吉藏也未指出是出自慧遠之說，僅視之為異論加以駁斥。可知吉藏《勝鬘寶窟》堪稱是慧遠《義記》的脫胎之作，是大量採用慧遠異論而撰成。（前述論文②「前言」一）

藤井教公進而指出上述事實與前述的天台《法華文句》和吉藏法華疏的關係雷同，這並非以現代角度所認定的剽竊，而是當時撰疏的慣用手法。

至今學者不時指出吉藏在《勝鬘寶窟》中引用《大乘起信論》，近年，吉津宜英從不同於藤井氏的考證段落進行分析，證實《寶窟》中提及《起信論》的內容和包括前後文脈在內，幾乎全引自《勝鬘義記》的二手資料（參閱〈吉藏の大乘起信論引用について〉，《印佛研》五十一一，二〇〇一），這項事實不僅指出吉藏與《起信論》的關聯、真諦譯出《起信論》等問題，更與前述的藤井氏論文同樣在思考吉藏著述的真相上，提供極為寶貴的研究觀點。

此外，平井俊榮在前掲書《法華玄論の註釋的研究》中，以整合個人與昔日先學研究的方式，探討吉藏法華疏、新羅元曉（六一七－六八六）的《法華宗要》、慈恩大師窺基《法華玄贊》，以及日本聖德太子（五七四－六二二）《法華義疏》之間的引用關係，並以吉藏《法華玄論》為中心，考察其法華疏對當時東亞佛教圈的影響。相關代表論文如下：

①石井公成〈朝鮮佛教における三論教學〉（前掲書《三論教學の研究》）。

②金昌奭〈元曉の教判資料に現われた吉藏との關係について〉（《印佛研》二十八－二，一九八〇）。

③徐輔鐵〈法華宗要における元曉の和諍思想〉（《駒大佛教論集》十六，一九八五）。

④末光愛正〈法華玄贊と法華義疏〉（《曹洞宗研究紀要》十七，一九八六）。

⑤平井俊榮〈三經義疏と吉藏疏〉（《印佛研》二十七－一，一九七九）。

⑥〈三經義疏の成立と吉藏疏〉（前掲書《三論教學の研究》）。

⑦袴谷憲昭〈《維摩經義疏》と三論宗〉（同）。

五、結語

以上是筆者以吉藏為中心所概觀的三論宗研究史，因礙於篇幅，尚有許多內容未能探討。例如三桐慈海、村中祐生對吉藏的全研究，鶴見良道以《勝鬘寶窟》為主的所有論文研究，以及高野淳一的近期論證等，皆是吉藏研究不可忽略的著作，這些論文可參照先前介紹的〈三論教學關係著書論文目錄〉，或透過網路檢索，相當容易查閱。

最後從「三論宗研究史」來看，就不能遺漏羅什門下的僧叡、僧肇、竺道生等人的研究，這些人物與三論宗的初創淵源極深。以下是將過去的重要研究以最小篇幅摘要說明後，本篇即將告一段落。

（一）僧叡

有關羅什高徒僧叡的研究，首先是橫超慧日〈僧叡と慧叡は同人なり〉（《中國佛教の研究》第二，法藏館，一九七一），針對昔日認為僧叡並非慧叡的說法，經由考察後證實為同一人物。古田和弘〈僧叡の研究〉（上）（下）（《佛教學セミナー》十、十一；一九六九、一九七〇）是對僧叡作全面考察，因此極為重要。實際上過去的僧叡研究不多，這是由於現存文獻僅有序文等短篇所致。

僧叡教學分析方面，可參考平井俊榮的重要論文〈「十二門論序」と僧叡教學の特質〉（前揭書《中國般若思想研究——吉藏と三論學派》，頁九十七以下）。平井氏指出僧叡對佛教的理解，是根據以老莊思想為中心的中國傳統思想為基礎，這種思想傾向對吉藏同樣造成影響。荒牧典俊則透過解讀《喻疑》（《出三藏記集》卷五），探論中國佛教的教相判釋所形成的問題，因而備受矚目（可參考〈南朝前半期における教相判釋の成立について〉，福永光司編《中國中世の宗教と文化》，京都大學人文科學研究所，一九八二。該論文收錄荒牧典俊的《喻疑》譯註。荒牧氏的《喻疑》譯註亦收於《大乘佛典〈中國・日本篇〉三　出三藏記集・法苑珠林》，中央公論社，一九九三）。

（二）僧肇

僧肇在實質上被視為中國佛教始祖之一，歷來有許多研究，就是針對這位重要人物的主要著作《肇論》而發表。已故學者塚本善隆曾為主要號召人，組成京都大學人文科學研究所中世思想史研究班，解讀《肇論》並發表①塚本善隆編《肇論研究》（法藏館，一九五五），不僅有現代文譯和詳註，更收錄佛學家和中國哲學家以各種角度分析的論證，堪稱是僧肇研究的聖典。

此外，英譯《肇論》著述方面：② Walter Liebenthal, *Chao Lun: The Treatise of Seng-*

Chao（Second Revised Edition, Hong Kong Univ. Press, 1968）。

此外，③任繼愈著，古賀英彥、沖本克己等譯《中國佛教思想論集》（東方書店，一九八〇）之中，除〈涅槃無名論〉之外，收錄〈物不遷論〉、〈不真空論〉、〈般若無知論〉的現代文譯和註記。④徐梵澄譯註《肇論》（北京：新華書店，一九八五），以及⑤平井俊榮的現代文譯（前揭書《大乘佛典〈中國．日本篇〉二 肇論．三論玄義》）亦值得參考。⑥伊藤隆壽的心血力作《肇論一字索引》（玉殿山自性院，一九八五），是解讀《肇論》必備的常閱著作，目前不易取得，但可在各佛教體系大學的圖書館查尋參照。

除了《肇論》之外，僧肇尚有主要著作《注維摩詰經》（《大正藏》第三十八冊，No.1775），此書不僅包含對羅什譯《維摩詰所說經》的註疏，更融合羅什、竺道生、道融的註釋，得以傳存至今。《注維摩詰經》的研究著作如下：

⑦木村宣彰《注維摩經序說》（東本願寺出版部，一九九五）。

⑧大正大學綜合佛教研究所註維摩詰經研究會編《對譯注維摩詰經》（山喜房佛書林，二〇〇〇）。

⑨龍谷大學佛教文化研究所西域研究室編《注維摩詰經一字索引》（法藏館，二〇〇三）。

⑩《注維摩詰所說經》（上海：上海古籍出版社，一九九五，民國時期刊行十卷影印

本）。

⑧是大正大學綜合佛教研究所長久舉辦《注維摩》讀書會所發表的成果，⑨是去年（二〇〇三）出版的《注維摩》綜合一字索引（底本是⑩著作）。昔日丘山新等編《注維摩詰經索引》（一九八〇）讓研究者深受其惠，⑨促成《注維摩》一字索引更為普及，十分值得慶幸。

正因為僧肇研究極具重要性，近年各國研究蔚為風潮，以下著作陸續問世（其中亦有筆者尚未涉獵的著作）：

⑪劉貴傑《僧肇思想研究——魏晉玄學與佛教思想之交涉》（臺北：文史哲出版社，一九八五）。

⑫許抗生《僧肇》（南京大學出版社，一九九八）。

⑬孫炳哲《肇論通解及研究》（高雄：佛光山文教基金會《中國佛教論典》十九，二〇〇一）。

至今現今學界否認是僧肇親撰的《寶藏論》，最近則有相關西文研究書出版：

⑭Robert H. Sharf, *Coming to Terms With Chinese Buddhism A Reading of the Treasure Store Treatise*（Univ. of Hawaii Press, 2002）。

至於其他各別論文，因數量龐大限於篇幅，恕筆者在此無法多作說明。

（三）竺道生

《大般涅槃經》四十卷傳譯之前，竺道生是以提倡「一闡提成佛說」的佛學者，以及後世禪宗「頓悟成佛說」的先驅者身分，在中國佛教史上享有舉足輕重之地位。歷來出現許多相關研究，在此列舉以下代表成果：

①橫超慧日〈竺道生撰《法華經疏》の研究〉（《法華思想の研究》，平樂寺書店，一九七五）。

②小林正美〈竺道生の佛教思想〉（《六朝佛教思想の研究》，創文社東洋學叢書，一九九三）。

①橫超氏這篇較為早期的論文，是以竺道生的主要著作《法華經疏》為代表的綜合分析。②小林氏則將「竺道生的佛教思想」，分成以下四節詳細討論：⑴大乘觀與小乘觀、⑵實相與空、⑶頓悟成佛說、⑷一闡提成佛義。近年的竺道生研究，隨著以下兩篇研究發表而有顯著進展：

③伊藤隆壽〈竺道生の思想と「理の哲學」〉（前揭書《中國佛教の批判的研究》）。

④菅野博史〈道生《妙法蓮花經疏》の研究〉（前揭書《中國法華思想の研究》）。

伊藤、菅野兩氏的問題意識雖有不同，卻紛紛指出竺道生的佛學思想濃厚反映出

「理」的概念。

上述的竺道生研究是以橫超慧日的論文為開端，重點皆在解讀道生的主要著作《法華經疏》。日譯本《法華經疏》方面，則有中國佛教思想研究會的共同研究〈道生撰妙法蓮華經疏對譯〉（《三康文化研究所年報》九、十，一九七七、八〇）。至於較近期的英譯著作如下：

⑤ Young-Ho Kim, *Tao-Sheng's Commentary on the Lotus Sūtra*（State Univ. of New York Press, 1990）

⑥奧野光賢、晴山俊英共著的《法華經疏一字索引》（私家版，一九九二），因屬於私家版，遺憾未能刊行。但對於有意願查閱者，已有公開索引出處《法華經疏》的電子版全文，有意者可聯絡以下電子信箱（mokuno@komazawa-u.ac.jp）。

除了前述的竺道生主要研究之外，其他研究可參考①至④的註記，便能掌握概要。此外，⑦陳沛然《竺道生》（臺北：東大圖書公司，一九八八）可作為道生研究的指標。

【補記】

筆者完成本篇後，在等待初稿校訂之際，發表以下三篇與本主題相關的論文，在此僅供配合參考：

①〈吉藏の法華經觀〉（《駒澤短大紀要》三十三，二〇〇五）。
②〈天台と三論——《法華文句の成立に關する研究》刊行二十年に因んで〉（《駒澤短大佛教論集》十一，二〇〇五）。
③〈吉藏撰《淨名玄論》卷第一の註釋的研究〉（《駒澤短大紀要》三十四，二〇〇六）。

（二〇〇六年七月二十日記）

第三節　三階教

西本照真

一、矢吹慶輝《三階教之研究》

直至近世，日本的三階教研究皆不是以三階教本體為主題。只不過是《釋淨土群疑論》等中國淨土宗論典中，因含有批判三階教的內容，便在研究之際，連帶對三階教進行批判研究而已。諷刺的是，將三階教思想保存最完整的，正是批判三階教的淨土宗文獻。日僧道忠（？—一二八一）所撰的《釋淨土群疑論探要記》，大量引用自中國傳入的《三階佛法》（以下簡稱為日譯本《三階佛法》）。其他三階教史料如今僅存《續高僧傳》記載的信行等人傳記、《歷代三寶紀》等經錄記載的三階教簡述和典籍目錄，以及三階教徒墓碑銘等石刻資料而已，矢吹慶輝根據這些文獻史料研究後，三階教派的重要性方才受到矚目。

矢吹慶輝的鉅著《三階教之研究》（岩波書店，一九二七，以下簡稱《研究》），堪稱是近代三階教研究的金字塔，亦是三階教研究的必備書籍。此書最大的貢獻是將昔日寂寂無名的三階教彰顯於世、闡明其貌，論述廣泛而多歧，包括教祖信行傳記、三階教史、歷代籍錄、現存文獻、教義和實修等。尤其在蒐集、介紹敦煌寫本中的三階教文獻方面意義重大。矢吹慶輝從敦煌寫本中發現的三階教寫本，包括史坦因（以下簡稱S）十四件殘卷，以及伯希和本（以下簡稱P）五件殘卷，總計十九件文獻。其中多數翻刻收於《三階教之研究》附篇，代表如《對根起行法》、敦煌本《三階佛法》、《三階佛法密記》、《七階佛名經》、《無盡藏法略說》等，皆是極重要的文獻。若與同樣翻刻收於附篇的日譯本《三階佛法》對照研究，就可大致掌握三階教的基本思想和實踐方式。

《三階教之研究》的研究特徵及成果，姉崎正治〈三階教の研究及び參考論文三篇審查報告案文〉（《研究》，頁七六四－七八〇），是詳細探討矢吹氏的博士論文《三階教の研究》（舊稿），較新的評論則可參考木村清孝〈信行の時機觀とその意義〉（《日本佛教學會年報》四十九，一九八四；《東アジア佛教思想の基礎構造》，春秋社，二〇〇一）。木村清孝指出矢吹氏《研究》的問題點，對今後的三階教研究提出以下四項課題：1.必須更努力蒐集三階教資料；2.更深入整理現存資料，更加謹慎處置。例如《研究》在處理《三階佛法》日譯本和敦煌本之際，方法仍有欠詳明；3.《研究》有不少誤讀和錯字，必須重新正確解讀文獻；4.《研究》宛如百科辭典，欠缺嚴謹的研究方法，今後在文獻學或思想史學方法上，應更嚴密探討三階教。木村清孝在論文中參考矢吹氏的成果，對此研究領域提供精確的方針，亦為一九八〇年代以後的三階教研究注入新活力。八〇年代以後的三階教研究是延續木村氏的研究課題，從此出現新展機。此外，早川道雄〈三階教研究の歷史と今後の課題〉（《豐山教學大會紀要》十七，一九八九）探討《研究》的意義和達成目標。至於矢吹慶輝不僅出版《三階教之研究》，還發表許多相關研究，主要論文皆收於《マニ教と東洋の諸宗教》（芹川博通校訂，佼成出版社，一九八八）。

二、二十世紀前期的研究

矢吹慶輝之前的研究，包括河野法雲〈信行禪師の三階佛法〉（《無盡燈》十四－四，一九〇九）、佐佐木月樵〈三階教と淨土教〉（《支那淨土教史》上，無我山房，一九一三）、今津洪嶽〈信行禪師の事蹟及其の教義〉（《宗教界》十一－六、八，一九一五）、岩崎敲玄〈信行禪師の三階教〉（《宗教界》十三－九，一九一七）等，但仍有資料不足之憾。值得注目的是，佐佐木月樵已早先在論文中使用「三階教」這個名稱，今日「三階教」的名稱被普遍用於信行初創的宗派，但此稱謂是否適切，仍是有待商榷的課題。

二十世紀前期，神田喜一郎根據史學方法論考察，成為三階教研究的先驅者。神田氏推測石刻史料中可能包含三階教資料，從大量石刻文獻中找出三階教徒墓碑等史料，發表〈三階教に關する隋唐の古碑〉（《神田喜一郎全集》一，同朋舍出版，一九二二、一九八六）、〈化度寺塔銘に就いて〉（同）等論文。神田氏的研究證實可從史學角度研究三階教，意義十分重大。矢吹慶輝在《研究》開頭的「三階教史」單元中，提到信行和後世三階教徒的數篇墓碑文，其實最初是由神田喜一郎介紹，塚本善隆則更深入研究這些史料。塚本氏在〈三階教資料雜記〉（《支那佛教史學》十一，一九三七；《塚本善隆著作集三　中國中世佛教史論考》，大東出版社，一九七五）、〈續三階教資料雜記〉（《支那佛教史學》十二，一九三七；同），是蒐集和介紹各地的三階教碑文，填補矢吹氏《研究》的遺缺部分。塚本善隆〈信行の三階教團と無盡藏について〉（《宗教研究》三－四，一九二六；前揭書），是關注早在矢吹氏發表《研究》之前的三階教無盡藏活動，此研究十分重要。以史學為基礎的研究方法，例如常盤大定〈三階教の母胎としての寶山寺〉（《宗教研究》四－一，一九二七）、〈隋の靈裕と三階教の七階佛名〉（《支那佛教の研究》，春秋社，一九三八、一九七四復刊）等，皆是以中國史蹟的實地調查為基礎，從新觀點分析三階教史，堪稱是最初探討地論宗影響三階教形成的重要論文。

以文獻學方法論為基礎的戰前研究，首先介紹大屋德成的成果。大屋氏在矢吹慶輝發表《研究》的兩年前，將日本現存的四種《三階佛法》寫本影印版刊行為《三階佛法》上、下卷（便利堂コロタイプ印刷所，一九二五）。矢吹氏《研究》的附篇亦收錄日譯本《三階佛法》的翻刻，但因翻刻屢有闕誤，目前以大屋德成的影印版文獻較為可靠。大谷勝真〈三階某禪師行狀始末について〉（《京城帝國大學文學會論纂》七，岩波書店，一九三八），翻刻矢吹氏缺乏蒐集的三階教寫本 P2550，並介紹其內容。藉由此寫本可窺知三階教僧侶在七世紀中葉的思想和傳法活動，資料相當彌足珍貴。

思想史研究方面，值得矚目的是橫超慧日對三階教思想的分析，發表〈佛教における宗教的自覺──機の思想の歷史的研究〉（《日本佛學論叢》一，一九四四；《中國佛教の研究》第二，法藏館，一九七一）。橫超氏認為淨土宗和三階教在機根自覺上見解相通，闡明兩者的機根論之外，亦設問質疑雙方思想分歧的根本理由，最後導出兩者的分歧點在於對《涅槃經》的見解不同。橫超慧日提出結論：「信行為了追求《涅槃經》

的悉有佛性思想而達到普佛普法的境地，道綽則著眼於《涅槃經》的佛大慈悲精神，發展為念佛往生」（前揭書，頁六四），並提出以下見解，今日看來依然新穎：「三階教的主要問題，幾乎皆成於《涅槃經》之中」（同，頁六三）。湯用彤《漢魏兩晉南北朝佛教史》（上海：商務印書館，一九三八；北京：中華書局，一九五五）的〈第十九章　北方禪法、淨土與戒律〉，在「三階教的產生」單元中簡潔論述三階教，在思想史處理方式上頗值得學習。湯用彤指出信行提倡的三階教興起於隋代，其實為北朝流行信仰之結晶。具體來說，末法思想、禪觀思想、生盲思想、頭陀乞食行、捨身供養、對應根機之佛法、無盡藏等，這些三階教思想及履行上的必備構成要素，皆受到北朝的思想和實踐所影響。信行思想既然形成於北朝時期，就某種意味來說，自然採取這種思想史處理方式，但矢吹氏的著作是以介紹三階教為重點，若想從與北朝思想和實踐的關係上，來貫徹三階教該如何被定位的觀點，可說相當困難。如此說來，湯用彤的考證顯得深具意義。湯用彤在其他著作《隋唐佛教史稿》（北京：中華書局，一九八二）的〈第四章　隋唐之宗派〉的〈第九節　三階教〉之中概述三階教，並對矢吹氏的考證提出修正，指出幾項新研究實證。道端良秀則發表〈善導と三階教〉（《中國淨土教史の研究》，法藏館，一九三二、一九八〇復刊）、〈道綽と三階教〉（同），考察淨土宗的道綽、善導與三階教的關係。

三、二十世紀後期的研究

戰後至一九七〇年代為止，三階教研究堪稱是停滯未前，發表論文寥寥無幾，例如中田勇次郎〈化度寺邕禪師塔銘校字記〉（《大谷學報》三十一－一，一九五二）是從書法史觀點研究信行弟子僧邕的碑文，以及〈翁覃溪本宋拓化度寺碑について〉（同三十三－四，一九五四）。兼子秀利〈三階教の成立〉（《文化史學》十三，一九五七）是探討三階教的形成和無盡藏行，另發表〈三階教の布施觀〉（《佛教史學》七－四，一九五九），以及山本佛骨〈信行と道綽の交涉〉（《印佛研》六－二，一九五八）。

直到木村清孝發表〈智儼・法藏と三階教〉（同二十七－一，一九七八）之後，三階教研究的停滯情形才出現轉機。木村清孝闡明三階教的思想特徵，考察教理對華嚴學者智儼的影響，以及法藏如何詮釋三階教等課題，一九八〇年代以後，此論文成為三階教研究復甦的新契機。木村氏在論文發表後的翌年刊行《中國佛教思想史》（世界聖典刊行協會，一九七九），相較之下，此書賦予三階教的地位，遠比昔日中國佛教史中給予的定位更崇高。木村清孝從各角度逐步深析，試圖明確定位三階教在思想史上的重要性，發表〈像法決疑經の思想的性格〉（《南都佛教》三十三，一九七四；前揭書《東アジア佛教思想の基礎構造》）、〈元曉の闡提佛性論〉（《古田紹欽博士古稀紀念論集——

佛教の歴史的展開に見る諸型態》，一九八一；東京，文創社）、〈信行の時機觀とその意義〉（《日本佛教學會年報》四十九，一九八四；前揭書）、〈華嚴思想における人間觀〉（前田專學編《東洋における人間觀》，一九八七；前揭書）、〈中國佛教における「個」の存在性〉（《中國——社會と文化》六，一九九一；前揭書）、〈《念佛鏡》の一考察〉（《石上善應古稀紀念》，山喜房佛書林，二〇〇一）、〈《息諍論》考〉（前揭書《東アジア佛教思想の基礎構造》）等論述。尤其在前述的〈信行の時機觀とその意義〉中，總括矢吹氏的研究後提出問題癥結，在方法論上為日後三階教研究提供方針，因此備受矚目。

日本的三階教研究於一九八〇年代起逐漸活絡，廣川堯敏〈敦煌出土七階佛名經について〉（《宗教研究》二五一，一九八二），費盡心血蒐整敦煌出土的《七階佛名經》諸寫本，岡部和雄〈三階教の佛陀觀〉（《佛陀觀》，日本佛教學會編，一九八八）則探討三階教佛陀觀的論文。另一方面，考察三階教與各宗派關係、或三階教與日本佛教關係的研究相當盛行，例如粂原勇慈〈念佛鏡の對三階門〉（《佛教論叢》三十一，一九八七）、〈西方要決と念佛鏡〉（《宗教研究》二七一，一九八七）、〈《西方要決》の對三階釋難〉（《印佛研》三十六—二，一九八八）、〈善導教學と三階教——《禮讚》無余修との關連において〉（《佛教論叢》三十三，一九八九）、宮井里佳〈善導淨土教の

成立についての試論——《往生禮讃》をめぐって〉（《北朝隋唐中國佛教思想史》，法藏館，二〇〇〇）、金子寬哉〈三階教と《群疑論》〉（《印佛研》四十九－二，二〇〇一）等，皆探討三階教和淨土宗的關聯。条原勇慈亦發表〈三階教の時代觀について〉（《宗教研究》二八三，一九九〇）、〈三階教の普行について〉（《印佛研》三十九－二，一九九一）等論文。石井公成〈梁武帝撰《菩提達摩碑文》の再檢討〉（《駒澤短大紀要》二十八，二〇〇〇）、〈《二入四行論》の再檢討〉（《平井俊榮古稀紀念》，春秋社，二〇〇〇）、〈祖師禪の源流——老安の碑文を手がかりとして〉（《禪學研究》八十，二〇〇一）、〈《秀禪師七禮》試論——「如是順物」と普敬の關係〉（《駒澤短大紀要》三十，二〇〇二），石井氏以這些論文為開端，關注三階教思想和禪宗、地論宗思想的關係，成果令人矚目。探討三階教與日本佛教流脈的相關研究，則有八木昊惠在戰前考察三階教與惠心教學的關係，發表〈惠心教學における三階教の考察〉（上）（《支那佛教史學》六－二，一九四二）、〈惠心教學における三階教の考察〉（下）（同七－二，一九四三）。較近期的研究是吉田靖雄〈行基と三階教〉（《行基と律令國家》，吉川弘文館，一九八六），是從日僧行基的思想和實踐來考察三階教的影響，並發表〈行基と三階教の關係〉和〈《日本靈異記》と三階教の關係〉（《日本古代の菩薩と民眾》，同，一九八八）等。至於後述的洪在成所作的研究，亦論及三階教與日本佛教的關係。

從史學角度探討的三階教研究中，早川道雄的考察備受注目，曾發表〈三階教と無盡藏院〉（《鴨台史論》一，一九八八）、〈三階教の意味するもの〉（上）（同二，一九八九）、〈三階教研究の歴史と今後の課題〉（《豐山教學大會紀要》十七，一九八九）、〈三階教の教義——普敬認惡について〉（同十八，一九九〇）、〈唐代三階教徒の信行崇拜について〉（《大正大學大學院研究論集》十五，一九九一）、〈三階教の實踐〉（《豐山教學大會紀要》二十，一九九二）、〈三階教の彈壓と隋唐國家〉（同二十二，一九九四）、〈三階教團の性格〉（《豐山學報》三十九，一九九六）等多篇論文。這些論文是探討三階教的思想和活動，如何在當時的國家社會關係中予以定位，亦是思考三階教研究方法論之際必須參考的重要論文。近年特別優秀的論文是愛宕元〈唐代河東聞喜の裴氏と佛教信仰——中眷裴氏の三階教信仰を中心として〉（吉川忠夫編《唐代の宗教》，朋友書店，二〇〇〇），此篇採用碑文資料，對裴氏一族的三階教信仰作實證研究，介紹主要碑文如〈大唐靈化寺故大德智該法師之碑〉、〈優婆姨張常求墓誌銘〉、〈唐故優婆姨段常省塔銘〉等總計八件三階教石刻史料。

一九九〇年代以後，西本照真積極從事三階教研究，發表二十餘篇論文，《三階教の研究》（春秋社，一九九八）則是將獲得東京大學博士學位論文（一九九五）增補修訂後出版，書中主要收錄西元一九九八年以前發表的論文，末尾附有三階教參考文獻一覽，便於參閱三階教研究史。一九九八年以前發表卻沒有收錄的論文，則有〈中國淨土教と三階教における末法思想の位置〉（《宗教研究》二九〇，一九九一）、〈三階教は異端か〉（《シリーズ東アジア佛教三 新佛教の興隆》，春秋社，一九九七）。《三階教の研究》之後的主要研究論文，則有〈西安近郊の三階教史蹟——百塔寺と金川灣唐刻石窟石經〉（《印佛研》四十八－一，一九九九）、〈三階教の觀法について〉（《大倉山論集》四十四，一九九九）、〈《三階佛法》諸本の成立と傳播について〉（《七寺古逸經典研究叢書五 中國日本撰述經典（其之五）撰述書》，大東出版社，二〇〇〇），以及英文論文 *The Current State of the Study of Chinese Buddhism in Japan and Future Issues: With a Focus on the San-chieh-chiao Studies*（《大倉山論集》四十六，二〇〇一）、〈關於三階教研究的方法論〉（《世界宗教研究》二〇〇一增刊，總第八十七，二〇〇二）、〈《佛性觀修善法》の基礎的研究〉（《木村清孝還曆紀念》，春秋社，二〇〇二）、〈敦煌抄本中的三階教文獻〉（《戒幢佛學》二，岳麓書社，二〇〇二）、〈《佛性觀修善法》題解・錄文〉和〈三階教文獻綜述〉（《藏外佛教文獻》九，二〇〇三）、〈論三階教與禪宗在思想上的接近——以「自我」認識與「他者」認識為中心〉（《中國禪學》二，二〇〇三）、〈三階教寫本研究の現況——新資料の紹介を中心として〉（《印佛研》

五十二－一，二〇〇三）、〈北京國家圖書館所藏の三階教寫本について〉（《朝枝善照還曆紀念》，永田文昌堂，二〇〇四）等。總括上述西本照真的三階教研究，首先在文獻學研究方面，最受矚目的是從敦煌寫本中發現過去尚未判定的十餘件三階教文獻，並加以翻刻和介紹。其中有《佛性觀修善法》、《佛性觀》（擬題）、《惡觀》、《第三階佛法廣釋》（擬題）等，包含許多三階教禪觀思想的論述文獻，如此可將三階教的思想實踐，在南北朝後期至隋唐時代的禪觀思想史中予以定位。制定三階教團戒律的《制法》一卷（可參照前揭書《三階教の研究》第五章）是稀有史料，不僅顯示三階教團的實際修行生活，更與天台宗《立制法》同樣提示唐代以前的佛教教團寺規。在中國佛教寺規逐漸發展為清規的歷史中，《制法》占有舉足輕重的地位。史學研究方面，最重要的是從金石資料中重新鎖定及介紹〈大唐崇義寺思言禪師塔銘並序〉、〈大唐宣化寺故比丘尼堅行禪師塔銘〉、〈大唐光明寺故真行法師之靈塔〉、〈大唐澄心寺尼優曇禪師之塔銘並序〉等三階教徒墓碑資料。《三階教の研究》的〈第二章　三階教發展〉中，包括上述新資料發現，以及介紹矢吹慶輝之後發現的六十餘名三階教徒事蹟，在推展三階教團史研究上提供必要史料。

中國佛教通史方面，鎌田茂雄於西元一九九九年出版的《中國佛教史》第六卷（東京大學出版會）的〈第四章　隋唐諸宗〉中，將三階教與三論宗、天台宗、法相宗、華嚴宗、律宗、密教、禪宗、淨土宗並列同等，概觀其思想和歷史。如此反映出三階教在戰前通史中雖未受重視，卻隨著矢吹慶輝之後的研究發展，在思想史上得以重獲新定位和評價。

四、海外的三階教研究

一九八〇年代以後，歐美地區的學者特別開始關注三階教，發表數篇令人矚目的研究。福安敦（Antonino Forte）的著作 *La Secte des Trois Stades et l'Hérésie de Devadatta*（*Bulletin de l'École Française d'Extrême-Orient*, vol. 74, 1985），尤其以《大雲經》是如何成立與鎮壓三階教為問題核心，探討武則天即位時的政治和佛教關係。福安敦的其他論述 "The Relativity of the Concept of Orthodoxy in Chinese Buddhism: Chih-sheng's Indictment of Shih-li and the Proscription of the Dharma Mirror Sūtra"（*Chinese Buddhist Apocrypha*, Honolulu: Univ. of Hawaii Press, 1990），是探討三階教徒師利在八世紀初撰造偽經《瑜伽法鏡經》的經緯，交相探討與當時政治的關聯。路易士（M. E. Lewis）的論述 "The Suppression of the Three Stages Sect: Apocrypha as a Political Issue"（同），從概觀三階教思想中，特別深入探討鎮壓三階教的始末等問題。

歐美學者的三階教研究中，特別令人矚目的是杰米．霍巴德（Jamie Hubbard）的論述，近年發表了 *Absolute Delusion, Perfect Buddhahood: The Rise and Fall of a Chinese Heresy*（Univ. of Hawaii Press, 2001），是將 *Salvation in the Final Period of the Dharm: The Inexhaustible Storehouse of the San-chieh-chiao*（Ph. D. diss., Univ. of Wisconsin, 1986）改稿修正後，大量融入後續的新研究成果。此書是唯一以西文撰寫三階教研究的著作，並根據矢吹慶輝以來的三階教研究，綜合闡釋三階教文獻和思想。史學方面，霍巴德以獨到見解詮釋信行的碑文史料，又針對無盡藏的問題，深入探討思想根據與化度寺的無盡藏院活動。過去研究認為現存的信行傳記研究的基本史料拓本〈故大信行禪師銘塔碑〉，是出自終南山的信行墓碑，碑銘為其弟子裴玄證所撰。但經由霍巴德分析大量石刻資料後，發現拓本原碑是出湯陰地方，與信行入京師長安之前的活動地點相州相近，而且根據信行歿後未久刻造的石碑，為貞元二十年（八〇四）重修的碑文。論文亦附有《普法四佛》（S5668）、《無盡藏法略說》（S190）、《大乘法界無盡藏法釋》（S721V）的英譯內容。目前三階教的英譯文獻只有以上三種，堪稱是成果寶貴。至於其他著作 Mofa, The Three Levels Movement, and the Theory of the Three Periods（*Journal of the International Association of Buddhist Studies* 19, 1996），指出三階教提倡的三階並非將正法、像法、末法的三時論，與三階教的第一、第二、第三階架構嚴密對應，而是以機根差異為主要基礎。霍巴德提供的網頁（http://sophia.smith.edu/~jhubbard/materials/）是以 The Manuscript Remains and Other Materials for the Study of the San-chieh Movement 為題，提供上述著作 *Absolute Delusion, Perfect Buddahood: The Rise and Fall of a Chinese Heresy* 的全文，以及三階教主要典籍和參考文獻等資料，是將三階教研究的必要訊息公開，非常建議有志研究者可參閱。霍巴德的其他著作 The Teaching of the Three Levels and the Manuscript Texts of the San chieh fo fa（收於前述《七寺古逸經典研究叢書五 中國日本撰述經典（其之五）撰述書》），是作者針對七寺發現的《三階佛法》寫本提出個人見解，讀者若欲研究《三階佛法》東傳日本的過程，此書為必讀之作。

敦煌文獻研究方面，謝和耐（Jacques Gernet）的文書 P2001～2500 目錄中，最值得注目的是 P2115（《窮詐辯惑論》卷下）、P2268（《三階觀法略釋》（擬題））、P2283（《發菩提心法》（擬題））這三種寫本被特定為三階教文獻，已翻刻收於前述的西本照真著作資料篇中。

現代中國的三階教學者中，自一九七〇年代以後深受矚目的是藍吉富《隋代佛教史述論》（臺北：新文豐出版公司，一九七四）所收的〈信行與三階教〉。藍吉富將信行和隋代要僧智顗、吉藏、慧遠等相提並論，又根據矢吹慶輝的研究提出以下五點，探討信行三階教法的歷史意義：1.信行的佛教思想是對中國佛教思想家的一切佛法提出總批判；

2.信行提出當根佛法與生盲眾生佛法等觀點，代表中國民間佛教徒的一種信仰態度；3.信行教法並非基於深奧教義，而是藉由吸收民間佛教徒的主要素，方能盛行於隋唐的民間佛教界；4.信行的弘法並無嚴格的僧、俗之別；5.信行的三階教團在中國是最早具備宗派型態的教團。此後較受注目的綜合研究，則有郭朋〈一度出現的三階教〉（山東：《隋唐佛教》，齊魯書社，一九八〇）。其他尚有楊曾文〈三階教教義研究〉（《佛學研究》一九九四－三）、〈信行與三階教典籍考略〉（《世界宗教研究》一九九五－三）等，中國學者對三階教課題也漸有關注。三階教寫本方面，方廣錩蒐集 S7450V2（《制法》殘卷）、S9139（《大乘無盡藏法》殘卷）、北京新一〇〇二（《佛性問答》（擬題）殘卷）等，皆判定為三階教文獻。此外，方廣錩發表的《大乘無盡藏法》題解和錄文，以及業露華整理的《佛性問答》題解和錄文（皆收於《藏外佛教文獻》四，一九九八）。至於近期受矚目的課題，則是今川灣三階教刻經石窟的研究。此窟位於西安市西北方約一百公里處的陝西省淳化縣，是唯一現存的三階教石窟，更顯得彌足珍貴。窟內刻有《明諸經中對根淺深發菩提心法》一卷、《明諸大乘修多羅內世間出世間兩階人發菩提心法》一卷、《大集經月藏分略抄出》等，皆是已佚的寫本資料，亦是三階教的貴重文獻。目前是由中國社會科學院的張總為研究主導，發表張總、王保平共著的〈陝西淳化金川灣三階教刻經石窟〉介紹其研究概要（《文物》五六四，二〇〇三）。今後若能翻刻或發表刻經，期盼三階教思想將有新闡釋。

韓國學者亦對三階教迫切表示關注，陸續發表的論文中，例如李相鉉〈隋、信行의思想에關한研究〉（〈隋、信行の思想に關する研究〉）（首爾：《韓國佛教學關係學位論文集》五〈碩士論文〉，東國大學校大學院碩士學位論文，一九八三）、方榮善〈三階教의無盡藏院에대한考察〉（〈三階教の無盡藏院に對する考察〉）（同，一九八七）、李平來〈三階教運動의현대저조명〉（〈三階教運動の現代的照明〉）（《韓國佛教學》二十，一九九五）、洪在成〈三階教の影響：圓光、神昉と道明の考察〉（《印佛研》四十七－二，一九九九）、〈三階教の影響：元曉と行基を考える〉（同五十－二，二〇〇二）、〈三階教と《冥報記》、《日本靈異記》〉（同五十一－二，二〇〇三）、〈三階教と《占察善惡業報經》の影響〉（同五十二－二，二〇〇四）等。

五、今後三階教的研究課題

首先從資料收集的課題來看，文獻資料方面在 S7600 以後的文書和北京圖書館尚未整理的殘卷寫本中，可能含有部分三階教文獻，卻很難發現長篇資料。目前最受矚目的文獻，是金川灣三階教刻經的《明諸經中對根淺深發菩提心法》一卷、《明諸大乘修多羅內世間出世間兩階人發菩提心法》一卷等，若能翻刻這些資料，相信在思想研究上將有新發展。在日本收藏的李盛鐸舊藏敦煌寫本（No.537）《人集錄明諸經中對根淺深發菩提心法》一卷，也殷切期盼日後能翻刻公開。墓碑等石刻資料方面，近年有西本照真、愛宕元等數名學者介紹三階教新資料，仍有尚未介紹的文獻存在。石刻研究方面，堪稱是今後貫通所有中國佛教研究的課題。尤其是中國佛教研究在戰後著重使用文獻資料，歷史資料研究較為遲緩。今後中國佛教在研究方法論上，將朝更明確定位石刻資料及其重要性發展，相信最終將會發現其他蒐集遺漏的三階教資料。

三階教的基礎研究起步極晚，難以與隋唐代的諸宗研究並駕齊驅。譯註研究部分，前述的杰米．霍巴德已有英譯《普法四佛》（S5668）、《無盡藏法略說》（S190）、《大乘法界無盡藏法釋》（S721V），目前有西本照真譯註《對根起行法》，尚有其他三階教文獻仍未有釋譯。現存的三階教寫本多數雖已翻刻和校訂，矢吹慶輝和西本照真的翻刻本仍有不少錯誤。研究者不能完全依賴翻刻資料，必須經常對照寫本（影印），期待今後的翻刻和校訂研究能更精確。

思想史研究方面，三階教思想的本體架構已有相當具體的闡釋，今後最重要的課題，就是如何將三階教思想定位在中國佛教思想史，甚至是中國思想史中。第一，必須具體追溯南北朝後期的佛教思想主流，也就是孕育三階教的地論宗是如何發展為三階教思想的過程，尤其應從佛性、如來藏思想的中國化發展來積極定位三階教思想。三階教文獻中，除了有明確繼承《大乘起信論》思想架構的資料之外，還夾雜著潛在受到《起信論》影響的資料。該要如何處理這些文獻的特質差異，將是解開三階教文獻形成之謎的關鍵。第二，必須更詳細釐清三階教與當時佛教諸派之間的影響及關係。過去二十年間，學界已闡明不少三階教與華嚴宗、淨土宗、禪宗等思想交涉的問題，依然有許多課題懸而未決。具體來說，容易與禪宗文獻混淆的三階教文獻、或是可能受到三階教影響的禪宗文獻，該如何解釋其形成過程或互為影響的關係？即使有數篇論文考察，仍有待進一步追證。縱然研究課題假設為「三階禪」的形成與發展，也不能一概認定就是毫無意義。至於被視為三階教思想核心用語的「普敬」和「認惡」，在三階教思想中究竟在何種程度上是屬於限定用語，又能衍生其義至何種程度，必須廣泛舉證和明確探討。此外，完全尊敬他者的「普敬」與徹底自省的「認惡」精神，在中國思想的悠遠傳統下培育的人性論和道德觀發展中，是如何被定位的？或是佛教自印度傳入中土後的思想發展中，「普敬」與「認惡」思想又是如何被定位的？諸如此類的課題，應以更開闊的視野探討三階教思想。至於佛教儀禮方面，據稱三階教主要是參照「七階佛名」的禮拜儀法，受地論宗靈裕所影響而逐漸儀禮化，但其中究竟有多少是屬於三階教特有的儀禮，這個問題還有待更深入探討，否則將無法說明敦煌寫本中為何包含大量「七階佛名」寫本的原因。第三，三階教思想對朝鮮、日本的影響雖有研究進展，但要如何將散見的類似思想化零為整，以及透過不斷實證累積加以連貫，筆者相信將是今後更為重要的課題。

最後在史學研究方面，前文已介紹的愛宕元研究模式可供參考。目前確定的三階教人士已逾七十名，再詳細探討其出身和身分、活動地區、場所，便成為一部脈絡分明的教團史。此外，還應嘗試探討「禪師」和「法師」的稱呼或居寺等問題，藉此更真實描繪三階教團內的諸流派，這與思想史研究課題也漸有密切關聯。如今重要課題之一，是探討三階教滅絕的原因。的確，「滅絕」這個用語是否恰當仍有待商榷，但筆者深切期盼在分析三階教從獨自宗派漸趨式微的過程中，不單只是探討三階教發展，而是針對三階教在中國佛教發展史上的定位進行綜合研究。採取綜合研究的原因，是涵蓋三階教思想發展、與佛教諸派的交涉和對立、三階教團的性格、教團發展和活動區域、修行內容和寺院生活、贊助教團的政經基盤、政權脅迫或援助等，從內、外諸事實來綜合檢證三階教思想和活動後，才能真切確實地闡明此課題。無論是中國佛教史、甚至是中國思想史研究中，今後為三階教史和思想帶來新曙光的工作將更加重要。

第四節　法相宗

吉田道興

前言——從印度佛教「瑜伽行」至「瑜伽行學派」

若欲探討中國佛教的「三家唯識」（亦即地論、攝論、法相），首先必須認識印度佛教的 Yogācāra（瑜伽行、瑜伽師）。所謂「瑜伽行」，就是實踐「禪定」。瑜伽行學派（瑜伽行派、瑜伽行唯識派）是透過禪定體驗，主張唯有心識而無外境的「唯識無境」，並與大乘佛教提倡「空」思想的中論學派（中觀派）一樣，是以細密入微的分析和理論體系著稱，令人至為傾服。首先，就要探討如何從實踐體驗來產生如此精緻的理論。

瑜伽行派的學問體系在五世紀時，據說是由北印度犍陀羅的無著（Asanga）和世親（Vasubandhu）兩兄弟所建構。另一方面，此學問體系亦牽涉到藏傳佛教的傳承、與彌勒（Maitreya）關係密切的《大乘莊嚴經論》等「五法（五論）」典籍的定位問題，宇井伯壽提出彌勒並非「菩薩」而是「論師」的論點，至今仍是學會爭論不休的課題（可參考〈史的人物としての彌勒及び無著の著述〉，收於《哲學雜誌》四一一、四一三，一九二一；重收於《印度哲學研究》第一，另有〈彌勒菩薩と彌勒論師〉，收於《大乘佛典の研究》，岩波書店，一九六三）。相關研究尚有明石惠達〈瑜伽派と彌勒菩薩〉（《佛教

學研究》五，一九五一）、深浦正文〈無著世親と唯識の大成〉（《唯識學研究》上，永田文昌堂，一九五四）、工藤成性〈《瑜伽師地論》の成立に關する私見〉（《佛教學研究》三十一，一九七五）、向井亮〈《瑜伽論》の成立とアサンガの年代〉（《印佛研》二十九－二，一九八一）等。勝呂信靜〈瑜伽論の成立に關する私見〉（《大崎學報》一二九，一九七六）、〈彌勒諸論の成立とその歷史的位置づけの問題〉（《初期唯識思想の研究》，春秋社，一九八八），則指出《瑜伽師地論》並非個人著述。袴谷憲昭〈瑜伽行派の文獻〉（《講座大乘佛教八 唯識思想》，春秋社，一九八二）依從近年學會的主張，參考西藏傳承與布頓的《佛教史》分類方式，解說彌勒、無著、世親這三位「論師」的相關文獻。袴谷氏並發表〈チベットにおけるマイトレーヤの五法の軌跡〉（山口瑞鳳監修《チベットの佛教と社會》，同，一九八六；《唯識思想論考》，大藏出版，二〇〇一），將近期學會爭論未果的內容加以彙整。

筆者建議在研究印度瑜伽行派思想之際，不僅是上述的三位論師，其他如註釋世親《唯識三十頌》的十大論師（護法、德慧、安慧、親勝、難陀、淨月、火辨、勝友、最勝子、智月），以及護法之師無性、無性之師陳那，甚至藏傳佛教的諸論師和撰著，皆應掌握其詳。

以印度瑜伽行派的歷史、思想為主題探討的概論書，早期有齋藤唯信《佛教に於ける二大唯心論》（法文館，一九三〇）、村上專精《佛教唯心論》（創元社，一九四三）。較近期的概論書，則有平川彰、梶山雄一、高崎直道編〈唯識思想〉（前揭書《講座大乘佛教八 唯識思想》），章節構成為：1.瑜伽行派的形成、2.瑜伽行派文獻、3.成立唯識論體系、4.世親的識變論、5.唯識實踐、6.無相唯識與有相唯識、7.中觀與唯識、8.瑜伽行唯識發展至密教的過程（以下暫略）。平川彰〈瑜伽行派的成立．瑜伽行派的發展〉（《印度佛教史》下，春秋社，一九七九），亦有簡潔彙整。

探討印度初期和後期的唯識經論成立及特色分析、闡明思想形成的研究專書，可參考勝又俊教《佛教における心識說の研究》（山喜房佛書林，一九六一）、舟橋尚哉《初期唯識思想の研究》（國書刊行會，一九七五）、勝呂信靜《初期唯識思想の研究》（春秋社，一九八八）、海野孝憲《インド後期唯識思想の研究——その成立過程をめぐって》（山喜房佛書林，二〇〇二）等。袴谷憲昭《唯識思想論考》（前揭書）則從藏傳佛教學的專門立場，在〈序論 瑜伽行派在印度佛教思想史中的定位〉之中，說明是以「批判的外在主義」這個新觀點敘述本論，書中包括〈第一部 文獻與傳承〉的〈第一章 瑜伽行派文獻〉、〈第二章 敦煌出土藏文唯識文獻〉、〈第四章 唯識學系的藏文撰述文獻〉，以及〈第二部 文獻研究〉。尤其是「瑜伽行派文獻」和「文獻研究」等單元，建議讀者若欲研究瑜伽行派教學，應先掌握這些基本資料。

中國「法相宗」與印度瑜伽行派的支派「有相派」淵源甚深，有關法相宗的思想研究，可分為：1.近代文獻學研究；2.傳統宗學（宗派）研究。過去是以後者為主流，近年開始重視前者。如何正確理解藏、梵文原典確實是為學之基本，可防止傳統宗派研究僅偏重漢文所造成的主觀定見，以及排他性的獨善論調。研究者應對多數文獻和思想抱持批判意識，但不忘兼容並蓄，避免單純將非主流研究視為「異端派」而加以排斥。

一、「地論宗（地論學派）」的成立與發展——南北朝北魏、陳、隋代

南北朝及隋朝時期，「瑜伽行派（唯識系）」經論傳入中國，各傳譯者必然依照個人的教學及志向自由翻譯，既沒有配合時代作調整，也欠缺組織化，導致僧侶在學習和理解上多少產生混淆。然而瑜伽行派畢竟傾向於印度學派的傳承，除了以曇無讖所譯的《菩薩地持經》為代表之外，尚有求那跋陀羅譯《楞伽阿跋多羅寶經（楞伽經）》、《相續解脫地波羅蜜了義經》，菩提流支譯《十地經論》、《入楞伽經》、《深密解脫經》、佛陀扇多、真諦譯《攝大乘論》、真諦譯《佛說解節經》等典籍陸續譯出。這些典籍的傳譯研究，可參考勝又俊教〈求那跋陀羅による唯識系經論の傳譯〉、〈菩提流支．勒那摩提，佛陀扇多による唯識系經論の傳譯——特に十地經論の譯出について〉、〈（真諦三藏）

譯經の概觀〉（前揭書《佛教における心識說の研究》）等。

以《楞伽經》為依歸的修行者稱為「楞伽師」，以《十地經論》為依據的學派稱為「地論宗」，以《攝大乘論》為依據的學派則稱「攝論宗」，兩學派的修行者分別稱為「地論師」、「攝論師」。儘管如此，後世的地論南道派初祖慧光（四六八－五三七），亦被冠上「律宗中興之祖（光統律師）」、「華嚴宗之祖」的名銜。當時的高僧多向數位門師求法，修習許多經論，並非只鑽研一經一論，也不可能自稱上述名銜。這些相關研究，可參考吉津宜英〈地論師という呼稱について〉（《駒大佛教紀要》三十一，一九七三）。

南山道宣（五九六－六六七）所撰的《續高僧傳》〈習禪篇〉、〈義解篇〉、〈感通篇〉之中，將前述的「楞伽師」、「地論師」、「攝論師」編入其中，換言之，就是間接記述了日後納入「禪宗」範疇的人物在地論宗初創時期有何行動，其中並包括「坐禪眾」、各種「觀法」，以及「經師」、「論師」等人物。欲知研究梗概，可參考吉田道興的論文（〈中國南北朝・隋・唐初の地論・攝論の研究者達――《續高僧傳》による傳記一覽表〉）（《駒大佛教論集》五，一九七四）。

有關地論宗、攝論宗、法相宗的概要通論，則有佐佐木月樵〈地論學派と攝論學派，地・攝・法三學派の唯識義〉（《漢譯四本對照攝大乘論》上，萠文社，一九三一）、平川彰《佛典講座三十九　八宗綱要》上〔法相宗　附：法相宗の研究法と參考書〕（大藏出版，一九八〇）、竹村牧男〈地論宗・攝論宗・法相宗〉（前揭書《講座大乘佛教八　唯識思想》）。鎌田茂雄《中國佛教史四　南北朝の佛教》（下）的「地論學派、攝論學派」（東京大學出版會，一九九〇）、《中國佛教史六　隋唐の佛教》（下）的「法相宗」（同，一九九九）等。

較早期的學術著作，可參閱深浦正文《唯識學研究》上、下冊（永田文昌堂，一九五四），是將印、中、日三國的唯識法相學史發展和教義等各項目，組織化詳細整理。結城令聞《唯識學典籍志》（大藏出版，一九六二）是依照不同國別，有系統排列唯識法相學的所有文獻，並為各文獻附加史料，簡潔解說發展軌跡，是研究者必備的常用書，以下介紹的各宗學開祖文獻資料，也可從中獲知。

欲了解近年唯識教學研究的大略動向，可參考渡邊隆生〈中國唯識の研究動向と《成唯識論》〉（《渡邊隆生還曆紀念》，永田文昌堂，一九九七），內容包括：1.概觀中國的唯識教學發展史；2.地論、攝論宗的唯識教學發展史與課題；3.法相唯識教學史的研究與課題；4.以《成唯識論》為中心的唯識學研究動向；5.資料——《成唯識論》的新編章節項目，堪稱是便於學習「法相唯識」的指南書。

「法相唯識」的「唯識」與「法相」兩語，是源於唐代玄奘譯《解深密經》〈分別瑜伽品第六〉和〈一切法相品第四〉。瑜伽行派原本配合瑜伽行（禪定）的實踐，心有現像（表象）與心識無異，稱為「唯識」，此像不存心外，故稱「無境」。所謂「法相」，是指諸法「性相」層面中一切事物的實性、實體，並對此進行研究。

《解深密經》衍生如此重要的概念，其成立過程和思想的研究，即可參考勝呂信靜〈《瑜伽師地論》と《解深密經》の成立に對する考察〉（前揭書《初期唯識思想の研究》）、上田義文〈深密解脱經と解深密經〉（《佛教學研究》三，一九五〇）、稲葉正就〈解深密經成立構造の研究〉（《大谷學報》二十四－一至五，一九五三）、伊藤秀憲〈《解深密經》における玄奘、流支の緣起理解について〉（《印佛研》二十三－一，一九七四）等。專門研究書籍方面，西尾京雄《佛地經論之研究》（破塵閣書房，一九四〇）、野澤靜證《大乘佛教瑜伽行の研究》（法藏館，一九五七）。

近年，藏傳佛教學者袴谷憲昭發表闡釋《解深密經》的著作《唯識の解釋學——《解深密經》を讀む》（春秋社，一九九四），序論提供〈《解深密經》の研究文獻〉，含括藏譯和漢譯（六種）、玄奘譯本的訓讀日譯、藏譯本日譯及研究書、註釋和文獻，以及圓測《解深密經疏》的散逸內容研究、藏譯及其研究。還可參考袴谷氏〈唯識の學系に關するチベット撰述文獻〉（《駒大佛教論集》七，一九七六），在此礙於篇幅，暫不介紹相關領域的「研究文獻」。

其次是介紹「地論宗（地論學派）」的歷史和人物、思想等研究，世親造《十地經論》為地論宗之依據，內容為釋論《華嚴經》〈十地品〉。有關《十地經論》的翻譯情形，據其〈論序〉和《歷代三寶記》、《續高僧傳》等記載，共有三種說法：1. 菩提流支、勒那摩提共譯；2. 菩提流支、勒那摩提各譯；3. 菩提流支、勒那摩提、佛陀扇多各譯（前揭書《唯識學典籍志》）。其中，坂本幸男（《華嚴教學の研究》，平樂寺書店，一九六四）是以法上、慧遠、法藏的撰著為依據，認為 2.「各譯本存在論」的說法較可靠，但僅限於卷一而已，目前學界則傾向支持 1.「菩提流支為主譯」的說法。

菩提流支的研究，則有野上俊靜〈北魏の菩提流支について〉（《大谷史學》三，一九五四）、宇井伯壽〈菩提流支の翻譯と金剛仙論〉（《大乘佛典の研究》，岩波書店，一九六三）。勒那摩提的略傳和傳譯，可參考宇井伯壽〈本論（寶性論）の譯者・譯年〉（《寶性論研究》，同，一九五九）。菩提流支堪稱是最早將世親倡導的唯識論彙整、介紹給中國佛教界的人物。

有關「地論宗」分為南、北道二派、或與「攝論宗」對立的記載，見於天台智顗（五三八－九七）的《法華玄義》卷九上，或是《續高僧傳》卷七〈道寵傳〉。「地論南北二道」的分派和思想研究，例如布施浩岳〈十地經論の傳譯と南北二道の濫觴〉（《佛教研究》一－一，一九三七）、村田常夫〈十地經論傳譯小論——「有不二不盡」と「定不

二不盡」について〉（《大崎學報》一〇〇，一九五三）、加藤善淨〈地論宗の形成〉（《印佛研》五－一，一九五七）、勝又俊教〈地論宗南道派北道派の論諍〉、〈地論宗二派の發展〉（前揭書《佛教における心識說の研究》）等。

南、北道二派的思想差異，可見於湛然（七一〇－八二）的《法華文句記》卷七中與《法華玄義釋籤》卷十八。《釋籤》敘述北道（派）的主旨是一切法生於阿黎耶識的「阿黎耶（無明）依持」，據此提出「黎耶妄識」論；南道（派）則是「真如（法性）依持」，提倡「黎耶真識」論。北道（派）進而發展出第八黎耶妄、第九黎耶淨的九識建立論，南道（派）則產生黎耶淨識的八識建立論。然而，從南道派的淨影寺慧遠在晚年時的行學（《攝大乘論》）和著述（《十地經論義記》、《大乘義章》〈八識義〉）來看，以上論點果真是否恰切？此外，《十地經論》的註疏，目前僅存上述的慧遠著作，以及法上所撰的《十地論義疏》。法上與慧遠的心識論亦引用《楞伽經》（四卷本、十卷本）、佛陀扇多譯《攝大乘論》、真諦譯《攝大乘論》等典籍作論述，不會如前述般單純下定論。慧遠與法上的心識論研究，是以勝又俊教發表的〈法上の心識說〉、〈慧遠の心識說〉（前揭書《佛教における心識說の研究》）為代表，另有諸多學者從事相關研究。

「地論學派」的思想研究，可參考渡邊隆生〈中國初期唯識說の問題點——印度から中國への地論思想史の一斷面〉（《佛教文化研究所紀要》二，一九六三）、三井淳

弁〈地論攝論の阿黎耶識觀〉（《龍大論集》四十二，一九〇五）。村田常夫〈地論師の教判について〉（《大崎學報》一〇八，一九五八）、〈地論師の教判に於ける頓教論〉（《印佛研》七－二，一九五九），則間接探討菩提流支「半滿二教論」、慧光「頓、漸、圓三教論」、慧遠「聲聞藏、菩薩藏二教論與漸頓論」。成川文雅〈地論宗南道派に於ける二系譜〉（同九－一，一九六一），以及藤（渡邊）隆生〈地論唯識說の二傾向に對する教學的試論〉（同十二－二，一九六四）主張北道和南道派的本質分別是如來藏性唯識、阿梨耶相唯識。其他研究還有結城令聞〈支那唯識教學史に於ける楞伽師の地位〉（《支那佛教史學》一－十一，一九三七）、勝又俊教〈攝論の北地傳播〉（前揭書《佛教における心識說の研究》）、坂本幸男〈地論學派における二・三の問題——特に法上・慧遠の十地論疏を中心として〉（《佛教研究》三－四，一九三九）、吉田道興〈初期地論學派における諸問題〉（《印佛研》二十三－二，一九七五）、吉津宜英〈大乘義章八識義研究〉（《駒大佛教紀要》三十，一九七二）、〈淨影寺慧遠の真妄論について〉（《宗教研究》四十六－三，一九七三）、〈淨影寺慧遠の「真識」考〉（《印佛研》二十二－二，一九七四）、〈淨影寺慧遠の「妄識」考〉（《駒大佛教紀要》三十二，一九七四）、〈地論學派の學風について〉（《宗教研究》五十－三，一九七六）等。

以上是以南道派淨影寺慧遠的研究居多，原因在於其遺著較為豐富，例如唯識思想方面的《十地論義記》四卷、《起信論義疏》四卷、《大乘義章》十四卷等皆傳存於世。慧遠晚年正值隋代，獲任洛州沙門都，並選為六大德之一，受詔入長安後，曾聞法於年少的曇遷講釋《攝大乘論》，從《大乘義章》中即可見攝論學派的影響。智現和智儼同屬於南道派的智正門下，智儼的弟子法藏（六四三－七一二）則被尊為《華嚴經》大家，故而知名，並有「華嚴宗第三祖」、「賢首大師」之稱。地論學派在此背景下，漸被其他經論吸收，最終趨於衰微。

一般而言，北道派仍維持「黎耶依持論」，但在真諦譯出《攝大乘論》及形成潮流的影響下，邁向相融合併的命運。

二、「攝論宗（攝論學派）」的成立與發展

無著造《攝大乘論》的中國傳譯本，分別有北魏敬帝時期的佛陀扇多譯《攝大乘論》（普泰元年，五三一）、陳文帝時期的真諦譯《攝大乘論》（天嘉四年，五六三）、世親釋、真諦譯《攝大乘論釋》（同），以及隋煬帝時期的達磨笈多、行矩等譯《攝大乘論釋論》（部分完成於大業五年，六〇九），皆收錄於《大正藏》第三十一冊。真諦譯本註釋

詳盡，不似佛陀扇多的譯本艱深晦澀，因此在當時研究甚多。

《攝大乘論》的意思是「含攝大乘佛教之論」，以《般若經》和「中觀」思想為代表，將瑜伽行學派的先行著述《解深密經》、《大乘阿毘達磨經》、《中邊分別經》、《大乘莊嚴經論》等思想作有系統彙整。

其次介紹真諦譯《攝大乘論》的章題和內容項目，分別是：1.〈應知依止勝相品〉（阿賴耶識、緣起）、2.〈應知勝相品〉（三性、實相）、3.〈應知入勝相品〉（唯識觀）、4.〈入因果勝相品〉（六波羅蜜）、5.〈入因果修差別勝相品〉（十地）、6.〈依戒學勝相品〉（戒）、7.〈依心學勝相品〉（定）、8.〈依慧學勝相品〉（慧）、9.〈學果寂滅勝相品〉（無住處涅槃，六種轉依）、10.〈智差別勝相品〉（佛三身、淨土十八圓淨）。

「攝論宗（攝論學派）」的概論書中，除了在前述的「攝論宗」單元列舉竹村牧男〈地論宗、攝論宗、法相宗〉（前揭書《講座大乘佛教》八）之外，另有佐佐木月樵〈無著の攝大乘論とその學派〉（前揭書《漢譯四本對照攝大乘論》）、勝又俊教〈攝論宗教學の一斷面〉（《日佛年報》二十六，一九六一）等。傳譯者真諦三藏的相關論文，則有宇井伯壽〈真諦三藏傳の研究〉（《印度哲學研究》第六，岩波書店，一九六五）等。

若欲覽讀《攝大乘論》全文，可依難易度選擇譯本，長尾雅人《インド古典叢書　攝大乘論・和譯と註解》上、下冊（講談社，一九八二），文體艱深沉厚，屬於研究者研讀。岡野守也、羽矢辰夫《攝大乘論現代語譯》（星雲社，一九九六）內容淺顯易懂，適於一般讀者。

「攝論宗（攝論學派）」的相關人物行跡，主要載於《續高僧傳》，佐佐木月樵《漢譯四本對照攝大乘論》（前揭書）有相關者的系譜記錄。

如前文所述，其中的曇遷（五四二—六〇七）原本是地論宗南道派曇遵的弟子，北周毀佛之際南逃至壽陽曲水寺、揚都金陵道場寺，修習《攝大乘論》論法，還歸北地後弘法於彭城慕聖寺、廣陵開善寺，故有「北地攝論宗始祖」之稱。曇遷在長安大興善寺說法之際，慧遠亦前來熱心聞法。鎌田茂雄〈攝論學派〉（《中國佛教史》四，東京大學出版會，一九九〇），依法系將曇遷門下分為三派：1.在地論宗南道派曇延門下修習「涅槃學」的慧海（五五〇—六〇六）、道遜、玄婉、法常；2.於慧遠門下修習「地論」的淨業、淨弁、靜藏、弁相（五五八—六二七）；3.直接求法於曇遷「攝論」論法的道哲、道英、道琳、靜凝。由此可知，攝論宗對地論宗南道派的慧遠，以及主講《涅槃經》和《地論》的曇延及其門下，皆造成深遠影響。

《攝大乘論》的代表專著，佐佐木月樵《漢譯四本對照攝大乘論，附山口益校訂西藏譯攝大乘論》（前揭書，改訂新版，一九七七）、宇井伯壽《攝大乘論研究》（岩波書店，一九三五、一九六七復刊），後者的內容構成是：1.作者、2.攝大乘論傳入中國的過程、3.攝大乘論的諸經依據、4.攝大乘論的諸論依據、5.攝大乘論義疏殘卷、6.攝大乘論科判、7.攝大乘論內容研究。較近期的研究成果，勝呂信靜〈文獻成立から見た《大乘莊嚴經論》と《菩薩地》および《攝大乘論》の相互比較〉（前揭書《初期唯識思想の研究》）。《攝大乘論》的部分研究，上田義文《攝大乘論講讀》（同，一九八一）是考察〈應知勝相品第二〉的三性思想（第九、十品）。另可參考片野道雄《インド佛教における唯識思想の研究——無性造「攝大乘論註」所知章の解讀》（文榮堂書店，一九七五），至於武內紹晃《瑜伽行唯識學の研究》（百華苑，一九七九），亦在第一章的「三性說」探討彌勒論師與「攝大乘論」，第二章是以「攝大乘論」的所知依分為主題說明「阿賴耶識」，第三章探討「攝大乘論」的實踐論，第四章是說明「佛身與佛土」。

真諦所譯的《攝大乘論》是提出「九識論」，而第八阿黎耶識是真妄和合識（雜識）（《攝大乘論》卷五中）或妄識（《中論疏》卷四），第九阿黎耶識是淨識（真識）（同上），並以「如來藏」式思想作詮釋。第九識的名稱「阿摩羅識」在《攝大乘論》中並未出現，見於真諦譯《決定藏論》卷五和《三無性論》、《十八空論》、《顯識論》。真諦曾撰有《九識義記》，今已亡佚。「九識論」的詳細研究，可參考勝又俊教〈真諦三藏の九識說とその背景思想〉（《東洋大學紀要》六，一九五四）、〈真諦三藏の識說〉（前揭書《佛教における心識說の研究》）。此外，渡邊隆生〈攝論學派阿摩羅（amala）識の問題〉（《佛教文化研究所紀要》四，一九六五）、高崎直道〈真諦譯、攝大乘論世親釋における如來藏說——寶性論との關連〉（《結城教授頌壽紀念》，大藏出版，一九六四）、岩田良三〈攝大乘論と九識說について〉（《印佛研》二十－二，一九七二）等。宇井伯壽〈攝大乘論の一識說〉（《印度哲學研究》第五，岩波書店，一九六五）指出「一識論」是「一意識計」（八識體一）並加以論述。真諦三藏提倡的「九識論」是深具特色的學說，對地論南道派甚有影響，是值得關注的課題。

三、「法相宗」的成立與發展

青壯年期的玄奘（六〇二－六四）修習漢譯經典孜孜不倦，毅然入竺留學求法，艱苦歷達十九年歲月，將大量梵文經論「原典」攜回中土翻譯。玄奘志向純粹，以譯經弘富、譯文精確見長，不愧有「三藏法師」之譽。根據《大慈恩寺三藏法師傳》卷一所述，玄奘的留學目的是修習並取得真諦譯《十七地論》的完本《瑜伽師地論》。玄奘在那爛陀大學師事戒賢時修習的《瑜伽師地論》，是印度「瑜伽行派」的重要論典，提示了「瑜伽行者悟道的修行階梯」。玄奘返國後，「瑜伽行派」經論是在組織化、有系統籌畫下進行翻譯。據《成唯識論掌中樞要》卷上所述，玄奘於顯慶四年（六五九）在長安玉華寺接受首要弟子窺基（六三二—八二）的懇請，從十大論師為《唯識三十頌》（世親造）所作的註疏中，主要採用護法一人的論釋，並融合諸論師的見解譯成《成唯識論》。窺基（慈恩大師）進而以《成唯識論》為基礎聖典，開創「法相宗」。

「法相宗」因有初唐玄奘的盛名，以及初祖慈恩大師窺基的才學兼備，一時發展鼎盛，卻因各派色彩濃厚而漸趨式微。「法相宗」、「護法宗」等稱謂（亦稱法性宗、唯識宗、應理圓實宗、慈恩宗、慈恩教、慈恩宗教），有自稱、他稱之別。有關這部分，吉津宜英〈「法相宗」という宗名の再検討〉（前揭書《渡邊隆生還曆紀念》），是從歷史角度考察宗名與教學的關係。

玄奘的基本傳記資料有《大慈恩寺三藏法師傳》卷十、《續高僧傳》卷四、《開元釋教錄》卷八、《舊唐書》卷一九二、《玄奘三藏師資傳叢書》卷下等。相關論述則有最初的慧立、彥悰著，長澤和俊譯《玄奘三藏・大唐大慈恩寺三藏法師傳》（光風社選書，一九八八），以及深浦正文〈玄奘の事蹟〉（前揭書《唯識學研究》上）、結城令聞〈玄奘とその學派の成立〉（《東京大學東洋文化研究所紀要》十一，一九五六）、宇井伯壽〈玄奘三藏翻譯歷〉（《瑜伽論研究》，岩波書店，一九五八）、袴谷憲昭〈將來原典の翻譯とその概觀〉（《人物中國の佛教　玄奘》，大藏出版，一九八一）、鎌田茂雄〈玄奘の大翻譯事業〉（《中國佛教史》六，東京大學出版會，一九九九）。從旅行家角度介紹「三藏法師」的啟蒙書，則有玄奘著，水谷真成譯《中國古典文學大系二十二 大唐西域記》（平凡社，一九七一）、前嶋信次《玄奘三藏——史實西遊記》（岩波新書，一九五二）、湯淺泰雄《玄奘三藏》（さみっと雙書，名著刊行會，一九九一）等。

玄奘譯出的經論數目，有以下三種說法：1.七十六部一千三百四十七卷（《開元釋教錄》卷八）；2.六十七部一千三百四十四卷（《大唐內典錄》卷一九二）；3.七十五部一千三百三十三卷（《古今譯經圖紀》卷四），一般採用說法三。全譯典又以「瑜伽部」為最多，其次是「毘曇部」。其中《成唯識論》是法相宗的基本聖典，文中引用的「六經十一論」備受重視。所謂「六經」是指《華嚴經》、《解深密經》、《如來出現功德莊嚴經》、《大乘阿毘達磨經》、《楞伽經》、《厚嚴經》。「十一論」則是《瑜伽師地論》、《顯揚聖教論》、《大乘莊嚴經論》、《集量論》、《攝大乘論》、《十地經論》、《分別瑜伽論》、《觀所緣緣論》、《二十唯識論》、《辨中邊論》、《大乘阿毘達磨雜集論》（據《成唯識論述記》所述），其中，《厚嚴經》、《大乘阿毘達磨經》、《分別瑜伽論》尚未譯出。「六經十一論」僅限於法相宗的經論，在學術研究上應充分掌握及尊重其他唯識經論。

基本聖典《成唯識論》的撰述和問題研究，可參照勝又俊教〈佛地經論と成唯識

論——成唯識論の原型を考究する一視點として〉（《印佛研》七－一，一九五八）、深浦正文〈玄奘三藏是非論——特に成唯識論の翻譯に關する事實を中心として〉（《佛教學研究復刊號》，一九四九）、勝呂信靜〈成唯識論における護法說の特色〉（前揭書《結城教授頌壽紀念》）、結城令聞〈成唯識論開發の研究〉（《東方學報・東京》三，一九三二）、上田義文〈安慧說と護法說との相違の根本は何か〉（《佛教文化研究所研究紀要》十，京都女子學園佛教文化研究所，一九八〇）等。

玄奘門下人才薈集，慈恩、圓測、普光、惠觀、玄範、義寂，有「六傑」之稱（見於道證《成唯識論要集》）。其他知名弟子有神昉、嘉尚、神泰、法寶、文備、靖邁、慧立、玄應、靈泰、道邑、如理、彥悰等人。入唐的日僧道昭（六二九－七〇〇）亦師事玄奘，是將「法相宗」初傳東瀛的人物。日僧智通、智達亦受學於玄奘和慈恩大師窺基（六三二－八二）門下，為「法相宗」二傳，返國後開創元興寺弘傳宗法。

如前所述，慈恩大師窺基請託玄奘，參考十大論師的註釋，以護法的論釋為主，融合眾論集成《成唯識論》。窺基並承續玄奘傳授的《瑜伽師地論》等經論，成為創立「法相宗」的初祖。窺基的註經疏極為豐富，故有「百疏論主（百本疏主）」之譽，包括佚著在內共約五十部，確定現存數約為二十部。重要的唯識著述有《成唯識論述記》、《成唯識論掌中樞要》，以及《大乘法苑義林章》、《因明入正理論》等，其中又以《成唯識論述記》與後述的慧沼撰《成唯識論了義燈》、智周撰《成唯識論演祕》並稱為「唯識三箇疏」，是「法相宗」的必讀典籍。

慈恩大師的傳記史料，可見於《宋高僧傳》卷四、《佛祖統記》卷二十九、《玄奘三藏師資傳叢書》卷下。宇都宮清吉〈慈恩傳の成立について〉（《中國古代中世史研究》，創文社，一九七七）、渡邊隆生〈慈恩大師の傳記資料と教學史的概要——「傳記」集の原文と訓讀・註記〉（《慈恩大師御影聚英》，法藏館，一九八三）等，是相當著名的研究。

慈恩大師與後述的淄州大師慧沼、濮陽大師智周的研究，則有深浦正文〈三祖の教判〉（前揭書《唯識學研究》上），是以三位高僧略傳和「唯識三箇疏」為中心歸納其思想。

此外，新羅僧侶西明寺圓測（六一三－九六）行舉傑出，與慈恩大師窺基同屬玄奘門下。圓測傳記見於《玄奘三藏師資傳叢書》卷下、《六學僧傳》、〈大周西明寺故大德圓測法師佛舍利塔銘並序〉、〈故翻經證義大德圓測和尚諱日文〉等。圓測著作有《解深密經疏》、《般若波羅蜜多心經贊》、《百法論疏》、《二十唯識論疏》、《成唯識論疏》、《成唯識論別章》等。《成唯識論疏》（已佚）是反駁窺基《成唯識論疏記》主張的著述，被視為異端派，深浦正文〈正系と異派〉（前揭書《唯識學研究》上）對此有詳細論述。圓測門下以道證、勝莊、慈善最為知名，皆為新羅人氏，當時另有新羅僧遁倫、太賢等人。

西明寺圓測的研究，可參考稻葉正就〈朝鮮出身僧圓測法師について〉（《朝鮮學報》二，一九五一）、《圓測解深密經疏の散逸部分の研究》（法藏館，一九四九）、真城晃〈西明寺系唯識について——特に種姓論に關して〉（《佛教文化研究所紀要》八，一九六九）、木村邦和〈西明寺圓測所引の真諦三藏逸文について〉（《印佛研》二十六－二，一九七八）、申賢淑〈新羅唯識相承論——圓測の道證・大賢の繼承について〉（同二十七－二，一九七九）、〈圓測傳の二三の問題について〉（同二十六－一，一九七七）、吉田道興〈西明寺圓測の教學〉（同二十五－一，一九七六）、〈唐代唯識諸家の「唯識」論考——解深密經疏と瑜伽論記を中心に〉（《曹洞宗研究紀要》十，一九七八）等。包括圓測在內的新羅唯識學研究，可供參考的是申賢淑〈新羅唯識學の典籍章疏〉（《新羅佛教研究》，山喜房佛書林，一九七三）、鎌田茂雄〈佛教教學の隆盛〉（《朝鮮佛教史》，東京大學出版會，一九八七）。

慈恩大師窺基的弟子慧沼（六五〇－七一四）繼為「法相宗」二祖，因出身地而受尊為「淄州大師」。慧沼著作是以「唯識三箇疏」之一的《成唯識論了義燈》為代表，並撰有《大乘法苑義林章補闕》、《能顯中邊慧日論》等。慧沼門下有智周、義忠、道邑、道獻等人。

慧沼傳記或思想的近期研究，則有根無一力〈慧沼の研究——傳記、著作をめぐる問題〉（《山崎慶輝定年紀念》，一九八七）、寺井良宣〈唯識三類境義の解釋に關する問題——慧沼の《唯識了義燈》を中心として〉（同）、長谷川岳史〈《攝大乘論》の法身說についての慧沼の見解〉（前揭書《渡邊隆生還曆紀念》）、〈轉識得智の異說に關する慧沼の見解〉（《印佛研》四十四－二，一九九六）。

淄州大師慧沼的後繼者是「法相宗」三祖智周（六六八－七二三，一說六七八－七三三），亦因出身地而受尊為「濮陽大師」。智周撰有「唯識三箇疏」之一的《成唯識論演祕》，以及《大乘法苑義林章決擇記》、《成唯識論掌中樞要記》、《成唯識論了義燈記》、《因明入正理論疏抄略記》等。智周門下有如理、崇俊、從方、長安道氛、西明圓照、安國素師、安國瑞甫、安國信師、彭州知玄、西明乘恩、曇曠等人。自日本入唐的新羅僧智鳳、智鸞、智雄皆師事智周，是日本「法相宗」第三代傳人。

以上是以「法相宗」的「唯識三箇疏」為中心，介紹三位宗師的豐富撰著活動。法相宗在智周示寂後日漸式微，由華嚴宗、淨土宗、禪宗取而代之。尤其是賢首大師法藏為對抗「法相宗」，對華嚴宗提出更優勢的「教判」，華嚴宗自此得以隆盛不衰。

其次是列舉「法相宗」教學、亦即構成「護法唯識」的《成唯識論》體系所出現的重要用語。例如「唯識觀」（五重唯識觀）、教判「三時教」、「五位百法」、「八識」、「四分三類」、「三性三無性」、「五性各別」等諸說。其中提出「八識」論，「第八阿賴耶識」可說具有「有漏染分妄識」的特徵。前述的「地論學派」南道派主張的第八黎耶淨識論，有別於北道派的第八黎耶妄識、第九黎耶淨識論、「攝論學派」的九識論（第九阿摩羅識）。

有關「法相宗」的《成唯識論》詳解書，傳統代表著作是富貴原章信《護法宗唯識考》（法藏館，一九五五）。「阿賴耶識」、「種子」、「三性說」、「四分」等研究，可參考結城令聞〈成唯識論を中心とする唐代諸家の阿賴耶識論〉（《東方學報‧東京》一，一九三一）、〈唯識學に於ける種子說構成の經過と理由〉（《宗教研究》十─三，一九三三）、〈唯識學に於ける二諦義に就いて〉（《東方學報‧東京》三，一九三三），以及石川良昱〈三性說序說──唯識說の成立について〉（《印佛研》四─二，一九五六）、舟橋尚哉〈八識思想の成立について──楞伽經成立年時をめぐって〉（《佛教セミナー》十三，一九七一）、〈阿賴耶識思想の成立とその展開〉、〈唯識三性說の形成〉、〈大乘における無我說の研究〉、〈《中邊分別論》の諸問題〉、〈世親と《入楞伽經》との先後について〉（前揭書《初期唯識思想の研究》）、上田義文〈空の論理と三性說〉（《佛教思想史研究》，永田文昌堂，一九五一）、福原亮嚴〈三性三無性の

源流〉（《印佛研》二十－二，一九七二）、長尾雅人〈空性より三性說へ〉（《中觀と唯識》，岩波書店，一九七七）、富貴原章信《唯識の研究》（《富貴原章信佛教學選集》二，國書刊行會，一九八八）。葉阿月《唯識思想の研究——根本真實としての三性說を中心として》（國書刊行會，一九七五），主要考察《中邊分別論》〈相品〉、〈真實品〉、〈無上乘品〉。竹村牧男《唯識三性說の研究》（春秋社，一九九五）是探討作為三性說起源和基本構造的深密、瑜伽、攝論，與彌勒、世親、安慧的各著述之間的關聯。

第五節　華嚴宗

吉津宜英

前言

研究中國華嚴宗之際，首先必須具備《大方廣佛華嚴經》（以下簡稱《華嚴經》）的知識。本篇第一部分是說明《華嚴經》的相關基本文獻；第二部分是支持概述華嚴教學的兩大要論，亦即《十地經論》和《大乘起信論》；第三部分說明中國華嚴研究史的先行文獻；第四部分說明中國華嚴宗通史文獻；第五部分是介紹中國華嚴整體思想的文獻；第六部分是以人物為主的傳記、著作、思想的研究業績，除了唐代僧人之外，並介紹宋代華嚴教學者，以及新羅、高麗僧侶。最後第七部分是敘述中國華嚴教學的今後課題，作為總結。

一、關於《華嚴經》

《華嚴經》有以下三種版本：

1. 《華嚴經》六十卷，東晉．佛馱跋陀羅譯（西元四二〇年譯出，《大正藏》第九冊）。
2. 《華嚴經》八十卷，唐．實叉難陀譯（西元六九九年譯出，《大正藏》第十冊）。
3. 《華嚴經》四十卷，唐．般若譯（西元七九八年譯出，《大正藏》第十冊）。

中國華嚴宗是以《華嚴經》六十卷本（《六十華嚴》）為基礎創成，法藏（六四三－七一二）之後重視八十卷本（《八十華嚴》），澄觀（七三八－八三九）以後，四十卷本（《四十華嚴》）亦為重要依據。四十卷本僅譯出前兩卷本最後的〈入法界品〉，題名為〈入不思議解脫境界普賢行願品〉。

關於這些《華嚴經》經文成立始末的概論書，可參考平川彰、梶山雄一、高崎直道編《講座大乘佛教三　華嚴思想》（春秋社，一九八三、一九九六改版）所收的高崎直道〈華嚴思想の展開〉、伊藤瑞叡〈華嚴經の成立〉、荒牧典俊〈十地思想の成立と展開〉等論文，相當便於查閱。

《華嚴經》六十卷本的日譯本，可參照衛藤即應譯《華嚴經》（《國譯大藏經　經部五—七》，第一書房，一九七四），衛藤即應亦譯有八十卷本《華嚴經》（《國譯一切經　華嚴部一—四》，大東出版社，一九二九—三一），各卷本的解題對研究甚有幫助。

木村清孝《佛教經典選五　華嚴經》（筑摩書房，一九八六），是擷選六十卷本的重點經文並加以解說。荒牧典俊《大乘佛典八　十地經》（中央公論社，一九七四），是將梵文原典〈十地品〉現代文譯。梶山雄一監修《さとりへの遍歷——華嚴經入法界品》二卷（中央公論社，一九九四），是〈入法界品〉全卷的內文翻譯。森本公誠《善財童子求道の旅——華嚴經入法界品》（朝日新聞社，一九九八；東大寺，二〇〇四）是東大寺所藏繪卷和解說，內容深具特色。

二、《十地經論》與《大乘起信論》

中國華嚴教學成立之際，深受南北朝（尤其是北朝）盛行研究《十地經論》的教理所影響，換言之，地論學派對華嚴教學的影響極為深遠。大竹晉校註《十地經論》一（《新國譯大藏經 釋經論部十六》，大藏出版，二〇〇五）的解題，詳細說明《十地經論》的定位與作者、譯釋、研究史等內容。大竹氏的校註本是參照藏譯本，其校勘之精詳，早已凌駕石井教道《十地經論》（《國譯一切經 釋經論部六》，大東出版社，一九三五）。

《大乘起信論》方面，尚有許多撰著問題懸而未決，法藏之前已有經疏，至法藏撰《大乘起信論義記》（《大正藏》第四十四冊）之後，《起信論》才成為華嚴教學的代表論著。

柏木弘雄《大乘起信論の研究——大乘起信論の成立に關する資料論的研究》（春秋社，一九八一）是包括各種《起信論》成立史的研究，基本上，柏木氏是主張在印度撰成。竹村牧男繼而發表《大乘起信論讀釋》（山喜房佛書林，一九八五），認為《起信論》雖為真諦（四九九－五六九）所譯，但從譯語來看，反而更近似菩提流支（？－五二七）的譯文，目前亦以竹村氏的主張較具說服力。此外，柏木弘雄、高崎直道共譯《佛性論、大乘起信論（舊・新二譯）》（《新國譯大藏經十九 論集部二》，大藏出版，二〇〇五），在《大乘起信論》解題中評論過去的研究，以及近年石井公成、大竹晉積極考證的成果。

在此過程中，平川彰編《如來藏と大乘起信論》（春秋社，一九九〇），是探論各種

《起信論》的課題，竹村牧男在該書所收的論文〈地論宗と大乘起信論〉中，推斷《起信論》的撰造者是地論宗北道派的道寵（生卒年不詳）。荒牧典俊在編著《北朝隋唐中國佛教思想史》（法藏館，二〇〇〇）所收的個人論文〈北朝後半期佛教思想史序說〉中，將現存《大乘起信論義疏》的作者曇延（五一六－八八）擬為《起信論》的撰造者。然而，以上兩種推論皆欠缺說服力。正如柏木弘雄的基本主張所言，《起信論》是在印度佛教流脈中成立，撰述受到菩提流支譯經的影響，可能成書於中國北疆。吉津宜英〈慧遠の大乘義章における起信論思想——論文改革の事實をめぐって〉（《福井文雅古稀紀念》，春秋社，二〇〇五）、〈起信論と起信論思想——淨影寺慧遠の事例を中心にして〉（《駒大佛教紀要》六十三，二〇〇五），皆在檢證慧遠的引述內容後，指出真諦三藏不可能在梁朝太清四年（五五〇）譯出《起信論》。石井公成〈近代アジア諸國における《大乘起信論》の研究動向〉（可參考下節的文獻一覽，收於文獻二十一），總括近期以前在東亞進行的《起信論》研究史，十分值得參考。

以上概略介紹了《十地經論》和《大乘起信論》的研究史，以真諦譯和世親釋《攝大乘論》為基礎的攝論學派，對華嚴教學是何種存在，玄奘（六〇二－六四）將唯識教學傳入中土後，究竟造成何種影響，尤其是智儼（六〇二－六八）和法藏對唯識教學提出的批判觀點等，這些皆是必須重視的課題。有關這方面，就交由本書「法相宗」單元另作解說。

三、中國華嚴研究史

以下各節會重複提到下列二十二部著作，將以文獻號碼（如：文獻①湯次了榮的著作）加以標明。

①湯次了榮《華嚴大系》（國書刊行會，一九一五）。
②高峰了州《華嚴思想史》（百華苑，一九四二）。
③坂本幸男《華嚴教學の研究》（平樂寺書店，一九五六）。
④川田熊太郎監修，中村元編集《華嚴思想》（法藏館，一九六〇）。
⑤石井教道《華嚴教學成立史》（平樂寺書店，一九六四）。
⑥鎌田茂雄《中國華嚴思想史の研究》（東京大學出版會，一九六五）。
⑦高峰了州《華嚴論集》（國書刊行會，一九七六）。
⑧木村清孝《初期中國華嚴思想の研究》（春秋社，一九七七）。
⑨坂本幸男《大乘佛教の研究》（大東出版社，一九八〇）。
⑩吉津宜英《華嚴禪の思想史的研究》（同，一九八五）。

⑪鎌田茂雄博士還曆紀念論集刊行會編《中國の佛教と文化》（大藏出版，一九八八）。

⑫吉津宜英《華嚴一乘思想の研究》（大東出版社，一九九一）。

⑬木村清孝《中國華嚴思想史》（平樂寺書店，一九九二）。

⑭陳永裕《華嚴觀法の基礎的研究》（首爾：民昌文化社，一九九五）。

⑮石井公成《華嚴思想の研究》（春秋社，一九九六）。

⑯鎌田茂雄博士古稀紀念會編《華嚴學論集》（大藏出版，一九九七）。

⑰結城令聞《華嚴思想》（《結城令聞著作選集》二，春秋社，一九九九）。

⑱中村薰《中國華嚴淨土思想の研究》（法藏館，二〇〇一）。

⑲木村清孝博士還曆紀念會編《東アジア佛教——その成立と展開》（春秋社，二〇〇二）。

⑳福士慈稔《新羅元曉研究》（大東出版社，二〇〇四）。

㉑花園大學禪學研究會編《小林圓照博士古稀紀念論集 佛教の思想と文化の諸相》（《禪學研究》特別號，二〇〇五）。

㉒大竹晉《唯識說を中心とした初期華嚴教學の研究——智儼・義湘から法藏へ》（大藏出版，二〇〇七）。

華嚴教學研究史方面，文獻④所收的鎌田茂雄〈華嚴學の典籍および研究文獻〉廣蒐全東亞的華嚴教學研究史。鎌田茂雄繼而彙編《華嚴學研究資料集成》（東京大學東洋文化研究所，一九八三；大藏出版，一九八三），此書亦由小島岱山積極協助，內容是以中、日、韓三國的早期研究為主，附錄包括現今的中、韓、西文研究，堪稱是世界級的華嚴教學研究史。吉津宜英〈華嚴宗〉（平川彰編《佛教研究入門》，大藏出版，一九八四）則介紹相關的研究簡史。

四、中國華嚴教學通史

文獻②高峰了州的著作受到文獻①湯次了榮的影響，首先探討華嚴經形成、印度華嚴思想、地論宗發展、攝論學派思想，再依照傳統方式，依序自中國詳述至新羅、高麗、日本，從唐僧杜順（亦稱法順，五五七－六四〇）、智儼及其後續的華嚴學派諸祖，最後以日僧一蓮院秀存（一七八八－一八六〇）作為總結，從華嚴教學通史的角度來看，此著作之精詳，無人能出其右。此後第六節的人物單元中，將針對每位人物提到此書，在此就恕不各別說明。下節介紹的思想研究中，亦有部分內容探討華嚴教學成立史。

文獻⑬是木村清孝的論文集，從華嚴教學的形成到華嚴學者法藏、李通玄（六三五－

七三〇）、澄觀、宗密（七八〇－八四一）、遼朝的鮮演（約一〇五五－一一〇一，活躍於道宗在位時期）等，亦包含元、明時期的佛學者，可說是以通史的角度撰述。

五、中國華嚴思想

日本的傳統華嚴思想是由文獻①湯次了榮集其大成，書中論述法藏和李通玄的思想差異，並從禪宗、淨土宗的角度探討華嚴經和華嚴教學，特色是以法藏思想為一切教學的重心。相較之下，文獻②高峰了州的著作是從歷史角度凸顯各教學者的特色。戰後華嚴教學堪稱是受到文獻②的影響，更深入鑽研各教學者和教學主題的研究。

文庫版著作方面，可參考鎌田茂雄、上山春平《無限の世界觀〈華嚴〉》（角川書店，一九六九；角川文庫，一九九七），十分有助於了解華嚴宗史和思想發展。此書的第一部是由鎌田氏說明中國華嚴宗史和思想，第三部是上山氏從哲學立場考察華嚴思想，第二部則是兩氏與塚本善隆的對談。若欲綜覽中國華嚴教學傳入日本的發展過程，建議閱讀鎌田茂雄《華嚴の思想》（講談社學術文庫，一九八八）。

木村清孝〈華嚴〉（《岩波講座東洋思想十二 東アジアの佛教》，一九八八）、吉津宜英〈華嚴系の佛教〉（《シリーズ東アジア佛教三 新佛教の興隆 東アジアの佛教思

想二》，春秋社，一九九七），這兩篇文章並非論文，可讓讀者易於了解華嚴教學的要旨及各種教學型態。

前述文獻①湯次了榮考察禪與《華嚴經》、華嚴教學的關聯，高峰了州《華嚴と禪との通路》（南都佛教研究會，一九五六）繼續拓展研究成果。此書分為「華嚴的禪」和「禪顯現的華嚴」兩部分，詳細析論華嚴與禪的交流。高峰了州在文獻⑦收錄〈禪における心性と性起〉、〈華嚴と禪との通路〉、〈李通玄の思想と禪〉等論文。文獻⑩吉津宜英的著作重點，在於將宗密倡導的教禪一致論稱為「華嚴禪」，論述華嚴與禪的融合，歸結於宗密獨自主張的本來成佛論和三教一致論。此書是從智儼、法藏、慧苑（六七三－七四三？）、李通玄、澄觀，以及後世的宗密等人與華嚴教學的關係，配合教判及成佛論等焦點課題作論述。

六、中國（包括新羅及高麗）華嚴教學的弘傳者

（一）杜順

傳統論認為杜順（五五七－六四〇）是中國華嚴宗初祖，但此說法形成於後世。根據文獻⑪的吉田剛〈中國華嚴の祖統說〉所述，宗密在《註法界觀門》（《大正藏》第四十

五冊，六八四下）提出初祖杜順、二祖智儼、三祖法藏的三祖論，淨源依此說溯至印度時期，進而追補宗密，形成馬鳴、龍樹、杜順、智儼、法藏、澄觀、宗密的七祖論。

有關杜順為初祖的說法，先學曾提出智儼初祖論、智正（五五九－六三九）初祖論等主張，在拙著文獻⑩的「第一章　華嚴教學的成立」註釋中，則詳細介紹這些主張。姑且不論智儼是否為二祖，道宣《續高僧傳》卷二十五（《大正藏》第五十冊，六五四上）的〈杜順傳〉曾出現其弟子智儼之名，法藏《華嚴經傳記》卷三（《大正藏》第五十一冊，一六三中）的〈智儼傳〉亦述及杜順為智儼之師，師徒關係顯而易見。

然而，更重要的是杜順著作尚有許多問題懸而未決，尤其是《五教止觀》（《大正藏》第四十五冊）、《法界觀門》（詳細內容請參照《修大方廣佛華嚴法界觀門》，從《大正藏》第四十五冊所收的澄觀和宗密的《法界觀門》註疏中可見原文，目前尚無僅有原文的版本），以及據傳為智儼師承杜順之說而撰寫的《華嚴一乘十玄門》（同四十五），這三部著作仍有待商榷。關於《一乘十玄門》，將在後述的智儼單元說明。

首先是《法界觀門》的作者問題，除了杜順撰的說法，亦有一說為《法界觀門》是大量引自法藏《華嚴發菩提心章》（《大正藏》第四十五冊）的內容所撰成，並將作者歸為杜順。從杜順撰的立場來看，即所謂的偽撰論。文獻⑧木村清孝的論文〈法界觀門をめぐる諸問題〉（頁三二八以下）是考證偽撰論的說法，結城令聞〈華嚴の初祖杜順と

《法界觀門》の著者の問題〉（文獻⑰）則是主張傳統論，這方面可參考拙著文獻⑩整理的先學諸說（頁一七－一八的註〔三〕、〔四〕）。筆者並未採納木村清孝的偽撰論，而是支持杜順親撰的論點。館野正生〈《華嚴發菩提心章》と法藏撰《華嚴三昧觀》に關する一考察〉（《宗教研究》三二〇，一九九九），是藉由據傳為法藏撰、法藏屢次提及的著作《華嚴三昧觀》（已佚），來補足和強化木村氏等人提出的偽撰論。

其次是《五教止觀》研究，文獻⑰所收論文〈《華嚴五教止觀》撰述者論考——《五教止觀》の杜順撰述說を否定し、法藏撰《遊心法界記》の草稿なりと推定す〉之中，結城令聞否定《五教止觀》是杜順撰的說法，主張應是法藏撰《遊心法界記》的草稿本。《遊心法界記》是否為法藏親撰，仍令人存疑。文獻⑮石井公成探討昔日認定為法藏所撰的《華嚴經問答》（《大正藏》第四十五冊），其實完成於新羅，因此必須注目的是《遊心法界記》和《五教止觀》亦有可能在新羅撰成。石井公成〈華嚴宗の觀行文獻に見える禪宗批判——慧能の三科法門に留意して〉（《松ヶ岡年報》十七，二〇〇三）之中，提到文獻⑤石井教道的著作（頁三〇一以下）已指出華嚴教學的觀行文獻和禪宗的關聯。石井公成並指出《五教止觀》、《遊心法界記》等著作，並非如結成氏主張般是出自法藏著作的草稿本，而是後世關注法藏教學，這些著述皆完成於法藏之後。石井氏認為必須重視與初期禪宗文獻之間的關聯，並指出現存本可能撰於新羅或高麗、日本。

華嚴初祖究竟為何人？有關此議論，堪稱是受宗密以後禪宗祖燈論等說法的刺激所形成的問題意識而影響。根據文獻⑥鎌田茂雄的著作所述，《華嚴經》的教學和儀禮基礎，是奠定於南北朝時期逐漸發展的華嚴齋會或以講釋《華嚴經》為重點的法會，華嚴教學自然愈形重要。北魏的靈辨（四七七－五二二）和杜順等人撰寫《華嚴經論》一百卷（現僅存十二卷），亦是齋會的核心人物。靈辨的研究可參考石井公成〈敦煌寫本中の靈辨《華嚴經論》斷簡——緣集說をめぐって〉（文獻⑯）。文獻⑮石井公成〈地論宗《華嚴經》解釋——《華嚴經兩卷旨歸》を中心として〉（頁二十三以下）考證的《華嚴經兩卷旨歸》實屬不可思議之作，此為考察《華嚴經》信仰在地論宗傳統中形成的重要論文。有關《華嚴經》六十卷翻譯當時的華嚴初期教學史，可參考重要文獻⑧木村清孝〈第一篇　華嚴的思惟形成〉。

（二）智儼

智儼（六〇二－六八）的生平，見於法藏《華嚴經傳記》卷三（《大正藏》第五十一冊，一六三中）的傳記。智儼的深入研究，則有文獻⑧木村清孝的論文〈第二篇　智儼とその思想〉，是結合傳記、著作、思想的綜合型論證。該書〈第一章　從杜順到智儼〉細密展開《法界觀門》的偽撰論，指出至八世紀後期為止，曾有某位人物擷取法藏《發菩提心章》中可供實踐的部分要理，另立書名為《法界觀門》，並將此作歸為杜順所撰。

至於《一乘十玄門》研究，木村清孝認定此書為智儼親撰，並為其教學的重要依據。文獻⑮石井公成則在〈第一部　華嚴思想史研究〉的〈第二章　智儼華嚴教學〉中提出反論，主張不應將《一乘十玄門》盡歸為智儼所撰。石井氏亦關注《一乘十玄門》與新興的東山法門、亦即與初期禪宗的關係，闡論曾有某位具備地論教學傳統的人物，十分關心禪宗的發展趨勢，並將智儼晚年的講義錄彙集為《一乘十玄門》。文獻⑫吉津宜英著作的〈第一章　智儼的同別二教論〉探討《一乘十玄門》的真偽問題，指出該書並沒有提及智儼教學的核心思想同別二教，因此難以斷定是智儼所撰，並主張《一乘十玄門》是出自法藏之後的偽傳，受到法藏教學的影響，成立於八世紀中葉。

智儼的教判亦是議論多歧，文獻⑨坂本幸男〈五教判の起源と玄奘の唯識說〉（頁四〇二），探討在智儼《孔目章》（《大正藏》第四十五冊）的階段，為了將玄奘唯識定位為大乘始教，因而成立五教，分別是小乘教、大乘始教、終教、頓教、圓教。文獻⑧木村清孝〈華嚴經觀の特質〉（頁四二八以下），分析智儼教判既包含法藏完成的五教說，亦有三教（漸、頓、圓）、三乘（一乘、三乘、小乘），以及二教（同教、別教）等各式教判。文獻⑩吉津宜英〈智儼の教判論〉（頁九以下）、文獻⑫吉津宜英〈智儼の教判論〉（頁三十九以下），論述智儼的教判論《華嚴經搜玄記》（《大正藏》第三十五冊）

之後一貫為漸、頓、圓的三教判，主張法藏《華嚴五教章》（《大正藏》第四十五冊）撰成後始有五教成立。

（三）法藏

法藏（六四三—七一二）的研究甚多，先前列舉的文獻中有些主題曾探討法藏，在此分為法藏傳記、著作、思想三項來介紹。文獻⑥鎌田茂雄〈武周王朝における華嚴思想の形成〉是從政治背景和社會基盤的觀點，闡明武周這個特異時代形成的法藏教學特色。小林實玄〈華嚴法藏の事傳について〉（《南都佛教》三十六，一九七六）詳細論述法藏的歷傳，文獻⑫吉津宜英〈法藏の傳記について〉（頁九十九以下）延續其研究，重新探討法藏傳記。鍵主良敬、木村清孝共著的《法藏》（大藏出版，一九九一）是概觀法藏生涯及思想，相當易於閱讀。

法藏著作豐富，卻有部分難以判定是否為其所撰，文獻⑤石井教道的著作（頁三二一—三二三）有詳細著作一覽表。文獻⑫吉津宜英〈法藏の著作について〉（頁一三〇以下）列出已認定為法藏所撰的著作一覽，並提到真偽問題，推定十三部著作的撰述年代。此外，亦對法藏（約四十歲時）的初期著作、通稱《華嚴五教章》（原題《華嚴一乘教分記》）提出疑問，有關此著作的文本論點多歧，自古即對和本（日本天平年間傳入東瀛）

與宋本（成立於中國宋代）的差異議論紛紜。另一方面，金知見將高麗均如《釋華嚴教分記圓通鈔》等著作編成《均如大師華嚴學全書》（後樂出版，一九七七；後收於《韓國佛教全書》，首爾：東國大學出版部，一九八二），此書出版後，世間方知新羅和高麗尚有錬本（均如的註釋本，已佚）。

有關這場爭論始末，文獻⑫吉津宜英〈《華嚴五教章》のテキスト論〉（頁一七八以下）有詳細論述，可一併概觀論諍的相關文獻。金知見〈寄海東書考——特に五教章和本、宋本の背景について〉（朝鮮奬勵會《學術論文集》一，一九七二），以及〈校注《法界圖圓通記》〉（《新羅佛教の研究》，山喜房佛書林，一九七三）是以均如《釋華嚴教分記圓通鈔》卷一（《韓國佛教全書》四，頁二四五）的記述為基礎，重新提出《五教章》有草本和錬本兩種文本。《圓宗文類》卷二十二（《續藏經》影印本一〇三冊，四十二左上）收錄法藏致義湘的書信《賢首國師寄海東書》，提及隨信附上《五教章》等著作。均如根據信中懇請賜教之辭，指出義湘與弟子討論後，將法藏贈書中原本的列門第九「所詮差別」、第十「義理分齊」顛倒順序，改為第九「義理分齊」、第十「所詮差別」，而此順序顛倒的文本便稱為草本。然而法藏似乎並未認同義湘的意見，又將原本的第九「所詮差別」、第十「義理分齊」附上序分和流通偈，此本即為均如註釋的錬本，據稱是真正的法藏原本。

金知見根據均如傳承的文本，主張傳入日本的和本是義湘顛倒列門順序的草本，法藏原有的文本則是均如註釋的錬本，宋本列門與錬本一致。對金知見而言，如此便能間接證明錬本是法藏的原始文本。

但另一方面，結城令聞在文獻⑰所收的數篇論文中批判金知見的主張，陸續發表的論文是〈《華嚴五教章》に關する日本、高麗兩傳承への論評〉（《印佛研》二十四－二，一九七六）、〈華嚴章疏の日本傳來の諸說を評し．審祥に關する日本傳承の根處と．審祥來日の正當性について〉（《南都佛教》四十，一九七八）、〈《華嚴五教章》の高麗錬本、徑山寫本（宋本）の前卻と和本の正當性について〉（同五十，一九八三）等。結城氏對早已探討此問題的吉津宜英〈華嚴五教章の研究〉（《駒大佛學紀要》三六，一九七八），同樣提出批判評論。結城令聞的論點是補充日本的傳統說法，亦即《五教章》是道璿（七〇二－六〇）於日本天平八年（七三六）自唐攜入日本，第九「義理分齊」、第十「所詮差別」的列門才是法藏原本。

正如文獻⑫吉津宜英〈《華嚴五教章》のテキスト論〉（頁一七八以下）所論，筆者亦認為第九「義理分齊」、第十「所詮差別」的列門文本是法藏原本。筆者參考結城氏的論點，認為列門順序顛倒的原因，是受到澄觀華嚴教學在新羅發展的影響，此文本於宋代促成宋本問世，產生了《大正藏》第四十五冊所收的第九「所詮差別」、第十「義理分齊」文本，並由宋代道亭等人積極註疏。

《華嚴五教章》與《華嚴經探玄記》皆是法藏的主要著作，具有華嚴教學入門的深切意義，可參考鎌田茂雄的日譯本《佛典講座二十八　華嚴五教章》（大藏出版，一九七九）、《華嚴一乘教分記》（《國譯一切經　諸宗部四》，大東出版社，一九七九）。現代文譯可參考木村清孝譯《大乘佛典〈中國・日本篇〉七　華嚴五教章》（中央公論社，一九八九）。

法藏的其他著作研究，文獻⑫吉津宜英〈《大乘起信論義記》の成立と展開〉（頁四九一以下），論述《起信論義記》在法藏教學中的定位。木村宣彰對此發表〈法藏における《大乘起信論義記》撰述の意趣〉（井上克人編著《〈大乘起信論〉の研究》，關西大學出版部，二〇〇〇），指出吉津氏著重探討的課題，在於法藏撰寫《義記》的意圖是為了批判元曉的《起信論疏》和《同別記》，而木村本人認為如此並不恰當，主張應以批判玄奘唯識論及其定位為探討焦點。

文獻⑫吉津宜英〈法藏の《梵網經疏》の成立と展開〉（頁五六三以下）是將《梵網經疏》與法藏之前及之後的各種註疏作比較研究。文獻⑮石井公成〈法藏教學の歸結——法藏の菩薩戒觀〉（頁三三二以下）亦分析法藏《梵網經疏》，指出法藏思想的現實主義層面。同著作中的〈《華嚴經問答》の諸問題〉（頁二七〇以下）指出過去認為是法藏所撰的《華嚴經問答》可說與其人無關，並探討法藏和新羅義湘法系的思想共通點、與三階教的關係、《華嚴經問答》對《釋摩訶衍論》的影響等課題，並指出《華嚴經問答》是在八世紀後期開始流傳於新羅。

其他法藏著作的論文，令人矚目的有小島岱山〈《妄盡還源觀》の撰者をめぐる諸問題〉（《南都佛教》四十九，一九八二），探討認定為法藏所撰的《妄盡還源觀》是出自後世禪學者之筆。文獻⑫吉津宜英〈《華嚴經傳記》撰述の意義〉（頁一五一）指出該文獻在法藏教學中的重要性。《華嚴經傳記》的相關文獻，可參照藤善真澄〈《華嚴經傳記》の彼方——法藏と太原寺〉（文獻⑯），提供法藏傳記的新研究角度。館野正生〈法藏撰《華嚴經文義綱目》の研究〉（《印佛研》四十七－一，一九九八），探索《華嚴經文義綱目》與法藏的重要著作《華嚴經探玄記》等書的關聯。館野氏另發表論文〈法藏華嚴思想形成上に於ける《華嚴經旨歸》の位置——法性融通を中心として〉（文獻⑯），研究焦點置於與緣起相由同為十玄門基礎的法性融通之上。

華嚴教學的諸文獻，皆直接或間接論及法藏思想，在此僅從前文列舉的文獻來介紹主要著述。首先是文獻④所收的鎌田茂雄〈華嚴教學の根本的立場——法藏における實踐の解明〉，正如標題所示，是闡明法藏教學的實踐功能。文獻⑭陳永裕的著作並不限於法藏，而是擴展至智儼、澄觀、宗密以探論觀法。文獻⑥鎌田茂雄〈法藏の華嚴思想の特質──性相融會を中心として〉（頁一三四）、文獻⑨坂本幸男〈法藏の同體説〉、文獻⑩吉津宜英〈華嚴教學の成立〉（頁九以下）、文獻⑫吉津宜英著作「第三章　法藏の別教一乘優越論」（頁一七七）、「第四章　《華嚴經探玄記》における一乘大乘批判」（頁二四九）、文獻⑬木村清孝〈華嚴教學の大成〉（頁一二四）、文獻⑮石井公成〈法藏の華嚴教學〉（頁二九九以下）等，是由華嚴學者各別深究法藏華嚴教學的核心思想。

法藏從未言及禪宗，但與神秀（？－七〇六）、慧能（六三九－七一三）皆身處武周時期，不可能漠視禪宗。另一方面，智儼曾言及達摩的壁觀禪法。石井公成〈禪宗に對する華嚴宗の對應──智儼、義湘の場合〉（《韓國佛教學SEMINAR》九，二〇〇三），探討智儼和義湘對禪宗的因應態度，石井氏並發表〈則天武后〈大乘入楞伽經序〉と法藏《入楞伽心玄義》──禪宗との關係に留意して〉，是論證法藏也曾強烈意識禪宗的存在。

（四）元曉

在此提到元曉（六一七－八六）和義湘，原因是兩者對中國華嚴教學具有深遠的影響。法藏曾批判元曉，卻幾乎參考其所有文獻，慧苑、澄觀、宗密等人亦曾提及元曉的教觀思想，元曉尤其對宗密影響深遠。若將韓國的元曉研究文獻也納入說明，研究量將更為龐大，因此只介紹日本的主要研究。文獻⑮石井公成〈元曉の教學〉（頁一九一以下），關注元曉提倡和諍思想的依據《大乘起信論》，闡明《起信論》撰著的前後背景關係。金勳《元曉佛學思想研究》（大阪經濟大學出版部，二〇〇二）廣泛探討元曉思想，並在東亞佛教史中予以定位。福士慈稔《新羅元曉研究》（大東出版社，二〇〇四）重新探討元曉傳記，從中、日、韓的佛教文獻中廣泛涉獵元曉的逸文。吉津宜英〈元曉の起信論疏と別記との關係について〉（前揭期刊《韓國佛教學SEMINAR》九），是針對石井公成和福士慈稔主張從法藏《起信論別記》至元曉《起信論疏》的撰寫順序，來探討兩著作有可能同時產生或撰寫順序相反的問題。

元曉思想對日本東大寺華嚴宗的形成背景影響深遠，元曉否認自身為華嚴學派，但基於對東大寺華嚴宗的影響力，元曉在日本逐漸被視為新羅華嚴宗的倡導者，甚至與法藏並稱為華嚴之祖。這部分的詳細始末，可參考吉津宜英〈新羅の華嚴教學への一視點——元曉・法藏融合型態をめぐって〉（《韓國佛教學SEMINAR》二，一九八六），或文獻⑮石井公成〈日本の初期華嚴教學——壽靈《五教章指事》の成立事情〉。

（五）義湘

義湘（六二五—七〇二）曾對法藏的初期教學造成影響，文獻③坂本幸男〈新羅の義湘の教學〉（頁四二一以下），指出義湘《一乘法界圖》影響到法藏《華嚴五教章》提出的十玄門。文獻⑮石井公成〈義湘の華嚴教學——《一乘法界圖》の成立事情〉（頁二一七以下）關注義湘教學與地論學派、東山法門的關係。佐藤厚的研究主題，是探討以義湘《一乘法界圖》為基礎的華嚴思想體系如何在新羅和高麗發展，發表博士論文《新羅高麗華嚴教學の研究——均如〈一乘法界圖圓通記〉を中心にして》（一九九八年度東洋大學博士學位論文，可向東洋大學或國會圖書館借閱）。佐藤厚發表許多論文，在此只介紹〈義湘の教判思想〉（文獻⑯）、〈義湘系華嚴文獻に見える論理——重層的教理解釋〉（《韓國佛教學 SEMINAR》七，一九九八）。

《大乘起信論》的相關研究方面，《釋摩訶衍論》的成立問題一向是學界探討的主題。森田龍僊發表大著《釋摩訶衍論之研究》（山城屋文政堂，一九三五）之後，主張《釋摩訶衍論》是以法藏《起信論義記》為底本在中國撰成的偽論，此說法已成通論。然而，文獻⑮石井公成〈新羅華嚴思想展開の一側面——《釋摩訶衍論》の成立事情〉（頁三六一以下），卻指出《釋摩訶衍論》恣意引用新羅的義湘教學、《金剛三昧經》、元曉《金剛三昧經論》等內容，主張該論典可能成立於新羅。

（六）李通玄

李通玄（六三五－七三〇）意識到法藏思想並發展個人教學，其居士生涯堪稱是特立獨行，充滿陰霾。李通玄的研究甚豐，代表為文獻⑦高峰了州〈李通玄の思想と禪〉、文獻⑬木村清孝〈李通玄の華嚴思想〉（頁一六五）、文獻⑩吉津宜英〈李通玄の思想〉（頁一七六以下）。

近年，小島岱山指出李通玄以五台山為據點，積極推展的佛教思想深具獨特性，稱其教法為「五台山系華嚴教學」，並與智儼、法藏為主的「終南山系華嚴教學」對峙，強調兩者的異質性。小島岱山《東アジア佛教大系．新華嚴經論資料集成》（《華嚴學研究所》，一九九二），是將《新華嚴經論》各異本集大成的著作。小島岱山發表多篇論文，例如〈新華嚴經論の文獻學的並びに注釋的研究〉（《佛教學》十八，一九八四）、〈臨濟義玄と李通玄——《臨濟錄》における李通玄の影響〉（文獻⑪）、〈李通玄の性起思想とその諸相〉（《前田專學還曆紀念》，春秋社，一九九一）、〈五台山系華嚴思想の中國的展開序說〉（文獻⑯）、〈東アジア佛教學とその具體的內容〉（文獻⑲）等。

（七）慧苑

慧苑（六七三－七四三？）自法藏註疏《華嚴經》八十卷未成示寂後，續承其志業彙編為《續華嚴略疏刊定記》，但對法藏提出的五教判存有疑異，另立四教論，整體更改法藏教學。後世澄觀嚴斥其行徑，批判慧苑為「背師異流」。關於此部分，文獻③坂本幸男的著作「第一部　慧苑的華嚴教學研究——尤以教判論為中心」，是論證慧苑教學如何繼承華嚴傳統，澄觀亦多方引用慧苑的教法思想。文獻⑩吉津宜英〈靜法寺慧苑の教學〉（頁一四七以下）指出慧苑教判是統合法藏的五教判與四宗判，絕非盡反師論。李惠英《慧苑撰〈續華嚴略疏刊定記〉の基礎的研究》（同朋舍出版，二〇〇〇），是第一本研究慧苑的專著。

（八）文超

關於文超（生卒年不詳），可參考文獻⑦高峰了州〈文超法師の華嚴經義鈔について——附：金澤文庫《華嚴經義鈔第十》〉。

（九）法銑

法銑（七一七—七七八）的研究，可參考文獻⑫吉津宜英〈法銑の《梵網經疏》について〉，是對法銑唯一傳世至今的《梵網經疏》（僅有上卷）及其他《梵網經》諸註疏作比較和檢討。

（十）澄觀

澄觀（七三八－八三九）的深入研究是文獻⑥鎌田茂雄〈第二部　澄觀の宗教の思想史的考察〉（頁二五三以下），堪稱是劃時代的研究成果。張文良在近年發表《澄觀華嚴思想の研究》（山喜房佛書林，二〇〇六），特別以心問題為主要闡釋論題。其他研究只介紹文獻⑦高峰了州〈澄觀の《十二因緣觀門》について〉、文獻⑬木村清孝〈澄觀とその思想〉（頁二一四以下）、文獻⑩吉津宜英〈澄觀の華嚴教學と禪宗〉（頁二一九以下）、徐海基〈清涼國師澄觀の傳記と學系〉（前揭期刊《韓國佛教學SEMINAR》七）等，澄觀在中國佛教領域占有舉足輕重的地位。

（十一）宗密

除了華嚴教學網站有宗密（七八〇－八四一）的資料之外，禪宗方面亦有許多文獻值得介紹。鎌田茂雄《宗密教學の思想史的研究》（東京大學出版會，一九七五）是以華嚴教學為中心，亦關注禪宗史。鎌田氏以《圓覺經》為中心探討宗密教學，分析多部《圓覺經》註疏及《圓覺經道場修證儀》的儀禮。

宗密思想方面，只介紹文獻⑬木村清孝〈宗密とその思想〉（頁二二六以下）、文獻⑩吉津宜英〈宗密における華嚴禪の成立〉（頁二六九以下）、曹潤鎬〈宗密における真理の把握——「圓覺」の理解と關連して〉（前揭期刊《韓國佛教學 SEMINAR》七）。

宗密是以註釋《圓覺經》為主要撰著，常閱讀的著作有《禪源諸詮集都序》和《原人論》。相關研究是文獻⑦高峰了州《禪源諸詮集都序——解題と概要》、鎌田茂雄《禪の語錄九 禪源諸詮集都序》（筑摩書房，一九七一）、《原人論》（明德出版社，一九七三）、鎌田茂雄譯《原人論》（《國譯一切經 諸宗部四》，大東出版社，一九七九）、小林圓照譯《原人論》（前揭書《大乘佛典〈日本・中國篇〉》七）和《原人論を讀む》（ノンブル社，二〇〇七）等。

（十二）傳奧

宗密之後發生唐武宗滅佛等事件，佛教教學活動一時式微。有關宗密之後的傳奧（生卒年不詳）等人提倡的華嚴教學傳統，可參考文獻⑯鎌田茂雄的論文〈宗密以後の華嚴宗〉。

（十三）子璿

兩宋時期出現有「二水四家」之稱的人物，分別是兩位華嚴教學者長水子璿（九六五—一〇三八）和晉水淨源，以及主要註疏《華嚴五教章》的四位教學者，亦即道亭（一

○二三—一一○○）、觀復（約一一四四—五二）、師會（一一○二—六六）、希迪（約一二○二—一八）。

吉田剛的學位論文《宋朝華嚴教學史の研究》（一九九九年度駒澤大學博士學位論文，可向駒澤大學或國會圖書館借閱），是針對二水四家的綜合研究。吉田剛亦發表數篇論文，分別是〈北宋代における華嚴興隆の經緯——華嚴教學史に於ける長水子璿の位置づけ〉（《駒大禪研年報》九，一九九八）、〈長水子璿における宗密教學の受容と展開〉（《南都佛教》八十，二○○一）、〈長水子璿の無情佛性說〉（《印佛研》五十一—一，二○○二）等。此外，吉津宜英〈華嚴教學に與えた宋代禪宗への影響——首楞嚴經信仰形成への要因〉（鈴木哲雄編《宋代禪宗の社會的影響》，山喜房佛書林，二○○二）、〈宋代における「華嚴禪」の展開——子璿《起信論疏筆削記》を中心として〉（《田中良昭古稀紀念》，大東出版社，二○○三）、〈長水子璿の《金剛經》理解——《金剛經纂要刊定記》を中心にして〉（《村中祐生古稀紀念》，山喜房佛書林，二○○五），是分析子璿遺存的三部註疏，最後指出子璿教學是徹底以無情成佛論、草木成佛說、華嚴思想為基礎，亦兼容禪宗和天台思想，具有綜合佛教的特性。

（十四）淨源

淨源（一〇一一—八八）研究方面，鎌田茂雄〈華嚴普賢行願修證儀の研究〉（《禪研究所紀要》六、七，一九七六）、伊藤隆壽《真福寺文庫藏〈肇論集解令模鈔〉の翻刻》（《駒大佛教紀要》四十二，一九八四）、吉田剛〈晉水淨源と宋代華嚴〉（《花大禪學研究》七十七，一九九九）、〈宋代における華嚴禮懺儀禮の成立〉（《印佛研》五十二—一，二〇〇三）、王頌〈僧肇撰「物不遷論」の意義と淨源の理解の特質〉（《南都佛教》八十二，二〇〇二）、〈淨源の「不真空論」に對する華嚴的な捉え方——「不真空」と「真心」の解釋について〉（《印佛研》五十一—二，二〇〇三）等，內有文本介紹和思想分析，但研究尚在起步階段。

七、中國華嚴教學的研究課題

中國的華嚴教學研究，自文獻①湯次了榮等學者從傳統立場發表總著作以來，已度悠悠百年歲月。在此期間，有關智儼、法藏、慧苑、澄觀、宗密、子璿等人的研究，皆有更深入發展。但就各別人物著作來看，仍有許多分析未能充分，縱使是智儼《華嚴經搜玄記》研究，亦有鑽研不足之憾，智儼的其他著作研究亦是如此。法藏的《華嚴五教章》

也常見學者研究探討，例如《華嚴經探玄記》有精詳的日譯本（《華嚴經探玄記》五冊之中，坂本幸男譯《國譯一切經 經疏部六－九》，一九三七－四〇；鍵主良敬譯《國譯一切經 經疏部十》，一九八四），卻缺乏採用日僧凝然（一二四〇－一三二一）的註疏（《華嚴經探玄記洞融鈔》一百二十卷，現存四十二卷）來進行的縝密研究，對後世慧苑等人的研究亦是同樣情況，因此首先必須在這方面有所改進。

其次在華嚴教學研究上，若只探討教學內部的研究和發展等問題，將無法掌握其特色。禪思想和華嚴思想的交涉研究雖有進展，中國佛教中的兩大教學、亦即天台和華嚴的交涉史研究，卻仍在起步階段。此外，欲研究智儼和法藏，就應以研究地論、攝論、法相的唯識系教學為前提，這是必須進行的步驟。尤其是針對玄奘傳入中土的唯識學研究發展依然遲緩，這是導致法藏研究等無法獲得刺激的主因。至於澄觀和宗密研究方面，從禪、律、三論、天台、法相等宗派的時代發展來看，必須將唐代絢爛的各教學和諸流派一併列入探討。

趙宋的華嚴學派方面，正如荒木見悟《佛教と儒教——中國思想を形成するもの》（平樂寺書店，一九六三），將勃興的朱子（一一三〇－一二〇〇）新儒學納入華嚴學及禪宗、甚至整體佛教發展中作探討，並對此課題早著先鞭，因此華嚴學派也應從中國思想史的觀點來分析和研究。荒木見悟繼此書之後，陸續從中國思想史的角度發表著作，後續的華嚴教學研究者也應承先啟後，繼續推動這項研究。

華嚴教學已成為東亞共同的佛教思想基礎，本篇僅引介一部分新羅元曉、義湘的研究，恕不介紹韓國佛教學界至今盛行的華嚴教學研究，唯盼讀者務必參閱《韓國佛教學SEMINAR》八（山喜房佛書林，二〇〇〇）所收的曹潤鎬、佐藤厚〈韓國華嚴學の研究〉。日本華嚴學研究史方面，可參考本書頁三一五介紹的鎌田茂雄《華嚴學研究資料集成》，必須重新檢討一九八〇年代以後的研究成果。

第六節　律宗

川口高風

一、大乘戒

印度的律藏被歸納為小乘律，大乘律則指大乘經典說律的部分，或是經題採用戒學的相關語彙。會有如此區分，原因就像中國在南梁、南陳以來整理佛典與編纂《大藏經》時，將經典分為經、律、論等部一般，律部亦分為大小乘。印度大乘佛教雖有大乘戒思想，但傳入中國後，發展才更為明確。大野法道《大乘戒經の研究》（山喜房佛書林，一九五四）將經典和大乘律典分為十七類二百部，對大乘戒進行綜合研究。

大乘戒的代表典籍是《菩薩地持經》、《梵網經》、《瓔珞本業經》，相關研究可參考松本文三郎〈小乘戒から大乘戒へ〉（《龍大論叢》二五二，一九二三），內容是概述戒律史發展，十分易讀。大野法道〈小乘律として取扱はれたる大乘戒經〉（《今岡教授還曆紀念》，同刊行會，一九三三），舉出大乘戒經被視作小乘律的實例，石垣源瞻〈大乘戒の起源論〉（《西山學報》四，一九三一）則追溯大乘戒的起源與世尊的關聯。橫超慧日〈菩薩の戒律〉（《東方學報》五，一九三四）是以菩薩戒經《涅槃經》為重點探討，闡明與《法華經》、《涅槃經》、《瑜伽師地論》之間的關係，成果令人注目。平川彰〈大乘戒と菩薩戒經〉（《福井博士頌壽紀念》，同刊行會，一九六〇）是從十善戒、三聚淨戒的角度廣泛探討各經典的菩薩戒思想。

三聚淨戒的相關研究，例如石田瑞麿〈三聚淨戒について〉（《印佛研》一－二，一九五三）、佐藤達玄〈中國における大乘戒の展開——三聚淨戒について〉（同十八－二，一九七〇），探討其語源與天台宗的關係。菩薩研究方面，平川彰〈大乘佛教の教團史的性格〉（《大乘佛教の成立史的研究》，三省堂，一九五四）、道端良秀〈大乘菩薩戒と在家佛教——在家菩薩と出家菩薩〉（《北魏佛教の研究》，平樂寺書店，一九七〇）分析出家、在家菩薩的意義和立場，並指出中、印兩國的觀念差異。

大乘菩薩戒總研究方面，則有石田瑞麿〈菩薩戒について〉（《宗教研究》一三三，一九五三）、芳村修基〈大乘戒の諸問題〉（《佛教學研究》二十一，一九六四）、池田魯參〈菩薩戒思想の形成と展開〉（《駒大佛教紀要》二十八，一九七〇）、佐藤達玄〈中國出家教團における戒律の研究——菩薩戒の流布について〉（《曹洞宗研究紀要》七，一九七五）、利根川浩行〈僧傳に見られる唐代の菩薩戒〉（《印佛研》三十二－二，一九八四）、竹田暢典〈中國佛教と菩薩戒〉（《牧尾良海頌壽紀念》，國書刊行會，一九八四）等。

二、《菩薩地持經》

《菩薩地持經》與《瑜伽論》本地分中的菩薩地為同本，是無著記述彌勒說法之典籍，亦是求那跋摩的漢譯本《菩薩善戒經》九卷的異譯本。尤其是日僧荻原雲來將《瑜伽論》菩薩地這部分的梵本，出版為《梵文菩薩地經》（山喜房佛書林，一九三六），更加鞏固印度已有大乘戒思想的說法。《地持經》受重視的原因，在於可教說攝律儀戒、攝善法戒、攝眾生戒的三聚淨戒，並從戒律角度統合大小乘之差異。平川彰〈大乘戒と菩薩戒經〉（前揭書《福井博士頌壽紀念》）、石田瑞麿〈三聚淨戒について〉（前揭期刊）皆探討此問題。

究》），主張《菩薩地持經》是在中國被改撰成《善戒經》。內藤龍雄在〈菩薩善戒經におけるニ三の問題點〉（《印佛研》十一一，一九六二）之中，提出《善戒經》在中國修改的論點及型態問題，從戒條演變等角度論證該經為《地持經》的同本異譯。《瑜伽論》研究方面，可參考福井靜志〈菩薩の戒律儀の問題點——瑜伽論戒本〉（同十五一一，一九六六），以及宇井伯壽《瑜伽論の研究》（岩波書店，一九五八），則是綜觀探討《瑜伽論》的戒品。

三、《梵網經》

中、日兩國皆尊《梵網經》為大乘戒經之首，在戒經中地位崇高。此經並非出於印度，而是撰於中土的疑經。欲知詳細，可參考〈梵網經盧舍那佛說菩薩心地戒品第十〉上、下卷。上卷說明十發趣、十長養、十金剛、十持的四十位，下卷敘述十重四十八輕戒。此經名稱未定，撰寫過程可參考望月信亨《佛教經典成立史論》（法藏館，一九四六），大野法道《大乘戒經の研究》（前揭書）則說明經典成立於劉宋中期至南齊初年。布施浩岳在〈菩薩戒の精神とその發達〉（《印佛研》三一二，一九五五）中，就廣義角度主張《梵網經》撰於西域。石田瑞麿試圖比較各釋譯本，譯註出版《佛典講座十四　梵網經》（大藏出版，一九七一），又發表〈梵網戒經の注釋について〉（《佐藤博士古稀紀念》，山喜房佛書林，一九七二）。在此之前，大野法道在佛教聖典講義中解說《梵網經》（《涅槃經遺教經梵網經講義》，同刊行會，一九三五）。此外，境野黃洋所譯的《國譯大藏經》三（國民文庫刊行會，一九一八），後由加藤觀澄以漢文訓讀及平假名改譯，收於《國譯一切經　律部十二》（大東出版社，一九三〇）。

經文研究方面，大野法道〈梵網經の形相〉（《大正大學報》五，一九二九）和〈梵網經菩薩戒序について〉（同二十一－二十三期合刊，一九三五）、西本龍山〈梵網經戒相の批判研究〉（《印佛研》八－二，一九六〇）、白土わか〈梵網經研究序說〉（《大谷大學研究年報》二十二，一九七〇）和〈梵網經の型態〉（《佛教學セミナー》十六，一九七二）等。此外，松本文三郎〈大乘梵網經に就て〉（《無盡燈》二十一－九，一九一六）、增山顯珠〈梵網經成立考〉（《龍大論叢》二四七，一九二二）、藤田泰實〈梵網經菩薩戒經私考〉（《密教學會報》六，一九六七）、竹田暢典〈梵網經における菩薩像〉（《印佛研》二十六－二，一九七八）、佐藤達玄〈梵網經における新學菩薩の戒律〉（《駒大佛教紀要》四十一，一九八三）、石井公成〈法藏の《梵網經菩薩戒本疏》について〉（《印佛研》三十二－二，一九八四）、吉津宜英〈法藏以前の《梵網經》諸

注釋書について〉(《駒大佛教紀要》四十七，一九八九)、石井公成〈《梵網經菩薩戒本疏》に見える生命觀〉(《日佛年報》五十五，一九九〇)、釋舍幸紀〈梵網經と梵網經變——孝順心と慈悲心を中心として〉(《高田短期大學紀要》八，一九九〇)等可供參考。

談話形式的簡易入門書，則有椎尾辨匡《授戒講話》(弘道閣，一九三一)、長井真琴《佛教戒律の真髓——梵網經講話》(大藏出版，一九五七)，相當易於閱讀。此外，天台大師智顗為羅什譯《梵網經》作《菩薩戒義疏》，運用於天台教學中。《梵網經》是天台學的重要典籍，相關著作有惠谷隆戒《圓頓戒概論》(大東出版社，一九三七)、芝水生〈天台大師の圓頓戒概論〉(《大崎學報》四十三，一九一五)、竹田暢典〈戒體論から見た天台大師戒疏〉(《印佛研》十一－二，一九六三)、池田魯參〈天台大師にみられる清規思想〉(同十六－一，一九六七)、福島光哉〈天台智顗における大乘戒の組織と止觀〉(《大谷學報》六十－二，一九八〇)、〈智顗の戒律思想——性罪をめぐる問題について〉(佐佐木教悟編《戒律思想の研究》，平樂寺書店，一九八一)、鷲坂宗演〈天台智顗の戒律觀の一考察〉(《花大研究紀要》十四，一九八三)等。

四、《瓔珞本業經》

《瓔珞本業經》與《梵網經》是同屬《華嚴經》系的大乘戒經，皆說明三聚淨界。攝善法戒是八萬四千法門、攝眾生戒是慈悲喜捨四無量心、攝律儀戒則是十波羅夷，與瑜伽戒系相異。根據望月信亨《佛教經典成立史論》（前揭書），《瓔珞本業經》是南梁以前的中國撰述偽經，但據大野法道《大乘戒經の研究》（前揭書）所述，此經撰於《仁王經》、《梵網經》之後，曾引用《勝鬘經》內文，故應撰成於劉宋元嘉十三年（四三六）《勝鬘經》譯出之後。有關《瓔珞本業經》的成立問題，見於佐藤哲英〈瓔珞（本業）經の成立に關する研究〉（《龍大論叢》二八四、二八五，一九二九）。《瓔珞本業經》與《梵網經》淵源極深，可參照宮城信雅〈梵網瓔珞經の成立年代と其教理とに就て〉（《哲學研究》七－七十四，一九二二），內容已由大野法道以漢文訓讀及平假名改譯，收於《國譯一切經　律部十二》（大東出版社，一九三〇）。

五、四分律宗與道宣

東晉時期，《十誦律》和《四分律》、《摩訶僧祇律》等律典傳譯於中國，研究十分盛行。至北魏時期，法聰研究《四分律》，開創四分律宗。慧光（四六八－五三七）繼而大興律宗，至唐代道宣（五九六－六六七）以終南山豐德寺為弘法重地，創南山律宗。法勵（五六九－六三五）以相州日光寺為主要據點創相部宗，弟子懷素（六二四－九七）批判法勵的《四分律疏》，在長安崇福寺東塔開創東塔宗。

并部宗的開創者法願（五二四－八九），則以并州大興國寺為據點。此後相部、東塔、并部宗逐漸衰微，唯有南山宗得以延興至宋代。

南山宗是由道宣集其大成，若欲研究其宗法，就應追溯至初祖道宣的法系，從分派進行研究。鈴木哲雄〈中國律宗の法系〉（《愛知學院大學禪學研究》五，一九七〇）、佐藤達玄〈中國南北朝時代における戒律の教線展開〉（《駒大佛教紀要》二十九，一九七一）、川口高風〈中國佛教における戒律の展開（上）——南北朝時代について〉（《駒大大學院佛教年報》五，一九七一），闡明了道宣和南北朝的律者法系、律者的教線分布。

道宣的相關概論，最具代表的是境野黃洋《支那佛教史講話》下（共立社，一九二九）、宇井伯壽《支那佛教史》（岩波書店，一九三六）、道端良秀《中國佛教史》（法藏館，一九三九）、伊藤康安《佛教の理論と展開》（早稻田大學出版部，一九五九）等。尤其是高雄義堅《中國佛教史論》（平樂寺書店，一九五二）是從末法僧的角度深入觀察道宣，探討末法思潮之趨勢，山崎宏《隋唐佛教史の研究》（法藏館，一九六七）則從感通僧的立場研究道宣。從個人著作來看，可將道宣分為律僧、史傳僧、經錄僧、護法僧、感通僧等不同類型。從律僧角度探討的研究，則有甘蔗圓達〈道宣の支那戒律史上に於ける地位〉（《支那佛教史學》三－二，一九三九），在於闡析道宣的律宗祖師立場。土橋秀高〈道宣の菩薩戒〉（《印佛研》十五－一，一九六六）藉由道宣的同門師弟道世（？－六六八）所撰的《毘尼討要》，深入探討道宣的菩薩戒。川口義照《中國佛教における經錄研究》（法藏館，二〇〇〇）則分析道世撰《法苑珠林》中呈現的作者特質。德田明本〈鑑真和上の律宗〉（《南都佛教》二十四，一九七〇）考察南山宗為圓教，又發表〈南山大師の戒律觀について〉（前揭書《佐藤博士古稀紀念》），有更明確的闡論。

道宣著作研究方面，田島德音〈教誡律儀撰述者に關する疑問〉（《大正大學報》二，一九二七）主張《教誡律儀》並非道宣所撰。平川彰在《教誡律儀》的日譯解題（《國譯一切經　諸宗部十四》，大東出版社，一九六〇）中，舉例指出並非道宣親撰，但仍視為作者自著而為其譯註。律宗三大部的基本典籍《四分律行事鈔》的譯註，可參考西本龍山《國譯一切經　律疏部一》（同，一九三八）。川口高風〈中國佛教における戒律の展開（中）──四分律行事鈔より見た道宣の戒律〉（《駒大大學院佛教年報》

六，一九七二）、〈四分律行事鈔における道宣の戒律〉（《宗學研究》十四，一九七二）、〈四分律行事鈔にあらわれた引用典籍の研究〉（《駒大大學院佛教年報》九，一九七五）、〈四分律行事鈔にあらわれた引用典籍の研究——經論部〉（《曹洞宗研究紀要》六，一九七四），將《四分律行事鈔》的所有引用典籍明確化，尤其關注菩薩戒經的引用意義。川口高風亦發表論文〈中國律宗における四分律の大乘的理解〉（《印佛研》二十一—二，一九七三），是以一種教判論的方式，從引用經典考察四分律。其他尚有大澤伸雄〈《四分律行事鈔》における受戒思想の一考察〉（《宗教研究》二二六，一九七六）、〈《四分律行事鈔》における安居について〉（同二三〇，一九七六）、〈在家戒の授受について——四分律行事鈔導俗化方篇を中心として〉（《佛教學セミナー》二十四，一九七六）、〈四分律行事鈔說戒正儀篇の一考察——時節の不同を中心に〉（《印佛研》二十六—二，一九七八）、〈《四分律行事鈔》における僧制について〉（《宗教研究》二三八，一九七九）、〈說戒儀禮における犯戒者について——四分律行事鈔說戒正儀篇を中心として〉（《印佛研》二十七—二，一九七九）、〈道宣の出家學佛道觀——四分律行事鈔沙彌別行篇を中心として〉（前揭書《戒律思想の研究》）、〈四分律行事鈔における涅槃經の受容〉（《佛教學セミナー》四十，一九八四），以及佐藤達玄〈行事鈔六十家考（一）（二）〉（《駒大佛教紀要》三十五、三十六，一九七七、七八）和〈行事鈔における懺悔法〉（同三十九，一九八一）、河野訓等共著〈僧衣資料研究〉（一）－（三）（《佛教文化》十八－二十一、十九－二十二、二十三－二十六，一九八七、八八、九〇）、榎本正明〈《四分律刪繁補闕行事鈔》における頭陀説について〉（《華頂短大研究紀要》四十八，二〇〇三）等。

史傳典籍《續高僧傳》的考察，可參考野上俊靜《續高僧傳私考》（《大谷派安居事務所》，一九五九）、前川隆司〈道宣の後集續高僧傳について——續高僧傳との關連〉（《龍谷史壇》四十六，一九六〇）。前川氏在〈道宣の佛教史觀〉（《印佛研》九－二，一九六一）之中，深入探究《後集續高僧傳》如何增補於現存的《續高僧傳》之中，指出著重撰寫史傳典籍是為了彰顯戒律。此外，佐藤達玄《道宣の吉藏傳について》（同九－一，一九六一）、宮林昭彥〈道宣の戒律觀〉（《日佛年報》三十二，一九六七）、松浦俊昭〈道宣の律學の研究〉（《渡邊隆生還曆紀念》，永田文昌堂，一九九七）、宮林昭彥〈道宣の三學觀〉（關口真大編《佛教の實踐原理》，山喜房佛書林，一九七七）、平川彰〈道宣の法華經觀〉（坂本幸男編《法華經の中國的展開》，平樂寺書店，一九七二）、安重喆〈道宣の修道觀〉（《印佛研》三十七－一，一九八八）和〈唐道宣と義天の修觀〉（同五十一－二，二〇〇三）等。

以南山宗為首的四分律宗分派問題，境野黃洋和宇井博壽在前揭書中已提出問題意識，尚有石井教道〈四分律四宗論——特に　部宗に就いて〉（《大正大學報》二十四、二十五，一九三六、三七）、宮林昭彥〈四分律宗について〉（《宗教研究》三十八－二，一九六五）、平川彰〈四分律宗の出現と十誦律〉（《南都佛教》五十六，一九八六），但四派發展至宋代的考證研究尚屬於未開拓領域。

近年，佐藤達玄《中國佛教における戒律の研究》（木耳社，一九八六）、藤善真澄《道宣傳の研究》（京都大學學術出版社，二〇〇二）彙整道宣研究，對其人有更明確闡釋。有關宋代南山宗繼承者元照的事蹟，可參考麻生履善〈大智律師元照の業績〉（《龍谷史壇》二十三，一九三九）、土橋秀高〈圓照戒觀の展望〉（《印佛研》三十－一，一九八一）、平川彰在《國譯一切經　諸宗部十四》（大東出版社，一九六〇）所譯註的《佛制比丘六物圖》。元照的淨土思想研究，則有日置孝彥〈宋代戒律史上にあらわれた元照の淨土教〉（《金澤文庫研究》十三，一九七六）、柏原明裕〈靈芝元照の淨土教と天台淨土教〉（《宗教研究》二九一，一九九二）、佐藤成順《宋代佛教の研究——元照の淨土教》（山喜房佛書林，二〇〇一）。宋代律宗法系和分派型態，以及解釋《四分律行事鈔》的元照《資持記》、允堪《會正記》等主題皆尚未研究，這是今後必須積極關注的課題。

六、戒體論

戒的本質為戒體，印度有《大毘婆沙論》和《俱舍論》等經典主張，天台智顗（五三八—九七）是中國佛教中最初的提倡者。相傳智顗在《摩訶止觀》等著述中主張心法戒體論，並在《菩薩戒義疏》卷上倡說無作假色是形成戒體的色法戒體論，天台戒體論的解釋中亦有諸多解釋。

道宣在《四分律行事鈔》卷上（一）將戒體分為四種，亦即戒法、戒體、戒行、戒相，依此各別解說。據說律宗分裂三派是起因於戒體論相異，南山宗是依據《成實論》、相部宗是依《大毘婆沙論》、東塔宗則依《俱舍論》而成立。關於律宗三派的戒體論研究，境野黃洋《支那佛教史講話》下（前揭書）說明各祖師依據的典籍及師弟關係，並對此提示問題。

大野法道〈戒體論〉（《南都佛教》五，一九五八）闡明戒體思想和類別、系統，對於戒體語義研究是必要參考論文，平川彰〈戒體と戒の得捨〉（《原始佛教の研究》，春秋社，一九六四）亦引用諸經論考察戒本質。此外，宮林昭彥〈中國佛教における戒體論〉（一）（《佛教文化研究》十五，一九六九）、〈四分律宗の戒體論〉（前揭書《佐藤博士古稀紀念》）、〈戒體論〉（《三藏集（二）》，一九七五）、土橋秀高〈戒體に

ついて〉（《印佛研》二十－一，一九七一）、青木孝彰〈中國佛教における戒體觀についての一考察〉（同二十－二，一九七二）等，因中國律宗三派的戒體論尚未明確，故應以境野黃洋的考察為標竿重新探討此問題，這也是研究中國律宗必須思惟的課題。

七、戒壇

戒壇是進行授戒儀式的壇場，故有此稱。根據《大唐西域求法高僧傳》記載，天竺那爛陀寺設有戒壇，可知早存於印度，卻在中國發揚光大，正式興設戒壇和舉行盛大授戒儀式。有關印度戒壇的型態，可參考平川彰〈戒壇の原意〉（《印佛研》十－二，一九六二；收於前揭書《原始佛教の研究》），是從受戒和僧伽關係探索印度戒壇的意義。

中國最早的戒壇見於《出三藏記集》卷十四的求那跋摩（三六七－四三一）傳記，說明戒壇設於南林寺。道宣《律相感通傳》亦述及歷代戒壇的興建地點和相關者，據說曾建戒壇三百處，並說明中國佛教未曾衰廢的原因，是受到戒壇及受戒儀式的影響。

橫超慧日〈戒壇について（上）（中）（下）〉（《支那佛教史學》五－一至四、一九四一－四二；收於《中國佛教の研究》三，法藏館，一九七九），考察六朝至北宋時期的新羅、高麗、日本戒壇變遷史，堪稱是戒壇研究先驅。關於道宣的戒壇研究，甘蔗圓達〈道宣の支那戒律史上に於ける地位〉（前揭書）指出戒壇是根據道宣設想而創建。宮林昭彥〈中國佛教における戒壇について〉（《大正大學研究紀要》五十六，一九七一）延續甘蔗圓達的說法，舉出道宣的戒壇有別於原始佛教戒壇呈現的意義。伊東忠太《東洋建築の研究》下（龍吟社，一九三七），從內容和筆致推測道宣《祇洹寺圖經》為後人偽作。道端良秀〈中國佛教と大乘戒壇〉（前揭書《佐藤博士古稀紀念》）考證宋初首度出現大乘戒壇名稱的緣由，是受到比叡山大乘戒壇的影響。鑑真和最澄的戒壇研究，最具代表的是石田瑞磨《日本佛教における戒律の研究》（在家佛教協會，一九六三），以及中西智勇〈叡山戒壇の設立に就て〉（《六條學報》七十九，一九〇八）、大屋德城〈大乘戒壇の問題〉（《支那佛教史學》五－二，一九四一）、田村晃祐〈大乘戒壇獨立について〉（《印佛研》五－二，一九五七）。相關研究方面，末廣照啟〈戒壇に就いて〉（《山家學報》十九、二〇，一九二四）、服部清造〈戒壇の研究〉（《文學哲學史學會連合研究論文集》六，一九五五）、道端良秀〈中國佛教の大乘戒壇〉（前揭書《佐藤博士古稀紀念》）等，藉此闡明戒壇的發展過程。然而諸研究中，缺乏具體分析在中國戒壇設置之際，究竟招請何種人物、進行何種儀式，這是今後應探討的研究課題。

八、袈裟

境野黃洋〈戒律研究〉（上）（《國譯大藏經 附錄》，國民文庫刊行會，一九二八）是將袈裟視為戒律研究而綜觀探討。佐藤密雄〈佛教の衣制〉（《原始佛教教團の研究》，山喜房佛書林，一九六三）是探討比丘三衣和比丘尼五衣的戒律。平川彰〈袈裟についいて〉（《山田無文古稀紀念》，一九七二）、〈三衣について〉（前揭書《佐藤博士古稀紀念》）指出各律藏對袈裟顏色有不同規定，從律藏的角度探討三衣尺寸。僧服偏衫和僧祇支的形成，可參考大西修也〈百濟佛再考——新發現の百濟石佛と偏衫を著用した服制をめぐって〉（《佛教藝術》一四九，一九八三）、岡田健、石松日奈子〈中國南北朝時代の如來像著衣の研究〉（上）、（下）（《美術研究》三五六、三五七，一九九三）、岩井共二〈佛像の服制と「偏衫」をめぐる諸問題〉（《美學美術史研究論集》十三，一九九五）、吉村怜〈佛像の著衣と「僧祇支」と「偏衫」について〉（《南都佛教》八十一，二〇〇二）等。

川口高風〈道宣の袈裟觀〉（《駒大大學院佛教年報》七，一九七三）、〈袈裟史における道宣の地位〉（《宗教研究》二一七，一九七四）指出道宣曲解袈裟戒規，藉神託之名從事非合理改革，並深入探討此項改革對江戶時期的默室良要所撰《法服格正》等著作造成何種影響。

上座佛教的袈裟研究方面，井上義宏《原始僧衣の研究》（井上義宏，一九三五），是作者實際體驗與錫蘭僧侶共同生活後發表的著作，十分值得一讀。那須政隆〈法衣について〉（《智山學報》九，一九六一）是以淺顯方式，描述中、日、印三國的法衣變遷。

九、中國道德與戒律

所謂格義佛教，是利用無的觀念宣說佛法，以便讓中國人理解佛教的空思想。至於戒律與中國人提倡的道德五常，亦有許多相通之處。

觀察這兩者相通的過程，是思考中國人思惟方法的重要課題，相關研究像是久保田量遠〈五戒と五常とに對する調和論の研究〉（《無礙光》十七－九，一九二一）、道端良秀〈中國佛教に於ける五戒と五常の問題〉（《印佛研》四－二，一九五六；《佛教と儒教倫理》，平樂寺書店，一九六八）、田中文雄〈六朝知識人の五戒理解の一側面〉（《豐山教學大會紀要》十，一九八二）、中山正晃〈中國淨土教と倫理思想〉（《龍大論集》四二四，一九八四）。

特別將廬山慧遠的戒律和禮作比較、考察的論文，則有板野長八〈慧遠の沙門不敬王

者論に就いて〉（《史學論叢》五，一九三三）、〈慧遠に於ける禮と戒律〉（《支那佛教史學》四－二，一九四〇）、田中文雄〈慧遠の《沙門不敬王者論》にあらわれたる沙門不應拜俗思想について〉（《豐山學報》二十五，一九八〇）、利根川浩行〈淨影慧遠の戒律觀〉（《印佛研》三十四－二，一九八五）等。禪的戒律觀與五戒的關係，可參考佐藤達玄〈禪の戒律觀と五戒について〉（同五－一，一九五七）、〈中國佛教形成期における生活威儀について〉（同十三－二，一九六五）。儀禮研究方面，大谷光照《唐代佛教の儀禮》（有光社，一九三七）綜覽唐代佛教儀禮的各史傳資料，窺探唐代佛教絢麗多采的一面。此外，今津洪嶽〈中國佛教教團の制度並に儀禮に關する諸文獻の考察〉（《禪學研究》四十四，一九五三）、塩入良道〈中國佛教儀禮における懺悔の變容過程〉（《印佛研》十一－二，一九六三）。儀禮研究甚屬罕見，自鎌田茂雄發表《中國の佛教儀禮》（東京大學出版會，一九八六）後，方才開拓新領域。

十、僧制

教團生活是以戒律為基軸制定規則，亦順應時代或習慣等因素制定日常規範，形成國家體制下的規範與教團本體制度的雙軌制約，因此發展出僧官和度牒等問題。服部俊崖

〈支那僧官の沿革〉（《佛教史學》二－五、六、八，一九一二）、高雄義堅〈度牒考〉（《六條學報》二二六，一九二〇），堪稱是先驅研究。

此後，支那佛教史學會的佛教制度史研究中，小笠原宣秀發表〈支那僧制に就いて〉（《龍大論叢》三〇四，一九三二）、〈支那南北朝時代佛教教團の統制〉（《龍谷史壇》十四，一九三四），提出對禪清規造成的影響等問題。山崎宏深入考察僧官，接連發表〈北齊の僧官昭玄十統考〉（《史潮》八，一九三八）、〈唐代に於ける僧尼所隷の問題〉（《支那佛教史學》三－一，一九三九）、〈唐代の僧官について〉（《史潮》九－二，一九三九）、〈南北朝時代に於ける僧官の檢討〉（《佛教研究》四－二，一九四〇）、〈隋代僧官考〉（《支那佛教史學》六－一，一九四二）等，另有中富敏治發表〈唐代の僧統〉（《大谷學報》四十－三，一九六〇）。宋代僧制方面，則有高雄義堅〈宋代に於ける僧官の研究〉（《支那佛教史學》四－四，一九四一）、小坂機融〈宋代寺院僧尼制度と清規〉（《駒大佛教紀要》二十六，一九六八）等。

度牒與童行制度方面，諸戶立雄〈中國に於ける度牒初授の年代について〉（《文化》十五－十，一九五一）、高雄義堅〈宋代に於ける度及び度牒制〉（《佛教研究》四－二，一九四〇）、塚本善隆〈道君皇帝と空名度牒政策〉（《支那佛教史學》四－四，一九四一）、〈宋時代の童行試經得度の制度〉（同五－一，一九四一）、藤善真澄

〈唐五代の童行制度〉（《東洋史研究》二十一－一，一九六二）、諸戸立雄〈唐代における僧侶の税役負擔について──僧侶の課役免除に關連して〉（佛教史學會《佛教の歷史と文化》，同朋舍出版，一九八〇）、中尾雄二〈唐代の僧尼の所隸〉（《龍谷大學大學院紀要》二，一九八一）、礪波護〈唐代における僧尼拜君親の斷行と撤回〉（《東洋史研究》四十－二，一九八一）、諸戸立雄〈唐・五代の童行と度牒制について〉（《佛教史學研究》三十一－二，一九八八）等。特別一提的是那波利貞〈中晚唐時代に於ける偽濫僧に關する一根本資料の研究〉（《龍谷大學佛教史學論叢》，一九三九），深析中晚唐的實際現象，指出僧侶世俗化和墮落情形，這篇論文在理解國家和僧團發展上很值得參考。

從《僧史略》作者贊寧的觀點檢視佛教教團立場的研究，可參考牧田諦亮〈僧史略の世界〉（《印佛研》二－一，一九五三）和〈君主獨裁社會に於ける佛教教團の立場──宋贊寧を中心として〉（《佛教文化研究》三，一九五三）等。僧制研究則不限於佛教資料考察，例如仁井田陞的代表論文〈唐の僧道、寺觀關係の田令の遺文〉（《塚本博士頌壽紀念》，同紀念會，一九六一），以及其他著作《唐令拾遺》（東京大學出版會，一九三三）、《唐宋法律文書の研究》（東方文化學院東京研究所，一九三七）、《中國法制史研究》（東京大學出版會，一九五九）等，必須從法制史的觀點探討，方能了解僧團制度在國家機制下的實質意義。

以上是探討律宗及相關領域的成果，集其精萃的著作尚有土橋秀高《戒律の研究》（永田文昌堂，一九八〇）和《戒律の研究》二（同，一九八二）、佐佐木教悟編《戒律思想の研究》（前揭書）。佐藤達玄《中國佛教における戒律の研究》（前揭書）、藤善真澄《道宣傳の研究》（前揭書），是探討中國出家眾如何接受律典傳譯、或與中國社會保持同調，進而藉由中國化的曲折變遷過程，調查戒律佛教的發展。諸戶立雄《中國佛教制度史の研究》（平河出版社，一九九〇）、諏訪義純《中國中世佛教史研究》（大東出版社，一九八八）、鎌田茂雄《中國佛教史》第六卷（東京大學出版會，一九九九）、川口義照《中國佛教における經錄研究》（法藏館，二〇〇〇）等亦收錄相關考證。

戒律研究和中國律宗研究史、研究方法、參考文獻方面，可參照大野法道〈戒律研究の現狀と將來への希求〉（《佛教研究》五－五、六，一九四一）、佐佐木教悟〈インド佛教への道しるべ——戒律佛教〉（《佛教學セミナー》十一，一九七〇）、川口高風〈中國律宗への研究動向〉（《南都佛教》三十，一九七三）、德田明本《律宗文獻目錄》（百華苑，一九七四）、〈戒律思想に關する研究文獻〉（《戒律思想の研究》，平樂寺書店，一九八一）、〈戒律關係文獻目錄〉（《戒律の世界》，溪水社，一九九四）等。

第七節　淨土宗

柴田泰山

一、隋唐淨土宗史概述

中國淨土宗研究，至今仍將隋唐淨土宗列入特殊重點領域。當時正值道綽、善導等人積極傳法，阿彌陀信仰透過教理得以體系化，隋唐時期成為概觀淨土宗之際極其重要的課題。

隋唐淨土宗發展史的解說著作，早期有佐佐木月樵《支那淨土教史》（無我山房，一九一三）、望月信亨《略述淨土教理史》（淨土教報社，一九二一）、〈唐代の淨土教〉（《支那佛教史學》三－三、四，一九三九）、《淨土教概論》（弘文堂書房，一九四〇）、《中國淨土教理史》（法藏館，一九四二、一九七八再版）等。此後尚有塚本善隆、梅元猛《不安と欣求》（角川書店，一九六八）、木村清孝《中國佛教思想史》（世界聖典刊行協會，一九七九）、柴田泰〈中國における淨土教の發展〉（《講座大乘佛教》五，春秋社，一九八五）、正木晴彥〈淨土〉（《岩波東洋思想　東アジアの佛教》，岩波書店，一九八八）、柴田泰〈淨土系の佛教〉（《東アジア佛教》三，春秋社，一九九七）等著作發表。近年，鎌田茂雄《中國佛教史》六（東京大學出版會，一九九九）彙整隋唐時期的淨土宗發展史料。戰前研究史的著作介紹，則有道端良秀〈「支那淨土教」研究の回顧——漢魏晉南北朝〉（《支那佛教史學》三—三、四，一九三九）、小笠原宣秀〈「支那淨土教」研究の回顧——隋唐時代〉（同四—一，一九四〇）等。

如前所述，自戰前至近年已有眾先學彙整隋唐淨土宗史研究，例如望月信亨《中國淨土教理史》的著述年代較為久遠，卻完整彙集中國淨土宗思想史發展，至今仍是珍貴的研究著作。

隋唐淨土宗史自道綽、迦才、善導、懷感等人推展後，慈愍三藏慧日、法照、飛錫等人撰著活躍，有關當時的諸作整理，可參考望月信亨〈唐代の淨土教〉（同三—三、四，一九三九）。

二、道綽

有關道綽研究，山本佛骨《道綽教學の研究》（永田文昌堂，一九五九、一九七九）是以《安樂集》的教義為中心探討，牧田諦亮、直海玄哲、宮井里佳《淨土佛教の思想四道綽》（講談社，一九九五），則探討道綽的傳歷與《安樂集》的構成及概要，內藤知康《安樂集講讀》（永田文昌堂，二〇〇〇）整理《安樂集》的引用經論，渡邊隆生《安樂集要述》（同，二〇〇二）則有解說和譯註。中國佛教研究會〈《安樂集》〈第一大門〉の譯註研究〉（《佛教文化研究論集》四，二〇〇〇），有部分內容詳細譯註《安樂集》。

道綽傳記研究，可參照成瀨隆純〈道綽傳と沙門道撫〉（《印佛研》三十二－二，一九八四）、〈道綽傳の一考察〉（同三十八－二，一九九〇）、藤善真澄〈曇鸞大師生卒年新考——道宣律師の遊方を手がかりに〉（淨土真宗教學研究所《教學研究紀要》一，一九九一）等，道綽門下的相關研究則有柴田泰山〈道綽門下の整理〉（《宗教研究》七十三－四，二〇〇〇）。道綽傳是以道宣《續高僧傳》與迦才《淨土論》所收的傳記為基礎，主要探討道綽和慧瓚及其門下的思想共通點、與玄中寺的關係、弟子整理遺集等研究課題。近年，道宣《續高僧傳》的書誌學研究與地論學派研究得以發展，與道綽直接有關的各種研究分頭進行，今後重新探討道宣《續高僧傳》所收的道綽傳記、從太原至平遙的佛教界動向等課題，皆有必要調查。

道綽著作《安樂集》的相關論述甚多，首先在書誌彙整方面，禿氏祐祥〈安樂集の書誌學的整理〉（《宗學院論輯》三十一，一九三九）、德澤龍泉〈安樂集の體裁についての一考察〉（同）。現存寫本方面，高野山寶藏院所藏的天永三年（一一一二）寫本、大谷大學所藏建久九年（一一九七）的寫本為其代表。《安樂集》廣引經論，卻多為道綽個

人的取意文，必須逐一考察作者的引用意圖。以此觀點進行的研究，例如大內文雄〈安樂集に引用された所謂疑偽經典について——特に惟無三昧經、淨度菩薩經を中心として〉（《大谷學報》五十三－二，一九七三）、〈安樂集所引疑偽經典の二、三について〉（同五十四－四，一九七五）、〈安樂集所引疑偽經典の研究——特に十往生阿彌陀佛國經について〉（《印佛研》二十三－二，一九七五）、佐藤健〈安樂集と偽經〉（《佛教大學研究紀要》六十，一九七六）、宮井里佳〈道綽淨土教における《十往生經》の意味〉（《印佛研》四十一－二，一九九三）、柴田泰山〈道綽《安樂集》における《觀經》理解〉（《宗教研究》七十五－四，二〇〇二）等。對於《安樂集》所引諸經論的重要研究，則有佐藤成順〈引文からみた十往生經と山海慧菩薩經〉（《印佛研》十八－二，一九七〇）、伊吹敦〈《法句經》の成立と變化について〉（《佛教學》四十四，二〇〇二）等。

許多先行研究是針對《安樂集》在教義上的諸問題，首先佛身佛土論研究有內藤知康〈《安樂集》における道綽禪師の淨土觀〉（《桐溪順忍和上追悼論文集》，一九八六）、渡邊了生〈《淨土論註》廣略相入の論理と道綽の相土、無相土論〉（《真宗研究會紀要》二十四，一九九二）、〈《安樂集》の相善往生にみられる「報・化」の辨定〉（《印佛研》四十一－一，一九九三）、〈《安樂集》における「三身三土」の研究〉

（《龍谷大學大學院研究紀要 人文科學》十五，一九九四）、〈《安樂集》にみる二つの彌陀身土論考〉（《印佛研》四十三－二，一九九五）、武田龍精〈中國淨土教三祖の比較思想論的研究（一）——法身・報身・法界身の概念〉（《龍大論集》四五一，一九九八）、粂原恆久〈道綽における佛身佛土論の特異性〉（《印佛研》五十－二，二〇〇二）、曾和義宏〈道綽の佛身佛土論の特異性〉（《高橋弘次古稀紀念》，山喜房佛書林，二〇〇四）等，這些研究分別從不同觀點，指出道綽的阿彌陀佛報身報土論的特徵。《安樂集》示說的三昧和實踐行的考證，則有岡亮二〈《安樂集》に見られる十念の一考察〉（《佛教文化研究所紀要》四，一九六五）、大田利生〈安樂集の念佛思想について〉（《印佛研》十八－一，一九六九）、矢田了章〈中國淨土教における懺悔について〉（《佛教文化研究所紀要》十三，一九七四）、山本佛骨〈道綽・善導の念佛思想〉（《石田充之古稀紀念》，永田文昌堂，一九八二）、宮井里佳〈曇鸞から道綽へ——五念門と十念〉（《日佛年報》五十七，一九九二）、藤丸智雄〈《安樂集》における「三昧」の受容〉（《武藏野女子大學佛教文化研究所紀要》十七，二〇〇〇）、大南龍昇〈《觀佛三昧海經》と慧遠・道綽・善導〉（《阿川文正古稀紀念》，山喜房佛書林，二〇〇一）、藤丸智雄〈《安樂集》と《觀佛三昧海經》〉（《木村清孝還曆紀念》，春秋社，二〇〇二）等。

《安樂集》是蒐羅淨土宗教義諸問題的典籍，成為思惟隋唐淨土宗之際極重要的基礎著作。除了上述先行研究之外，還有許多卓越的成果累積，今後《安樂集》研究不僅配合探討經論的引用問題，更應著重道綽的教學背景、道綽與慧瓚、信行等人的思想交涉，甚至與地論學派淨土觀的交涉、念佛三昧說等，在思考道綽與周遭人物的思想共通點之餘，盼能更詳細闡明《安樂集》對阿彌陀佛思想的獨道詮釋，掌握信仰全貌。

三、迦才

迦才生平未詳，其著作《淨土論》雖受道綽《安樂集》的影響，但內容主張佛土論，與《安樂集》性質相異，是今後應再深入研究的著作。有關《淨土論》方面，名畑應順《迦才淨土論の研究》（法藏館，一九五五）是優秀的先行研究，當時已盡量徹底校訂內文，今日仍是研究《淨土論》的必讀之作。

作者迦才的考證，可參閱成瀨隆純〈弘法寺迦才考〉（《平川彰古稀紀念》，春秋社，一九八五）、〈「道綽・善導之一家」の背景〉（《東洋の思想と宗教》四，一九八七）、〈蒲州栖巖寺の淨土教〉（《佛教思想とその展開》，山喜房佛書林，一九九二）、〈迦才《淨土論》成立考〉（《印佛研》四十二－二，一九九四）等，指出道綽的弟子道撫自稱為「釋迦子」，推論後世恐因筆誤而將「子」寫為「才」。

《淨土論》寫本分別有七寺本、龍大本、天海藏本、常樂台本，版本又分慶安二年（一六四九）版和慶安四年版等，森川昭賢〈迦才淨土論の我が國に於ける流傳〉（《佛教學研究》五，一九五一）彙整以上諸版本。七寺本方面，坂上雅翁〈七寺所藏・迦才の《淨土論》について〉（《印佛研》四十一－二，一九九三）、〈七寺所藏・迦才《淨土論》について〉（《七寺古逸經典研究叢書》五，大東出版社，二〇〇〇），內容解說七寺本的特徵。常樂台本的相關考證，曾和義宏〈常樂寺所藏・迦才《淨土論》について〉（《印佛研》五十一－二，二〇〇三）、〈常樂寺所藏迦才《淨土論》について——上卷の翻刻と解說〉（《淨土宗學研究》二十八，二〇〇一）、〈翻刻・常樂寺所藏迦才《淨土論》卷中〉（同二十九，二〇〇二），是介紹影印和翻刻內容。慶安二年版的考證研究，曾和義宏〈迦才《淨土論》の版本について——とくに慶安二年版について〉（《佛教論叢》四十八，二〇〇四），指出慶安二年版問題甚多，也一併說明慶安四年版的成立始末。

教義問題方面，森二郎〈迦才の十念と念佛〉（《印佛研》八－二，一九六〇）、山田行雄〈迦才教學における行論の一考察〉（同十三－二，一九六五）、稻岡了順〈迦才の本為凡夫兼為聖人說について〉（同二十六－一，一九七七）、宇野禎敏〈迦才の三乘觀〉（《東海佛教》二十七，一九八二）、江隈薰〈迦才における觀法〉（《印佛研》三十一－二，一九八三）、宇野禎敏〈迦才《淨土論》における懺悔〉（同三十二－二，一九八四）、〈迦才《淨土論》における誹謗大乘について〉（《宗教研究》五十七－四，一九八四）、小林尚英〈迦才《淨土論》における念佛について〉（《印佛研》三十五－二，一九八七）、柴田泰山〈迦才《淨土論》所說の生因論〉（《宗教研究》七十一－四，一九九八）、曾和義宏〈迦才《淨土論》における教判〉（《佛教大學大學院紀要》二十七，一九九九）、〈迦才《淨土論》における念佛〉（《印佛研》四十七－二，一九九九）、柴田泰山〈迦才《淨土論》所說の往生人傳について〉（《佛教文化學會紀要》八，一九九九）等發表多數論文，內容大致分為佛身佛土論、實踐論、往生人傳等幾項主題。

迦才《淨土論》的寫本較其他典籍更為充實，今後仍須重新探討名畑應順校訂的版本，與其他版本互校對照。此外，迦才的思想背景在教義上是受攝論系統學說的影響，《淨土論》與該學說有何共通點，或是《淨土論》卷下提示的諸問答各具何種背景、問答目的究竟為何，這些課題皆有必要探論。

四、《無量壽觀經纘述》

敦煌文獻《無量壽觀經纘述》（以下略稱《纘述》）有史坦因本（S327《無量壽觀經義記》）、大谷本（《無量壽觀經纘述》甲本、乙本），作者尚未特定，但從部分散見文章與道綽《安樂集》和道誾《觀經疏》的內容一致來看，應值得繼續探究。

史坦因本方面，矢吹慶輝在《鳴沙餘韻》解說篇提示現存的 S327 文獻，概述其內容，亦對作者提出質疑。望月信亨在《中國淨土教理史》中根據《續高僧傳》的記載，推論 S327 的作者是演空寺靈祐。

大谷本的研究相當豐富，例如小川貫弌〈唐鈔無量壽觀經纘述〉（《佛教史學》三，一九五〇）初次提到《纘述》甲、乙本，將《纘述》的教說內容與道綽《安樂集》、善導《觀經疏》互作比較，再比較《纘述》與道誾《觀經疏》，首先提出作者是紀國寺慧淨的說法。村上速水〈《無量壽觀經纘述》の一考察〉（《真宗學》十三、十四，一九五五），關注《纘述》與善導《觀經疏》的相異點，並加以對照比較。石田充之〈敦煌本《無量壽觀經纘述》の地位について〉（《龍大論集》三五四，一九五七）整理小川氏和村上氏的昔日論點，重新處理作者問題和彙整《纘述》內容。《纘述》內容公開後，惠谷隆戒發表〈隋唐時代の觀經研究史觀〉和〈源隆國の安養集について〉（同《淨土教の新研究》，山喜房佛書林，一九七六），針對作者問題提出紀國寺慧淨之說，亦論及《纘述》與道誾《觀經疏》的共通點。岸覺勇《續善導教學の研究》（記主禪師讚仰會，一九六六），支持惠谷氏主張作者為紀國寺慧淨的說法，並將《纘述》與慧遠、道綽、迦才、道誾、善導的論述互作比較探討。

這些研究皆首重《纘述》的作者問題，其次是重視《纘述》和其他《觀經》註釋（尤為善導所撰）的比較，視之為中心課題。作者問題方面，則有紀國寺慧淨說和作者未定說。《纘述》與善導《觀經疏》的比較，是以佛身論、別時意會通說、二乘種不生說為主要考證內容。

柴田泰山承續以上研究，發表〈《無量壽觀經纘述》について〉（《佛教論叢》四十一，一九九七）、〈道誾《觀經疏》について〉（《宗教研究》七十七－四，二〇〇四），指出從《纘述》的引用經論來考量，發現道誾《觀經疏》是撰於《纘述》之後，並指出《纘述》提示的九品階位說與二乘種不生說，證明了《纘述》在隋唐淨土宗發展過程中極為重要。西本照真對《安樂集》和《纘述》完成前後時期，亦有重要的研究指證。

五、智儼

華嚴教學者智儼（六〇二－六六八）的著作《華嚴經內章門等雜孔目》（以下略稱《孔目章》）卷四〈往生章〉中，陸續提出往生阿彌陀佛淨土的議論。《孔目章》的內容探討，可參考小澤勇貫〈攝論學派の淨土觀〉（《淨土學》八，一九三四）、小林實玄〈唐初の淨土教と智儼《雜孔目》の論意〉（《真宗研究》二十四，一九八〇）、木村清孝〈智儼の淨土思想〉（《藤田宏達還曆紀念》，春秋社，一九九〇）、柴田泰〈中國における華嚴系淨土思想〉（《鎌田茂雄古稀紀念》，大藏出版，一九九七）等。柴田泰山〈善導《觀經疏》の思想的背景〉（《宮林昭彥古稀紀念》，山喜房佛書林，二〇〇四），內容為整理智儼著作中的淨土宗相關事宜，又發表〈道誾《觀經疏》について〉（《宗教研究》七十七－四，二〇〇四），指出智儼的九品及佛土議論對道誾《觀經疏》造成的影響。

昔日的隋唐淨土宗研究是以道綽和善導為主，智儼、道宣、道世等人記述的淨土宗發展，是了解當時阿彌陀佛信仰的必備資料，盼今後研究能更深入。

六、善導

善導的先行研究極為豐富，課題亦廣泛：

首先是個人傳記和事蹟，小笠原宣秀《中國淨土教家の研究》（平樂寺書店，一九五一）、岩井大慧《日支佛教史論考》（東洋文庫，一九五七；原書房，一九八〇）、野上俊靜《中國淨土三祖傳》（文榮堂書店，一九七〇）、大原性實《善導教學の研究》（永田文昌堂，一九七四）、野上俊靜《中國淨土教史論》（法藏館，一九八一）、孫浮生《中國淨土教論集》（文化書院，一九八五）、藤田宏達《人類の知的遺產十八　善導》（講談社，一九八五）、牧田諦亮《淨土佛教の思想五　善導》（講談社，二〇〇〇）等，是透過各種傳記和金石文彙整善導的事蹟。山崎宏《中國佛教・文化史の研究》（法藏館，一九八一）述及善導的行動與當時社會的共通性，藉由發現新資料和唐代研究發達，研究得以顯著進展。尤其在金石文解讀方面，金子寬哉〈隆闡法師碑文〉（前揭書孫浮生《中國淨土教論集》）、八木宣諦〈唐代淨土教僧の碑銘について〉（《法然學會論叢》五，一九八五）、〈隆闡碑の建碑地について〉（《佛教論叢》二十九，一九八五）、〈僧傳資料としての碑銘〉（《大正大學綜合佛教年報》八，一九八六）、金子寬哉〈淨業法師碑をめぐって〉（《戶松教授古稀紀念》，大東出版社，一九八七）、牧田諦亮《善導》（前揭書），皆有重大研究進展。

有關善導傳記的近年學術論文，代表如諸戶立雄〈善導傳についての一考察〉（《東北大學東洋史論集》五，一九九二）、柴田泰山〈《續高僧傳》所收の〈善導傳〉についてて〉（《佐藤成順古稀紀念》，山喜房佛書林，二〇〇四）。諸戶立雄在上述論文中重新考證現存的善導寺院遺蹟，柴田泰山的論文則說明道宣《續高僧傳》〈善導傳〉的撰寫年代，並描述善導入長安的情形。

戰前的善導教學研究，例如望月信亨《略述淨土教理史》（前揭書）、淨宗會編《善導大師の研究》（知恩院內淨宗會，一九二七）、椎尾辨匡《善導大師——全研究の提唱》（淨土宗務所，一九二八）、望月信亨《淨土教概論》（弘文堂書房，一九四〇）和《中國淨土教理史》（前揭書）等具高水準的研究著作出版。戰後，神子上惠龍《彌陀身土思想の展開》（永田文昌堂，一九五〇、一九六八）、岸覺勇《善導教學の研究》（記主禪師讚仰會，一九六四）、《續善導教學の研究》（前揭書）、《續々善導教學の研究》（前揭書）、藤原凌雪《善導淨土教の中心問題》（永田文昌堂，一九七七）等著作刊行，繼續推展善導教學研究。一九八〇年代前後，善導研究論文集陸續編纂，例如大正大學淨土學研究會《善導大師の思想とその影響》（大東出版社，一九七九）、藤吉慈海編《善導大師の淨土教》（知恩院淨土宗學研究所，一九八〇）、佛教大學善導大師研究會《善導教學の研究》（東洋文化出版，一九八〇）、藤堂恭俊編《善導大師研究》（山喜房佛書林，一九八〇）、戶松啟真編《善導教學の成立とその展開》（同，一九八一）等，這些論集促成善導研究一時臻於巔峰。此後又有藤原幸章《善導淨土教の研究》（法藏館，一九八五）、藤田宏達《善導》（前揭書）、三枝樹隆善《善導淨土教の研究》（東方出版，一九九三）、高橋弘次《改版增補・法然淨土教の諸問題》（山喜房佛書林，一九九四）、牧田諦亮《善導》（前揭書）、松本史朗《法然親鸞思想論》（大藏出版，二〇〇一）、深貝慈孝《中國淨土教と淨土宗學の研究》（思文閣出版，二〇〇三）等問世，善導教學遂得以逐漸闡明全貌。尤其是藤田宏達《善導》（前揭書）、牧田諦亮《善導》（前揭書）是善導教學的入門書，內容概觀個人傳記和著述，對初學者十分重要。高橋弘次《改版增補・法然淨土教の諸問題》（前揭書）、深貝慈孝《中國淨土教と淨土宗學の研究》（前揭書）所收的善導教學論文，堪稱是善導機根論與佛身佛土論的重要先行研究。柴田泰山彙整前人的著作業績，出版《善導教學の研究》（山喜房佛書林，二〇〇六近刊），並釐清善導研究的現狀。

其次，善導教學的學術論文數量龐大，佛教大學善導大師研究會《善導教學の研究》（前揭書）已整理西元一九八〇年以前的雜誌論文，在此特別以一九八一年以後發表的善導教學及相關研究的雜誌論文為主，列舉數篇作為介紹。

過去二十五年間的善導研究，多與善導的主要著作《觀經疏》有關。首先重點是善導之前的佛學者對《觀經》的理解，以及這些註疏與善導《觀經疏》互作比較的論證，代表論文有石垣源瞻〈善導大師の古今楷定考〉（下）（《西山學報》二十九，一九八一）、池田和貴〈《觀經》註釋者の思想的相違について——淨土觀と凡夫觀を中心として〉（《駒澤短期大學佛教論集》三，一九九七）、八木廣超〈《觀經》諸註釋における凡夫觀〉（《印度哲學佛教學》十五，二〇〇〇）、正木晴彥〈《觀經疏》に於ける九品の問題〉（《田村芳朗還曆紀念》，春秋社，一九八二）、〈諸《觀經疏》に於ける佛身および國土觀とその意味〉（《インド學佛教學論集》，春秋社，一九八七）、森田真圓〈善導教義とその周邊——《觀經四帖疏》と淨影寺慧遠の《觀經疏》との關連〉（《村上速水喜壽紀念》，一九九七）等。八力廣超〈善導著作の引用經論〉（《印度哲學佛教學》十三，一九九九）則詳查善導著作所引用的諸經論。

佛身佛土論的相關研究，柴田泰〈中國淨土教における唯心淨土思想の研究〉（一）（《札幌大谷短期大學紀要》二十二，一九九〇）、〈指方立相說と唯心淨土論の典處〉（前揭書《藤田弘達還曆紀念》）、〈中國淨土教における唯心淨土思想の研究〉（二）（《札幌大谷短期大學紀要》二十六，一九九四）、高橋弘次〈善導の淨土觀——指方立相について〉（《日佛年報》五十八，一九九三）、河智義邦〈善導淨土教における法界身論〉（《真宗研究會紀要》二十六，一九九四）、〈善導の佛身論における「法界身」の意義〉（《印佛研》四十三－一，一九九四）、小林尚英〈善導の《觀經疏》像想觀釋について〉（同四十二－二，一九九四）、梶上雄一〈別時意論爭と是報非化論〉（《親鸞の佛教》，永田文昌堂，一九九五）、正木晴彥〈《善導疏》における本願の問題〉（《日佛年報》六十，一九九五）、武田龍精〈中國淨土教三祖の比較思想論的研究（一）——法身、報身、法界身の概念〉（《龍大論集》四五一，一九九八）、曾和義宏〈阿彌陀佛の佛身規定をめぐって〉（《淨土宗學研究》二十六，二〇〇〇）、袴谷憲昭〈是報非化說考〉（《駒澤短大紀要》二十九，二〇〇一）、柴田泰山〈善導《觀經疏》所說の阿彌陀佛論〉（前揭書《高橋弘次古稀紀念》）等多篇研究。

機根論研究方面，玉城康四郎〈「唯除五逆誹謗正法」の意味について——中國・日本篇〉（《東方學論集》，東方學會，一九八七）、正木晴彥〈觀經疏に於ける二乘種不生の問題——特に中輩の迴心得生等を巡って〉（《「我」の思想》，春秋社，一九九一）、堀本賢順〈玄義分「何機得受」と善人往生〉（《西山學會紀要》二，一九九二）、鈴木善鳳〈善導大師の淨土觀——九品往生人釋を中心に〉（《真宗教學研究》十七，一九九三）、河智義邦〈善導淨土教の人間觀にみる大乘佛教的原理〉（《印佛研》四十四－一，一九九五）、〈善導《觀經疏》における「三緣釋」設定の意圖〉（《龍谷大學大學院紀要》十七，一九九六）、柴田泰山〈善導《観經疏》における「未來世一切衆生」への理解〉（《佛教文化學會紀要》十，二〇〇一）等。

實踐論的相關研究，主要有福原隆善〈善導大師の懺悔思想〉（《淨土宗學研究》十二，一九八一）、石田雅文〈善導大師の念佛實踐論の展開〉（《龍谷教學》二十，一九八五）、宮井里佳〈善導における道綽の影響——「懺悔」をめぐって〉（《待兼山論叢（哲學篇）》二十八，一九九四）、天岸淨圓〈善導における《観經》見佛思想の展開について〉（《行信學報》八，一九九五）、上野成観〈善導に於ける懺悔観の一考察〉（《龍谷大學大學院文學研究科紀要》二十三，二〇〇一）等。

信仰論研究則有寺倉襄〈善導「三心釋」の特質〉（《同朋大學論叢》四十四、四十五，一九八一）、卓金・蒙特羅（Joaquim Monteiro）〈二種深信の思想的な意味について——善導における如來藏批判〉（《同朋大學佛教文化研究所紀要》十六，一九九七）、柴田泰山〈善導《観經疏》所說の至誠心釋について〉（《印佛研》五十一－二，二〇〇三）、〈善導《観經疏》所說の至誠心釋について〉（《三康文化研究所年報》三十五，二〇〇四）、〈善導《観經疏》所說の「深心」について〉（《印佛研》五十二－一，二〇〇三）、〈善導《観經疏》所說の「迴向發願心」釋について〉（同五十三－一，二〇〇四）等。

其他著作方面，上野成觀〈善導著述關係の一考察〉（《真宗研究會紀要》三十三，二〇〇一）是考證善導著作完成前後的背景，金子寬哉〈《淨土法事讚》について——龍門・奉先寺盧舍那像との關連を中心に〉（《印佛研》三十五－一，一九八六）則是考察《法事讚》的撰寫過程。《觀念法門》研究方面，齋藤隆信〈《觀念法門》における三念願力〉（同四十三－一，一九九四）、〈善導所釋の三念願力〉（《佛教大學大學院研究紀要》二十三，一九九五）、成瀨隆純〈善導《觀念法門》の位置づけ〉（《印佛研》四十八－一，一九九九）、能仁正顯〈善導淨土教における般舟三昧說について——《觀念法門》成立問題に關連して〉（前揭書《親鸞の佛教》）等，內容研究《觀念法門》的成立問題。《往生禮讚》方面，宮井里佳〈善導淨土教の成立についての試論——《往生禮讚》をめぐって〉（前揭書《北朝隋唐・中國佛教思想史》）、柴田泰山〈善導《往生禮讚》所說の「廣懺悔」について〉（《綜佛年報》二十二，二〇〇〇）、〈善導《往生禮讚》所引の《寶性論》〈彌陀偈〉について〉（《佛教文化學會紀要》九，二〇〇〇）。《般舟讚》研究則有柴田泰山〈善導《般舟讚》所說の「心識」について〉（《佛教論叢》四十三，一九九九）等為代表。

概觀過去的善導研究，可整理為以下類型：

1. 剖析善導的傳記資料和傳記。

2. 論述善導著作內容。

3. 闡明善導教學對日本淨土宗的影響。

4. 善導淨土宗在中國佛教思想史上的定位。

尤其試圖為善導淨土宗在中國佛教思想史上定位的研究，從早期的淨土宗教學部編，望月信亨口述《高祖善導大師》（淨土宗務所，一九二六）、椎尾辨匡《善導大師——全研究の提唱》（淨土宗務所，一九二八），直到後來的結城令聞〈觀經疏に於ける善導釋義の思想史的意義〉（《塚本博士頌壽紀念》，塚本博士頌壽紀念會，一九六一；《結城令聞著作集》三，春秋社，二〇〇〇）、惠谷隆戒〈隋唐時代の觀經研究史觀〉（前揭書《淨土教の新研究》）、藤原幸章《善導淨土教の研究》（前揭書），以及高橋弘次《改版增補・法然淨土教の諸問題》（前揭書）、〈善導の淨土觀——指方立相について〉（前揭論文）、深貝慈孝《中國淨土教と淨土宗學の研究》（前揭書）所收的各種善導相關論文，河智義邦〈善導《觀經疏》における「三緣釋」設定の意圖〉（《龍谷大學大學院研究紀要 人文科學》十七，一九九六）、曾和義宏〈阿彌陀佛の佛身規定をめぐって〉（前揭論文）、松本史朗《法然親鸞思想論》（前揭書）等。

從各篇內容來看，椎尾氏、望月氏指出善導研究在中國佛教研究中有其必要性，結城氏、惠谷氏、藤原氏則探討善導在《觀經疏》中對前人詮釋《觀經》所提出的批判內容，以及善導個人的教學背景。高橋氏、深貝氏進而探討善導在《觀經疏》主張的佛身佛土論、機根論、別時意會通說、與淨影寺慧遠的交涉、實踐論等多元主題。近年，河智氏分析善導的宗教體驗和教示內容的關聯性，曾和氏重新探討善導倡說的阿彌陀佛報身論，松本氏則各別指出善導與中國佛教中的佛性潛在論的交涉情形。

時至今日，善導教學依然從多元角度進行研究，近年的齋藤隆信〈法照の禮讚偈における通俗性——その詩律を中心として〉（《淨土宗學研究》三十，二〇〇三）在研究中採用音韻學的新構思，西本明央〈《觀經疏》に見られる善導の反語について〉（前揭書《高橋弘次古稀紀念》）引用論理學的觀點闡釋善導教學，呈現不同於往昔的創見和研究方法。今後要如何探討善導研究與中國佛教的更深層關係，以及善導提倡的阿彌陀佛信仰具有何種獨特性，皆是繼續深究的課題。

七、懷感

懷感為善導的弟子，撰有《釋淨土群疑論》（以下簡稱《群疑論》）。一九七〇年代以後，金子寬哉致力鑽研《群疑論》，學界亦以金子氏的業績作為研究分水嶺。

金子寬哉之前的《群疑論》研究，例如鷲尾順敬〈古版釋淨土群疑論について〉

（《宗教界》二－四，一九〇八）、矢吹慶輝《三階教之研究》（岩波書店，一九二七、一九七三復刊）、松田貫了〈釋淨土群疑論標目考〉（《淨土學》十三，一九三八）、藤原凌雪〈懷感の念佛思想〉（《真宗學》九，一九五三）、近藤信行〈群疑論に現れた凡入報土論〉（《淨土學紀要》三，一九五四）、坪井俊映〈鎌倉時代に於ける群疑論釋書について〉（《日佛年報》二十一，一九五六）、〈金澤文庫所藏生駒良遍著群疑論見聞について〉（《佛教大學研究紀要》三十三、三十四，一九五七）、村地哲明〈懷感傳についての一考察〉（《大谷學報》三十八－一，一九五七）、〈群疑論に於ける佛身佛土の觀方〉（同四十六－二，一九六六）、山本佛骨〈懷感の淨土教思想〉（《真宗學》五十二，一九七五）、江隈薰〈釋淨土群疑論における念佛義〉（《印佛研》二十三－一，一九七五）、島津現淳〈懷感の淨土觀——唯識說との關係を中心として〉（《同朋大學論叢》三十九，一九八一）、〈釋淨土群疑論所引の世親の淨土論〉（同四十四、四十五，一九八一）等。

金子寬哉繼承先學研究，在〈懷感の傳記について——特に沒年を中心として〉（《佛教論叢十二，一九六七）中重新探討懷感傳記，另發表〈懷感の淨土觀〉（《淨土宗學研究》四，一九七〇）、〈懷感の念佛三昧說〉（同五，一九七一），是至今闡析《群疑論》最詳細的論文。金子氏又考察《群疑論》所引的諸經論，發表〈《孟銑傳》

について〉（《印佛研》二十－一，一九七二）、〈涇川水泉寺出土「涇州大雲寺舍利石函」の銘文について〉（同二十八－二，一九八〇），後者是研究《群疑論》的撰序者孟詵，並探討懷感身處的時代背景。金子寬哉亦在〈日本における群疑論の受容——法然以前を中心として〉（《竹中信常頌壽紀念》，山喜房佛書林，一九八四）、〈善導、懷感と法然淨土教法然の著作に見る兩師の引用を中心に〉（《法然淨土教の綜合的研究》，山喜房佛書林，一九八四）等論文中彙整日僧引用的《群疑論》文獻，指出法然之前及之後對《群疑論》的接受態度有何差異。金子氏在近年發表〈三階教と《群疑論》〉（《印佛研》四十九－二，二〇〇一）、〈彌陀彌勒兩信仰について〉（《佐藤良純古稀紀念》，山喜房佛書林，二〇〇三）等，亦考證《群疑論》中有關反論者的敘述。（金子寬哉的著作彙編為《〈釋淨土群疑論〉の研究》，大正大學出版會，二〇〇六）

繼金子寬哉之後，村上真瑞於一九八〇年代前半進行《群疑論》研究。村上氏陸續發表〈《釋淨土群疑論》における淨土論——特に慈恩思想との關連を中心として〉（《佛教論叢》三十，一九八六）、〈《釋淨土群疑論》における佛身佛土論〉（《淨土宗學研究》十五、十六，一九八六）、〈《釋淨土群疑論》における慈恩の影響〉（《印佛研》三十六－一，一九八七）、〈七寺所藏《釋淨土群疑論》寫本について〉（同四十－二，一九九二）、〈《釋淨土群疑論》に說かれる阿彌陀佛と凡夫との呼應關係〉（同四十

四－一，一九九五）、〈《釋淨土群疑論》に說かれる三階教批判〉（前揭書《高橋弘次古稀紀念》）等，主要剖析七寺本的《群疑論》寫本，研究《群疑論》的核心思想佛身佛土論的發展，同時致力將《群疑論》文本化。

金子、村上兩氏之外，村地哲明則發表〈善導と懷感との師弟說についての疑問〉（《真宗研究》三十四，一九八六）、〈善導の淨土教の展開について〉（同三十六，一九八九）等，是透過釋讀《群疑論》來分析善導之後的淨土宗發展。《群疑論》研究不僅探討經論引用、佛身佛土論、三階教等主題，還可作為其他研究素材。筆者認為藉由詳細分析《群疑論》的各種問答，將可闡明善導之後對淨土宗的批判、對淨土宗反論者的假設、懷感如何接受善導淨土宗義等課題。

八、道誾、靖邁、龍興及其他

在此列舉的是道誾、靖邁、龍興等淨土宗僧侶，他們曾入長安傳法，與善導、懷感的生存年代相近。

道誾及其著作《觀經疏》的研究，望月信亨《中國淨土教理史》（前揭書）介紹真福寺本《戒珠集往生淨土傳》和《觀經疏》的內容。惠谷隆戒繼而在《淨土教の新研究》

（前揭書）的〈第三章　古佚書道誾の觀經疏について〉、〈第十二章　源隆國の安養集について〉發表研究，第三章指出道誾的四種淨土論與智儼、道世的說法類似，顯示承襲於智儼的見解，並整理道誾倡說的九品階位論。第十二章指出道誾的文章與《纘述》部分近似，卻非同一著作。岸覺勇承續惠谷氏的研究，在《續善導教學の研究》（前揭書）中比較道誾與善導、龍興的思想。此後，柴田泰山〈道誾《觀經疏》について〉（《佛教文化研究》四十七、四十八合併號，二〇〇四），分別指出《觀經疏》和《纘述》的前後關係、與智儼教義的相通點、道誾對淨土思想的理解特徵等內容。

靖邁與其著作《稱讚淨土經疏》的論述，則有柴田泰山〈靖邁《稱讚淨土經疏》について〉（《印度哲學佛教學》十九，二〇〇四），是透過分析靖邁傳記和《安養集》，對可望稍能恢復原貌的《稱讚淨土經疏》進行研究。

龍興《觀經疏》方面，惠谷隆戒《淨土教の新研究》（前揭書）的〈第四章　古佚龍興觀無量壽經記の研究〉，以及金子寬哉〈淨業法師碑をめぐって〉（前揭書《戶松教授古稀紀念》），是議論龍興和淨業是否為同一人物。惠谷隆戒《淨土教の新研究》（前揭書）分析《安養集》等著作，約已復原龍興《觀經疏》的四分之三內容。

宇野順治〈伯希和斷片中の淨土教資料について——淨土教團史を中心に〉（《印佛研》三十八－二，一九九〇）、〈伯希和 Ch · 2720 の《觀經疏》について〉（《佛教學

研究》四十五、四十六，一九九〇），介紹過去研究並未發現的《觀經》註疏。

今後應從這些鮮少被研究的《觀經》註疏著手，探討善導撰寫《觀經疏》之後對《觀經》的釋解情況。透過這些分析，相信漸能釐清懷感《群疑論》的撰著目的。

九、慈愍三藏慧日、承遠、法照、飛錫、《西方要決》

唐代中期淨土宗的先驅研究，就是塚本善隆《唐中期の淨土教》（《東方文化學院研究報告（京都）》四冊，一九三三；法藏館，一九七五；《塚本善隆著作集》四，大東出版社，一九七六），此書亦是研究法照、承遠的必讀著作。

慈愍三藏慧日與其著作《淨土慈悲集》的研究，則有大屋德城《鮮支巡禮行》（《東方文獻刊行會》，一九三〇）、木下靖夫〈慈愍三藏の念佛觀〉（《顯真學報》十二，一九三四）、小野玄妙《佛教の美術と歷史》（大藏出版，一九三七）、中山正晃〈慈愍三藏の禪宗批判〉（《印佛研》十－一，一九六二）、柴田泰〈慈愍三藏慧日に關する二，三の問題〉（同十七－二，一九六九）、道端良秀〈真宗より見たる慈愍三藏〉（《中國佛教史の研究》，法藏館，一九八〇）、近藤良一〈慈愍三藏慧日の禪宗批判とその對象〉（《古田紹欽古稀紀念》，創文社，一九八一）等。近年，伊吹敦發表〈禪宗の登場

と社會的反響——《淨土慈悲集》に見る北宗禪の活動とその反響〉（《東洋學論叢》五十三，二〇〇〇），重新探討過去諸論之外，亦述及慧日批判的禪宗發展。

承遠的研究有塚本善隆《唐中期の淨土教》（前揭書）所收的〈南岳承遠とその淨土教〉，說明承遠的法脈學宗，亦指出承遠與天台、密教立場相近。

彙整法照資料最詳盡的論文，就是塚本善隆《唐中期の淨土教》（前揭書），其他研究有上山大峻〈敦煌出土「淨土法身讚」について〉（《真宗研究》二十一，一九七六）、江隈薰〈唐代淨土教の行儀——懷感・慈愍・法照について〉（《日佛年報》四十三，一九七八）、廣川堯敏〈敦煌出土法照關係資料について〉（前揭書《石田充之古稀紀念》）、坂上雅翁〈五台山大聖竹林寺について〉（《印佛研》五十一－二，二〇〇三）等。近年，齋藤隆信發表〈法照の禮讚偈における通俗性——その詩律を中心として〉（《淨土宗學研究》三十，二〇〇三），嘗試從音韻學的角度重探及校訂法照的著作，這種研究禮讚的方式堪稱是前所未見。五十嵐明寶《淨土五會念佛略法事儀讚》（永田文昌堂，二〇〇一），內容是解說和譯註法照的著作《淨土五會念佛略法事儀讚》（《略本》）。

有關飛錫與其著作《念佛三昧寶王論》，塚本善隆發表的《唐中期の淨土教》（前揭書）亦屬於先趨研究。此後尚有中山正晃〈飛錫の念佛三昧觀〉（《印佛研》十七－二，一九六九）、〈念佛三昧寶王論について〉（《日佛年報》四十一，一九七六）、石川琢道〈飛錫の實踐論——稱名念佛と般舟三昧〉（《佛教論叢》四十八，二〇〇四）、曾根宣雄〈《念佛三昧寶王論》における佛身論〉（同）、伊吹敦〈《念佛三昧寶王論》に見る禪の動向〉（《東洋學研究》四十一，二〇〇四）等陸續發表。《念佛三昧寶王論》的譯註，可參考大正大學綜合佛教研究所、唐代中期佛教思想研究會發表的〈唐代中期佛教の研究〉（一）－（四）（《綜佛年報》二十三－二十六，二〇〇一－〇四）。

尤其是伊吹敦的兩篇論文〈《念佛三昧寶王論》に見る禪の動向〉（前揭論文）、〈禪宗の登場と社會的反響——《淨土慈悲集》に見る北宗禪の活動とその反響〉（前揭論文），主旨是探討唐代中期淨土宗文獻呈現當時的禪宗動向，內容極具研究價值。伊吹敦亦發表〈《念佛鏡》に見る禪の影響〉（《印佛研》五十一－一，二〇〇二）、〈《念佛鏡》に見る八世紀後半の禪の動向〉（前揭論文）皆探討同樣課題。閱讀以上伊吹氏發表的論文，便可窺知中唐淨土宗和禪宗的發展情勢。

此外，淺野教信《講本・西方要決》（永田文昌堂，一九九三）附有《西方要決》解說和譯文。

除了中唐淨土宗與禪宗的共通點之外，尚有淨土宗和華嚴宗、天台宗、密教的關聯、與朝廷互動關係等課題，這些已與初唐淨土宗發展的阿彌陀佛信仰情況相異。此外，今後更應深入研究中唐至五代、宋代的淨土宗發展。

十、今後展望

隋唐時代，堪稱是中國淨土宗研究業績最豐碩的領域。道綽和善導在當時積極傳法，皆被列入開創日本淨土宗的五祖之一，日僧法然特別在《選擇集》中自稱「偏依善導一師」，禮敬善導為「彌陀化身」，依據善導的教義發展個人論點，讓鎌倉時代發展的淨土系教學研究得以傳延至今，這些成果十分可觀。然而一九八〇年代以後，中國佛教一片蓬勃發展中，淨土宗研究卻少有進展，究其原因有三：首先特別是歷史層面，諸先學已將既存資料研究彙整，難以提供新見解。其次是思想層面，各著作大致已考證確認其內容。最後是過去的道綽和善導研究，多從法然淨土宗的立場研究，再難有所突破。

今後隋唐淨土宗的研究方向，不僅要從敦煌文獻和各種金石文、《全唐文》等發展，更應注意新資料發掘，從中國佛教思想史領域探討淨土宗。研究中國淨土宗應具有前瞻遠見，將阿彌陀佛信仰視為中國宗教之一，相信便能展現迥然一新的方法論和成果。

第八節　禪宗

田中良昭

前言

本書的撰寫目的，是回顧及檢證中國佛教研究在戰後（一九四五—）半世紀以來的發展軌跡，為今後有志研究者提供新方向。在此列舉的隋唐佛教中，有關禪宗研究的部分其實早自戰前開始發展，歷經長久歲月才奠定根基。尤其是西元一九〇〇年發現敦煌文書後，中國禪宗研究從一九三〇年代起出現劃時代發展，必須根據這種歷史背景來對研究作回顧和前瞻。筆者認為最適當的方式，是將本篇焦點集中於戰後研究成果，在此之前先概觀戰前中國禪宗研究史，並將研究史分為以下四期：

第一期（一九一一—二五年）最初研究時期：在發現及介紹敦煌文書之前，針對至今的傳世資料進行研究。

第二期（一九二六—五五年）初步研究時期：發現及介紹敦煌文書，並使用這些新資料。

第三期（一九五六—九〇年）教團史、思想史研究時期：此後新發現的敦煌文書，得以讓教團史、思想史研究更為充實。

第四期（一九九一－現在）多元化研究時期：延續敦煌文書的研究，多元化採用新發現的塔銘和碑銘，兼採傳世至今的資料，藉此拓寬研究視野。

以上四期中，有關戰前第一期與部分跨越至戰後的第二期，只介紹當時的代表學者和研究成果。戰後的第三期和第四期，除了介紹學者之外，並論述其研究成果和學術意義。

一、揭開近代禪學研究的序幕

第一期最初期的近代禪學研究，是由松本文三郎發表的著作揭開序幕，此外還陸續發表《達磨》（國書刊行會，一九一一；《達磨の研究》，第一書房，一九四二）、《金剛經六祖壇經の研究》（貝葉書院，一九一三）。換句話說，中國禪宗研究是始於初祖達摩和六祖慧能（六三八－七一三）的研究，此後中國禪宗研究史也以這兩位人物為重心，由此可見，松本文三郎的研究極具先見之明。

接下來，學者便從上述的個別問題研究，轉為由綜合角度積極研究，試圖掌握禪宗是如何自印度傳入中國、日本，了解三國之間的禪宗發展史。孤峰智璨《禪宗史》（光融館，一九一九；《印度・中國・日本禪宗史》，國書刊行會，一九七五），在修訂版中說明該書的撰寫目的，是探討印、中、日三國的禪宗傳燈史。忽滑谷快天繼而在《禪學思想史》上、下冊（玄黃社，一九二三；名著刊行會，一九六九）之中，分別以上冊（印度、中國）、下冊（日本）整理三國的禪思想發展史，內容廣博浩瀚，令人歎為觀止。誠然，這些成果不盡適用於今日研究，卻顯示當時學者的宏宇氣魄，至今這部鉅著依然是研究典範。

二、發現敦煌文書

接著探討第二期，這階段主要是發現及介紹敦煌文書：

（一）首先必須說明的，是中國代表哲學家胡適發表的《神會和尚遺集》（上海：上海商務印書館，一九三〇；《胡適校 敦煌唐寫本神會和尚遺集》，臺北：胡適紀念館，一九六八），這是最早採用敦煌文書研究神會（六八四—七五八）的著作。此書問世後，敦煌文書從此在中國禪宗研究中開啟嶄新一頁，堪稱是劃時代的偉業。時至今日，中國禪宗史研究藉由這些新發現的敦煌文書，近乎改寫過去所有研究，足以顯示敦煌文書的存在意義重大。首先就來說明敦煌文書的發現經過。

敦煌文書的發掘地點是莫高窟十七窟，位於中國甘肅省西部的綠洲都市敦煌東南約二十五公里之處（此窟出現大量典籍，故有藏經洞之稱）。清末光緒二十六年（一九〇〇）

五月二十六日（中國資料記載為二十二日），洞窟看守人王圓籙偶然發現此洞，此人身分為道士，當時參加西域探險隊的各國探險家紛紛聞訊而至，向王道士購取新發掘的敦煌文書後攜回本國（中國稱此為掠劫）。期間是自清光緒三十三年（一九〇七），至中華民國建國後的民國四年（一九一五）。導致今日敦煌文書主要分存於五個收藏地點，就是收藏史坦因文獻的倫敦大英圖書館（初為大英博物館，後改制）、收藏伯希和文獻的巴黎法國國立圖書館、收藏清廷文獻的北京中國國家圖書館（原為京師圖書館，後改名）、收藏大谷探險隊文獻的京都龍谷大學圖書館（其中部分收於旅順博物館，目前轉由北京中國國家圖書館保管）、收藏奧登堡文獻的聖彼得堡俄羅斯科學院東方研究所，其他文獻則分屬於中國、臺灣、日本的圖書館或博物館、個人收藏。這些敦煌文書根據各單位收藏整理，進行分類及編目工作，並有微膠片攝影和影印本刊行，今日才更容易得知其內容。

發現這些文書後，悠悠歷經二十五載，方才受到學者關注。西元一九二五年，胡適首先注意到敦煌文書中的禪宗資料，翌年赴歐洲調查敦煌禪籍，在巴黎國立圖書館、倫敦大英博物館中發現神會的敦煌文獻，校訂研究後出版前述的《神會和尚遺集》。胡適發表這部鉅作後，得以畢生鑽研神會及其法嗣宗密（七八〇—八四〇），至少在中國禪宗研究這片領域上，留下卓越貢獻。

（二）敦煌文書的發現，對當時在日本刊行的佛典大叢刊《大正新脩大藏經》全一百卷（高楠順次郎、渡邊海旭等人主編，大正一切經刊行會，一九二四－三四）造成深遠影響，並且深具學術價值。尤其在《大正藏》經典類集（全八十五卷）的最終卷〈古逸部〉、〈疑似部〉之中，〈古逸部〉所收的是敦煌文書中新發現的經典。這些典籍皆是矢吹慶輝赴倫敦拍攝的古寫佛典照片，包含許多禪宗重要文獻。禪宗文獻除〈古逸部〉之外，尚有第四十八卷〈諸宗部〉收錄《六祖壇經》（略稱）、第五十一卷〈史傳部〉收錄《歷代法寶記》，應特別注意這部分資料。

矢吹慶輝為《大正藏》提供資料，並親自拍攝佛典，以《鳴沙餘韻》（岩波書店，一九三〇；臨川書店，一九五五）為題發表於世，兩年後出版詮釋典籍內文的《鳴沙餘韻解說》（同，一九三三；同）。矢吹氏在「解說」中，特別以〈敦煌出土支那古禪史並に古禪籍關係文獻に就いて〉為題，表示透過古寫佛典照片將敦煌禪籍的詳細文獻研究公表於世，是值得褒揚之舉。《鳴沙餘韻解說》的出版時間，與胡適發表神會研究同樣是西元一九三三年，這些中、日代表學者考證敦煌禪籍後，才真正邁入第二期敦煌文書的新研究時代。

松本文三郎在第一期首先公開《六祖壇經》研究後，參考矢吹氏在《鳴沙餘韻》介紹的新敦煌本，繼續對校明本興聖寺本和敦煌本，發表〈六祖壇經の書誌學的研究〉（《禪學研究》十七，一九三二）。這篇論文後來改題為「六祖壇經の研究」，收於《佛教史雜考》（創元社，一九四四），顯示松本氏亦關注敦煌文書，充分運用這些史料。

（三）胡適是首位研究神會的學者，兩年後，素以蒐集珍本而聞名的石井光雄（號積翠軒）以《燉煌出土神會錄》（一九三二）為題，將個人所藏的敦煌禪籍《神會語錄》刊行影印本，附錄「解說」則由鈴木大拙撰寫。這位鈴木大拙，堪稱是胡適畢生的競爭對手。胡適考證在巴黎發現的 P3048 文獻，撰寫「神會語錄第一殘卷」介紹《神會語錄》。另一方面，鈴木大拙解說附錄、石井光雄所藏的《神會語錄》則在卷末附上《師資血脈傳》，內容是敘說達摩至慧能六代大德的略傳。胡適與鈴木大拙最初研究的敦煌禪籍，不約而同皆是《神會語錄》，此乃奇緣巧合。倘若第一期松本文三郎的達摩與慧能研究，是近代中國禪宗研究之嚆矢，那麼第二期發現敦煌文書後，胡適與鈴木大拙的神會語錄研究，就是中國新禪宗研究的啟航。鈴木大拙和公田連太郎曾校勘三部初期禪宗語錄，也就是鈴木氏撰寫解說附錄的《神會語錄》影印本，以及矢吹慶輝發現的敦煌本《六祖壇經》和興聖寺本《六祖壇經》，另加這三部著作的「解說及目次」，總共出版一套四部和裝本《燉煌出土荷澤神會禪師語錄．燉煌本六祖壇經．興聖寺本六祖壇經．解說及目次》（森江書店，一九三四）。當時校訂南宗法系《六祖壇經》和《神會語錄》的基本語錄，使其盡早公諸於世，對日後的中國禪宗研究可謂貢獻良多。

韓籍學者金九經則將矢吹慶輝提供編入《大正藏》的敦煌禪籍《大乘開心顯性頓悟真

宗論》、《楞伽師資記》、《歷代法寶記》，以及朝鮮安心寺《達摩大師觀心論》進行校勘，出版了《薑園叢書》（北京：來薰閣，一九三四－三六）。金九經曾有著名之舉，就是成為胡適和鈴木大拙的居中調解人，其校勘發揮了補足《大正藏》校訂遺闕之憾，因而博得學界佳評。

胡適赴歐洲調查資料後，鈴木大拙則於西元一九三四年造訪北京，從當時京師圖書館收藏的敦煌文書（北京本）之中挑選禪籍調查研究。鈴木氏的成果是介紹包括《二入四行論》長卷子（編號：北宿九十九）的數部敦煌禪籍，又於翌年親自刊行影印本《燉煌出土少室逸書》（一九三五）。西元一九三六年將內文校訂和解說集結成籍，標題為《校刊少室逸書及解說》，又發表引用剛發掘的文獻進行新研究，題名為《附錄 達摩の禪法と思想及其他》，出版和裝本佚書合編雙冊（安宅佛教文庫，一九三六），鈴木大拙特別將後者的主要內容，收於戰後出版的《禪思想史研究 第二》（岩波書店，一九五一）。鈴木氏最初引用敦煌文書分析達摩，並藉此首度發表中國初期禪宗思想史研究，這項成果問世後，對日後的研究發展提供莫大貢獻。

（四）曹洞宗僧侶宇井伯壽，也與臨濟宗居士鈴木大拙同樣，在中國禪宗史研究方面留下偉大業績。宇井氏原本專攻印度哲學，就廣義來看，中國禪宗史的特色之一，正是屬於印度哲學研究之一環。鈴木大拙於西元一九三六年出版《達摩の禪法と思想及其他》

（前揭書），宇井伯壽則在三年後，每隔兩年陸續發表《禪宗史研究》（岩波書店，一九三九、一九六六）、《第二禪宗史研究》（同，一九四一、一九六六再版）、《第三禪宗史研究》（同，一九四三、一九六六再版）。最初的《禪宗史研究》是從達摩、慧可到僧璨，以及牛頭宗法融（五九四－六五七）及其門下、五祖弘忍（六〇一－七四）及其門下、北宗的神秀（六〇六？－七〇六）及其門下。續卷是有系統論述南宗慧能、荷澤宗神會（六八四－七五八）及其門下、南宗馬祖道一（七〇九－八八）和石頭希遷（七〇〇－九一）。此書與鈴木大拙的研究領域一致，堪稱為雙璧之作。尤其是敦煌文書方面，此書最後以「北宗殘簡」為題，附加北宗系新資料校訂，這點發揮了嶄新特色。

《第二禪宗史研究》首先以「壇經考」為題，將南宗創始人六祖慧能的語錄《六祖壇經》，依照不同系統詳細論述各異本後，再校勘敦煌本。繼而詳細分析慧能傳記、論述慧能門人，考察百丈懷海（七四九－八一四）、石頭門下的藥山惟嚴（七五一－八三四）、天皇道悟（七四八－八〇七），結尾收入《古尊宿語錄》的考證。最後，《第三禪宗史研究》是考察與中國曹洞宗系有關的雲嚴曇晟（七八〇？－八四一），以及曹洞宗集大成者洞山良价（八〇七－六九）和曹山本寂（八四〇－九〇一）兩者的語錄和五位說。並考察自雲居道膺（八三五？－九〇二）之後，至日本曹洞宗開祖永平道元（一二〇〇－五三）之師天童如淨（一一六二－一二二七）的歷代祖師背景。最後加上《法集別行錄節要并入私記》，補足宗密著作《中華傳心地禪門師資承襲圖》的佚失部分。《第三禪宗史研究》內容僅有中國曹洞宗祖師傳記及其思想，未必是從整體角度探討中國禪宗史，但從過去孤峰智璨、忽滑谷快天的研究來看，這些近代化研究方式造就了新成果，成為日後中國曹洞宗研究的方法依據。

中國禪宗通史中，以宇井伯壽的三部作最為精良，堪稱是歷來僅見。增永靈鳳《禪定思想史》（日本評論社，一九四四）同樣以通史形式整理禪宗發展史，焦點集中於世尊以後的禪定思想，此後又重新輯要，出版大眾取向的《禪宗史要》（鴻盟社，一九五七）。

（五）鈴木大拙在第二期對敦煌禪籍新研究發揮了極大貢獻，在最終階段奮起一搏，發表兩項成果。首先是與門下古田紹欽共同合作，將積翠軒石井光雄所藏的《絕觀論》，以處理《神會錄》的方式介紹及研究、出版，就是鈴木大拙編，古田紹欽校《燉煌出土積翠軒本絕觀論》（弘文堂，一九五〇）。其次是翌年出版的《禪思想史研究 第二》（岩波書店，一九五一，重版一九六八、八七、二〇〇〇），此後成為禪思想史系列叢書（共四冊）。尤其如此書副題「從達摩到慧能」所示，這項研究是採用研究者個人發現的敦煌文書，彙整以達摩為起始的中國初期禪思想史，如此劃時代的成果，對學界助益甚大。

當時歐洲學者的研究迅速受到矚目，皆以胡適以來的神會研究為重點。謝和耐（Jacques Gernet）和李華德（Walter Liebenthal）各別出版《神會語錄》的法譯版和英譯版。前者是*En-*

tretiens du Maître de Dhyâna Chen-houei（*668-760*）*du Ho-tsö*（PEFEO 31, 1949），另發表 *Complément aux Entretiens du Maître de Dhyâna Chen-houei*（*668-760*）（PEFEO 44, 1954）。後者是 *The Sermon of Shen-hui*（AM New Series 3-2, 1952）。這些著作如實證明了神會研究在歐洲備受關注。

三、學問研究進展

第二期是以胡適、矢吹慶輝、鈴木大拙、金九經、宇井伯壽等學者為代表，他們不僅發現和介紹敦煌禪籍，更能善用新資料。這個階段大致是以西元一九五五年為分界點，實地文獻調查在此時期仍是必要條件，但可使用微膠片拍攝照片從事研究。此後，敦煌文書照片交由東京東洋文庫和京都的京都大學人文科學研究所保存，可供研究機關調查和研究。若想從事更嚴謹的文獻研究，當然必須採用實地調查，但文獻內容的調查研究只需透過照片即可。

第三期的特色，則是藉由重新發現保存狀態更完善的異本，讓過去的豐碩研究成果在學術發展上更上層樓。以下是按照年代所舉的具體研究成果：

（一）首先最重要的是天台止觀與中國禪的比較研究中，天台僧侶關口真大對中國禪學研究提供的卓越貢獻。關口氏在《達摩大師の研究》（彰國社，一九五七；山喜房佛書林，一九六九）關注的課題，是藉由嚴密的文獻批判，闡明許多冠上達摩之名、以語錄方式呈現的達摩論，其實是初期禪僧假借達摩名義所撰的偽書。書名雖為《達摩大師の研究》，內容卻是針對達摩論的文獻批判研究。筆者當時閱讀此書時深受震撼，可謂畢生難忘。關口真大承先啟後，投注更多心血研究初期禪宗思想史，發表初期禪宗通史著作《禪宗思想史》（山喜房佛書林，一九六四），又根據不同年代分析十八種資料內容，探討達摩如何從歷史人物演變為傳說角色，出版《達摩の研究》（岩波書店，一九六七、九四），就此完成三部作。

（二）關口氏的《達摩の研究》是在西元一九六七年問世，這一年更值得矚目的是尚有其他禪宗史研究問世，其中包括美國學者菲利普・楊波斯基（Philip Yampolsky）的敦煌本《六祖壇經》英文研究和文本校訂、英譯 *The Platform Sutra of the Sixth Patriarch*（Columbia Univ. Press, 1967），曾獲哥倫比亞大學的授獎殊榮，尤其在校勘方面，將敦煌本與興聖寺本縝密對校，因此極受好評推崇。在敦煌縣博物館所藏的敦煌本異本發現之前，長久以來皆以此為研究依據。

（三）同樣於西元一九六七年問世的鉅著，就是柳田聖山《初期禪宗史書の研究》（法藏館，一九六七；《柳田聖山集》六，同，一九九九）。此書原是花園大學禪文化研究所在同年一月發行的平裝版，是整部研究報告書的首冊，五月再由法藏館出版精裝本。正如副題「中國初期禪宗史料の成立に相關する一考察」所示，此書除了敦煌文書，亦研究中國初期的禪宗史書（燈史），尤其在闡釋禪宗成立史和價值批判上成果卓越。後半則是以「資料校註」為題的大冊著作，附有八種最具代表的資料校訂和語註。此書問世後，中國禪宗史研究堪稱是臻於時代頂峰，大有所向披靡之勢，尤其在重版全集本的卷首，刊登作者另撰的「重刊之辭」，以及法國東洋學泰斗戴密微在出版後立即撰寫的法文書評、林信明翻譯的「重刊之辭」。書評在開頭極力稱揚：「自宇井伯壽發表三卷本以來，此書是最優秀的中國禪宗史文獻」，卻不免指出其內容：「迂迴瑣論甚多，欠缺明確結論，註釋浩如洪流，晦澀難解」，如此提醒讀者應銘記在心，那就是欲解讀此書，前提是必須具有高度專業素養。此後柳田氏積極鑽研學問，發表長篇論文十分可觀，今日已由法藏館出版集成《柳田聖山集》全六卷，盼能早日刊行完畢。附帶說明的是柳田氏在出版該書的同時，亦發表初期禪宗的相關論文，多半整理收於《柳田聖山集一　禪佛教の研究》（法藏館，一九九九），為後進研究者提供許多便利。

柳田聖山發表大作《初期禪宗史書の研究》後，便以此為開端，針對在敦煌文獻中大量發現的初期禪籍所提供的新內容，進行文本校訂和譯註，這些成果出版後，對學界貢獻良多。首先在燈史方面，《初期の禪史一——楞伽師資記・傳法寶記》（《禪の語錄》

二，筑摩書房，一九七二）、《初期の禪史二——歷代法寶記》（同三，一九七六）。語錄方面，《達摩の語錄——二入四行論》（同一，一九六九；《世界古典文學全集三十六A 禪家語錄》一，同，一九七二），以及《禪語錄》（《世界の名著》續三，中央公論社，一九七四；同十八，一九七八）。此外包括常盤義伸的英譯著作在內，可參閱常盤義伸、柳田聖山編《絕觀論》（花園大學禪文化研究所，一九七六），以及收錄胡適禪學研究成果的柳田氏編《胡適禪學案》（中文出版社，一九七五）、集結《六祖壇經》諸版本的柳田氏主編《禪學叢書七 六祖壇經諸本集成》（同，一九七六）。

柳田聖山〈中國禪宗系圖〉和〈禪籍解題〉（《世界古典文學全集三十六B 禪家語錄》二，筑摩書房，一九七四），內容是中國禪宗史中的禪宗祖師系譜，以及彙集一切禪籍的解題，這兩篇皆對日後的研究者極有幫助。《ダルマ》（《人類の知的遺產十六》，講談社，一九八一；《講談社學術文庫》一三一三，一九九八），是以前述的《達摩の語錄》所收的《二入四行論》譯文為主要內容，另收錄達摩研究。柳田聖山的鉅著《初期禪宗史書の研究》（前揭書）是整合研究初期的禪宗燈史，另一篇論文〈語錄の歷史——禪文獻の成立史的研究〉（《東方學報》五十七，京都大學人文科學研究所，一九八五；《柳田聖山集二 禪文獻の研究》上，法藏館，二〇〇一），僅針對初期禪宗語錄的文獻進行綜合研究。以上兩項成果，是柳田氏對初期禪宗文獻研究之集萃。此外，《祖堂集》

（《大乘佛典〈中國・日本篇〉》十三，中央公論社，一九九〇）並非針對初期禪籍，而是著重後來的禪宗燈史，尤其是《祖堂集》（九五二）中發現值得注目的課題，書中包括自古抄譯的《禪語錄》，以及柳田氏指出的《祖堂集》原有內容（過去七佛、西天二十七祖、東土六祖、唐朝代表禪師十一名）的全譯和語註、解說。另一方面，《祖堂集》的文本索引，是由京都大學人文科學研究所出版的三冊本《祖堂集索引》（上冊，一九八〇；中冊，一九八二；下冊，一九八四）。尤其是下冊附有原書「解題」，以及全卷附加句讀的「影印本」。這部影印本與《六祖壇經諸本集成》（前揭書）同樣編入《禪學叢書》系列，並由柳田聖山主編的《禪學叢書四　祖堂集》（中文出版社，一九七二）刊行。

（四）《祖堂集》多以唐宋口語或俗語進行問答，相關專門研究有太田辰夫《中國歷代口語文》（江南書店，一九五七）、《祖堂集口語語彙索引》（同，一九六二）、《唐宋俗字譜——祖堂集の部》（汲古書院，一九八二）。包含口語和俗語解釋的辭典，則有入矢義高監修、古賀英彥編著《禪語辭典》（思文閣出版，一九九一），可讓研究者更方便查閱，在此特別推薦。

（五）將敦煌禪籍納入初期禪宗通史的著作中，最受矚目的是臺灣僧侶印順所撰的《中國禪宗史》（臺北：正聞出版社，一九七一）。此書的副題是「從印度禪到中華禪」，實際上是從達摩論述至馬祖、石頭這段期間的中國初期禪宗史。原書是以中文撰成，經由伊吹敦向日本學會廣為推薦，在日譯本中重添新註和索引，出版書名為《中國禪宗史——禪思想の誕生》（山喜房佛書林，一九九七）。昔日中國禪宗的外文著作在日本極少出版譯本，此書實屬罕見，在此由衷感謝伊吹氏譯介此書不辭勞苦。印順從事印度佛教研究的著作甚豐，《中國禪宗史》在中華圈和歐美地區讀者眾多，廣受學界稱譽，只是當時日本學會尚未深切注意。伊吹敦在跋文「譯者後記」中詳細介紹作者印順的經歷及著作，《中國禪宗史》的學術價值因此獲得高度評價，出版日譯本可謂意義深遠。

（六）柳田聖山的研究是從臨濟宗花園大學時期展開，至京都大學人文科學研究所為止，一路可說是獨力奮鬥發表成果。相對於此，田中良昭則以曹洞宗駒澤大學為基礎，採取共同合作的新方式從事研究。田中良昭在駒澤大學任教後，隨即邀集年輕學者和研究生組成禪宗史研究會，最初的成果，就是彙整六祖慧能傳記和著作的基本研究，出版駒澤大學禪宗史研究會所編的《慧能研究——慧能の傳記と著作に關する基礎的研究》（大修館書店，一九七八）。此後，共同研究針對日本學會尚未介紹的《寶林傳》（八〇一），繼續進行解讀和譯註。原本採用各卷分冊刊行的方式，預計將出版十卷，最後排除遺缺的第七卷、九卷、十卷，將第一卷至第六卷和第八卷的現有內容加上譯註，共計七卷。田中良昭待此書系列完成後，重新修訂全卷並出版《寶林傳譯注》（內山書店，二〇〇三）。

田中良昭關注敦煌禪籍的發掘和研究，另一方面，此領域的研究尚有篠原壽雄、田中良昭編《講座敦煌八　敦煌佛典と禪》（大東出版社，一九八〇），大東出版社在三年後刊行《敦煌禪宗文獻の研究》（一九八三），這兩部著作問世後，為敦煌禪籍研究開啟了新方向。田中良昭、古田紹欽共著《人物中國の佛教——慧能》（大藏出版，一九八二），主題探討慧能傳記和思想。此外，田中良昭與沖本克己等人共譯的《敦煌二》（《大乘佛典〈中國・日本篇〉》十一，中央公論社，一九八九），內容是初期禪宗語錄的現代文譯，附有語註和解說。西元一九八九年春，中國北京大學舉行中日禪學研討會，駒澤大學的禪宗學者在該會報告的論文，刊載於同年出版的《駒澤大學佛教學部論集》第二十期。藉由此次的報告為基礎，應在各禪學領域擴大研究方向，如此一來必須彙整一部引介日本禪學研究的入門書，故由田中良昭編著《禪學研究入門》（大東出版社，一九九四），此後追加研究現況，近年出版改訂本《禪學研究入門　第二版》（同，二〇〇六）。

（七）敦煌禪宗文獻多為唐代寫本，宋代以後出現木版雕刻印本，禪籍研究至《大藏經》開版後才邁入新階段。這部分的研究介紹，可參考椎名宏雄《學術叢書禪佛教　宋元版禪籍の研究》（大東出版社，一九九三）。身為禪籍研究專家的椎名氏，亦在本書「I總論」的「《大藏經》開版」單元中，負責介紹相關內容及研究成果。相關領域方面，野澤佳美《明代大藏經史の研究——南藏の歷史學的基礎研究》（汲古書院，一九九八），是針對明代《大藏經》中的《南京法恩寺版大藏經》（通稱南藏）進行研究，將前述的寫本與此類的版本研究相結合，便可闡明中國禪籍研究的全貌。

（八）敦煌禪籍提供許多新資料，有助於研究馬祖、石頭之前的初期禪宗史。鈴木哲雄根據這些資料，加上分析僧傳和燈史等傳世資料，善用過去禪宗史學者忽略的地方志，追溯中國禪宗的區域性發展，試圖掌握其全貌。鈴木氏最初發表的成果，就是《學術叢書禪佛教　唐五代の禪宗——湖南江西篇》（大東出版社，一九八四），繼而出版《唐五代禪宗史》（山喜房佛書林，一九八五）、《中國禪宗史論考》（同，一九九九），兩著作前半皆是中國禪宗區域性發展的後續研究，後半則是論述禪學思想發展，藉由這些著作，可知是從地域和思想兩層面來分析禪宗史。鈴木哲雄亦發表《浙江江西地方禪宗史蹟訪錄》（同，一九八五），作者從事靜態的文獻調查研究，更親赴當地田野調查了解實際情形。昔日鈴木氏即對中國禪宗人物和發展地區十分關切，自行蒐集整理各種基本資料，最初出版《中國禪宗人名索引》（其弘堂書店，一九七五），近年出版《中國主要地名辭典——隋～宋金》（山喜房佛書林，二〇〇二）。今日網路時代發達，這些索引和辭典出版不易，卻能提供日後研究者極為有用的資料。

（九）吐蕃（藏族）於八世紀末至九世紀前期統治敦煌，當時正值中國禪學與藏傳佛教交涉盛行，此課題一時深受現代藏學學者關注，成為全球矚目的課題。法國學者戴密微（Paul Demiéville）的 *Le Concile de Lhasa*（Paris, 1952）開研究之先河，以及義大利東洋學者圖奇（Giuseppe Tucci）的研究 The Debate of bSam yas According to Tibetan Sources（*Minor Buddhist Texts* Part 2, Roma, 1958），尤其針對中國禪籍的藏譯問題，或中國禪僧摩訶衍與藏傳佛教的關係等課題，皆有許多論文發表。日本學者對禪宗與藏傳佛教交涉研究，則有山口瑞鳳、沖本克己、木村隆德共同研究的〈中國禪とチベット佛教〉，收於篠原壽雄、田中良昭編《敦煌佛典と禪》（前揭書）。上山大峻的大著《敦煌佛教の研究》（法藏館，一九九〇），則採用敦煌文書來闡釋敦煌佛教和佛教學的全貌。

（十）日本學會關注的焦點，是如何採用敦煌文獻發展中國禪學新研究，或探討中國禪和藏傳佛教的關係，彼岸的美國佛學者亦對此課題深表關切。這些西方學者多具有留日或留華經驗，既了解東方語言，又能讀解文獻，擅常會話，發表研究豐富。在此試舉代表著作如下：

首先是路易斯・藍柯斯特（Lewis R. Lancaster）和黎惠倫（Whalen Lai）合編的論文集 *Early Ch'an in China and Tibet*（Berkely Buddhist Studies Series 5, Berkely, 1983）。彼得・格雷戈里（Peter N. Gregory）編著的兩部論文集 *Traditions of Meditation in Chinese Buddhism*（Studies of East Asian Buddhism 4, Honolulu, 1986），以及 *Sudden and Gradual: Approaches to Enlightenment in Chinese Thought*（Studies of East Asian Buddhism 5, Honolulu, 1987）。個

人著作方面，約翰・麥可瑞（John McRae）分析北宗禪與初期中國禪的形成過程，著作是 *The Northern School and the Formation of Early Ch'an Buddhism*（Studies of East Asian Buddhism 3, Honolulu, 1986）。伯納・佛雷（Bernard Faure）分析北宗禪傳燈的提倡過程，著作是 *Lavolontè d'Orthodoxie dans le Bouddhisme Chinois*（Editions du Centre Nationale de la recherehe Scientifique Imprimerie Louis-Jean, Paris, 1989），以及菲利斯・布魯克斯（Phyllis Brooks）的英譯著作 *The Will to Orthodoxy: A Critical Genealogy of Northern Chan Buddhism*（Stanford Univ. Press, 1997），以上皆是代表研究。

（十一）以上主要是新文獻研究與採用新文獻的歷史研究，另一種研究中國禪的方法就是禪思想研究，成果也相當卓越。後者研究屬於鈴木大拙之後的臨濟宗系，採用傳統研究方法，學者多為花園大學出身。首先介紹西村惠信《己事究明の思想と方法》（法藏館，一九九三），探討課題不限於中國禪宗，書中的「己事究明」意指臨濟禪的悟，堪稱是禪思想研究之極致。在此之前，西村惠信曾發表《人物中國禪宗史——ノスタルジアとしての禪者たち》（禪文化研究所，一九八五），試圖以問答方式，分析中國最具代表的禪師有何形象特質。村上俊、沖本克己的著作延續這種思想研究傳統，例如村上俊《唐代禪思想研究》（《花園大學國際禪學研究所研究報告》四，一九九六），內容分為：〈第一部　初期禪宗思想與中國佛教〉、〈第二部　積極發揮禪宗特質〉、〈第三部　圓相研究〉，正如題名所示，此書就是採取禪思想研究方法。沖本克己《禪思想形成史の研究》（《花園大學國際禪學研究所研究報告》五，一九九七），前半是探討初期禪宗習禪者和理論形成，後半是研究敦煌禪文獻和禪語錄的諸相。此書亦如其名，是以分析禪宗思想形成史為宗旨。

（十二）先前已從佛教學和禪學的立場概觀中國禪學研究，另一種方式則是從東洋史或中國史的角度研究，最具代表的學者就是阿部肇一，著有《中國禪宗史の研究——南宗禪成立以後の政治・社會史的考察》（誠信書房，一九六三）。內容分為：〈第一篇　唐代禪宗史〉、〈第二篇　五代吳越的佛教政策〉、〈第三篇　宋代禪宗史〉、〈第四篇　資料〉，範圍涵蓋唐、宋兩朝。內容如副題所示，特色是將焦點置於禪宗和政治、社會的關係，此書經過修訂增補後，重新出版《增訂中國禪宗史の研究》（研文出版，一九八六）。阿部肇一繼此研究後，發表《禪宗社會と信仰——續中國禪宗史の研究》（近代文藝社，一九九三），淋漓發揮其專長研究，書中見解獨到。

中國禪宗研究是以禪宗內部的禪者思想或行動為對象，這是不爭的事實。然而，禪宗不能僅依賴禪者而存，必須包括政治、社會等因素在內，尤其不能只關注為政者，更應注重禪宗和相關人物的關係，若忽視這層關係，將無法從事禪宗研究。眾學者早已洞悉此問題，實際上卻礙於資料所限，無法採取以上觀點充分研究，筆者盼今後學者能從這個角度展開綜合性的禪宗研究。

（十三）以上是徹底以禪宗為對象的研究，還有一種方式，就是如何將禪宗在佛教諸宗中定位，從禪宗與其他宗派的關係來探討禪學問題。前述的關口真大研究，就是從天台宗的立場探討天台止觀與中國禪的關係，早期研究像是高峰了州《禪と華嚴の通路》（南都佛教研究會，一九五六），是從華嚴宗和更早發展的地論宗研究中，闡明華嚴與禪宗的關係。較近期的研究有吉津宜英《禪學叢書禪佛教　華嚴禪の思想史的研究》（大東出版社，一九八八）、石井公成《華嚴思想の研究》（春秋社，一九九六）等，平井俊榮《中國般若思想史研究》（同，一九七六）則從三論宗的立場作探討。

近年，鎌田茂雄提倡應拓寬視野，從更廣泛的東亞佛教圈展開研究，強調在東亞佛教積極發展下更應關注禪宗。木村清孝、吉津宜英、石井公成等學者皆採取此方式從事研究，成果備受矚目。

（十四）胡適在最初期階段因研究中國禪宗而馳名於世，此後在中國卻少有後繼學者發表成果。直至近年，中國禪宗研究開始朝氣蓬勃，如此現象十分值得重視。先前提到在北京舉辦中日禪學研討會後，在中國出版的禪宗研究著作中，特別讓日本研究者獲益良多的是楊曾文《敦煌新本六祖壇經》（上海：上海古籍出版社，一九九三），此書彙編包括《六祖壇經》和《菩提達摩南宗定是非論》在內的敦煌縣博物館本的校訂及研究，此後重新整理為《新版．敦煌新本六祖壇經》（北京：宗教文化出版社，二〇〇一），以及周紹良編《敦煌寫本壇經原本》（北京：文物出版社，一九九七）、楊曾文編校《中國佛教典籍選刊 神會和尚禪話錄》（北京：中華書局，一九九六），皆是研究中國禪宗史的必要最新著作，今後應更加注意中國學者的禪宗史研究成果。

（十五）最後在前述的中國禪宗研究四時期中，無論是日本或歐美出版的研究書，或近年備受關注的中國研究著述，皆屬於專門學術書籍。若從本書撰寫目的來看，原本應該要為日後有意研究中國禪宗的初學者提供「研究入門」的指南書，就是提供更普遍、更適於初學者閱讀的中國禪學著作。過去曾提出這種呼籲和要求，事實上卻心有餘而力不足，近年總算因應需求，出現一部入門書，就是伊吹敦《禪の歴史》（法藏館，二〇〇一）。這部禪宗史不僅概觀中國禪，亦包括日本禪在內，淺明記述並引用大量近期的學術研究，內容最符合禪學概論的宗旨。筆者推薦給諸位初學人士，由此書著手去探索各領域的專門學術著作。

第九節 密教

平井宥慶

前言

「密教」始於印度佛教，許多佛教現象藉其名而複雜多歧，有時密教呈現的歷史諸相深蘊著神祕色彩，導致近代知識份子迷失其中。縱然近代佛教研究進展神速，密教研究卻遲滯未前，甚至隨著負面評價呈現衰退之勢。近年密教被視為佛教文化極重要之一環，所謂密教「復權」史，才是近代密教研究發展軌跡的真貌。

一、總論研究

（一）中國現代研究專著

西元一九九九年十一月，上海學林出版社刊行嚴耀中的《漢傳密教》，黃心川先生在序中表示，近年中國密教研究主要傾向於西藏密教（包括中國密教的特定領域），指出該書是「針對漢地密教發展史作全面性專門考察」。全書是從「一密教與漢傳密教」（定義問題），至「二十『獅子大王』考」（民神與密教信仰），總共有二十個單元探討密教信仰的深奧意涵。但從日本學者的角度來看，隋唐密教的課題是「善無畏」、「金剛智」、「不空」、「一行」、「惠果」，該書並無這方面的論述，由此可知中國學者對密教的關注點大為不同。

嚴耀中任教於上海師範大學，研究中參考大量資料和文獻，並引述日本學者的著作，其中特別引用的是大村西崖的《密教發達志》（佛書刊行會，一九一八）。這部早期著作仍具權威，堪稱是如實呈現密教研究的發展。大村西崖（一八六八－一九二七）原本是東洋美術史專家，此書證明了近代實證研究法適用於密教美術和文獻，為此破除密教的神祕氛圍，被譽為「樹立密教研究里程碑的心血鉅作」（佐和隆研編《密教辭典》，法藏館，一九七五），此後也常為中國學者引用。然而當時曾有學者對大村氏的著作提出批判，分別是權田雷斧《我觀密教發達志》（丙午出版社，一九二五；《權田雷斧名著選集》七，東洋文化出版，一九八五；《權田雷斧著作集》五，うしお書店，一九九四），以及加藤精神等著《密教發達志批判講演集》（一九二〇）。大村氏的《密教發達志》是以中文撰成，對中國學者而言備感親切。

呂建福《中國密教史》（北京：中國社會科學出版社，一九九五）卻絲毫沒有引用大村西崖的著作，結尾的主要參考文獻中也未列其書，反而大量引述《講座敦煌》全九卷（大東出版社，一九八〇－八九）中的第六卷《敦煌胡語文獻》（一九八五）、第七卷

《敦煌と中國佛教》（一九八四）所收的論文。其他日本學者的密教研究文獻，尚有栂尾祥雲《祕密佛教史》（一九二三，隆文館，一九七七；《栂尾祥雲全集》一，高野山大學，一九八二再版全六巻）、神代峻通譯《インド密教學序説》（密教文化研究所，一九六二）、宮坂宥勝《講座佛教三　インドの密教》（大藏出版，一九五九）、松長有慶《密教の歷史》（サーラ叢書，平樂寺書店，一九六九）、《密教經典成立史論》（法藏館，一九八〇）、《現代密教講座》全八巻（大東出版社，一九七六）、《真言宗全書》（真言宗全書刊行會，一九三四）、酒井真典《チベット密教教理の研究》（高野山出版社，一九五六）、森田龍仙《祕密佛教の研究》（臨川書店，一九三一、一九七三復刊）、村上專精《日本佛教史綱》（創元社，一九三九）、《密教大辭典》（同編纂會，一九三一、一九七〇復刊）等，以上皆是展望日本密教研究概況的必備用書，盼學習者能牢記參考。

《中國密教史》（前揭書）共由七章組成，內容從〈第一章　密教的教理概略〉、〈第二章　魏晉南北朝〉敘述密教傳入中國的過程，涵蓋至〈第七章　近代密教〉，採用以時代分述的常套模式作說明。相較於〈第五章　遼宋時期〉、〈第六章　元明時期〉的單章說明，唐代密教是採兩章節（第三、四章）的分量論述重點。〈第四章　唐代密宗的形成與發展〉的第五節亦論及密教在東瀛的發展，並未忽略日本密教。在此之前，日本已有日本密教史著作，但在中國尚無自國的密教史，此書問世後，必然成為中國佛教學界的一大轉捩點。

前述的《漢傳密教》經常引用《中國密教史》，卻沒有引述周一良著，錢文忠譯《唐代密宗》（上海：上海遠東出版社，一九九六）。張曼濤主編《現代佛教學術叢刊七十二密宗教史》（臺北：大乘文化出版社，一九七九）之中，收錄蔣維喬所著的《密教史》，《漢傳密教》也常引其內容。《唐代密宗》原於西元一九四五年發表英文版，當時書名是「中國密宗」，內容主要探討「善無畏」、「金剛智」、「不空」，故出版漢譯本時更名為「唐代密宗」，其他尚有輯錄「佛學論文選」。此書首篇是周一良的論文〈宋高僧傳善無畏傳中的幾個問題〉，探討善無畏的行經途徑中的「路出吐蕃」，符合「悟空」所說的「東接吐蕃」，因此設定為「東路」，卻沒有更具體指出是何地點，在此應可設定為吐蕃勢力入侵的北方地帶（新疆地區）。（參照後述的平井宥慶〈中國への道——善無畏來唐にかかわる八世紀內陸アジアの歷史狀況〉、〈善無畏の「來唐」再考〉）。然而周一良能即早重視此課題，可說是慧眼獨具。

以上是中國密教（包括印度）的歷史架構，密教著作大致採三項區分法，亦即將「善無畏」、「金剛智」、「不空」設為同一項目，以及這三位人物「之前」和「之後」兩項目。筆者將以此架構為前提，在後述單元作說明。

（二）叢書系列中的中國密教研究

立川武藏、賴富本宏編《シリーズ密教》全四卷（春秋社，一九九九），主題包括：〈第一卷 印度密教〉、〈第二卷 西藏密教〉、〈第四卷 日本密教〉，第三卷主題則是「中國密教」。此卷以賴富本宏的〈序論——中國密教とは何か〉為開頭，分為「歷史篇」、「思想篇」、「美術篇」、「實踐禮儀篇」。這些課題包含最重要的密教傳統諸問題，尤其是今日關心的主題，例如韓國密教的問題、中國道教與密教的邂逅、敦煌美術、密教與喇嘛教的關係等，此外還提到東南亞的儀禮佛教，亦是新鮮課題。本書在研究方法上有顯著進展，備受學者肯定。換言之，昔日雖有「中國」密教研究，卻只是單純探討漢譯密教經典，這是典型以固定（死板）方式處理原本鮮活的資料。相形之下，今日將這些資料視為在中國大地躍動的訊息，並試圖闡明資料所具備的「時代性」，而這種研究態度也逐漸鮮明。就此意味來看，新出土的資料如吳立民、韓金科《法門寺地宮唐密曼荼羅之研究》（香港：中國佛教文化出版社，一九九八）、賴富本宏〈書評〉（《密教學研究》三十三，二〇〇一）是應予關注的文獻。依筆者淺見，就以上特點來看，叢書《シリーズ密教》的研究型態已有顯著進展。

宮坂宥勝、松長有慶、賴富本宏編《密教大系》全十二卷（法藏館，一九九四），這套叢書屬於論文集，是將博得好評的論文彙輯選粹。其中第二卷是松長有慶編《中國密教》（一九九四），根據以下主題蒐集論文並分成數節：1.總論、中國密教、2.《大日經》系的密教——從善無畏到一行、3.《金剛頂經》系的密教——從金剛智到不空、4.金胎兩部與唐代後期密教、5.東南亞密教，並由松長有慶博士各別解說論文。

《密教大系》大致是以傳統方式，由金胎兩大經系的論文構成，在「中國」為主題的論文中，卻加入第五項東南亞密教，堪稱是構想新穎，內容則探討斯里蘭卡和印尼（爪哇婆羅浮屠）的密教。前述的《シリーズ密教》第一卷《インド密教》（一九九九）〈第一部　佛教密教〉的補充說明（見第十一章）之中，收錄松長惠史的〈ジャワの密教〉。在此之前，松長氏已完成《インドネシアの密教》（法藏館，一九九九），主題是論述印尼爪哇島的密教。印尼諸島與密教的關係，可從「金剛智」和「不空」的行動中知悉。這些史實主要得自於中國漢語文獻，而近代研究發展之際，也將當地建築遺跡和新發現的文獻（碑文類）視為重要資料，這些史料是定位於印度文化圈發展的延長線上。若偏重漢語文獻，便將這個主題歸為中國密教，若偏重遺跡等部分，則歸為印度佛教的範疇。從《密教大系》轉變為《シリーズ密教》的編排架構，這正是研究方法上值得矚目的變革。

論文集編輯企畫方面，《真言宗選書》全二十卷和別卷（真言宗刊行會，同朋舍出版，一九八六），是一套古典著作彙集叢書。其中第八卷〈教相の真言宗史二〉收錄吉祥真雄《印度支那密教史》（解題：武內孝善），全篇共十一章，原書出版於西元一九二九年五月，的確是屬於古典之作。書中多引用漢譯佛典資料，可重新見識到漢傳佛典的重要性，「別卷」是種智院大學密教學會編《文獻目錄》。該目錄從「主要紀念論集」類群中蒐集論文，期間自西元一九五六年出版《佛教の根本真理》，至一九八九年六月出版《平川彰博士古稀紀念論集——佛教思想の諸問題》，並在〈第二部　亞洲諸地區的密教〉收入〈中國密教〉，更容易檢索這段時期的論文。

說起著作的演變趨勢，可從「講座」系列的編輯架構中一窺端倪。高井隆秀、鳥越正道、賴富本宏編《講座密教文化》全四卷（人文書院，一九八四），分為：〈第一卷　密教流傳〉、〈第二卷　密教文化〉、〈第三卷　密教佛〉、〈第四卷　密教與現代〉，出版當時並沒有比照先前的叢書採用各國分述的方式，與中國密教直接有關的部分，也僅有〈第一卷　密教流傳〉（共十節）中的兩節內容，分別是賴富本宏〈中國密教的發展〉與鳥越正道〈中國密教遺跡的現狀〉，以及第四卷附錄的藤善真澄〈空海與長安〉，就整體叢書來看，內容所占比例偏少。《講座密教文化》沒有採取各國分述的原因，反映出中國密教研究的現狀，尚無法採用此法。然而，第一卷的井ノ口泰淳〈絲路的密教〉、田村隆照〈南傳爪哇的密教傳播〉、木村武應〈朝鮮半島的密教〉，皆可拓展研究視野，為《シリーズ密教》（前揭書）提供先驅研究的課題，應該獲得高度評價。

宮坂宥勝、梅原猛、金岡秀友編《講座密教》全五卷（春秋社，一九七六－八七）亦採不分國別的方式，內容為：〈第一卷　密教理論與實踐〉、〈第二卷　密教史〉、〈第三卷　空海的人生和思想〉、〈第四卷　密教文化〉、〈第五卷　密教小辭典〉。其中，中國密教論文分屬於第一卷思想（宮坂宥勝〈印度・中國〉）與實踐（那須政隆〈中國〉）、第二卷中國密教（勝又俊教〈歷史過程與金剛界〉、長部和雄〈胎藏界〉）、第四卷藝術（石田尚豐〈中國・朝鮮〉）、第五卷中國、日本（金岡秀友、野村全宏、真柴弘宗、福田亮成），內容含括思想、實踐、歷史、美術等，竭盡所能網羅各領域。這套叢書明確提示各研究領域的梗概，如此固然重要，但嚴格來說，此書不以國別分述的原因（大膽來說，應是很難做到），是基於缺乏對「中國」密教研究儼然獨立於其他領域這種認知，才會導致如此情形。這完全不是編輯的責任，而是日本密教學界在一九七〇年代中期以後的研究趨勢下造成的業果。然而《講座密教》已收錄岩本裕的〈南海密教〉，就拓展南海密教的領域來看，這套叢書很具有前瞻性。其中亦收入吉岡義豐的〈密教與道教〉，主要探討《三教指歸》的問題，是屬於日本密教的領域。此外，吉岡氏針對中國密教與道教的關聯，指出「必須要彙整更豐富的資料才行」（頁一三五），這點也不可輕忘。

宮坂宥勝、金岡秀友、松長有慶編《現代密教講座》全八卷（大東出版社，一九七五－九三），分為：歷史篇（一）、思想篇（二、三）、行道篇（四、五）、美術篇（六）、文化篇（七）、研究篇（八）。與中國密教直接相關的部分是第一卷金岡秀友

《インド・中國・日本を中心とする密教の歷史》，以及第六巻田村隆照《中國・日本の密教美術》。

叢書第一巻（一九七九）的〈第三章　中國・西藏・蒙古密教史〉，又分為「歷史」和「基調教理史」（他章亦同），「歷史」的第一單元是論述「中國密教的劃分時期——尤以初期、後期的問題點為中心」，全文共七頁（該巻總共四百五十六頁），與蒙古、西藏相較之下篇幅明顯稀少。這部分引用兩冊著作，就是松長有慶《密教の歷史》（前揭書）、栂尾祥雲《祕密佛教史》（前揭書）。松長氏的著作共十三章，僅以一章探討中國密教，出現前述「七頁」篇幅的情況是在所難免。不過筆者仍不厭其煩地說明，這種情況並非出於作者疏忽，而是在在顯示當時中國密教研究如此遲滯，這種現象又與歷史觀的變遷息息相關，這部分將在後續的歷史單元說明。

第八巻（一九七六）的「研究篇」收錄栂尾祥瑞〈外國人の密教研究——現代における密教理解の方法〉、松長有慶編〈日本人の密教研究——密教文獻目錄〉。栂尾氏的論文包括序和內文四章，內容是尚未發表的論文，松長氏則分為五篇，依照五項主題彙編著作和論文的目錄，分別是：〈第一篇　密教關係基本圖書目錄〉、〈第二篇　弘法大師を中心とする密教學關係論文目錄〉、〈第三篇　日本密教史關係文獻目錄〉、〈第四篇　インドおよび東アジア（日本を除く）の密教關係文獻目錄〉、〈第五篇　十巻章注釋書目

錄〉。除了第五篇之外，論文輯錄期間是從西元一八六八年至一九七五年。根據凡例選擇標準是「僅記載圖書和論文資料卡中極少部分的文獻」和「擷選重要研究」，可知是經由嚴選後的載錄論文，對今日研究大有助益，是初學者應通篇覽讀的重要文獻。

實際上，若只局限於隋唐研究，相關書籍和論文將十分有限，光是瀏覽這些目錄便能一目瞭然。若將探討課題擴展至中國密教，就可直接參考第一篇的「五密教史」（共收二十八篇），以及第四篇的「十一祖師研究」（共收三十五篇）、「十三中國密教圈」（共收二十九篇）。亦可參考第四篇「一總論」的「海外密教研究（一）－（三）」、「十特殊研究」的「唐代五輪塔研究」等。當見識到分類項目如此繁多，便能更深切體會密教研究的多元性。

毋庸置疑的，隋、唐兩朝是中國密教發展最燦爛的時代，當時正值中國史上最國際化的時期，密教堪稱是國際文化交流下的產物。因此探究密教的佛教型態，就不能只設定在隋唐時期，必須擴展至「密教」概念的多義性。昔日的研究著作常在開頭闡述密教的定義（以及「時代劃分」），這種情形在其他佛學領域甚為少見。必須從定義來展開議論的方式，足以證明密教積蓄了多少複雜要素。有些研究視隋唐時期為密教發展的絢爛期，這意味著可從歷史角度掌握當時的相關人物，也讓筆者重新認識到，必須投入更多心血積極鑽研隋唐密教。

（三）密教史考察

人文科學研究已朝更廣闊的領域發展，依筆者淺見，深感歷史考察是一門與人文科學整體相關的基本學問。欲了解中國佛教史中如何探討密教的問題，可參考鎌田茂雄博士的大著《中國佛教史》全六卷（東京大學出版會，一九八二－九九）。在此之前，鎌田博士已先發表《中國佛教史》（岩波書店，一九七八），當時因未在佛教專書出版社刊行，一時曾造成話題。道端良秀則在前一年發表《中國佛教史》（法藏館，一九七七），此書原於西元一九三九年初版，至一九七七年才增修發行改訂版。換言之，鎌田氏發表前述的佛教史通覽著作，堪稱是戰後睽違已久的新成果。隨著道端氏的修訂版問世，以及個人著作出版，鎌田博士方才切身感受到中國佛教全史研究方面，終於展現一絲曙光。該書第六卷是鎌田博士畢生的心血結晶，原本預計出版第七、八卷，卻因博士身故而壯志未酬（逝於二〇〇一年五月十二日，享壽七十三歲）。不禁令筆者憶起塚本善隆博士起筆撰寫《中國佛教通史》（鈴木學術財團，一九六八）第一卷後，即撒手人寰的一大憾事。鎌田博士逝世後刊行的《新中國佛教史》（大東出版社，二〇〇一），根據池田魯參的「後記」所述，今後有意陸續出版第七、八卷。

西元一九九九年出版第六卷《隋唐の佛教》下冊，〈第四章　隋唐諸宗〉的第七節探討「密教」與三論宗、天台宗、三階教、法相宗、華嚴宗、律宗、禪宗、淨土宗。鎌田博士並非只專攻密教研究，但依其個人史觀，恰集中於隋唐時期的密教，尤其探討「中國密教在思想史上的意義」之際，有別於昔日論點大加宣揚中國密教在唐末以後呈現「衰亡」之勢，鎌田氏卻證實了「當時有許多神咒和真言，對後世的民眾佛教影響深遠」（頁七五四），並指出「宋代以後的佛教造像明顯受到密教造像的影響」。在此必須特別說明的，是這些研究皆是鎌田博士長年以來實地踏訪、深入洞察中國佛教整體型態所獲得的成果。回顧一九七〇年代前期，密教研究零星散見，鎌田博士的研究方法論，是耗盡戰後半世紀以上的歲月，方能提昇至如此完美品質。

一九六〇年代後期開始出版《アジア佛教史》全二十卷（佼成出版社），西元一九七四至七六年刊行《中國編》一至五卷，其中第一卷（藤堂恭俊、塩入良道共著，一九七五，共三百八十四頁）探討佛教東傳至隋唐時期。至於密教部分，〈第八章 隋唐的中國佛教〉的「三 追求印度佛教與新佛教傳入」列有「密教傳入」項目，以八頁篇幅詳述初期密教的東傳，以及後來的善無畏、金剛智、不空、惠果等人物。內容平鋪直敘，此非作者疏怠所致，而是只能配合當時程度，尚在淺介階段而已。不過應該說是深以為幸才對，因為這套叢書實踐了綜合佛教全史的企畫，得以完成全系列出版，堪稱是佛教研究史上一大里程碑。

這套叢書中關於唐末以後的密教，是由塩入良道執筆，內容提到「民間篤信密教，卻被道教等教派吸收」（頁二九九）。如此想來，塩入博士是專攻佛名經典的學者，當時指出密教的發展趨勢，是多麼具有前瞻性。從前述的《アジア佛教史・中國編》出版，到鎌田氏在《隋唐の佛教》中提出明確闡釋，如此悠悠已度二十餘載，筆者每思及此，不禁感慨萬千。附帶一提的是塩入、鎌田博士在世之際，筆者曾與兩位學者交誼甚篤。

鎌田博士在前述著作中，大量引用其他學者的著述和論文，今日仍是學界的研究指標，研究者可作為參考。這些引用著作如下（按引用順序，只有標題者為前揭書）：長部和雄《唐代密教史雜考》（神戶商科大學經濟研究所，一九七一）、《一行禪師の研究》（神戶商科大學經濟研究所，一九六三）、〈漢譯三種悉地法の系譜〉（《密教文化》七十七－八，一九六六）、呂建福〈法門寺出土文物中有關密教內容考釋〉（《首屆國際法門寺歷史文化學術討論會論文選集》，西安：陝西人民教育出版社，一九九二）、渡邊照宏《お經の話》（岩波書店，一九六七）、松長有慶《密教經典成立史論》（法藏館，一九八〇）、佐和隆研《密教美術の原像》（法藏館，一九八二）、高井隆秀等編《講座密教文化一　密教の流傳》（人文書院，一九八四）、平井宥慶、津田真一〈百六十心の研究——大日經住心品の體系化の試み〉（《豐山學報》十四、十五號，一九七〇）、吉田宏晢〈《大日經》住心品における大乘的なものと密教的なもの〉（《勝又俊教古稀紀念》，春秋社，一九八一）、〈藏漢注釋による大日經住心品解說〉（智山宗務廳，

一九八四）、〈《大日經廣釋》部分譯（一）－（三）〉（《大正大學研究紀要》六十七－六十九，一九八二－八四）、〈一行阿闍梨の思想〉（《牧尾良海頌壽紀念》，一九八四）、〈不空三藏の密教について〉（《牧尾博士喜壽論文集》，一九九一）、岩崎日出男〈善無畏三藏の在唐中における活動について——菩薩戒授與の活動を中心として〉（《東洋の思想と宗教》六，一九八九）、〈金剛智三藏の在唐中の活動について〉（《密教學會報》二十九，一九九〇）、〈不空三藏の護國活動の展開について〉（前揭書《東洋の思想と宗教》六）、〈不空三藏の五台山文殊信仰の宣布について〉（《印佛研》四十二－一，一九九三）、春日禮智〈一行傳の研究〉（《東洋史研究》七－一，一九四二）、池田宗讓〈《胎藏緣起》と《血脈譜一行傳》——開元十四年《清滌毀戒》の意味とその傳教大師による削除の理由を求めて〉（《三康文化研究所年報》二十九，一九九八）、塚本善隆〈南岳承遠傳とその淨土教〉、〈玉泉寺蘭若和尚惠真の教學〉（《塚本善隆著作集》全七卷，大東出版社，一九七四－七六）、關口真大〈玉泉天台について〉（《天台學報》一，一九六〇）、北尾隆心〈菩提心論の成立について——特に思想背景について〉（《密教學研究》二十，一九八八）、小野塚幾澄〈不空の密教について——その根底にあるもの〉（《大正大學研究紀要》六十五，一九八〇）、勝又俊教〈惠果和尚傳の研究〉（《櫛田博士頌壽紀念》，山喜房佛書林，一九七三）、三崎良周

〈唐末の密教と蘇悉地〉（《密教學密教史論文集》，高野山大學，一九六五）、松永有見〈三種悉地破地獄儀軌の研究〉（《密教研究》三十五，一九七五）。

鎌田博士引用密教文獻之餘，更拓展至《舊唐書》、《歷代名畫記》，甚至包括《全唐文》、《寶刻叢編》等一般東洋史資料，十分值得注目。昔日學者僅從空海大師修習唐密的角度研究，不可否認的的，這種方式太過偏頗。涉獵資料時必須開拓視野，才能讓密教史融入中國佛教史中。鎌田博士並非只鑽研密教，正因為如此，方能廣通博達。鎌田氏透過更廣泛收集資料、從更高角度建構史觀的方式，達成佛教史的質轉換，使佛教學踏入真正學問的殿堂。這也是筆者為何會在前文提到，歷史考察是人文學科基礎學問的緣由。

賴富本宏譯《大乘佛典〈中國·日本篇〉八　中國密教》（中央公論社，一九八八），是《大日經（抄）》、《金剛頂經（抄）》、《菩提心論》、《攝無礙經》的現代譯文集，內附譯者解說，解讀更為方便。其中，「中國密教概論」的第一節（共二十一頁）有九十五項註記解說，引用主要著作和論文，今後的研究者務必參考。最後是〈中國密教史年表〉和〈參考文獻（通史與研究書）〉，列舉內容亦可作為參考。閱讀此書，即可了解經典需要歷史面向的研究。經典史研究方面，可參閱竹村牧男〈佛教——その讀みかえの精神史〉（《國文學》四十八－六，二〇〇〇）。

《中國密教》是經典翻譯，看似屬於印度密教的範疇，其實鉅細靡遺論述了中國密

教的諸相，在在說明密教史可具多面性考察價值。松長有慶在該卷附錄的《月報》八發表〈兩部に關する傳統說をめぐって〉，簡要說明《大日經》和《金剛頂經》的關係，務必值得一讀。

西元一九八八年，昭和時代劃下休止符，《大乘佛典〈中國．日本篇〉》系列中收入《中國密教》，並由非佛教專門書出版社企畫刊行，這可說是對密教研究已有長足進步表示肯定的「重要事件」。筆者深切體會到，這是講座系列叢書中最能顯示腳踏實地研究所獲得的恩賜。

二、部門研究

（一）概論中的密教研究

一九六〇年代中期以後，密教面臨相當嚴重的困境，難以跟上時代腳步發展近代化研究。一般佛教學在戰後二十餘年後，已紛紛在各領域展現成果，密教學卻沒有最新著作可供初學者參考。就在當時，松長有慶《密教の歷史》（前揭書）、金岡秀友《密教の哲學》（サーラ叢書，平樂寺書店，一九六九）陸續問世，這些概論書對初學研究者而言，宛如甘霖慈雨。

這兩本著作皆在開頭指出，近代佛教學對「密教」抱持著誤解和迷信，說明現階段的近代化密教研究即將展開，日後研究將更加進步，遲早會取代目前的著作。如此不僅顯現兩位學者謙遜的美德，也明確提示當時嚴重缺乏對密教學研究的認知。如今開啟研究之扉，方才逐漸累積成果。

首先介紹《密教の歷史》，全書由十三章構成，第七章是「中國密教」。整體而言，前六章皆是印度時期的密教（包括藏密），第八章以後是闡述日本密教。中國密教僅出現在第七章（共十五頁），分別是：1.密咒經典的傳入和流布、2.密教經典的組織化移植、3.兩部不二與《蘇悉地經》。其中第二節探討善無畏、金剛智、一行、不空，第三節說明惠果及以後的相關人物，屬於當時中國密教研究的範疇。

《密教の哲學》之中，有關中國密教的描述見於〈第四章　密教的佛陀觀〉的〈第三節　大日思想的發展〉，本節開頭提到「大日思想在印度與在中、日兩國的發展」，只有近兩頁記述，指出大日如來思想雖在西藏發展，卻未獲得中國認同，如此情況，顯示中國密教研究的成果累積過於遲緩。直到西元一九九五年，松長有慶編著《密教を知るためのブックガイド》（法藏館）之際，這種情況仍未見改善，不禁令人感嘆。書中收錄岩崎日出男的論文〈中國密教〉，提到「中國密教與印度、西藏、日本的密教研究相較之下，數量相當稀少」（頁一〇二）。松長有慶的著作，可讓讀者易於了解更早期的密教研究發展。書中的「中國密教」項目是獨立單元，與〈第二部　密教發展流脈〉的西藏密教、日本密教有所區隔。西元一九九五年，此書證明密教學在當時已逐漸累積成果，事實上，「較過去大有改善」。

近年以「中國密教」為標題的著作，僅有賴富本宏《中國密教の研究》（大東出版社，一九七九），卻如副題「般若と贊寧の密教理解を中心として」所示，書中探討與中國密教有關的佛學者，並非盡是密教傳承者。般若是弘法大師在長安師事的梵語學者，其譯經中有部分極富密教色彩，賴富氏在自著序章中，認同般若的譯經中具有「特異思想」。贊寧是宋朝人，以纂集《宋高僧傳》而知名，精通戒律。探討贊寧的理由，是此人堪稱一流史家，透過其觀察下描繪的中國人密教形象，相當具有意義。透過這種鮮活的歷史觀點，筆者盼今後有更深層的研究發展。

（二）空海研究中的中國密教研究

小野塚幾澄《空海教學における背景思想の研究》（山喜房佛書林，二〇〇〇）是包括「資料篇」在內長達一千四百餘頁的鉅著，亦是小野博士畢生的研究集萃。假若空海不具漢學素養，便無法完成思想建構，因此空海研究堪稱是中國密教研究。尤其在〈第一篇　空海思想形成背景下各種資料的基礎研究〉的〈第一章　對空海教學造成影響的密教經論儀軌章疏〉之中，〈第一節 不空的密教〉和〈第二節 從不空．惠果至空海——《御請來目錄》顯示的意味〉，內容是直接闡明中國密教的特色。本書詳細查證空海著作中大量引用的各經論，闡明諸相，在資料篇附上原文，是今後研究者務必參考的重要成果。

靜慈圓《空海密教の源流と展開》（大藏出版，一九九四），可充分理解空海研究與漢學研究的相通點。第一篇開宗明義就是「空海與中國思想」，根據主題分別探討「空海與儒家」、「空海與道教」、「空海的三教思想」、「空海與中國文學」。〈第二篇 空海的行動與思想〉中，可常見以漢學角度提問，餘錄探討「《淮南子》的影響」、「《楚辭》的影響」、「空海的辭賦文學」，如實證明了研究空海之際需具備漢學素養。

加藤精一《弘法大師思想論》（春秋社，二〇〇二）分為五大單元，第三單元就是「弘法大師與中國佛教」（共九節），其他章節亦出現相關課題，若缺乏中國佛教知識就無法探討，足以顯示空海教學充分吸取中國佛教學的精髓。加藤博士在純學術領域著作等身，曾發表《密教の佛身觀》（春秋社，一九八九）、《弘法大師空海傳》（春秋社，一九八九）、《日本密教の形成と展開》（春秋社，一九九四）、《空海入門》（大藏出版，一九九九）等，前述的《弘法大師思想論》是近期著作。

福田亮成《空海思想の探究》（大藏出版，二〇〇〇），是典型的空海研究。換言之，書中涵蓋本覺論、三密加持、重重帝網論、三摩地法門、法身說法論、十住心、三平等觀等多元主題。雖非直接探討漢學，卻將「空海」設為研究對象，確實履踐多面向的觀察態度（此書是福田氏的最新學術著作）。例如十住心的世間三住心這個概念，若對漢學原本毫無高瞻遠見，就難以達成此構想。這說明了空海當時的學術思潮，是在不悖離中國思想學界的精神背景下獲得支持。福田亮成《弘法大師が出會った人々》（山喜房佛書林，二〇〇一），則關注空海在唐土與日僧永忠的交流，闡明空海兼具日、中思想的特性。

（三）密教圖像學的中國密教研究

賴富本宏《祕密佛の研究》（法藏館，一九九〇），恰以印度密教的佛像造型為焦點，進行縝密的檢證研究。此書引用資料極為廣泛，包括漢譯經典、論籍、圖像（如敦煌的圖樣），是研究中國密教的必要文獻。並大量採用印度現存的造像和文物造型，是實地調查研究效果卓著的最佳典範。更早期的類似著作，則有佐和隆研編著《密教美術原像——インド・オリッサ地方の佛教遺跡》（法藏館，一九八二）。這種直接研究造型物的方式，當然用於重視造型表現的密教研究，但在《密教發達志》（前揭書）問世後並沒有顯著發展，直到平成時期才大放異采。近年著作像是森雅秀《インド密教の佛たち》（春秋社，二〇〇一）、賴富本宏〈森雅秀《インド密教の佛たち》〉（〈書評〉《北陸宗教文化》十四，二〇〇二）。

真鍋俊照《密教圖像と儀軌の研究》上、下冊（法藏館，二〇〇〇），這部大著幾乎以日本密教考證為主，採用造型表現物作為最佳資料的圖像學方法論，相當符合前述的近期研究趨勢，有益於各種密教研究參考。文獻研究的現存經典亦重要，除了重視印刷本，還應校對各版本和寫本（即原本）以確定文本內容。

至於造型資料運用方面，在表現技術上或許需要某些才能，例如前述的學者真鍋俊照，就能自行描繪曼荼羅和稚兒大師等圖像（《現代マンダラと現代藝術》，法藏館，二〇〇三）。八田幸雄《胎藏圖像の研究》（法藏館，二〇〇二）則嘗試重現藏經所收本中圓珍請來的《胎藏圖像》，將摹寫圖與奈良國立博物館所藏原本互作對照，以上皆需要具備造型表現的資質。這些資料原本始於唐傳，研究成果與中國佛教息息相關。從圖像學研究密教之際，應要關心曼荼羅的課題。

這些成果中特別優秀的著作，就是染川英輔（圖版），小峰彌彥（解說），小山典勇、高橋尚夫、廣澤隆之共著《曼荼羅圖典》（大法輪閣，一九九三）。近年尚有小峰彌彥、高橋尚夫監修《圖解．別尊曼荼羅——密教圖像を讀む》（同，二〇〇一）。事實上，染川英輔已在近期內完成兩界曼荼羅（觀藏院版）。

此外，田中公明的著作《敦煌 密教と美術》（法藏館，二〇〇〇）亦令人矚目。敦煌資料首要是闡明敦煌當地的佛教發展，還可運用在了解周邊領域（中國中原地區和西藏）的歷史現象。本書是研究敦煌佛教，並闡明藏密的發展形勢。至於包括經典在內的所有密教資料，當然必須注意歷史特性，尤其是敦煌文獻類群屬於可推定年代的史料，書中關注這項特點進行考察。

朴亨國《ヴァイローチャナ佛の圖像學的研究》（法藏館，二〇〇一），書中的〈第一部　毘盧遮那佛的圖像學研究前提〉，是以「中國為主」，按年代順序論述。第二部是探討印度和印尼，第三部是韓國，第四部則是日本的密教佛。其中第四部的〈第三章　大阪金剛寺的金剛界大日・不動・降三世的三尊形式考察〉，正如副題「一併介紹中國四川省盤陀寺的石窟大日三尊龕」所示，十分關注中國密教的現存佛像，並作比較檢討。進而積極關注及探討韓國佛教的密教領域，是充滿新意的密教研究書，盼今後的相關研究能更上層樓。

（四）實地調查的中國密教研究

李興範《韓國古代伽藍の形成と展開の研究》（山喜房佛書林，二〇〇三）雖非直接研究密教，卻從伽藍配置形式分析韓國佛教和中日佛寺極有淵源，並探討幾座與密教寺院形式有關的佛寺（例如青龍寺）。筆者深感應將東亞佛教圈納入同一視野，從事綜合性研究，這也屬於實地勘查研究，相信今後的實地研究將更為重要。

早期在日本，常盤大定、關野貞曾發表《支那佛教史蹟》全十二卷（法藏館，一九二五，戰後復刊），當時日本佛教學界以思想研究為主流，因逢中、印時局動盪，長期呈現研究空白期。近年，終於出現前述的鎌田博士研究，以及福井文雅博士的〈マレーシアの華人佛教管見〉（《漢字佛教圏の思想と宗教——儒教・佛教・道教》，五曜書房，一九九八）等，致力於實踐田野調查研究。附帶說明的，是福井氏發表的《般若心經の歷史的研究》（春秋社，一九八七），乃是研究《般若心經祕鍵》的必要參考著作。《般若經》的代表研究，則有木村高尉《梵文二萬五千頌般若經》一－五（山喜房佛書林，二〇〇六）。中國青龍寺的陸續發掘過程，是眾所周知的重大發現（見於〈唐青龍寺遺址發掘簡報〉，《考古》一九七四－五；暢燿《青龍寺》，西安：三秦出版社，一九八六）。

近期的「法門寺」發掘是眾所矚目的焦點，除了本篇前文介紹，還可參考法門寺博物館編《法門寺》（西安：陝西旅遊出版社，一九九四）、李本華編《讚舍利》（陝西法門寺，二〇〇三）等，以及今井淨圓〈智慧輪と法門寺〉（《密教學研究》三十四，二〇〇二）、〈晚唐における中國密教の一斷面——智慧輪三藏奉納の法門寺文物を中心にして〉（《平安佛教學會年報》二，二〇〇三）。這些偶然發現，讓唐代密教的「實存文物」得以鮮活呈現於眾目之前，只能說是一種機緣巧合。

有關敦煌密教造像和繪畫的相關報告，主要發表於中國創刊的《敦煌研究》、《敦煌學輯刊》等專門期刊。其他石窟佛蹟亦從密教研究角度開始切入，例如常青〈試論龍門初唐密教雕刻〉（《考古學報》二〇〇一—三）、邢軍〈廣元千佛崖初唐密教造像析〉（《文物》一九九〇—六）等。丁明夷〈四川石窟雜識〉（同，一九八八—八）是比較敦煌和四川現存石窟的文物題材。

（五）真言學中的中國密教研究

新義真言教學研究會（榊義孝代表、大塚伸夫、本多隆仁、大塚秀見、元山公壽、巖環等人）編著的《大疏第三重・釋論第三重の研究》（大正大學綜合佛教研究所，一九九七），引用多種版本及寫本校勘文本。此書屬於日本密教研究，筆者卻深感研究者若想分析其內容，就必須具備中國佛教知識，不禁感慨密教研究是如此意義多元。大正大學金剛頂經研究會（遠藤祐純代表、苫米地誠一、高橋尚夫等人）所編的《六卷本〈金剛頂瑜伽中略出念誦法〉の研究〈慈覺大師將來本　校訂譯注篇〉》（ノンブル社，一九九九）亦屬於諸版本校訂，直接呈現日本密教研究的成果。書中探討金剛智譯經特質的部分，是中國密教的必要研究課題。

木村秀明〈長谷寺藏梵文貝葉版本〉（《新義真言教學の研究》，大藏出版，二〇〇二）指出日本密教研究必須具備梵文學知識，並說明現存經文的重要性，北尾隆心《道場觀等觀想圖解說》（東方出版，一九九九；平井宥慶〈書評〉，《密教學研究》三十三，二〇〇一）也如此說明，這正是對現有文獻追根究柢的研究態度。野口圭也〈「即身成佛」のサンスクリット表現〉（前揭書《新義真言教學の研究》），從論文中可見梵文學之端倪，其實與漢譯經典解讀息息相關。對中國密教而言，漢譯經典已成最重要的典籍，這也是密教研究多元化所造成的業果。大塚伸夫〈《蘇婆呼童子請問經》にみられる初期密教者像について〉（《密教學研究》三十三，二〇〇一），是以《蘇婆呼童子請問經》為基本資料，試圖剖析密教徒的實態。此研究兼用藏譯本，其中有關漢典譯者輸波迦羅正是善無畏的問題，是中國密教研究不容忽視的命題。大塚氏的研究是探討潛藏於經典背後的時代性，這種貼近史實真相的研究態度，蘊含著探索學問的新鮮感。

研究中國密教學，就必須具備中國佛教學的完整知識。這種知識背景，可從早川道雄〈《釋摩訶衍論》に對する《大乘起信論義記》の影響について〉（《豐山學報》四十六，二〇〇三）窺知端倪，其關注點在於法藏思想。遠藤純一郎〈《釋摩訶衍論》と密教（その一）——《釋摩訶衍論》に於ける字輪について〉（《智山學報》五十一，二〇〇二），著眼於論析「道教要素」，凸顯出密教研究的多歧性。佐藤厚〈韓國佛教における華嚴教學と密教との融合——《健拏標訶一乘修行者祕密義記》小考〉（《印佛研》五十

一一，二〇〇三），此篇參考韓國佛教資料和採用新羅華嚴教學，進而結合《大乘起信論》與中國固有思想。密教研究既富多樣性，因此更需要多元觀點考察。常塚聽〈唐宋期の文學におけるマニ教——外來宗教の受容の側面から〉（《宗教研究》三三五，二〇〇三），是屬於不同面向的研究。武田和昭《星曼荼羅の研究》（法藏館，一九九五）、有賀匠〈星曼荼羅と妙見菩薩の圖像學的研究〉（《密教文化》二〇四，二〇〇五）等，則需要具備道教等中國文化素養。研究密教之際，還需探討東亞文化的綜合特質。

中國密教的核心人物是不空和尚，相關研究甚豐，近年有向井隆健〈不空三藏の文殊菩薩信仰〉（《大正大學研究紀要》八十六，二〇〇一）、岩本弘〈不空三藏の譯經活動をめぐる一考察——乾元元年の譯經許可文書を中心として〉（《密教文化》一九九、二〇〇，二〇〇二）等。不空在五台山傳法的始末，可參考平井宥慶〈五台山と密教——不空と金閣寺〉（《豐山教學大會紀要》十四，一九八六）。

善無畏的研究，可參考平井宥慶〈中國への道——善無畏來唐にかかわる八世紀內陸アジアの歷史狀況〉（《那須政隆米壽紀念》，一九八四）、〈善無畏の「來唐」再考〉（《豐山教學大會紀要》十二，一九八四），內容檢證善無畏入中土的路徑。《宋高僧傳》記載「路出吐蕃」的「吐蕃」，昔日一向註記為今日的拉薩，另有一說指出是從現今的尼泊爾經由拉薩（前揭書《唐代密宗》，頁一三一）。平井宥慶則分析當時亞洲內陸的國際情勢，實際發現吐蕃比今日的西藏更向北方大幅擴張，勢力拓展為塔克拉瑪干沙漠外圍至河西走廊地帶，因此指出善無畏應按照慣例自西域入唐。《高僧傳》如實記載當時的國際情勢，深具史料價值。這篇考證進而指出善無畏所譯的《大日經》並非出自其人之筆，應是無行攜入唐的梵經本，卻依然探討善無畏傳入的可能性。此論文在展望資料方面，透過研究者的觀點更開拓視野。這項考證是否妥切，至今仍有待深入分析，不過至少可讓研究者避免因缺乏新資料而產生瀕臨極限的瓶頸，藉此獲得一絲解放。

翻刻研究會《《良賁撰》凡聖界地章》（大正大學綜合佛教研究所，二〇〇六），是針對唐僧良賁（七一七－七七七）的著作從事尚未公開的研究，良賁對空海大師影響十分深遠。

武內孝善〈唐代密教における灌頂儀禮——《東塔院義真阿闍梨記錄 圓行入壇考》〉（《弘法大師の思想とその源流》，高野山大學密教文化研究所，一九九八），是典型的唐代密教研究。此篇與前述的良賁研究皆屬典範，換言之，空海研究就是唐代密教及佛教研究。大正大學的大澤聖寬教授以《祕藏記》為主題從事的歷來研究，同樣驗證了這種說法。此外，武內孝善近年整理個人研究後，出版《弘法大師空海の研究》（吉川弘文館，二〇〇六）。

如前所述，筆者不經意列舉的這些論文，對密教研究助益甚多，但仍有許多著作礙於篇幅無法詳盡列舉。大致上優良論文會恰當引用先行研究，初學研究者不妨參考列舉的著作或論文，繼續發掘更多參考文獻。

事實上，密教在中國佛教中是屬於至難領域。這是由於密教本身的精神性，在與中國文化（亦即儒家思想）融合的過程中，蘊含著相當困難的問題。何況這些問題萌生於印度與中國文化之間的明顯分歧，一時無法斷下結論。一言以蔽之，這種差異就是儒家文化傾向於無限重視人性，而印度文化卻重視超越於人的象徵性。

如此邂逅可說是重重障難。實際上，空海在構築即身成佛、十住心之際，已完全摒除印度密教蘊含的豐富象徵性要素。倘若遺留這些要素，依筆者拙見，密教在中國文化圈恐怕將難以被視為正統宗教。

中國密教研究在如此限制（姑且稱為限制）下發展，會被賦予一種性格，那就是終於能讓中國思想納入研究範圍中。這是有其困難性的。儘管如此，研究依然穩健發展。這段過程中，印度提供原典、中國處理翻譯的模式顯然已難以成立。依筆者所見，在印度佛教發展末期登場的密教，其相關研究足以讓亞洲文化的雙巨頭（印度文化與中國文化）所具備的明確特質，更加彰顯於世。

筆者盼今後有志於研究密教（不論是中國或印度、日本）的人士，能將以上要點銘記於心，航向密教思惟與體現的浩瀚世界。

第四章　宋代與遼金佛教

石井修道

前言

唐朝於西元九〇七年滅亡，歷經五代後，至宋太祖趙匡胤於建隆元年（九六〇）一統中原，建立宋朝。宋統一之際，北方尚有遼國（原為契丹）勢力，遼朝建立時期可溯至五代（梁、唐、晉、漢、周），太祖耶律阿保機（在位九一六－二六）在唐末統一契丹各族後，於西元九一六年稱名契丹，九二六年滅渤海國，南進與後梁爭伐不斷。太宗耶律德光（在位九二六－四七）與河東節度使石敬瑭結盟，派援軍侵滅後唐，依盟約獲得燕雲十六州，並於九七四年稱國號為遼。遼太宗之後，世宗在位期間內鬩不斷，陸續由穆宗、景宗、聖宗、興宗、道宗接續帝位。保大五年（一一二五），女真族的金太宗擄去末帝天祚帝，遼國徹底覆滅。在此之前，金太祖完顏阿骨打已於政和五年（一一一五）建國，五代帝業則僅維持五十四年短祚，最後由趙匡胤廢後周恭帝，即位為宋太祖。宋朝建立後，遼聖宗和宋真宗於景德元年（一〇〇四）訂定澶淵之盟，維持約百餘年和平。金國於西元一一一二五年徹底滅遼，又得知北宋陰謀，於靖康元年（一一二六）攻擊宋都開封。靖康二年三月，上皇徽宗被擄，同年四月一日，包括皇帝欽宗為首的宋室百餘貴族被擄至北地，史稱靖康之變。北宋王朝創建於西元九六〇年，終至一一二七年滅亡。

宋室皇族俘虜殆盡後，日後登基為南宋高宗的康王（徽宗第九子），以及徽宗之兄哲宗的皇后、已出家為尼的孟氏，便成為南逃的重要皇族代表。康王奉孟太后之意在河南省應天府即位，靖康元年五月一日，將年號靖康改為建炎。南宋政權就此展開，開國皇帝高宗應運而生（在位一一二七—六二），建都臨安府（杭州）。高宗疲於與金交戰，唯願和平長久，在主戰、主和兩派不斷對立中，最後重用秦檜，採其提獻的主和之策。就南宋立場來看，與金兵交戰導致財政艱困，陷黎民於惶然不安中。紹興十二年（一一四二）九月十三日，南宋正式宣布和議及進行大赦，和議內容是金國將河南、陝西等地還宋，代償則是南宋奉表稱臣於金，每年繳納貢銀二十五萬兩及絹二十五萬匹。主張和議的秦檜續任宰相之職，支持高宗政權，紹興二十五年（一一五五）十月二十二日，秦檜於罷相之夜病歿，時年六十六歲。

南宋政權在屈辱和議支持下延續帝祚，歷經孝宗（在位一一六二—八九）、寧宗（在位一一九四—一二二四）、理宗（在位一二二四—六四）等諸帝，至祥興二年（一二七九）發生崖山之役，最終為元朝所滅。

這個時期的佛教研究，可從佛教基本資料來了解其傾向。世間一般傳稱為《高僧傳》四集的著作，即指《高僧傳》、《續高僧傳》、《大宋高僧傳》、《大明高僧傳》。《高僧傳》十四卷是南梁的慧皎（四九七－五五四）於天監十八年（五一九）完成，亦稱為《梁高僧傳》。內容是記述東漢永平十年（六七）至天監十八年共四百五十三年間的高僧事蹟，收錄為本傳二百五十七人、附見二百四十三人的傳記。又將高僧的德業分為十科，本傳收錄譯經三十五人、義解一百零一人、神異二十人、習禪二十一人、明律十三人、亡身十一人、誦經二十一人、興福十四人、經師十一人、唱導十人。《續高僧傳》三十卷是唐代南山道宣（五九六－六六七）續承《高僧傳》，大致完成於貞觀十九年（六四五），此後另行增補，亦稱為《唐高僧傳》。據宋本所載，《續高僧傳》收入本傳四百八十五人、附見二百零九人的傳記。《續高僧傳》亦分類為十科，內容卻不盡相同，本傳收錄譯經十五人、義解一百六十一人、習禪九十五人、明律二十八人、護法十八人、感通一百一十八人、遺身十二人、讀誦十四人、興福十二人、雜科聲德十二人。《大宋高僧傳》三十卷是贊寧（九一九－一〇〇一）續承《續高僧傳》，完成於端拱元年（九八八），序文述及本傳五百三十三人、附見一百三十人，《大正藏》經本可見本傳五百三十一人、附見一百二十五人的傳記。十科分類與《續高僧傳》相同，本傳收錄譯經三十二人、義解七十二人、習禪一百零三人、明律五十八人、護法十八人、感通八十九人、遺身二十二人、讀誦四十二人、興福五十人、雜科四十五人。《大明高僧傳》八卷是如惺（生卒年不詳）於萬曆四十五年（一六一七）撰成。正如石井修道《宋代禪宗史の研究》（大東出版社，一九八七）的分析，十科分類的方式已瓦解。《大明高僧傳》收錄本傳一百一十二人、附見六十九人，仔細分析三科，可發現本傳收錄譯經一人、義解四十四人、習禪六十七人，又依朝代別，內譯為宋七十二人、元二十二人、明十八人。《高僧傳四集》的前三集皆繼承前集，至《大宋高僧傳》為止皆是互補完成，《大明高僧傳》卻未有續補。恰似如惺所述般，這部傳記的採錄時期是「自南宋至今（明代）」，並未收錄北宋高僧的記載。石井修道《宋代禪宗史の研究》（前揭書）指出自《大宋高僧傳》以來呈現「百年空白」的情形，無法盡蒐宋代研究資料。可用來彌補的主要資料，只有如惺在「傳燈諸錄」中提示的道原撰《景德傳燈錄》等著作。《景德傳燈錄》與有燈史之稱的禪宗史書，便逐漸成為宋代研究的重要關鍵，有關這部分將在後文詳述。天台宗系也有史書問世，宗鑑於南宋嘉熙年間（一二三七－四〇）撰成《釋門正統》八卷、志磐於咸淳五年（一二六九）完成《佛祖統紀》五十四卷、念常於至正四年（一三四四）撰成《佛祖歷代通載》二十二卷全文並序，這些佛教資料皆可作為研究之用。在此舉出幾本容易查閱的入門書，鎌田茂雄《中國佛教史》（岩波書店，一九七八）、郭朋《宋元佛教》（福州：福建人民出版社，一九八一）、道端良秀《中國佛教史全集一　中國佛教通史》（書苑，一九八五）。

欲探討遼、金佛教之際，事實上，會面臨在現存資料方面極度缺乏北地史料的問題，必須藉金石資料或地方志、寺志等研究才能補足，今後更應進行實地調查來取得考古學資料。

以下將本篇內容分為三部分探討：一、禪宗；二、天台宗、華嚴宗、律宗、密教、淨土宗；三、遼、金佛教。最後，介紹其他相關問題及工具書以作總結。

一、禪宗研究

禪宗在當時是勢力最大的宗教團體，在此將之分為：（一）燈史、公案集；（二）默照禪、看話禪來作說明。

（一）禪宗研究方面，特別值得介紹的重要著作，是禪宗史書（燈史）之一的《景德傳燈錄》（一〇〇四撰成）。禪宗史可說是基於歷代對此書的反覆闡釋，方有如此漫長發展。

然而，近年研究發現可補足史料的重要燈史，卻是西元九五二年撰成的《祖堂集》。《祖堂集》是記述禪宗發展至五代的過程，而欲了解宋代禪宗，則應探討宋代與前代禪宗之間的性質差異，這是最密切的課題。二十世紀初，從韓國海印寺所藏《高麗大藏經》的補版中發現《祖堂集》二十卷，其存在之珍貴，堪稱與敦煌禪籍並駕齊驅。柳田聖山正式展開《祖堂集》研究後，發表〈《祖堂集》の資料價值（一）——唐期禪籍の批判的措置に關する一つの試み〉（《禪學研究》四十四，一九五三；《禪佛教の研究》，法藏館，一九九九）。柳田氏並編著《祖堂集索引》三冊（京都大學人文科學研究所，一九八〇—八四），完成編輯一字索引之際，在「解說」中總括說明研究史，另發表思想史研究《唐代の禪宗》（大東出版社，二〇〇四）。

柳田聖山堪稱是研究《祖堂集》的獨門權威，但在近年，衣川賢次發表〈祖堂集の校理〉（《東洋文化》八十三，二〇〇三），就此投下新震撼。衣川氏在「序文」中提出新見解和論點，主張現存的《祖堂集》並非完成於西元九五二年。論文舉證椎名宏雄〈《祖堂集》の編成〉（《宗學研究》二十一，一九七九）等論著，尤其是亞瑟・韋利（Arthur Waley）〈祖堂集中的宋代白話物語〉（*A Sung Colloquial Story from the Tsu-t'ang chi*）（收於亞瑟・韋利的兩篇遺稿 "Two Posthumous Articles by Arthur Waley", *Asia Maijor* 14-2, 1968），確定《祖堂集》完成於西元九五二年之後。衣川賢次指出現行本的彙成時期，並非接近開版年代西元一二四五年，而從口語史的研究來看，則是彙成於宋初，因此《祖堂集》的成立時期應早於西元一〇〇四年完成的《景德傳燈錄》，也就是早於《傳燈錄》取代其地位提供禪史之前。

石井修道探討《景德傳燈錄》與法眼宗的關係，發表〈《景德傳燈錄》の歷史的性

格〉（前揭書《宋代禪宗史の研究》）。《景德傳燈錄》留存的「著語」正是宋代禪宗弘揚的「頌古門」、「拈古門」。佛國惟白編《建中靖國續燈錄》，將記載內容分為五門，亦即正宗門、對機門、拈古門、頌古門、偈頌門，從日後的「著語」發展可窺其特性。宗永編《宗門統要》十卷、晦翁悟明編《宗門聯燈會要》三十卷是從拈古門的立場重新編纂，可知宋代禪宗必須借重公案集，燈史性質亦受公案集的影響。榮新江〈俄藏《景德傳燈錄》非敦煌寫本辨〉（《段文傑敦煌研究五十年紀念文集》，北京：世界圖書出版公司，一九九六；《鳴沙集》，臺北：新文豐出版公司，一九九九），聖彼得堡所藏的《景德傳燈錄》，原被視為敦煌寫本，但經作者考證判定為黑水城文書。

宋代原本應有編纂佛教史書，禪宗方面繼《景德傳燈錄》之後，也陸續纂集《天聖廣燈錄》（一〇二九）、《建中靖國續燈錄》（一一〇一）、《宗門聯燈會要》（一一八三）、《嘉泰普燈錄》（一二〇二），又於西元一二五二年集其大成為《五燈會元》二十卷。相關問題整理可參考石井修道〈宋代禪宗史の特色——宋代の燈史の系譜を手がかりとして〉（《東洋文化》八十三，二〇〇三）、〈南宋禪をどうとらえるか〉（鈴木哲雄編《宋代禪宗の社會的影響》，山喜房佛書林，二〇〇二）。覺範慧洪《禪林僧寶傳》亦是史書，前五卷的譯註本，見於柳田聖山編《禪の文化——資料篇》（京都大學人文

科學研究所，一九八八）。逸書和新文獻發現介紹，則有《曉城先生八十頌壽高麗佛籍集佚》（首爾：東國大學校出版部，一九八五），並包含《宗門摭英集》等影印本在內。高翊晉〈《祖源通錄撮要》の出現とその史料價值〉（《東國大學校佛教學報》二十一，一九八四；法岳光德日譯，《禪文研紀要》十五，一九八八），其中包括《祖源通錄撮要》影印本，以及西口芳男〈黃龍慧南の臨濟宗轉向と泐潭懷澄——附論《宗門摭英集》の位置とその資料的價值〉（同十六，一九九〇）等。

另一方面，歷經汾陽善昭（九七四—一〇二四）的「頌古」、雪竇重顯（九八〇—一〇五二）集其大成為《雪竇頌古》之後，禪與文學相結合，開創禪文獻的新領域。入矢義高、梶谷宗忍、柳田聖山共著《雪竇頌古》（筑摩書房，一九八一）是優良的譯註本。臨濟宗的圜悟克勤（一〇六三—一一三五）為《雪竇頌古》作評唱並撰成《碧巖錄》，列入臨濟宗的基本聖典之一。新訓註本則有入矢義高、溝口雄三、末木文美士、伊藤文生譯註的新版《碧巖錄》三冊（岩波文庫，一九九二、一九九七），並嘗試標示新訓讀法。末木文美士依照以上成果，又編輯出版現代文譯的《碧巖錄》三冊（岩波書店，二〇〇一—〇三）。然而，正如小川隆〈《碧巖錄》雜考（一）〉（《禪文化》一八五—，二〇〇二—）以來發表的連載論文所述，必須透過對宋代禪的新添內容與《祖堂集》、《景德傳燈錄》的原話新釋，才能分析《碧巖錄》與其他兩書的相異點。萬松行秀（一一六六—一二四六）評唱宏智正覺（一〇九一－一一五七）的《宏智頌古》，個人撰著的《從容錄》被視為曹洞宗的基本宗典，卻無完整的譯註研究。永井政之《禪籍善本古注集成・從容錄》（名著普及會，一九八三），則是提供《從容錄》的內文和譯註研究。

（二）宋代禪宗的代表人物是宏智正覺和大慧宗杲（一〇八九－一一六三），分別是宋代禪宗兩大思潮默照禪和看話禪的集大成者。中國禪宗史上，最後分為曹洞、臨濟兩大流派繼承思想，日本禪宗受到宋代禪學的影響，最終承襲這兩大流派，因此欲研究默照禪和看話禪，就不能忽略宋代禪學。

如前段所述，宋代禪學的代表人物是大慧宗杲，大慧集其大成的看話禪（或稱公案禪），具備了唐代欠缺的宋禪特徵。大慧集萃看話禪後，禪思想在禪宗史上的地位遽變，從此大為興盛，逐漸決定中國禪的性質。大慧積極將大悟的經驗主義導入禪學性質中，並採用公案作為一種具階段性的、得以藉由擬似體驗來獲得這種經驗的方法。古田紹欽〈公案の歴史的發展型態における真理性の問題〉（宮本正尊編《佛教の根本真理》，三省堂，一九五六；《古田紹欽著作集》二，講談社，一九八一），就是探討這些公案。正如大慧自身所述般，如此採用公案指導修行者的方法，對修行者大悟的過程極有助益。大慧透過此經驗獲得信心，逐漸採取這種指導方式，其代表公案為「無字公案」。

大慧宗杲既強調大悟思想，故對無法認同己見的異派深感棘手。其中最大的反對勢力就是主張默照禪的曹洞宗，大慧為此誹謗攻訐，稱之為「默照邪禪」。大慧之後奉行臨濟宗系看話禪的人士，繼續支持主張批判默照邪禪。抨擊默照邪禪便成了臨濟宗對曹洞宗的批判，以致兩教派關係破裂，對立未絕。

大慧宗杲著述等身，因主張明確，立即為眾多信徒接納。《大慧書》是大慧致居士的信簡集，荒木見悟的精良譯註《大慧書》（《禪の語錄》十七，筑摩書房，一九六九）為其代表。《大慧法語》的初譯註，則有石井修道嘗試撰譯的《禪語錄》（中央公論社，一九九二）。大慧研究甚多，但對其批判的默照禪研究仍嫌不足。石井修道將大分縣泉福寺所藏宋版《宏智錄》六冊，以及與江戶時期流傳本對照的影印本《宏智錄》上（名著普及會，一九八四）加以刊行，並整理大慧的傳記研究（前揭書《宋代禪宗史の研究》）。

近年有一項耐人尋味的研究，就是闡明了大慧抨擊默照邪禪的對象究竟是何許人物。根據石井修道〈大慧宗杲とその弟子たち（六）——真歇清了との關係をめぐって〉（《印佛研》二十三—一，一九七四）、柳田聖山〈看話と默照〉（《花大紀要》六，一九七五），鎖定大慧的攻訐對象是真歇清了，默照禪的特性逐漸明朗化，並了解大慧藉批判默照邪禪來提倡看話禪。根據廣田宗玄〈大慧宗杲の《辯邪正說》について〉（《禪學研究》七十八，二〇〇〇）、〈大慧宗杲の邪禪批判の諸相〉（《禪文研紀要》二十七，二〇〇四）的考證，當時大慧是以倡說《辯邪正說》而知名，而大慧編撰的《正法眼藏》卷尾附錄的示眾，則相當於《辯邪正說》的內容。唐代語錄研究班根據此論點，發表〈《正法眼藏》卷三下末示眾譯注〉（同）。廣田宗玄以〈大慧宗杲の《碧巖錄》燒卻の問題〉（《禪學研究》八十二，二〇〇四）為起始，陸續發表大慧的相關論文。大慧之師圜悟的研究，則有土屋太祐〈北宋期禪宗の無事禪批判と圜悟克勤〉（《東洋文化》八十三，二〇〇三）。日僧道元之師天童如淨的研究，可參考鏡島元隆《天童如淨禪師の研究》（春秋社，一九八三）。

大慧宗杲集其大成的看話禪，一時廣為興傳，故而決定日後臨濟禪的發展性質，尤其以《無門關》和《十牛圖》最能彰顯此特質。兩著作的譯註，分別是平田高士《無門關》（《禪の語錄》十八，筑摩書房，一九六九），以及梶谷宗忍、柳田聖山、辻村公一《信心銘．證道歌．十牛圖．坐禪儀》（同十六，同，一九七四），上田閑照、柳田聖山《十牛圖 自己の現象學》（同，一九八二）。

前川亨〈禪宗史の終焉と寶卷の生成——《銷釋金剛科儀》と《香山寶卷》を中心に〉（《東洋文化》八十三，二〇〇三），主張在日後禪宗史上，教團因面臨決定性因素而邁向瓦解，致使大慧宗杲的看話禪在中國出現新展機。此外，有關高麗僧知訥受大慧影響的研究，可參考李鐘益《韓國佛教の研究——高麗．普照國師を中心として》（《國書刊行會》，一九八〇），以及中島志郎〈高麗中期禪宗史——崔氏武臣政權下の教宗と

禪宗の動向を中心として〉（《研究報告》七，國際禪學研究所，二〇〇〇），亦探討公案禪的相關課題。

二、天台宗、華嚴宗、律宗、密教、淨土宗

如前所述，宋代禪宗研究深具重要性，特別留下豐富的成果。探討宋代佛教之際，將禪宗研究納入研究範圍和課題，並且彙整最完全的就是高雄義堅《宋代佛教史の研究》（百華苑，一九七五），是讀者首先要參考之作。此書目錄分為以下十章：一、宋代的度與度牒制，二、宋代僧官制度，三、宋代寺院的住持制，四、天台與禪的抗爭，五、宋代禪宗的性質，六、宋代社會與淨土宗，七、宋室南渡與佛教復興，八、佛教史書問世，九、入宋僧俊芿與南宋佛教，十、宋代淨土宗典籍與日本諸家態度，探討課題十分廣泛。

以上列舉的幾個宗派，在本書各論部分已分別探討其問題。首先說明的，是唐末五代發生戰亂，以致中土佛典大量喪失，當時出現一位保存典籍的關鍵人物，就是高麗僧義天（一〇五五？－一一〇一）。義天入宋後，向晉水淨源修習華嚴，並向天竺慈辨學習天台、靈芝元照修習律宗，又向金山了元請益禪宗，返國後，以編纂《義天錄》二卷及刊行高麗《續藏》四百餘卷而聞名於世。另一方面，義天自高麗攜入中國，並由義和開版的華

嚴典籍，對宋代華嚴宗和天台宗造成深切影響。

宋代天台宗稱為趙宋天台，自智顗、湛然教學以後大為興盛，代表人物是四明知禮。當時天台教學深受禪宗、清涼澄觀、圭峰宗密的影響，知禮視之為異端，主張應重歸智顗、湛然之說。知禮的派別稱為山家派，知禮視之為異端者，則稱為山外派。雙方教學最大的對峙點，在於山家派提倡「性具論」、「妄心觀」，山外派則主張「性起論」、「真心觀」。天台四明知禮與禪宗天童子凝的論諍，與天台內部的論諍有密切關係，知禮徹底根據宗密的著作，提出無論是達摩門下的尼總持主張的斷煩惱證菩提（二物相合），或是道育提倡的迷即煩惱、悟即菩提（背面相翻），甚至慧可主張的本無煩惱、元是菩提（極頓）的思想，皆不及天台提倡當體全是的「即」。換一種說法來看，知禮提出「即之一字，眾妙之門」，與宗密的「知之一字，眾妙之門」互為對立，禪宗則主張宗密的異論，因此雙方難下定論。山外派的慈光晤恩、奉先源清、靈光洪敏、孤山智圓、梵天慶昭等人，與知禮法系的廣智尚賢、神照本如、南屏梵臻的四明三家等人，雙方論諍的詳細始末成為探討主題，此後神智從義批判禪宗則成為研究對象。有關此問題的相關研究，除了島地大等《天台教學史》（隆文館，一九七七、一九八六再版）之外，此後尚有安藤俊雄《天台性具思想論》（法藏館，一九五三、一九七三再版）、《天台思想史》（同，一九五九）、《天台學——根本思想とその展開》（平樂寺書店，一九六八）。林鳴宇《宋代天台教學史の研究——〈金光明經〉の研究史を中心として》（山喜房佛書林，二〇〇三），重點在於山家、山外為《金光明經》廣、略二本所引發的論諍，就此問題詳細探論。宋代天台宗研究方面，可參考前述的宗鑑《釋門正統》、志磐《佛祖統紀》。武覺超《中國天台史》（同朋舍出版，一九八七）是簡易入門書。

華嚴宗的研究發展大致分為兩課題，亦即《大乘起信論》、《金剛經》、《首楞嚴經》註疏，以及《華嚴五教章》研究。宋代華嚴教學是以「二水四家」的六位人物為代表，所謂「二水」是指長水子璿和晉水淨源，「四家」是普靜道亭、華嚴觀復、可堂師會、武林希迪。子璿的代表作是《起信論疏筆削記》二十卷、《金剛經纂要刊定記》七卷、《首楞嚴義疏註經》二十卷。有關宋代華嚴教學興盛原因的研究，常盤大定〈宋代に於ける華嚴教學興隆の緣由〉（《支那佛教の研究》三，春秋社，一九四三）。《首楞嚴經》和《圓覺經》流行於宋代，是三教一致思想的依據。高峰了州〈首楞嚴經の思想史的研究序說〉（《龍大論集》三四八，一九五四；《華嚴論集》，國書刊行會，一九七六），是考證宋代《首楞嚴經》蔚為風潮的影響。吉田剛將相關論文整理發表後，出版《宋朝華嚴教學史の研究》（駒澤大學博士學位論文，二〇〇〇）。宋代華嚴對日僧湛睿的影響，可參考納富常天《金澤文庫資料の研究》（法藏館，一九八二）。近年的相關研究，則有吉津宜英〈華嚴教學の與えた宋代禪宗への影響〉（前揭書《宋代禪宗の社會的影響》）。

律宗是以法藏部的廣律、亦即佛陀耶舍和竺佛念共譯的《四分律》為發展主流。《四分律》的學派分為唐代法礪的相部宗、懷素的東塔宗、道宣的南山宗，前兩者的宗義僅止於原有的小乘釋義，故至五代衰滅，道宣的南山宗因含大乘釋義，至宋代得以碩果僅存。尤其是道宣著有律宗三大部的《四分律刪繁補闕行事鈔》、《四分律含註戒本疏》、《四分律刪補隨機羯磨疏》，奠定戒律研究屹立不搖之地位，宋代律宗為道宣的代表作《行事鈔》的註疏重作註釋後，成為南山學派的重要發展趨勢。其中，靈芝元照《四分律行事鈔資持記》為代表之作。另舉《行事鈔》以外的成果，就是在大昭慶律寺弘法的允堪所撰《四分律含註戒本疏發揮記》。文獻記載允堪亦有《行事鈔》註疏，今已散佚。宋代律宗的代表研究，見於佐藤達玄《中國佛教における戒律の研究》（木耳社，一九八六）、佐藤成順《宋代佛教の研究——元照の淨土教》（山喜房佛書林，二〇〇一）。時至今日，依然欠缺元照戒律的徹底研究，目前令人注目的是山本元隆《宋代戒律史に關する一考察——靈芝元照を中心にして》（駒澤大學碩士學位論文，二〇〇四）。禪宗清規研究方面，則待後述。

密教與宋代譯經息息相關，滄州僧侶道圓於乾德三年（九六五）自印度迎回佛舍利和貝葉梵經，此後入竺求法僧絡繹不絕，入宋的天竺僧亦有增多之勢。太平興國七年（九八二）於太平興國寺創設譯經院，天息災（法賢）、法天、施護、法護等人從事譯業，譯經三藏惟淨亦參與其中，代表經典是施護等人譯出的《佛說一切如來真實攝大乘現證三昧大教王經》三十卷。此經典是將不空譯經遺缺之處補足，相當於《金剛頂經》十八會中的初會全譯。其他尚有許多密教譯典，影響較為薄弱，研究成果亦罕見。松本文三郎〈趙宋の譯經事業〉（《佛教史雜考》，創元社，一九四四）是探討宋代譯經問題。

宋代興盛未衰的淨土宗，其研究特色之一是不以獨立宗派為角度，而是採取與禪宗、天台、律宗相通的修行法，具備了台淨融合、律淨兼修、禪淨雙修的特質。天台宗的四名知禮在四明延慶寺發起念佛施戒會，慈雲遵式於四明寶雲寺修習念佛，撰有《往生淨土決疑行願二門》，神照本如則集結白蓮社專修淨業。律宗的靈芝元照私淑於遵式，撰寫律宗著作，另著有《觀無量壽經義疏》、《阿彌陀經義疏》、《直生淨土禮懺行法》、《芝園集》等，呈現淨土思想。前述的佐藤成順著作（前揭書《宋代佛教の研究》）主要探討此課題，福島光哉《宋代天台淨土教の研究》（文榮堂書店，一九九五）亦闡釋同樣問題。永明延壽為蓮社六祖，以撰寫禪籍《宗鏡錄》一百卷、《萬善同歸集》三卷而享有盛名。延壽的淨土思想探究，可參考中村薰《中國華嚴淨土思想の研究》（法藏館，二〇〇一），書中並指出以編纂《禪苑清規》聞名的長蘆宗賾是屬於禪淨雙修。宋代淨土宗的另一關注課題就是念佛結社，尤以蓮宗七祖昭慶省常的淨土社最為著名。另外在「往生傳」

的代表著作方面，遵式《往生西方略傳》一卷（僅有序文）、戒珠《淨土往生傳》三卷、王古《新修往生傳》三卷、陸師壽《淨土寶珠集》八卷等。淨土宗典則有宗曉編《樂邦文類》五卷、王日休撰《龍舒增廣淨土文》十二卷，是了解當時淨土宗發展的重要文獻。以上研究除了高雄義堅（前揭書《宋代佛教の研究》）之外，尚有小笠原宣秀《中國近世淨土教史の研究》（百華苑，一九六三），特別是其中所收論文〈白蓮宗の研究〉分析庶民念佛結社，相當受注目。以山口光圓《天台淨土教史》（法藏館，一九六七）為代表的趙宋天台研究中，多數提及淨土宗。探討禪淨雙修的研究亦多，元代之後傾向更為顯著，盼讀者能多加參考。

三、遼、金佛教

本篇最初已簡述遼金與宋的關係，讀者欲了解遼代簡史，可參考島田正郎《契丹國──遊牧の民キタイの王朝》（東方書店，一九九三），島田氏另有深入研究《遼朝史の研究》（創文社，一九七九）。愛宕松男《東洋史學論集三　キタイ・モンゴル史》（三一書房，一九九〇）亦探討契丹史。金代的優良研究則有外山軍治《金朝史研究》（同朋舍出版，一九六四）、三上次男《金史研究》全三冊（中央公論美術出版，一九七二一七三）。

遼代佛教專著相當豐富，例如神尾弌春《契丹佛教文化史考》（滿州文化協會，一九三七；第一書房，一九八二再版），至今仍是廣受引用的良書，內容分為七篇，目錄是：1.契丹族的興亡與佛教文化的源流，2.契丹寺院，3.契丹佛塔，4.《契丹大藏經》，5.契丹高僧小傳與教學傾向，6.契丹佛教文獻東傳，7.契丹佛教對金元佛教的貢獻。遼代佛教與華嚴、密教的密切關係，是必要研究課題。遼代的著名經論，例如覺苑《大日經義釋演密鈔》十卷、道㲀《顯密圓通成佛心要集》二卷、法悟《釋摩訶衍論贊玄疏》五卷、志福《釋摩訶衍論通玄鈔》四卷、鮮演《華嚴經談玄決擇》六卷、道宗《華嚴經隨品讚》等，從以上著述，可窺知遼代教學主張華嚴和密教融合或一致。相關課題探討，可見於脇谷撝謙《華嚴經要義》（興教書院，一九二〇）。此外，希麟《續一切經音義》十卷、行均《龍龕手鑑》四卷是屬於音韻字義研究。田村實造《中國征服王朝の研究》全三冊（同朋舍出版，一九八五），下冊的〈第一篇　遼代的文化建設〉和〈第二篇　金代的文化建設〉，多處提到遼金佛教的發展。

金代佛教的代表研究，則歷經漫長歲月方才問世，也就是野上俊靜《遼金の佛教》（平樂寺書店，一九五三）。本書分為遼、金兩大篇章，目錄暫以十六篇論文的序號列出，遼代篇：1.遼朝と佛教，2.遼代に於ける佛教研究，3.《龍龕手鑑》雜考，4.遼代社

會に於ける佛教，5.遼代燕京の佛教，6.遼代の邑會について，7.契丹人と佛教，8.遼代佛教；金代篇：9.金帝室と佛教，10.金李屏山考，11.金の財政策と宗教々團，12.「二稅戶」考，13.「全真教」發生の一考察，14.宋人の見た金初の佛教——《松漠紀聞》の記載を中心として，15.「金代の佛教」に關する研究について，16.胡族國家と佛教。

提到遼金佛教文化事業，就不可忽略雲居寺的石經刻造。此雕造工作始於隋代的靜琬，直至唐代會昌之後斷絕傳承，卻在遼朝政府贊助下大幅發展，金代則續其志業。經典底本正是編纂於遼代、堪稱是可遇不可求的《契丹大藏經》。塚本善隆〈石經山雲居寺と石經大藏經〉（《東方學報（京都）》五副刊，一九三五；修訂論文《塚本善隆著作集》五，大東出版社，一九七五）是正式深入研究。氣賀澤保規編《中國佛教石經の研究——房山雲居寺石經を中心に》（京都大學學術出版會，一九九六），書中收錄近年的成果。中國佛教協會在近期彙編的《房山石經》三十冊（北京：華夏出版社，二〇〇〇）之中，第二十二冊收入「遼金刻印」影印版，可供參考。西元一九三四年，山西省趙城縣的廣勝寺發現金版《大藏經》，塚本善隆發表論文報告發掘的經過，標題為〈金刻大藏經の發現とその刊行〉（《日華佛教研究會年報》一，一九三六），另有〈佛教史料としての金刻大藏經〉（《東方學報（京都）》六，一九三六）。金版《大藏經》的部分經典是《宋藏遺珍》全十二函（上海：影印宋版藏經會，一九三六）的影印刊行本，對研究者助益良多，此後又影印刊行《中華大藏經（漢文部分）》四十五冊（北京：中華書局，一九八四－一九九〇）。

遼金美術文物即早受到矚目，關野貞《支那の建築と藝術》（岩波書店，一九三八）為其代表。西元二〇〇五年，東京大學總合研究博物館舉行「關野貞アジア踏査」展示會，會中指出今後遼金美術仍是重要的歷史研究範疇。竹島卓一曾參與關野氏的研究，發表成果介紹《遼金時代の建築と其佛像》（龍文書局，一九四四）。

四、結語

遼金時期有許多課題可供研究，以下是筆者想到可介紹的幾個課題，以此作為總結。

宋代研究方面，《宋元地方志叢書》有數種版本刊行，是必要研究文獻。入矢義高、梅原郁譯註《東京夢華錄》（岩波書店，一九八三），是敘述當時寺院的日常生活，梅原郁編《中國近世の都市と文化》（京都大學人文科學研究所，一九八四）、伊原弘《中國中世都市紀行——宋代の都市と都市生活》（中公新書，一九八八），是探討臨安（杭州）和蘇州等地的都市文化型態。

另一方面，這些問題應從佛教美術或寺院建築來廣義探討，主要參考著作有常盤大定、關野貞《中國文化史蹟 解說》上、下冊（法藏館，一九七五、七六），是實地調查報告的必讀之作。研究書則有鈴木啟《中國繪畫史》上冊（吉川弘文館，一九八一）、《中國繪畫史 南宋・遼・金》中之一（同，一九八四）。京都國立博物館編《禪の美術》（法藏館，一九八三）、橫山秀哉《禪の建築》（彰國社，一九六七）、關口欣也〈中國兩浙の宋元古建築（一）・（二）〉（《佛教美術》一五五、一五七，一九八四）等數篇論文，亦屬於相關領域，讀者應加以關注。

《景德傳燈錄》撰成後，得以榮獲入藏之譽。宋代因印刷文化蓬勃發展，對禪宗發展影響甚深。正如大藏會編《大藏經——成立と變遷》（百華苑，一九六四）所述，宋代已陸續開版《大藏經》，例如北宋官版、遼官版、高麗版、金版、福州東禪寺版、福州開元寺版，以及南宋思溪版和磧砂版，尚有部分私版問世。西口芳男《景德傳燈錄》（禪文化研究所，一九九一）附有解題，此書為東禪寺本的宋版影印，相當便於查閱，近期亦刊行《索引》。柳田聖山編《禪學叢書》第一輯第十二冊（中文出版社，一九七三—八〇），以及柳田聖山、椎名宏雄共編《禪學典籍叢刊》全十一卷十三冊、別卷一冊（臨川書店，一九九九—二〇〇一），此書出版後，有許多珍貴禪籍可供研究之用。禪文化研究所首先出版《虛堂錄犁耕・附索引》（一九九〇），此後刊行《基本典籍叢刊第一期》（九種十三卷）的索引，較過去更容易查閱。《大正藏》和《續藏》完成電腦光碟化後，讀者使用更方便，但在基本資料的句讀標示上仍有許多錯誤，有待細心修正。

此外特別針對宋代禪籍的研究，最易讀的是柳田聖山〈禪籍解題〉（《禪家語錄》二，筑摩書房，一九七四）。近年椎名宏雄發表許多禪籍書誌學的論文，有系統整理後，出版《宋元版禪籍の研究》（大東出版社，一九九三）。會谷佳光《宋代書籍聚散考》（汲古書院，二〇〇四）亦可採用參考。早期研究中，不能忽略的是木宮泰彥《日本古印刷文化史》（富山房，一九三二）、黑田亮《朝鮮舊書考》（岩波書店，一九四〇）、川瀨一馬《古活字版の研究》（日本古書協會，一九六七）和《五山版の研究》（同，一九七〇）等。柳田聖山〈語錄の歷史——禪文獻の成立的研究〉（《東方學報》五十七，一九八五；《禪文獻の研究》上冊，法藏館，二〇〇一），是探討禪文獻特性的珍貴論文。近年，野澤佳美針對收錄大量禪語錄的明代《南藏》積極分析研究後，發表《明代大藏經史の研究——南藏の歷史學的基礎研究》（汲古書院，一九九八）。

中日交流史研究亦有許多成果，主要著作有辻善之助《日支文化の交流》（創元社，一九三八）、森克己《日宋文化交流の諸問題》（刀江書院，一九五〇）、木宮泰彥《日華文化交流史》（富山房，一九五五）。自宋迎請釋迦至清涼寺的日僧奝然研究，可參閱木宮之彥《入宋僧奝然の研究——主としてその隨身品と將來品》（鹿島出版會，一九八三），《塚本善隆著作集》七（大東出版社，一九七五）亦含奝然的相關論文。成尋研究方面，《塚本善隆著作集》六（同，一九七四）亦有相關論文，島津草子《成尋阿闍梨母集・參天台五台山記》（大藏出版，一九五九）亦可參考。

寺院制度研究必須考察宋代佛教的整體型態，高雄義堅《宋代佛教の研究》（前揭書）極具參考價值。竺沙雅章《中國佛教社會史研究》（同朋舍出版，一九八二）的「前篇 宋代佛教社會史研究」、黃敏枝《宋代佛教社會經濟史論集》（臺北：臺灣學生書局，一九八九）、諸戶立雄《中國佛教制度史の研究》（平河出版社，一九九〇）有詳細討論。石川重雄〈宋代勅差住持制小考——高麗寺尚書省牒碑を手がかりに〉（《宋代の政治と社會》，汲古書院，一九八八）、金井德幸〈宋代禪剎の形成過程——十方住持の法制化〉（《駒大禪研年報》十五，二〇〇三）等，以上論文皆有積極闡釋。尤其是禪寺成員的日常儀禮細節和態度，以及平日、每月、每年的慶事活動等相關規程，皆纂集為「清規」。現存最古的清規是北宋的長蘆宗賾編《禪苑清規》，鏡島元隆、佐藤達玄、小坂機融共著《譯註禪苑清規》（曹洞宗宗務廳，一九七二）是與高麗本等版本對校，附有鏡島元隆的解說出版，《禪苑清規》對日後清規的形成影響亦遠。其他宋代的清規著作，無量宗壽《入眾日用清規》（一二〇九年撰成）、《入眾須知》（約於一二六三年撰成）、惟勉《叢林校定清規總要》（一二七四年撰成）。元代以後依舊重視清規，日本、朝鮮亦編纂大量著作，甚至影響禪宗以外的教家及道教。

禪寺制度在南宋寧宗之際，終致演變為國家強制統治寺院的五山制度。日本受此影響，亦訂定五山制度，分別採用於京都和鎌倉的寺院，卻未必與中國寺制全然相符。玉村竹二校訂《扶桑五山記》（鎌倉市教育委員會，一九六三），提供了中國五山制度的必要研究資料，使查證更為方便，雖有助於了解日本制度，中國制度資料卻尚嫌不足。石井修道〈中國の五山十剎制度の基礎的研究（一）－（四）〉（《駒大佛教論集》十三－十六，一九八二－八五）是以這些制度實態為基礎，重新綜合探討寺制。至於元代五山制度對日本制度直接造成影響的研究，近年出版的重要著作是野口善敬《元代禪宗史研究》（禪文化研究所，二〇〇五）。此外，國家強權統制宗教下對禪宗教團產生的影響，亦是不可輕忽的課題。石井修道《道元禪の成立史的研究》（大藏出版，一九九一），指出祝聖上堂的起源年代可溯至真宗時期，祝聖的出現才是象徵宋代禪宗之特色。此後，從神宗時期創立的東京大相國寺內的慧林禪院和智海禪院，可知宋都採取何種宗教統治方式，以及徽宗時期的崇寧寺觀制度對地方造成波及的影響，這些要素皆促成五山制度的發展。最近受矚目的一項研究，就是劉長東《宋代佛教政策論稿》（成都：四川出版集團巴蜀書社，二〇〇五）。

研究宋代佛教之際，最重要的就是如何探討佛教庶民化。禪宗既為知識份子所接納，禪宗與儒家的交涉則成為重要命題。首先列舉的研究書，就是荒木見悟《佛教と儒教》

（平樂寺書店，一九六三；研文出版，一九九三）。荒木見悟譯註《輔教編》（《禪の語錄》十四，筑摩書房，一九八一），是針對提倡儒、佛一致論的雲門宗佛日契嵩的研究，牧田諦亮〈趙宋佛教史における契嵩の立場〉（《中國佛教史研究》二，大東出版社，一九八四），則從佛教史的角度定位契嵩。此外，安藤智信〈宋の張商英について——佛教關係の事蹟を中心として〉（《東方學》二十二，一九六一）。如以上研究所示，宋代舉凡佛學者、知識階級、主張儒釋道三教一致者，堪稱是人才輩出。另一方面，自唐代韓愈等人抨擊佛教以來，從北宋道學發展至南宋朱子的排禪毀佛思想逐漸集其大成。相關通史可參考武內義範《中國思想史》（岩波全書，一九三六）、馮友蘭《中國哲學史》（北京：商務印書館，一九三四）、侯外廬主編《中國思想通史》（北京：人民出版社，一九五七）等。代表先驅研究則有常盤大定《支那における佛教と儒教道教》（東洋文庫，一九三〇）、久保田量遠《支那儒道佛三教史論》（東方書院，一九三一）、《支那儒道佛交涉史》（大東出版社，一九四三）。柳田聖山〈無字の周邊〉（《禪文研紀要》七，一九七五），探討朱子與禪宗的關係。讀者容易接觸的朱子研究，例如島田虔次《朱子學と陽明學》（岩波書店，一九六七）、荒木見悟《朱子文集・語錄抄》（《朱子・王陽明》，中央公論社，一九七四）、吉川幸次郎、三浦國雄《朱子集》（朝日新聞社，一九七六）、三浦國雄《朱子》（講談社，一九七九）、吾妻重二《朱子學の新研究——近世士大夫の思想的地平》（創文社，二〇〇四）等。

前述的淨土宗論文常指出佛教滲入民間的情形，在此列舉的道端良秀《中國佛教史の研究》（法藏館，一九七〇），是從不同觀點探論佛教倫理、社會福祉，甚至佛教與酒的課題，另有一番意趣。永井政之《中國禪宗教團と民眾》（內山書店，二〇〇〇）是探討保存至今的民間信仰與散聖的關係，內容十分精采。

宋代佛教與道教的關係，代表著作有陳垣《南宋初河北新道教考》（北京：輔仁大學，一九四一）、吉岡義豐《道教の研究》（法藏館，一九五二）、窪德忠《中國の宗教改革》（同，一九六七）和《道教史》（山川出版社，一九七七）。

考察宋代和遼金佛教之際，不免牽涉到政經發展趨勢，必須要了解當朝歷史，周藤吉之、中嶋敏《五代と宋の興亡》（講談社學術文庫，二〇〇四）是容易取得的參考用書。宋與遼金政經史方面已有傑出著作問世，主要研究是曾我部靜雄《宋代政經史の研究》（吉川弘文館，一九七四）、日野開三郎《東洋史學論集六・七——宋代の貨幣と金融上、下冊（三一書房，一九八三）、梅原郁《宋代官僚制度研究》（同朋舍出版，一九八五）、柳田節子《宋代鄉村制の研究》（創文社，一九八六）、斯波義信《宋代商業史研究》（風間書房，一九六八）、《宋代江南經濟史の研究》（汲古書院，一九八八）、寺地遵《南宋初期政治史研究》（溪水社，一九八八）、島居一康《宋代稅制史研究》（汲古書院，一九九四）、宮澤知之《宋代中國の國家と經濟》（創文社，一九九八）等。當時原為藏族支系黨項族的西夏（一一三八－一二二七）建國後，與宋、遼、金爭和不斷，最後為元朝所滅。中嶋敏《東洋史學論集——宋代史研究とその周邊》、《同續編》（汲古書院，一九八八、二〇〇二再版），書中一併探討西夏，讀者若想更深入研究，不妨參考此書。

以上研究成果中，宋史提要編纂協力委員會編《宋代研究文獻提要》（東洋文庫，一九六一），對諸著作的刊行年代有相當完整的彙編文獻。近年亦有人名索引、年表、地圖出版，可簡便利用。

第五章　元明清時期的中國佛教研究趨勢

永井政之

若要闡述元、明、清三朝的佛教研究趨勢，其難度絕不下於其他朝代。筆者曾在田中良昭編《禪學研究入門》（大東出版社，一九九四）中以「禪宗」研究為焦點，探討金、元兩朝，甚至追加明、清時期，概觀其研究動向。但就本書《中國佛教研究入門》的撰寫目的來看，應將禪宗拓展為廣義佛教研究，並以更寬闊的視野闡述明清佛教的研究趨勢。如此一來，似乎只要能掌握「廣義」原則作說明即可，但事實上，情況並非如此單純。論究其因，正如《禪學研究入門》所述，現代中國的佛教研究，必須關注複雜多歧的中國思想界整體是如何發展。倘若研究範疇僅限於「佛教」領域，恐怕將難有所為。

首先，就從方法論的問題來確認此課題。

一、方法論

在現階段佛教研究中，元、明、清時期與其他時代相較之下，無論在質或量方面皆難以有所進展。為何會發生這種情形？溝口雄三在《李卓吾》（集英社，一九六八）中就曾明快指出，過去日本對中國思想的研究僅限於漢文、唐詩、古典、經書方面，目的就是增進知見和學養，卻未必有意學習中國的一切。

佛教領域亦出現同樣情形，即使學習與日本有關的中國佛教教理及教學，甚至是歷史——從歷史層面來看就是唐、宋時期，或後來的部分明代佛教，對於沒有直接關聯的元、明、清佛教研究，除了渡來僧等部分研究之外，目前幾乎是乏人問津。

在此情況下，荒木見悟〈宋元時代の佛教、道教に關する研究回顧〉（《久留米大學比較文化研究》一，一九八七），提倡應思考中國人所認知的佛教，對屬於中國人思想之一端的佛教，應以更廣義的角度去思惟。此書是以宋元時期為研究對象，在方法論上摒除以佛教或儒家的派系主義，採取與兩者保持同距的態度，闡釋宗教對中國人具何種意義。西順藏、窪德忠編《中國文化叢書六　宗教》（大修館書店，一九六七），亦採用這種方法論。尤其以下列舉的「編輯方針」，有助於元、明、清佛教研究，對思考中國佛教也極有幫助：

（一）將宗教視為社會現象之一環，意思就是從中國宗教史的型態來掌握中國宗教。這種對中國宗教史的嘗試，就是藉由宗教的內外相互關係，加深對宗教的內外在理解。此外，要掌握中國宗教，就應掌握中國歷史社會，這是彼此互動媒介的。

（二）中國宗教史應從所謂的佛教史、道教史這種派系主義式的宗教史概念中解放，如此完整的教團宗教應與非完整的宗教（例如結社）、或難以納入宗教領域的生活層面（例如民俗信仰）等同並重，從中思考其中國特質、與諸文化間的關聯、政治和社會意義。

（三）教義、教典、教理的相關敘述，僅限於符合以上旨趣的課題。

上述建議已歷時四十年，卻未必廣為人知。在此情況下，荒木見悟提出「本來性與現實性」的問題設定，筆者認為非常適切。

荒木見悟在《佛教と儒教》（平樂寺書店，一九六三）的「後跋」中，指出在思考成為儒佛哲學母胎的本來性與現實性的關係時，可找出諸思想間的對立與調和，在思考中國思想史之際，無可避免的，將會遇到這種屬於哲學領域的「本來性與現實性」的問題設定。換言之，若只針對某思想或宗教展開探論，或僅就浮泛的文義變動作比較，將無法精確掌握此思想、甚至中國思想的全相。有關荒木見悟日後一貫主張此立場的研究成果，將在本篇後述說明。

補充說明的是島田虔次《中國に於ける近代思惟の挫折》（筑摩書房，一九四九），是早於荒木見悟的先驅研究，溝口雄三《中國前近代思想の屈折と展開》（東京大學出版會，一九八〇）則繼承島田氏的批判觀點。丸山真男《日本政治思想史研究》（同，一九五二），是從中國歷史停滯的原因與儒家關係密切的角度進行研究。守本順一郎《東洋政治思想史研究》（未來社，一九六七）則從批判丸山研究的立場探討，另有岩間一男《中國政治思想史研究》（同，一九六八）。守本、岩間兩氏對佛教的理解尚存不少問題，溝口雄三特別針對岩間氏的研究提出嚴厲批判，發表〈中國思想史研究上のいくつかの問題——岩間一男氏《中國政治思想史研究》をめぐって〉（《歷史學研究》四〇〇，一九七三）。

二、元代佛教概述

漢族建宋約一百六十年後，徽宗、欽宗遭金人擄至北地，中國分裂為統治北方的金朝，以及遷都臨安的南宋。蒙古於十三世紀中葉滅金，繼而消滅南宋，建立元朝一統中國。有關當時的抗爭、歷史發展、蒙古統治的特徵，可參考鈴木俊編《世界各國史九　中國史（新編）》（山川出版社，一九六四），以及松丸道雄、斯波義信等著《世界歷史大系・中國史四》（同，一九九九）。

元代在各方面貫徹蒙古為尊主義，相對地，若非反蒙勢力則寬容以對（前揭書《世界歷史大系・中國史四》，頁五一一六）。宗教方面除了佛教，對道教流派之一的全真教亦採保護制度，運用軟硬兼施的政策。

如同野口善敬《元代禪宗史研究》（禪文化研究所，二〇〇五）的「研究概要」所述，元代佛教研究未必興盛。究其原因，首先包括禪宗在內，「日本佛教的形成，是受到中國佛教自古發展至宋的影響」。除了日本方面的因素，另一項原因則是研究者不僅要有解讀漢文資料的能力，當然還需具備解讀元朝各族的語言能力，例如蒙文、粟特語、八思巴文等語言，這可是極為棘手的問題。元代佛教研究一向偏重漢語文獻，多半未能脫離「通史」的框架。其中，野上俊靜《元史釋老傳の研究》（朋友書店，一九七八）是詳細解讀和譯註正史中的元代佛教，成果極為珍貴，此書附有〈元代の宗教〉、〈元の功德使司について〉等九篇論文，是研究元代佛教的必讀之作。此外，可配合閱讀野上氏的早期著作《遼金の佛教》（平樂寺書店，一九五三）。

（一）制度

元代佛教以藏傳佛教（喇嘛教）擁有最大勢力，野上俊靜〈元の佛教に關する一考察——ラマ教と漢人佛教〉、〈元代ラマ教と民眾〉（皆為前揭書《元史釋老傳の研究》）等論文，探討喇嘛教如何在元代定位。藏僧之中以八思巴最受忽必烈信任，尊為國師、帝師，並制定「八思巴文」，對元代朝政功績顯著。元代政治與佛教的關係研究，可

參考藤島建樹〈元朝《宣政院》考——その二面的性格を中心として〉（《大谷學報》四十六－四，一九六七）、野上俊靜〈元の宣政院に就いて〉（前揭書）、西尾賢隆〈元朝の江南統治における佛教〉（《佛教史學》十五－二，一九七一）、野口善敬〈元代江南における住持任命權者の變遷〉（前揭書《元代禪宗史研究》）。有關大都大慶壽寺的海雲印簡（一二〇二－五七）對元朝佛教政策的貢獻研究，岩井大慧〈元初に於ける帝室と禪僧との關係について〉（《東洋學報》十一－四、十二－一、二，一九二二）、野上俊靜〈元代道、佛二教の確執〉（前揭書《元史釋老傳の研究》）等。以八思巴為代表的帝師研究，則有野上俊靜、稲葉正就〈元の帝師について〉（《石濱古稀紀念東洋學論叢》，一九五八）、稲葉正就〈元の帝師に關する研究〉（《大谷大學研究年報》十七，一九六四）、〈元の帝師について——オラーン史（《紅史》）を史料として〉（《印佛研》八－一，一九六〇）等。

西元一二九七年，元代版圖擴及江南，元世祖之際設置江南釋教總統所。西尾賢隆〈元朝の江南統治における佛教〉（《佛教史學》十五－二，一九七一），指出楊璉真伽身為江南釋教總統，卻與政治權力勾結，盜掘南宋皇陵，另一方面，則從事重興寺院的工作。野上俊靜〈桑哥と楊璉真伽——元代宗教史の一面〉（前揭書）、大藪正哉〈元代の法制と江南の佛寺道觀〉（《元代の法制と宗教》，秀英出版社，一九八三）、野口善敬

〈元代江南における住持任命權者の變遷〉（前揭論文）亦有相關論述。附帶一提，大藪正哉《元代の法制と宗教》（前揭書）從多元角度探討度牒和刑法等元朝宗教政策，是必讀之作。

寺院經濟研究方面，橫山英〈元代の寺院財產とその性格素描〉（《史學研究》二，一九五〇）、愛宕松男〈元朝に於ける佛寺道觀の稅糧優免について〉（《塚本博士頌壽紀念》，一九六一）、佐藤達玄〈元代叢林の經濟生活――勅修百丈清規を中心として〉（《印佛研》十六－一，一九六七）、西尾賢隆〈元代の叢林をめぐって〉（《禪文研紀要》五，一九七三）。

（二）文獻

據傳道藏於元代編纂《玄都寶藏》七千八百餘卷（已佚），當時亦有各種佛典刊行。金岡秀友〈蒙古大藏經の成立過程〉（《佛教史學》六－一，一九五七）、竺沙雅章〈元版大藏經概觀〉（《宋元佛教文化史研究》，汲古書院，二〇〇〇）等為代表，椎名宏雄則專攻禪籍研究，備受學界矚目。各別著作可參考田中良昭編《禪學研究入門》（前揭書），椎名宏雄《宋元版禪籍の研究》（大東出版社，一九九三），收有多篇論文。椎名宏雄、柳田聖山共編《禪學典籍叢刊》全十四卷（臨川書店，一九九九－二〇〇一）之中，介紹珍貴的宋元版禪籍影印。

野口善敬〈元代明初僧侶著述、傳記一覽〉（前揭書附錄一）是蒐集和介紹當時佛學者的著作和傳記史料，是有用的工具書。至於以振興清規為目的修撰的《勅修百丈清規》，相關考證可參考前述的《禪學研究入門》。

（三）個人

除了前述的海雲印簡之外，尚有其他人物研究，例如在北地發展的曹洞宗代表人物萬松行秀（一一六六－一二四六），因元朝重臣耶律楚材（一一八九－一二四三）依止其道，故享有盛名。萬松傳記可參考永井政之〈萬松行秀の傳記をめぐる諸問題〉（《飯田博士古稀紀念》，國書刊行會，一九八一），探討傳記解說及考證北京市內的現存墓塔。永井氏的其他著作《禪籍善本古注集成・從容錄》（名著普及會，一九八三），是以萬松行秀的重要著作《從容錄》為底本，並加以彙整註釋書。至於依止萬松的耶律楚材，近期研究有杉山正明《耶律楚材とその時代》（白帝社，一九九六），是針對成為楚材傳重要線索的「神道碑」，探討其形成背景所產生的問題點。然而要如何闡明虛實交融的楚材傳記，仍需假以時日深入驗證。早期的楚材研究，見於陳垣〈耶律楚材之生卒年〉（《燕京學報》八，一九三〇；《陳垣學術論文集》二，北京：中華書局，一九八二），另發表〈耶律楚材父子信仰之異趣〉（初出，一九二五；《陳垣學術論文集》一，同，一九八〇），考證楚材的生涯是自西元一一八九年至一二四三年。此外，尚有岩村忍《耶律楚材》（生活社，一九四二）。飯田利行將楚材的主要著作《湛然居士文集》附上日語譯註，出版《湛然居士文集》（國書刊行會，一九八五），另出版《大モンゴル禪人宰相・耶律楚材》（柏美術出版，一九九四）。陳舜臣《耶律楚材》上、下卷（集英社，一九九四）則屬文學作品。

李屏山與楚材同樣參禪於萬松，留有遺著《鳴道集說》，相關研究可參考常盤大定〈金の李屏山撰《鳴道集說》について〉（《服部先生古稀紀念》，一九四一）、野上俊靜〈金李屏山考〉（前揭書）。桂華淳祥〈李屏山の傳について〉（《佛教史學》二十－一，一九七五），考證李屏山的生涯是自西元一一七五年至一二三一年，另發表《鳴道集說》の一考察〉（《印佛研》二十八－二，一九八〇）等。

元朝統治江南後，禪僧中峰明本（一二六三－一三二三）與古林清茂（一二六二－一三二九）與日本五山有關聯，因而漸受矚目。中峰明本素以虔修淨土宗而聞名，相關論述有服部顯道《天目中峰國師の研究》（八千代出版，一九八〇）。在此之前，望月信亨〈明本・梵琦の淨土兼修〉（《中國淨土教理史》，法藏館，一九七五）、小笠原宣秀〈中峰明本の淨土教〉（《大原先生古稀紀念》，一九六七）、藤島建樹〈元朝佛教の一

樣相——中峰明本をめぐる居士たち〉（《大谷學報》五十七－三，一九七七），以及西尾賢隆〈元の幻住明本とその海東への波紋〉（《日本歷史》四六一，一九八六）、〈幻住明本と日元の居士〉（《中世の日中交流と禪宗》，吉川弘文館，一九九九），探討繼承明本法嗣與組成「幻住派」的眾人物。古林清茂研究方面，古田紹欽〈古林清茂とその主なる門人〉（《禪學研究》四十一，一九四八），西尾賢隆〈金剛幢下竺仙梵僊の渡來〉（同六十九，一九九一），是研究古林法派金剛幢下的發展趨勢。

根據野口善敬《元代禪宗史研究》（前揭書）所述，元朝是教、宗復興的時代，尤其從華嚴宗和慈恩宗的活動顯而易見。相關研究有竺沙雅章〈宋元代の慈恩宗〉、〈元代華北の華嚴宗〉、〈燕京・大都の華嚴宗〉、〈宋元時代の杭州寺院と慈恩宗〉（皆出於前揭書《宋元佛教文化史研究》）、野口善敬〈元代の禪宗と教宗——至元二十五年正月十九日の出來事を中心に〉（前揭書《元代禪宗史研究》）。

（四）佛道論諍

元朝維護道教，尤以丘處機在華北主導全真教隆盛而著名。全真教亦受佛教影響，相關研究見於窪德忠《中國の宗教改革——全真教の成立》（法藏館，一九六七）。窪德忠並發表〈元代佛道論爭研究序說〉（《結城教授頌壽紀念》，一九六四）、〈元代の佛道關係——《至元辨偽錄》を中心として〉（《駒大大學院佛教年報》二十，一九八七），探討前人僅以佛教資料《至元辨偽錄》來理解論諍所引發的問題。佛道論諍研究方面，還可配合參閱野上俊靜〈元代道佛二教の確執〉（前揭論文）、陳垣《南宋初河北新道教考》（北京：輔仁大學，一九四一；北京：中華書局，一九六三）、陳國符《道藏源流考》（北京：中華書局，一九六三）。

最著名的論諍中心人物，就是萬松的弟子雪庭福祐（一二〇三－七五）與林泉從倫。雪庭的碑銘現存於嵩山少林寺，鷲尾順敬《菩提達磨嵩山史蹟大觀》（同刊行會，一九三二；三寶書院，一九八一）收錄拓本等史料。

三、明代佛教概述

欲認識明代佛教，當然必須了解明代史。明代史研究成果豐富，例如鈴木俊編著《中國史（新編）》（前揭書）、丸山道雄等著《世界歷史大系．中國史四》（山川出版社，一九九九）。佛教通史方面，道端良秀《概說支那佛教史》（法藏館，一九三九；後改題為《中國佛教通史》，收於《道端良秀著作集》十）、高雄義堅《中國佛教史論》（平樂寺書店，一九五二）、中村元編《アジア佛教史．中國編》二（佼成出版社，一九七六)、張曼濤主編《中國佛教史論集(明清佛教史篇)》(《現代佛學叢刊》一〇〇,臺北:大乘文化出版社,一九七七)、鎌田茂雄《中國佛教史》(岩波全書三一〇,一九七八)、郭朋《明清佛教》(福州:福建人民出版社,一九八二)等。特別從禪宗角度探討的有忽滑谷快天《禪學思想史》下冊(名著刊行會,一九七九影印)、孤峰智璨《印度、支那·日本禪宗史》(總持寺,一九七四影印),兩書在結尾皆述及明、清兩朝,但無可否認的,內容並不及他朝詳盡。

(一)制度

元朝在一四世紀中葉朝政衰微,紅巾軍大舉起義。紅巾軍是後述的白蓮教徒所組織的武裝集團,成為白蓮教支派後方才展露頭角。此後,農民出身的太祖朱元璋(明太祖)於洪武元年(一三六八)建立明朝,因傾心儒家而頒布「六諭」為統治方略,宗教上禁止淫祀邪教,施以嚴厲管制。

這部分的代表研究,可參考龍池清〈明初の佛教〉(《支那佛教史學》二-四,一九三八)、〈明の太祖の佛教政策〉(《佛教思想講座》八,一九三九)、〈明代の僧官〉(《支那佛教史學》四-三,一九四〇)、野上俊靜〈明初の僧道衙門〉(《大谷學報》二十七-一,一九五〇)、間野潛龍〈中國明代の僧官について〉(同三十六-三,

一九五六）、滋賀高義〈明初の法會と佛教政策〉（《大谷大學研究年報》二十一，一九六九）。此外，清水泰次〈明代に於ける佛道の取締〉（《史學雜誌》四十－三，一九二九）、〈明代に於ける佛道の取締（續）〉（《密教學報》一八七－八九，一九二九）、〈明代僧道統制考〉（《東洋史會紀要》二，一九三七）。龍池清〈明代の瑜珈教僧〉（《東方學報（東京）》十一－一，一九四〇），探討教團內部的部分改革與僧侶的職責分擔。有關寺院復興的經濟課題研究，則有鈴木正〈明代帝室財政と佛教〉（《歷史研究》六－十一，一九三六）、長谷部幽蹊〈明清時代佛教界の展望——寺刹の復興をめぐって〉（《禪研究所紀要》六－七，一九七六）、野口鐵郎〈明代寺田の稅役と砧基道人〉（《佛教史學》十四－二，一九六八）、石田德行〈明代の寺莊について——特に南京寺莊を中心として〉（《東洋史論集》七，一九六五）、〈明代南京の寺莊について——特に寺莊の稅役負擔を中心として〉（《花大禪學研究》五十五，一九六六）、竺沙雅章〈明代寺田の賦役について〉（《明清時代の政治と社會》，京都大學人文科學研究所，一九八三）等。竺沙雅章的其他著作《中國佛教社會史研究》（同朋舍出版，一九八二），內容不以明代為限，但在了解中國佛教教團和社會關係上是必讀之作。

（二）文獻

漢族受元朝異族統制後終於得以復權，在此過程中，《大藏經》刊行成為探討明代佛教的重要課題。在此暫不說明各典籍，只介紹禿氏祐祥的早期研究〈明初に於ける大藏經校刻の事業〉（《密教研究》十一，一九二三），以及較近期的長谷部幽蹊〈明代以降における藏經の開雕（一）－（三）〉（《愛知學院大學一般教育研究》三十－三、四，三十一－一、二，一九八三、八四）。長谷部氏積極探討明清佛教研究，將各僧侶的重要著作彙集發表於〈明清佛教主要文獻書誌要說（一）－（五）〉（同三十二－三、四至三十四－三，一九八五－八七），並著有〈明清佛教文獻著者別小目錄（一）－（三）〉（同二十七－四、二十八－一、二，一九八〇）。野澤佳美《明代大藏經史の研究》（汲古書院，一九九八），是《大藏經》的最新研究，對讀者十分有益。各別文獻方面，應參考駒澤大學圖書館編《新纂禪籍目錄》（一九六二）。

（三）僧傳

明末出現不少「燈史」，長谷部幽蹊《明清佛教史研究序說》（臺北：新文豐出版公司，一九七九）、《明清佛教教團史研究》（同朋舍出版，一九九三），皆提供索引功能，卻未收錄僧侶年譜和碑銘等檔案，反而是陳垣《釋氏疑年錄》（北京：中華書局，一九六四）更為實用。駒澤大學內禪學大辭典編纂所編《禪學大辭典》（大修館書店，一九七八）是概述僧傳遺語錄等內容，十分便於查閱。野口善敬〈明末清代佛教の語錄・著述とその法系〉（《東洋古典學研究》，同研究會，二〇〇〇）。徐自強在近年影印碑銘等原始資料後，編著《中國歷代禪師傳記資料匯編》全三冊（北京：全國圖書館文獻縮微複製中心，二〇〇三），內容並非完整，卻便於追查原典出處。

長谷部幽蹊〈《祖燈大統》について〉（《宗學研究》十九，一九七七）、〈智泫撰《洞上祖憲錄》について〉（《禪研究所紀要》十一，一九八二），是介紹和分析《祖燈大統》與《洞上祖憲錄》，這兩部著作的自序分別成立於康熙十一年（一六七二）和清初，編撰者意識到明代禪宗十分興盛（尤其是青原系），故而編纂輯成。《祖燈大統》、《洞上祖憲錄》的內容，皆收於藍吉富編《禪宗全書》十九－二十二（臺北：文殊文化有限公司，一九九〇）。此外，長谷部幽蹊介紹個人發現的資料，發表〈智楷撰《正名錄》について〉（《印佛研》三十－一，一九八一）、〈普慧藏所收の禪籍一本について——《祖燈大統》に含まれる《祖燈辨訛》を中心に〉（《禪研究所紀要》九，一九八〇）、〈《祖燈辨訛》考釋（一）（二）〉（同十三、十四，一九八四、八五）。然而除上述資料之外，尚缺乏各別資料的歷史特性研究。費隱通容（一五九三－一六六一）因撰著《五燈嚴統》，引發多起爭訟風波，相關研究可參考永井政之〈五燈會元續略の成立につい

て〉（《印佛研》二十四－一，一九七五）、〈明末に生きた禪者たち——費隱通容による五燈嚴統の成立〉（《駒大宗教論集》九，一九七九）。至於各部燈史的特性，盼今後有新成果呈現。

長谷部幽蹊探討僧傳記述異同的問題，發表〈明代における禪の法系、師傳に關する異說考（一）－（四）〉（《愛知學院大學一般教育研究》，二十五－二至四，一九七七、七八）、〈海舟普慈．永慈に關する疑點〉（《印佛研》二十六－一，一九七七）。

有關區域佛教發展方面，近年出版《中國佛寺志滙刊》一－三（臺北：明文書局，一九八○；臺北：丹青圖書公司，一九八五）、《中國佛寺誌叢刊》（揚州：江蘇廣陵古籍刻印社，一九九六）、沈雲龍主編《中國名山勝蹟志叢刊》一－四（臺北：文海出版社，一九七五），皆是了解寺院史的重要著作。各地方志的「寺觀」記載必然對研究助益甚多，近年間歇出現某特定地區或寺院的論述，在此礙於篇幅，僅列舉陳垣《明季滇黔佛教考》（北京：中華書局，一九六二）。

（四）儒佛關係

宋代以朱子學為代表批判佛教，空谷景隆（一三九二－？）為對抗此思潮，撰寫《尚直篇》倡說三教一致，另撰有《尚理篇》揭穿道藏偽經。相關研究可參考間野潛龍〈明の景隆における佛教觀〉（《印佛研》十一－二，一九六三）、野口善敬〈明代前期禪門の一斷面——毒峰本善と空谷景隆〉（《日本中國學會報》三十四，一九八二）。闡論明代興起的陽明學與佛教的相關研究甚豐，在此僅列舉荒木見悟的著作。荒木見悟《明代思想研究》（創文社，一九七九）是以一般鮮少採析的人物為對象，其中有關管東溟的部分，在荒木氏的《明末宗教思想》（同，一九七九）有更詳細論述，溝口雄三曾針對該書發表書評〈無善無惡論の思想史的意義〉（《歷史學研究》四八七，一九八七）。荒木見悟《佛教と陽明學》（《レグルス文庫》一一六，第三文明社，一九七九），以平易方式說明紫柏達觀、憨山德清、雲棲袾宏（萬曆三高僧），以及蕅益智旭、覺浪道盛，可藉此認識相關領域的方法論和梗概，堪稱是最佳入門書。雲棲袾宏的著作，見於荒木見悟的現代文譯《竹窗隨筆》（明德出版，一九六九），《雲棲袾宏の研究》（大藏出版，一九八五）則是對人物的綜合論述，亦是必讀之書。荒木見悟的其他著作《陽明學の開展と佛教》（研文出版，一九八四），不僅包含後述的〈戒殺放生思想の發展〉、〈憨山德清の生涯とその思想〉，亦收入〈陽明學評價の問題〉、〈禪僧無念深有と李卓吾〉等論文。

（五）明季四大師

雲棲袾宏（一五三五－一六一五）　正如日僧道元提出的批判般，日本甚少採取禪淨一致的立場，但在中國莫說禪淨一致，就是主張三教一致也不足為奇。尤其明代提倡禪淨一致者甚多，雲棲袾宏即為代表。雲棲袾宏著有《雲棲法彙》三十四卷，相關研究可參考荒木見悟《佛教と陽明學》（前揭書）等著作，以及論文〈戒殺放生思想の發展〉（前揭書《陽明學の開展と佛教》）。此外，高雄義堅〈雲棲大師袾宏について〉（《內藤博士頌壽紀念》，一九三〇）、增永靈鳳〈雲棲袾宏の教學〉（《駒澤史學》八，一九三八）、藤吉慈海《禪關策進》（《禪の語錄》十九，筑摩書房，一九七〇）、酒井忠夫〈袾宏の自知錄について〉（《福井博士頌壽紀念》，一九六九），佐佐木宣正〈雲棲袾宏と其著作〉（《六條學報》一〇二、一〇三，一九一〇）是探討袾宏的全著作。此外，藤吉慈海的個人論文集《禪淨雙修の展開》（春秋社，一九七四）、《淨土教思想研究》（其中堂，一九六九）。誠然，將雲棲思想盡歸於禪淨一致未免過於輕率，但如前文所述，多數明代佛學者既未否定禪淨一致思想，就應該納入各佛學者的禪淨一致思想，成為綜合性研究。

紫柏真可（一五四三－一六〇三，字達觀）身兼佛學及陽明學——尤以接近泰州學派而知名。紫柏真可修習華嚴、法相宗，撰有〈阿彌陀佛贊〉等提倡念佛，與憨山德清、密藏道開等人合力於五台山刻藏，繼而在徑山寂照庵延續志業，真可示寂後方才完成遺願。紫柏真可晚年遭人誣陷卒於獄中，遺著《紫柏尊者全集》四十卷。真可在明末佛教中至為重要，研究卻十分少見，在此列舉大獅子吼林〈明季の哲僧紫柏尊者〉（《觀想》十六，一九二五）、荒木見悟〈紫柏真可について〉（《日本の禪語錄三　大應》，講談社，一九七八）。

憨山德清（一五四六－一六二三）　德清撰有《夢遊集》四十卷（一說五十五卷），其著名事蹟就是得知六祖慧能的故地曹溪寶林寺荒湮已久，故而重興其寺。相關研究可參考長谷部幽蹊〈明末叢林における修行生活の一型態——德清による曹溪の復興をめぐって〉（《禪研究所紀要》八，一九七九）、荒木見悟〈憨山德清の生涯とその思想〉（前揭書《陽明學の開展と佛教》）、河村孝照〈德清著《起信論疏略》の資料的價值〉（《東洋學研究》十七，一九八三）。

蕅益智旭（一五九九－一六五五）　智旭以釋經家聞名，傳法不限一宗一派。相關研究甚豐，教學方面有辻岡良稔〈蕅益の性相調和思想に就いて——特に大乘起信論裂網疏を中心として〉（《叡山學報》十二，一九三六）、安藤俊雄〈蕅益智旭の性具思想——傳燈との交涉を中心として〉（《印佛研》三－一，一九五四）、釋聖嚴〈智旭の思想と天台學〉（同二十三－一，一九七四）、池田魯參〈智旭教學と天台教判〉（同二十五－一，一九七六）、〈《教觀綱宗・釋義》の教判論〉（《駒大佛教論集》七，一九七六）等。此外，利根川浩行〈蕅益智旭の戒學〉（《印佛研》二十九－一，一九八〇）、

〈智旭撰《重定授菩薩戒法》について〉（《天台學報》二十三，一九八〇）、淺井圓道〈智旭の法華經會義等の研究〉（《法華經研究》四，一九七二）。探論智旭與其他教派關係的研究，可參考荒木見悟〈智旭の思想と陽明學——ある佛教心學者の歩んだ道〉（《佛教史學》十三—三，一九六七）、岩城英規〈智旭《周易禪解》について〉（《印佛研》二十一—二，一九九一）。釋聖嚴《明末中國佛教の研究》（山喜房佛書林，一九七五），是智旭傳記及思想的綜合研究，在方法論上異於荒木見悟。鎌田茂雄曾對該書發表書評〈張聖嚴《明末中國佛教の研究》〉（《鈴木學術年報》十二、十三合併號，一九七六），荒木見悟則有〈張聖嚴氏の批判に答える——《明末中國佛教の研究》の所論について〉（《中國哲學論集》三，一九七七）。

（六）各人

明初的道衍（一三三五—一四一八）身兼政治家及僧侶身分，因靖難之變擁立明成祖朱棣有功，日後還俗改名為姚廣孝，曾參與編纂《太祖實錄》和《永樂大典》，以對抗宋儒的佛教批判而知名。相關研究見於牧田諦亮〈道衍傳小稿——姚廣孝の生涯〉（《東洋史研究》八—二，一九五九）、〈道衍禪師の慨き〉（《禪文化》六十二，一九七一）。

曹洞宗在明末發展臻於鼎盛，其中，壽昌派的東皋心越在日後東渡日本，有關心越及其師翁覺浪道盛的研究，可參考荒木見悟〈覺浪道盛研究序說〉（《東北大學中國文史哲研究會 集刊東洋學》三十五，一九七六）、《憂國烈火禪——禪僧覺浪道盛のたたかい》（研文出版，二〇〇〇）。永井政之〈祇園寺藏・新出覺浪道盛《尊正規》について（一）（二）〉（《曹洞宗研究紀要》十、十一，一九七八、七九），是介紹覺浪居住的廬山圓通寺制定的清規。有關會稽（浙江省）雲門山的湛然圓澄（一五六一－一六二六）的相關論文，澤田瑞穗〈明季緇流曲家・散木湛然圓澄禪師事蹟〉（《天理大學報》二十八，一九五九）、荒木見悟〈明末の禪僧湛然圓澄について〉（《支那學研究》二十八，一九六二）、佐佐木章格〈湛然圓澄註《涅槃經會疏解》について〉（《印佛研》二十七－一，一九七八）等。

此外，無異元來是以江西省博山為弘法重地，相關研究有長谷部幽蹊〈無異元來禪師略傳〉（《禪研究所紀要》四、五合併號，一九七七）、〈博山の門流（一）（二）〉（《印佛研》二十四－二、二十五－一，一九七六）。長谷部幽蹊亦發表〈鐵眉三巴掌の急逝にまつわる疑惑〉（同二十八－一，一九七九）、〈三峰一門の隆替（一）－（六）〉（《愛知學院大學論叢 一般教育研究》三十一－四、三十二－一至三、三十三－三、四，一九八四－八六）。

渡日弘傳黃檗宗的隱元隆琦（一五九二－一六七三），以及傳揚曹洞宗的心越興儔

（一六三九－九六），相關介紹可參照《禪學研究入門》（前揭書）。

（七）僧諍

明末清初的佛教界與他教議論相抗、互為融合，教團內部亦盛行各種論諍。陳垣《清初僧諍記》（北京：中華書局，一九六二）彙集當時各種論諍始末，野口善敬則在近年出版《譯註・清初僧諍記——中國佛教の苦惱と士大夫たち》（中國書店，一九八九）。野口氏從廣義角度不斷探究明清佛教，教團內論諍即屬領域之一，注目的研究有〈「本來無一物」は外道の法〉（《禪文研紀要》十八，一九八四）、〈明末に於ける「主人公」論爭——密雲圓悟の臨濟禪の性格を巡って〉（《九州大學人文科學研究會 哲學年報》四十五，一九八六）、〈明末清初僧諍研究資料について〉（《第一回中國域外漢籍國際學術會議論文集》，一九八七）、〈明末清初僧諍覺書——覺浪道盛の密雲圓悟批判を巡って〉（《宗學研究》二十九，一九八七）、〈牧雲通門の《五論》をめぐって——明末清初僧諍覺書（二）〉（同三十二，一九九〇）、〈《宗範》について——明末清初僧諍覺書（三）〉（同三十三，一九九一）等。

四、清代佛教

明朝於十七世紀已現亡勢，與後繼建國的清太祖努爾哈赤、世祖皇太極陷入爭戰紛仍。清軍於西元一六四四年（崇禎一七年、順治元年）五月攻入北京，順治皇帝於十月即位暫統中原，至康熙時期方才穩固清室江山。松丸道雄等著《世界歷史體系・中國史四・五》（山川出版社，二〇〇二），是從各領域綜合論述清史動向，下中彌三郎編《世界歷史事典二十三　東洋歷史事典》（平凡社，一九五五）則各別解說史實，相當易讀。望月信亨《佛教大辭典九　補遺》（世界聖典刊行協會，一九七三）對研究亦有幫助。

欲探討清代異族政權統治下的佛教研究，其實比明代更為困難，儘管原始資料龐大豐富，研究卻遲滯未能有進展。不可否認的，清代研究在質與量上遠不及明代。正如《禪學研究入門》（前揭書）所述，論究其遠因，就在於日本學者研究中國佛教之際，往往以本身所依的一宗一派為重心，或是解讀著作之前，不但要求必須理解過去一切佛教思想，更要對三教有全盤理解，方能展開研究。

首先在通史方面，例如談玄〈清代佛教の概況〉（《日華佛教研究會年報》六，一九四三）、矢島玄亮〈概観清朝佛教史〉（《智山學報》九，一九六一），兩篇皆未脫「概觀」的框限。河村孝照〈清代佛教史考〉（《東洋學研究》十四，一九八〇），是參考

《清史稿》釋家部和《續藏》來整理清代佛教撰著，又發表〈清代佛教者の研究活動——註釋類を通して〉（《印佛研》二十八－二，一九八〇）。釋東初《中國佛教近代史》上、下冊（臺北：中華佛教文化館，一九七四）則針對清末民初時局動盪，各別探討推動中國佛教的人物。

順治、康熙、雍正皆好佛，雍正自號圓明居士，以編纂《御選語錄》而知名，清代佛教政策亦多承於明代。著名研究有山內晉卿〈清朝帝室と佛教〉（《六條學報》二一〇，一九一九）、陳垣〈語錄與順治宮廷〉（《陳垣集》，北京：中國社會科學出版社，一九九五）和〈順治皇帝出家〉（同）、塚本俊孝〈雍正帝の佛教教團批判〉（《印佛研》七－一，一九五八）、〈雍正帝の佛教教團への訓誨〉（同九－一，一九六一）、〈乾隆帝の教團肅正政策と雍正帝〉（《佛教文化研究》十一，一九六二）、〈雍正・乾隆二帝の佛學〉（《印佛研》十一－二，一九六三）、塚本善隆〈明、清政治の佛教去勢——特に乾隆帝の政策〉（同著作集五，大東出版社，一九七五）等。

明清佛教的特徵之一就是居士佛教，這意味著中國佛教不再屬於特定專門人士（出家眾）。就某種意味來說，居士佛教堪稱為中國人對「宗教」這個固有命題提供了解答，這個命題就是要如何在現實中運用佛教、發揮佛教功能。關於這方面的研究，可參考禿氏祐祥〈居士佛教について〉（《日華佛教研究會年報》一，一九三六）、小川貫弌〈居士佛教の近世的發展〉（《龍大論集》三三九，一九五〇）、〈居士佛教の倫理的性格〉（《龍谷史壇》三十五，一九五一）、〈中國における居士佛教と倫理〉（《日佛年報》二十七，一九六二）、劉成有《近現代居士佛學研究》（成都：巴蜀書社，二〇〇二）。

補充說明的是《居士傳》的作者彭紹升（一七四〇—九六，字允初，號尺木，又號知歸子，法號際清），此人的佛教信仰深受明末的雲棲袾宏所影響，過去研究有荻須純道〈近世中國に於ける居士佛教に就いて——彭際清を中心として〉（《禪學研究》四十，一九四七）、竹內肇〈彭紹升の《居士傳》について〉（《宗教研究》二三八，一九七九）、中村薫〈彭際清《華嚴念佛三昧論》について〉（《印佛研》三十一—一，一九八二）。傳記和思想探論方面，牧田諦亮〈居士佛教に於ける彭際清の地位〉（《中國佛教史研究》二，大東出版社，一九八四）、荒木見悟〈彭際清をめぐる二人の人物〉（前揭書《陽明學の開展と佛教》）。

楊文會（一八三七—一九一一）的研究亦受矚目，此人曾開設金陵刻經處，致力於佛典刊行和佛學教育，對譚嗣同、章太炎等人的思想影響頗深，亦是歐陽漸之師。楊文會的相關研究，塚本善隆《中國近世佛教史の諸問題》（前揭書《塚本善隆著作集》五）、坂原ひろ子〈楊文會と清末居士佛教〉（《世界歷史大系・中國史五》，山川出版社，二〇〇二）、樓宇烈〈中國近代佛學振興者——楊文會〉（坂原ひろ子譯，《東洋學術研究》二十五－一，一九八六）、藤谷浩悅〈楊文會の生涯とその社會觀〉（《筑波大學創立紀念》，雄山閣出版，一九八六）等。陳繼東承續以上研究，發表《清末佛教の研究——楊文會を中心として》（山喜房佛書林，二〇〇三）。尤其是陳繼東在著作開頭舉出先行研究，十分便於參考。

此外，太虛（一八九〇－一九四七）曾創刊《海潮音》並設立武昌佛學院，對日後中國佛教界影響甚鉅，其著作彙整為《太虛大師全集》六十四卷。太虛研究必須從中國佛教通史來闡明其思想和傳法意義，這些研究仍需假以時日進行。

（二）廟產興學運動

楊文會等人致力於復興中國佛教界，卻因湖廣總督張之洞（一八三七－一九〇九）提倡「廟產興學運動」，而遭受徹底摧殘。廟產興學運動的研究，可參閱牧田諦亮〈清末以降における廟產興學と佛教教團〉（《東亞研究》六十四，一九四二）、塚本善隆〈中華民國の佛教〉（《前田三教授頌壽紀念》，一九五二）、藤井草宣〈中國佛教の寺田喪失——解放までの經緯〉（《東海佛教》三，一九五七）等。

（二）民眾的佛教信仰

佛教是聯繫社會的紐帶，那麼中國百姓又是如何接納佛教的？這個問題其實並不限於明清時期而已。正如許理和（Erik Zürcher）在《佛教の中國傳來》（田中純男等譯，せりか書房，一九九五）之中，評論中國佛教為「縉紳佛教」一般，我們對中國佛教的傳統印象，多屬於菁英階級所接受和理解的領域，民眾佛教信仰卻未必採用這些深奧理論。至於佛學者方面，更是一味偏重理論而無法化育民眾。倘若能將這種情況輕易歸納為中國佛教的二重構造，那就一切好辦，但問題是中國佛教牽涉複雜、無法單純處理，這點讀者必須要有先見之明。借用前述的荒木見悟提出的說法，這正是本來性要如何在現實性中表現的問題。為了洞悉這種現實性與本來性的緊張關係，理所當然的，不僅要關注佛學資料，更要積極跨入儒、道二家、甚至是通俗小說或隨筆等領域作探討。

總而言之，若從狹隘的觀點探討明清時期、尤其是清代佛教史，那麼無論在教團或個人行動上皆難有矚目之舉，無可否認的，足以顯見當時佛教已凋零頹弱至此。但若將研究角度轉為前述的佛教在民間的演變和滲透，那麼明、清兩朝堪稱是最輝煌燦爛的時代。

（三）寶卷研究

探討這些民眾佛教信仰時，「寶卷」是不可忽略的課題。最早提及寶卷資料的是鄭振鐸《佛曲敘錄》（《小說月報》十七號外，一九二七；《中國文學論集》，上海：開明書店，一九三四；《中國文學研究》，北京：作家出版社，一九五七）。此後學者從各種角度進行寶卷研究，特別注重宗教層面的是向達〈明清之際之寶卷文學與白蓮教〉（《文學》二－六，一九三四；《唐代長安與西域文明》，北京：三聯書店，一九五七），指出黃育楩曾在著作《破邪詳辨》中提及六十八種寶卷。欲了解寶卷的必讀著作，則有酒井忠夫《中國善書の研究》（弘文堂，一九六〇）、澤田瑞穗《寶卷の研究》（采華書林，一九六三；增補版，國書刊行會，一九七五）。黃育楩於一九世紀中期撰寫《破邪詳辨》批判諸教派，澤田瑞穗為該書譯註，發表《校註破邪詳辨》（道教刊行會，一九七二）。此外，車錫倫《中國寶卷研究論集》（臺北：學海出版社，一九九六）、歐大年（Daniel L. Overmyer）的著作 *Precious Volumes: An Introduction to Chinese Sectarian Scriptures from the Sixteenth and Seventeenth Centuries*（Harvard Univ. Press, 1999）等。除了澤田瑞穗和吉岡義豐復刻寶卷珍本之外，張希舜等編《寶卷初集》四十卷（太原：山西人民出版社，一九九四）、王見川等編《明清民間宗教經卷文獻》十二冊（臺北：新文豐出版公司，一九九九）等，皆是蒐集現存寶卷和出版影印本，試圖將原始資料提供給讀者，對研究極有助益。

在此無法逐一介紹各寶卷，但就目前所知，「香山寶卷」已有二十種刊本問世，其中關於觀音信仰的研究，可參考塚本善隆〈近世シナ大眾の女身觀音信仰〉（《山口博士還曆紀念》，法藏館，一九五五）、吉岡義豐〈民眾社會における寶卷流宗教の展開〉（《吉岡義豐著作集》一，五月書房，一九八九）、澤田瑞穗〈香山觀音緣起の清代一異本〉（《中國の庶民文藝》，東方書店，一九八六）、相田洋〈金蘭會・寶卷・木魚書――中國における結婚拒否運動と民眾文藝〉（《柳田節子古稀紀念》，汲古書院，一九九三）、彌永信美《觀音變容譚――佛教神話學（二）》（法藏館，二〇〇二）、前川亨〈禪宗史の終焉と寶卷の生成――銷釋金剛科儀と香山寶卷を中心に〉（《東洋文化》八十三，二〇〇三）等。妙善傳說方面，杜德橋（Glen Dudbridge）的著作 *The Legend of Miao-shan*（Oxford Univ. Press, 1978），以及賴瑞和〈妙善傳說的兩種新資料〉（《中外文學》九－二，一九八〇），皆提及作為探討妙善傳說重要依據的「香山寺碑」。

（四）結社

近代中國祕密結社的趨勢，亦是重要課題。關於這方面，鈴木中正《中國史における革命と宗教》（東京大學出版會，一九七四），列舉東漢至清代發生的各種起義行動。另有野口鐵郎《明代白蓮教史の研究》（雄山閣出版，一九八六）、淺井紀《明清代民間宗教結社の研究》（研文出版，一九九〇），以及楊訥蒐集元代資料，發表《元代白蓮教資料彙編》（北京：中華書局，一九八九）。其他尚有許多論文，例如相田洋〈白蓮教の成立とその展開——中國民眾の變革思想の形成〉（《中國民眾反亂の世界》，汲古書院，一九八三）的「白蓮教研究小史」是屬於研究史概觀，相當易讀。

羅教起源於宋代白雲宗，是由羅清（羅懷、羅祖、無為祖）創於明正德年間（一五〇六—二二），相關研究有重松俊章〈宋元代の白雲宗門〉（《史淵》二，一九三〇）、塚本善隆〈羅教の成立と流傳について〉（《東方學報》十七，一九四九）。此外，酒井忠夫發表《中國幫會史の研究——青幫篇》（國書刊行會，一九九七）和《中國幫會史の研究——紅幫篇》（同，一九九八）。近年中國學者成就斐然，代表研究有李世諭《現在華北祕密宗教》（一九四八原刊；上海：上海文藝出版社，一九九〇）。在此依筆者淺見，列舉以下著作和論文，首先在整體研究方面，蔡少卿《中國近代會黨史研究》（北京：中華書局，一九八七）、中國會黨史研究會《會黨史研究》（上海：學林出版社，一九八七）、河北文史資料編輯部編《近代中國幫會內幕》上、下冊（北京：群眾出版社，一九九三）、《近代中國土匪實錄》全三冊（同，一九九三）、秦寶琦《中國地下社會》全三冊（北京：學苑出版社，一九九三）、周育民《中國幫會史》（上海：上海人民出版社，一九九三）、范春三等著《舊中國三教九流揭祕》上、下冊（北京：中國社會出版社，一九九七）、南炳文《佛道祕密宗教與明代社會》（天津：天津古籍出版社，二〇〇二）、譚松林《中國祕密社會》全六卷（福州：福建人民出版社，二〇〇二）。各別結社組織的研究，則有古斯塔夫・施利格（Gustave Schlegel）的著作《天地會研究》（一九六三原刊；石家莊：河北人民出版社，一九九〇）、赫治清《天地會起源研究》（北京：社會科學文獻出版社，一九九六）、馬西沙《清代八卦教》（北京：中國人民大學出版社，一九八九）、郭樹林《天師道》（上海：上海社會科學院，一九九〇）、郭豫明《上海小刀會起義史》（上海：中國大百科全書出版社上海分社，一九九三）等。陳國屏《清門考源》（上海：上海道德善堂，一九三三；石家莊：河北人民出版社，一九九〇；後收於左久梓《中國の祕密宗教と祕密結社》，心交社，一九九三）。蕭一山《近代祕密社會史料》（北京：國立北平研究院，一九三三；上海：上海文藝出版社，一九九一）則是介紹結社內的隱語和手語。結社史方面，戴魏光《洪門史》（北京：和平出版社，一九四三；石家莊：河北人民出版社，一九八八）、朱琳《洪門史》（同，一九九〇）、生可《青紅幫之黑幕》（原刊未詳，同，一九九〇）。馬西沙、韓秉方《中國民間宗教史》（上海：上海人民出版社，一九九二）、《中國民間宗教》（北京：中國社會科學出版社，二〇〇四），這部鉅著是以漢末道教為起始說明，泛論至清代的民間宗教。早期尚有德格魯特（De Groot）的著作 *Sectarianism and Religious Persecution in China*（Amsterdam, 1903-04）；牧尾良海譯《中國における宗教受難史》，成都：國書刊行會，一九八〇），此書特別針對明代以後廣泛探討諸派，另有日譯本易於查閱。濮文起《中國民間祕密宗教辭典》（成都：四川辭書出版社，一九九六），顧名思義以辭典為主，介紹範圍雖有限，附錄仍引介部分中日研究成果。歐大年的著作 *Folk Buddhist Religion*（Harvard Univ. Press, 1976），並由林原文子監譯《中國民間佛教教派の研究》（研文出版，二〇〇五），這些介紹歐美研究的著作，十分便於查閱。

有關林兆恩創立三一教的研究，則有間野潛龍〈明代における三教思想——特に林兆恩を中心にして〉（《東洋史研究》十二-一，一九五二）、《明代文化史研究》（同朋舍出版，一九七九）、伯玲（Judith A. Berling）的著作 *The Syncretic Religion of Lin Chao-en*（Columbia Univ. Press 1980）、鄭志明《明代三一教主研究》（臺北：臺灣學生書局，一九八八）。

（五）個別信仰

中國佛教特色之一，就是對特定佛菩薩或祖師產生信仰。這些信仰未必純粹根據教理而來，而是三教之間複雜融合後，方為中國百姓所接納，如此甚至可呈現出百姓對宗教抱有何種期待。前文已提到觀音信仰，而白蓮教的形成與發展，可說是一種彌勒信仰的發展。永井政之《中國禪宗教團と民眾》（內山書店，二〇〇〇），主要針對佛教領域，尤以禪宗為主舉出數種信仰作探討。若欲摒除三教基礎來探討道教課題，則可參閱窪德忠《道教史》（山川出版社，一九七七）、《道教の神々》（平河出版社，一九八六）。福井康順等監修《道教》全三卷（平河出版社，一九八三），內容相當平易，有利於初學者閱讀。澤田瑞穗陸續發表的《中國民間の信仰》（工作舍，一九八二）、《宋明清小說叢考》（研文出版，一九八二）、《中國の咒法》（平河出版社，一九八四）等著作，雖非完全屬於佛教領域，但在探討中國民眾信仰上提供許多見解。中國著作方面，袁河編《中國神話傳說辭典》（上海：上海辭書出版社，一九八五）、宗力、劉群共著《中國民間諸神》（石家莊：河北人民出版社，一九八六）、李叔還編《道教大辭典》（杭州：浙江古籍出版社，一九八七），以及內含元版等影印文獻的《繪圖三教源流搜神大全（外二種）》（上海：上海古籍出版社，一九九〇；《搜神記》、《新編連相搜神廣記》合輯）。李喬《中國行業神崇拜》（北京：中國華僑出版公司，一九九〇）則詳細探論中國行會組織供奉的神明，馬書田《華夏諸神》（北京：北京燕山出版社，一九九〇）彙集儒釋道三教的神明資料，並發表《中國民間諸神》（北京：團結出版社，一九九五）。

五、史蹟調查

最後列舉史蹟調查研究，原本還應包含日僧圓仁、成尋、策彥等人的渡海記錄，恕筆者不多作贅述，只重點介紹明治時期以後的調查。首先舉出常盤大定、關野貞《支那文化史蹟》（金尾文淵堂，一九二五；後改題為《中國文化史蹟》，法藏館，一九七五），以及常盤大定《支那佛教史蹟並評解》（佛教史蹟研究會，一九二五），兩書主要以照片介紹昔日的佛教史蹟，並說明必要文獻、尤其是拓本極為珍貴，這些文獻不但能增值，亦不必憂心佚失問題。常盤大定另發表《支那佛教史蹟踏查記》（龍吟社，一九三八；國書刊行會，一九七二），可便於了解當時的田野調查日程，也可記錄難以成為論文的調查過程，別有一番樂趣。各別史蹟調查研究也相當豐富，水野清一、長廣敏雄《龍門石窟の研究》（東方文化研究所，一九四一；同朋舍出版，一九八〇）、《雲岡石窟》（京都大學雲岡研究會，一九五一－五六）、松本榮一《燉煌畫の研究》（東方文化學院東京研究所，一九三七；同朋舍出版，一九八五）。平凡社出版的《中國石窟》全十七卷（河南文物研究所編，一九八〇－八八），這套叢書是以石窟壁畫為主的考察報告，包括敦煌莫高窟、鞏縣石窟寺、克孜爾石窟、庫木吐拉石窟、炳靈寺石窟、麥積山石窟、龍門石窟、雲岡石窟、安西榆林石窟。《フォトグラフ中國曹洞禪》（曹洞宗宗務廳，一九九三）是介紹中國曹洞宗法系的史蹟，鈴木哲雄《浙江江西地方禪宗史蹟訪錄》（山喜房佛書林，一九九七）則是介紹特定地區史蹟。

近年中國學者的研究成果很值得參考，就是文化部文化局彙編《中國名勝辭典》（上海：上海辭書出版社，一九八一），是透過各地文物管理人員鼎力合作，介紹華夏各地的佛教史蹟，內容簡潔易於查閱，亦有日譯本出版。

調查研究上述史蹟之前，應先有預備調查，前述的《中國佛寺志匯刊》、《中國名山勝蹟志叢刊》、《中國佛寺誌叢刊》，或以宋元時期的福建、浙江為主要地區彙編的地方志《宋元地方志叢書》（臺北：大化書局，一九八〇；北京：中華書局，一九九〇），皆可供研究參考。

以上是概述明清中國佛教的研究趨勢，探討現代中國佛教發展動向時，無論是民國以後的發展趨勢，或社會主義政權下的宗教問題，中國學者皆有相當可觀的研究成果，在此因礙於篇幅，恕不逐一介紹。

最後筆者在撰寫本篇之際，有幸參考野口善敬《近代中國佛教研究ガイド》（私家版，一九九二）所提供的寶貴意見，在此特別說明，以表誌謝。

索引

僅編錄與本書記載直接有關的著作或論文的作者、編者、譯者姓名。

【五畫】

【六畫】

【七畫】

【八畫】

【九畫】

【十畫】

【十一畫】

【十二畫】

【十三畫】

【十六畫】

【十七畫】

【十八畫】

【十九畫】

【二十畫】

【二十一畫】

【二十二畫】

【二十三畫】

【K】

【R】

【S】

【T】

編者與作者簡介

【編者簡歷】

岡部和雄，一九三五年生於秋田縣，駒澤大學畢業，駒澤大學名譽教授。主要著作有《佛教の歩んだ道》第一卷（東京書籍，一九八六）、〈四十二章經の成立と展開〉（《駒澤大學佛教學部研究紀要》二五一，一九六七）、〈經錄における賢聖集傳の地位〉（《鈴木學術財團研究年報》十一，一九七五）、〈禪僧の注抄と疑僞經典〉（《講座敦煌八　敦煌佛典と禪》，大東出版社，一九八〇）、〈譯經史と禪宗〉（《東洋の思想と宗教》二十三，二〇〇六）等書。

田中良昭，一九三三年生於東京都，駒澤大學畢業，駒澤大學名譽教授。主要著作有《敦煌禪宗文獻の研究》（大東出版社，一九八三）、《慧能研究》（共著，大修館，一九七八）、《敦煌佛典と禪》（共編著，大東出版社，一九八〇）、《慧能》（共著，大藏出版，一九八二）、《禪學研究入門》（編著，大東出版社，一九九四）等書。

【作者簡歷】

岡部和雄（編者欄）

伊藤隆壽　一九四四年生於山形縣，駒澤大學畢業，駒澤大學教授。

上山大峻　一九三四年生於山口縣，龍谷大學畢業，龍谷大學名譽教授。

椎名宏雄　一九三四年生於東京都，駒澤大學畢業，天德山龍泉院住持。

石井公成　一九五〇年生於東京都，早稻田大學畢業，駒澤大學教授。

佐藤秀孝　一九五三年生於新潟縣，駒澤大學畢業，駒澤大學教授。

木村誠司　一九五五年生於北海道，駒澤大學畢業，駒澤大學教授。

池田魯參　一九四一年生於長野縣，駒澤大學畢業，駒澤大學教授。

奧野光賢　一九五八年生於宮城縣，駒澤大學畢業，駒澤大學教授。

西本照真　一九六二年生於廣島縣，東京大學畢業，武藏野大學教授。

吉田道興　一九四二年生於東京都，駒澤大學畢業，愛知學院大學教授。

吉津宜英　一九四三年生於廣島縣，駒澤大學畢業，駒澤大學教授。

川口高風　一九四八年生於愛知縣，駒澤大學畢業，愛知學院大學教授。

柴田泰山　一九七一年生於福岡縣，大正大學畢業，大正大學講師。

田中良昭（編者欄）

平井宥慶　一九四三年生於東京都，大正大學畢業，大正大學教授。

石井修道　一九四三年生於福岡縣，駒澤大學畢業，駒澤大學教授。

永井政之　一九四六年生於群馬縣，駒澤大學畢業，駒澤大學教授。

國家圖書館出版品預行編目資料

中國佛教研究入門 / 岡部和雄, 田中良昭編 ; 辛如意譯. -- 初版. -- 臺北市 : 法鼓文化, 2013. 06
面； 公分
ISBN 978-957-598-614-8（平裝）

1.佛教 2.中國

220 102008111

中華佛學研究所漢傳佛教譯叢 1

中國佛教研究入門

中国仏教研究入門

編者	岡部和雄、田中良昭
譯者	辛如意
論叢總編	釋果鏡
編輯	漢傳論叢編輯委員會
出版	法鼓文化
封面設計	小山絵
內頁美編	小工
地址	臺北市北投區公館路186號5樓
電話	(02)2893-4646
傳真	(02)2896-0731
網址	http://www.ddc.com.tw
E-mail	market@ddc.com.tw
讀者服務專線	(02)2896-1600
初版二刷	2018年8月
建議售價	新臺幣540元
郵撥帳號	50013371
戶名	財團法人法鼓山文教基金會一法鼓文化
北美經銷處	紐約東初禪寺 Chan Meditation Center (New York, USA) Tel: (718)592-6593 Fax: (718)592-0717

中国仏教研究入門by Kazuo Okabe・Ryosho Tanaka
2007年 大蔵出版（東京 日本）
Translated from the original Japanese edition
Published 2007 by Daizoshuppan, Tokyo, Japan.

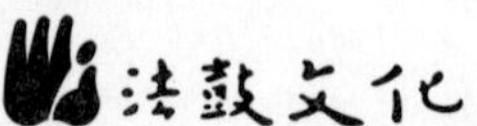